犯罪搜查 實務總論

범죄수사 실무 총론

김용호

박영사

머리말

천둥벌거숭이처럼 의욕만 앞섰던 젊은 경찰관은 어느덧 '하늘의 명을 안다'는 知天命의 나이를 지났다. 파출소 근무 중 사복을 입은 형사의 멋진 모습에 반해 무작정 형사가 되었고, 아무것도 모르면서 '폼'만 잡던 어린 형사는 지금 자신의 길을 걷겠다는 어린 학생을 지도하며 제자이자 후배를 길러내고 있다.

대학에서 '수사학개론', '범죄수사론' 등 수업을 하면서 '저자는 왜 이렇게 해석하고, 마치 자신의 의견이 정설인 양 설명할까?' 고민했다. 수사는 규정된 법률의 토대 위에 짓는 집과 같아서 기초가 단단하지 않으면 무너진다.

이번 교재를 준비하면서 이론적 배경을 제외하고 조직의 구조, 수사의 절차, 각종 행정 절차 등에 대한 부분은 관련 법률을 제시하고 부연 법률은 바로 밑에 배치하여 법전을 찾고 또 찾는 수고를 줄였고, 관련 서식 역시 바로 밑에 제시하였다.

경찰 시험을 준비하는 학생, 승진을 준비하는 경찰관에게 본 교재가 조금이나마 도움이 되기를 바라며 출간한다.

이 책을 출간하는 데에 도움 주신 박영사 안종만 회장과 안상준 대표, 장규식 팀장, 사윤지 님에게 감사 인사드립니다. MZ세대라고는 하지만 착하디착한 우리 경일대 경찰학과 학생들 언제나 너희들을 믿고 응원한다. 항상 못난 남편을 걱정하고 고생하는 아내와 아빠가 최고라고 응원하는 쌍둥이 딸에게 사랑한다고 전하며, 머리가 하얗게 센 아들을 매일 걱정해주시는 어머니 감사합니다.

2023년 6월 동백섬에서 해운대 바다를 바라보며,
경찰관이었고 언제나 경찰이기를 바라는 김용호

차 례

CHAPTER 07 통신 수사 및 위치추적 전자장치 관련 수사 259

CHAPTER 08 수사의 종결 297

CHAPTER 01

수사의 기초이론

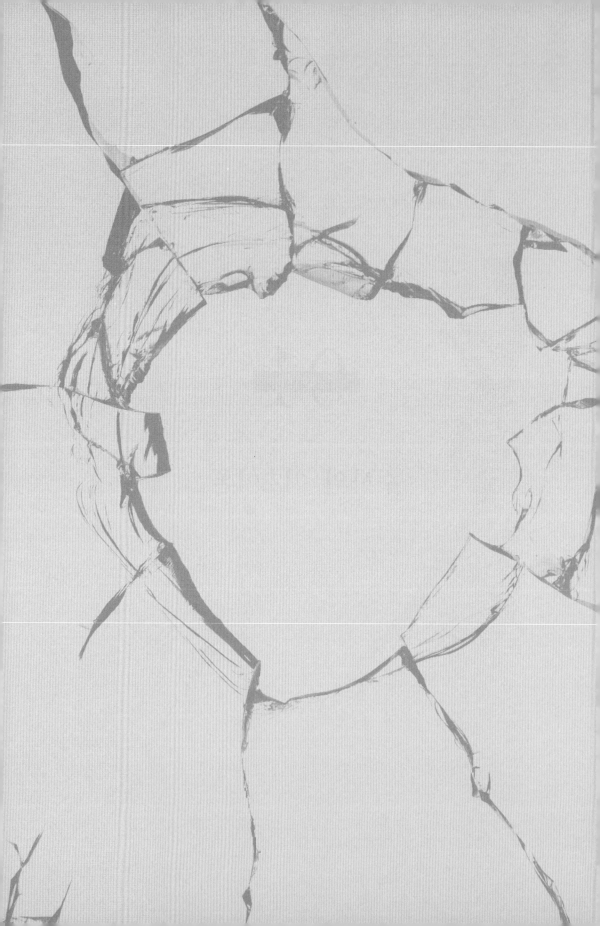

제1장

수사의 기초이론

제1절 수사의 개관

1. 수사의 의의

수사란 국가의 공권력을 수행할 수 있는 수사기관이 범죄 혐의가 있다고 생각할 때 개시되며 주된 목적은 국가의 형벌권 실현을 위한 범인의 검거와 증거의 발견, 수집, 보전하는 활동이다.

일반적으로 수사는 공소제기 전까지 이루어지는데, 때에 따라 공소제기 후라도 피고인 조사, 참고인 조사, 임의 제출물 압수 등과 같이 공소유지를 위한 활동 역시 수사의 개념에 포함하고 있다.

특히, 수사는 과거의 사실을 추리하고 재구성하여 범인을 검거해서 범죄행위 시 법률을 적용하는 국가 권력을 가진 수사기관의 활동이다.

가. 수사의 주체

(1) 공권력을 집행할 수 있는 수사기관(특별사법경찰관 포함)이다.
(2) 현행범인을 체포한 '사인'은 수사기관이 아니다.
(3) 소추 기관으로 공판정에서 피고인 신문을 하는 검사의 행위는 수사가 아니다.

※ 공소제기 후 공소유지를 위한 검사의 피고인 조사는 수사이다.

나. 수사의 시기와 종기

(1) 시기
- 수사는 범죄 혐의가 있다고 생각할 때 개시된다.
- 범죄 혐의 여부를 확인하는 입건 전 조사, 불심검문, 변사체 검시, 순찰 등은 수사 활동이라 할 수 없다.

(2) 종기
- 수사는 일반적으로 공소제기 전까지 이루어진다.
- 공소제기 후라도 피의자 조사는 공소유지를 위한 과정으로 수사 활동에 해당하나, 공판정에서 피고인 신문의 경우 소추기관의 활동이기에 수사 활동으로 보지 않는다.

다. 수사의 목적

(1) **사건의 진상 파악**: 범죄 수사의 1차적 목적은 수사 단서에 따라 수사기관이 범죄에 관한 주관적 혐의점을 발견하고, 범인 및 범죄사실에 대한 사실 여부를 밝혀 객관적 혐의로 전환하는 데 있다.

(2) **기소·불기소의 결정**: 수사를 통하여 파악된 진상을 토대로 법률적 평가를 거쳐 기소 여부를 결정한다. 이때, 범죄 성립의 요구, 즉 구성요건 해당성, 위법성, 책임성 및 소송 조건 등을 고려해야 하며, 불기소처분에 따라 종결되는 경우 역시 수사에 해당한다.

(3) **공소의 제기·유지**: (2) 단계에 기소 결정된 사건은 검거된 범인과 수집된 증거를 가지고 공소가 제기되며, 필요에 따라 공소유지를 위한 활동 역시 수사에 해당한다.

(4) **유죄판결**: 공소의 제기 또는 유지를 위한 활동은 궁극적으로 관련 범죄에 관해 유죄의 판결을 받게 함에 있다.

(5) **형사소송법의 목적 실현**: 형사소송법의 절차적 측면에서 요구하는 공공복리 유지와 기본적 인권 보장 그리고 실체적 측면에서 요구하는 실체적 진실발견주의에 따라 국가형벌권의 유효·적절한 행사를 위함이다.

수사 활동 ○	수사 활동 ×
– 형사 사건에 대한 수사기관의 활동 – 범죄에 주관적 혐의를 포착했을 때 개시 – 불기소처분에 의한 종결 – 공판 중 피고인 조사, 참고인 조사, 임의 제출물 압수, 양형·소송 조건 수사, 피의자에게 유리한 사항 조사 등	– 일반 사인의 현행범인 체포 – 법원의 소환·제출명령·피고인 구속 등 강제처분 – 검사의 증인신문·피고인 신문 등 당사자로서의 활동 – 수사 개시 이전의 불심검문·변사자 검시·입건 전 조사 등의 활동

라. 형식적 의의의 수사와 실질적 의의의 수사

형식적 의의의 수사는 '어떠한 수단과 방법으로 할 것인가?'라는 명제에 따라 절차적 측면에서 바라보는 수사의 개념으로 형사소송법 등 절차법에 따른 합법성을 중시하므로 피의자의 기본권 보장과 공공복리의 조화를 추구하며, 실질적 의의의 수사는 '수사를 통해 무엇을 밝힐 것인가?'라는 명제에 따라 실체적 측면에서 바라보는 수사의 개념으로 범죄 여부, 범인과 범행동기 등 실제 수사 활동을 통한 실체적 진실발견을 추구한다.

형식적 의의의 수사	실질적 의의의 수사
– 어떤 방법으로 수사할 것인가? 　(형사소송법에서 규정) – 형사소송법의 절차적 이념인 인권보장과 공공복리의 조화 추구 – 절차적 측면 – 합법성 요구	– 어떤 범죄의 목적과 내용인가? • 누가 범인인가? • 왜 범행을 저질렀나? • 무엇을 이용하고 어떤 방법을 사용했나? • 수사를 통해 무엇을 명백히 밝힐 것인가? – 형사소송법의 실질적 이념인 실체적 진실발견 추구 – 실체적 측면 – 합리성 요구

2. 수사의 과정과 성질

가. 수사의 과정

수사의 과정은 '상승 과정'과 '하강 과정'이 있다.

수사관은 자신의 확신적 판단이 검사 또는 법관에게 형사절차에 따라 확실하다는 심증을 가질 수 있도록 증명하기 위해서 증거 수집, 보전하는 과정을 '상승 과정'이라고 하며, 하나의 범죄사실로 다수의 용의자를 선정하는 추리는 주로 '하강 과정'이라고 한다.

범죄 수사는 보통 하강 과정에서 상승 과정으로 발전하지만, 반드시 이러한 순서로 진행되지는 않는다. 다만, 하강 과정 없는 상승 과정은 있을 수 있지만, 상승 과정 없는 하강 과정은 있을 수 없다.

1단계 – 하강 과정	2단계 – 상승 과정
–수사관 자신이 범죄사실의 진상을 파악·확인하고 심증을 형성하기 위한 과정 –엄격한 의미에서의 증거는 필요 없으므로 수사관 자유로 수사 추진 가능 –전개적(연역적) 추리	–피고인이 유죄임을 확신하는 검사 또는 법관의 심증 형성을 지향하는 과정 –수사관 자신의 심증의 진실성을 증명하는 활동 –집중적(귀납적) 추리

나. 수사의 성질

범죄 수사는 국가의 형벌권을 실현하기 위한 형사사법 절차의 일환으로서, 범죄사실을 규명하고 형벌법령을 적용하는 활동이다. 따라서 범죄 수사는 주로 공소제기 전에 이루어지는 것이 원칙이지만, 공소유지에 필요한 자료수집 활동 등을 위해 공소제기 후에도 이루어질 수 있다.

이를 바탕으로 수사의 성질을 정리하면 다음과 같다.

(1) 수사관 자신의 심증 형성을 지향하는 활동이다. (하강 과정)
(2) 검사 또는 법관의 심증 형성을 지향하는 활동이다. (상승 과정)
(3) 유죄판결을 형성하는 활동이다.
(4) 진실발견을 위한 창조적인 활동이다.

3. 수사의 대상

수사의 대상은 '범죄 수사로써 무엇을 탐색하고 명확하게 할 것인가?' 하는 수사의 사실적(실체적) 내용과 수사의 법률적(절차적) 내용으로 분류할 수 있다.

가. 수사의 사실적 내용

범죄 혐의에 대해서 또는 발생한 범죄를 수사할 때, 무엇보다 '그 사건의 범인이 누구인가?' 또는 '그 범인은 어떠한 행위를 하였는가?' 하는 사실적 측면을 명확하게 밝혀야 한다.

법률적 측면을 명확히 하기 위해서는 법률적 평가 이전에 그 소재가 되는 사람의 행위 사실을 명확하게 할 필요가 있다. 수사의 사실적 측면은 법률적 평가 보다 구체적인 행위를 명확하게 하기 위한 활동으로 범행 재연의 구성요소인 '수사 요소의 충족', '행위의 필연성', '사건의 형태성'을 참고하여 신중하게 검토해야 한다.

(1) 수사 요소의 충족

범죄사실을 구체적으로 설명하기 위해서는 수사 요소를 충족시켜야 한다. 수사 요소는 '소송절차에서 요증사실'이라고도 하며 사건의 전모를 밝히기 위해서 수사 요소가 갖춰져야 한다.

4하원칙	6하원칙	8하원칙
① 누가? (주체) ② 언제? (일시) ③ 어디서? (장소) ④ 무엇을 했나? (행위)	④ + ⑤ 왜? (동기) ⑥ 어떻게? (수단)	⑥ + ⑦ 누구와? (공범) ⑧ 누구를? (객체)

(2) 행위의 필연성

범행은 반드시 원인이 있어야 하고, 만약 그렇지 않다면 되지 않는 필연적인 조건이 있어야만 한다. 따라서 수사 요소를 명확하게 하기 위해서는 발생한 범행이 이루어진 원인과 경과 또는 조건 등을 포착해서 그 필연성을 풀어나가야 한다.

(3) 사건의 형태성

수집한 수사자료를 전체적으로 파악하여 재구성하거나 재현함으로써 사건의 전모를 밝히는 과정을 의미한다.

나. 수사의 법률적 내용

수사의 사실적 내용을 통해 밝혀진 범행과 범죄사실이 범죄의 성립요건에 충족하는지 법률적으로 평가하는 것이다. 형벌 규정에서 구성요건에 해당하고 위법하고 책임이 있는 행위인가를 확인하는 활동이다.

(1) 구성요건 해당성

구성요건은 위법한 행위를 유형적으로 규정하고, 구체적 사실을 법률에서 규정한 범죄의 추상적 구성요건에 해당하는 성질을 말한다. 어떤 사실이 구성요건에 해당하면 위법성 조각 사유나 책임 조각 사유가 존재하지 않는 한 범죄는 성립한다. 즉, 그 행위가 형법에 규정된 법률상의 개념과 부합되는지 확인하는 것이다.

(2) 위법성

어떤 행위가 범죄 또는 불법행위로 인정되기 위한 객관적 요건을 위법성이라 한다. 그러나 어떠한 행위가 구성요건에 해당하더라도 객관적으로 위법성이 존재하지 않으면 수사의 대상에서 제외되고, 이것을 위법성 조각 사유라고 한다. 즉, 구성요건에 해당하지만 적법하다는 것을 의미한다. 현행 「형법」에서 규정하고 있는 위법성 조각 사유로는 정당행위(제20조), 정당방위(제21조), 긴급피난(제22조), 자구행위(제23조), 피해자의 승낙(제24조) 등이 있다.

(3) 책임성

책임성이란 객관적으로 구성요건에 해당하는 위법한 행위를 한 자에 대하여 가하여지는 인격적 비난 또는 비난 가능성을 말한다. 그러나 만 14세 미만자인 형사미성년자와 심신상실자는 책임능력이 없다고 보아 벌하지 아니하고, 강요된 행위역시 책임이 조각된다.

제2절 수사의 조건

수사의 조건이란 수사권의 개시와 수사의 실행이 가능한 조건을 의미한다. 이를 위해서 '필요성'과 '상당성'이 요구된다.

또한, 수사의 조건은 수사권 발동과 행사의 제한을 위하여 수사기관의 합목적적 조사 활동 중심이었던 '규문주의 소송구조'에서 수사절차에 법관의 개입이 허용된 '탄핵주의 소송구조'가 중요시된다.

1. 수사의 필요성과 상당성

가. 수사의 필요성

(1) 수사의 목적 달성이 필요한 경우에만 수사가 허용된다.

(2) 수사의 필요성은 강제수사뿐만 아니라 임의수사에도 해당하며, 수사의 필요성 없음에도 행해지는 수사 처분은 위법한 수사 처분에 해당한다.

임의수사	강제수사
– 임의수사에서 수사의 필요성은 '수사에 필요한 때'이다. – 피의자신문, 참고인 조사, 감정·통역·번역의 위촉 등은 수사에 필요한 때에만 허용한다.	– 형사소송법에 명시된 특별한 규정(제199조 제1항)에 따라 허용된다. – 강제수사의 경우는 체포의 **필요성**, 구속의 **필요성**, 압수·수색·검증의 **필요성**이 조건이 된다.

「형사소송법」 제199조(수사와 필요한 조사)
① 수사에 관하여는 그 목적을 달성하기 위하여 필요한 조사를 할 수 있다. 다만, 강제처분은 이 법률에 특별한 규정이 있는 경우에 한하며, 필요한 최소한도의 범위 안에서만 하여야 한다.
② 수사에 관하여는 공무소 기타 공사단체에 조회하여 필요한 사항의 보고를 요구할 수 있다.

「형사소송법」 제200조(피의자의 출석요구)

검사 또는 사법경찰관은 수사에 필요한 때에는 피의자의 출석을 요구하여 진술을 들을 수 있다.

(4) 수사의 조건과 소송 조건 구분

수사의 필요성	친고죄의 고소와 수사
−소송 조건의 결여로 인하여 공소제기의 가능성이 없는 때에는 수사의 필요성도 부인된다. −친고죄·반의사불벌죄에 대하여 고소나 처벌 희망의 의사표시가 없어도 가능성이 있는 경우 원칙적으로 수사는 가능하다(판례 역시 제한적 허용). −고소의 가능성이 있는 경우에 임의수사와 강제수사 모두 허용한다.	−친고죄에 있어 고소는 '소추조건'에 불과하고 당해 범죄의 성립요건이나 수사의 조건은 아니다. −친고죄에 관해 고소나 고발 가능성이 전혀 없는 상태 아래에서 이루어졌다는 특별한 사정이 없으면 고소·고발 전에 이루어진 수사는 위법하다고 할 수 없다.

(5) 수사 개시와 체포·구속의 조건에서 범죄 혐의 구분

수사 개시	체포·구속의 조건
−수사는 수사기관이 **주관적 혐의**를 포착했을 때 개시된다. −구체적 사실에 근거하여 주의 사정을 합리적으로 판단해서 범죄 혐의 유무를 판단해야 한다.	−피의자를 체포·구속할 때는 피의자가 죄를 범하였다고 의심할 만한 타당한 이유가 있어야 하며, 범죄 혐의 역시 증거에 의해 뒷받침할 수 있는 **객관적 혐의**가 요구된다. −객관적 혐의는 반드시, 증거에 의해 뒷받침되어야 한다.

나. 수사의 상당성

(1) 수사 처분이 목적을 달성하는 데 상당하다고 인정되는 방법으로 할 것을 요구한다.

(2) 수사의 상당성은 수사의 한계를 설정하여 피의자 인권침해를 방지하는 등의 경우에, 특히 강제수사의 경우에 강조된다.

(3) 수사비례의 원칙과 수사의 신의칙을 내용으로 한다.

수사비례의 원칙	수사의 신의칙(信義則)
− 수사의 방법이 사회 통념상 용인될 수 있어야 한다. • 국민의 일반적 신뢰를 침해하는 형태여서는 안 된다. • 범의 유발형 함정수사는 허용되지 않으며, 이때 수집된 증거의 증거능력은 부정되고 구속취소, 구속적부심사 청구 사유가 된다. • 기회 제공형 함정수사는 상당성을 충족하기에 허용된다. • 범의를 가진 자에게 범행의 기회를 제공하거나 쉽게 하는 것은 상당성을 인정하기에 허용된다.	− 범죄인지의 단계인 '수사 개시'가 수사비례의 원칙에 상당할 것이어야 한다. • 강제처분은 그 수사의 목적을 달성하기 위해 최소한도에 그쳐야 한다. • 형사소송법 제199조 제1항에 따라 강제처분은 법률에 특별한 규정이 있는 경우에 한하고 필요 최소한도의 범위 안에서만 해야 한다.

2. 수사의 기본 이념과 지도원리

수사의 기본 이념은 사건의 실체적 진실을 발견하고 그 과정에서 발생할 수 있는 기본적 인권을 보장해야 한다는 것이다. 이는 수사절차뿐만 아니라 형사소송절차에 모두 일괄하는 기본 이념이라 할 것이다.

수사를 실행하는 수사기관과 수사관은 적법절차를 준수하며 '실체적 진실발견'과 '기본적 인권 보장'이라는 두 가지 이념을 조화롭게 이루어야 한다.

가. 수사의 기본 이념

(1) 실체적 진실발견

'실체적 진실 발견'은 법원이 당사자의 주장, 제출된 증거, 사실의 인정 또는 부인에 구속되지 않고 객관적인 사실의 진상을 규명하려는 절차법상의 이념이다.

실체적 진실발견은 크게 두 가지 측면을 가지고 있는데, 먼저 ① 범죄를 적발하여 범인을 검거한 후 이에 상응하는 국가 형벌을 부과하는 적극적 실체적 진실발견의 측면과 ② '10명의 범인을 놓쳐도 1명의 억울한 사람을 만들지 말라'라는 법격언(法格言)과 같이 무고한 시민을 범죄 혐의에서 벗어나게 함으로써 억울한 형벌을 부과하지 말라는 소극적 실체적 진실발견의 측면이다.

※ 실체적 진실발견의 한계
① 인간 능력과 제도의 한계
② 인권 보장적 한계
③ 다른 중요한 이익과 충돌에서 오는 한계
④ 적정절차 요구에 따른 한계
⑤ 신속한 재판 진행을 위한 한계

---

(2) 기본적 인권 보장

공권력을 수반한 수사 활동은 목적 달성을 위해서 어떠한 수단이나 방법이 허용되는 것이 아니다. 그 수단과 방법은 반드시 기본적 인권 보장을 위해 적법절차에 따라 이루어져야 한다. 기본적 인권 보장에 대해서는 헌법에 명시하고 있으며, 구체적 절차에 대해서는 형사소송법 등에서 규정하고 있다.

수사의 지도원리	실체적 진실주의, 적정절차 원리, 무죄추정 원리, 필요 최소한도 원리
수사의 기본 원칙	임의수사의 원칙, 수사 비공개의 원칙, 수사비례의 원칙, 영장주의, 강제수사법정주의, 제출인 환부의 원칙

나. 수사의 지도원리

수사의 기본 이념에서 파생되는 수사의 지도원리로 실체적 진실주의, 적정절차 원리, 무죄추정 원리, 필요 최소한도 원리를 들 수 있다. 이러한 수사의 지도원리의 제도적 표현으로 수사의 기본 원칙과 실무상 수사의 3대 원칙, 수사의 준수원칙, 수사실행의 5원칙 등이 있다.

관련 법률 규정에 대해서는 「특별사법경찰관리에 대한 검사의 수사지휘 및 특별사법경찰관리의 수사준칙에 관한 규칙」에서 확인할 수 있다.

「특별사법경찰관리에 대한 검사의 수사지휘 및 특별사법경찰관리의 수사준칙에 관한 규칙」

제3조(수사의 기본 원칙)

① 특별사법경찰관리는 모든 수사 과정에서 헌법과 법률에 따라 보장되는 피의자와 그 밖의 피해자·참고인 등(이하 "사건관계인"이라 한다)의 권리를 보호하고, 적법한 절차에 따라야 한다.

② 특별사법경찰관리는 예단(豫斷)이나 편견 없이 신속하게 수사해야 하고, 주어진 권한을 자의적으로 행사하거나 남용해서는 안 된다.

③ 특별사법경찰관리는 다른 사건의 수사를 통해 확보된 증거 또는 자료를 내세워 관련이 없는 사건에 대한 자백이나 진술을 강요해서는 안 된다.

제4조(불이익 금지 및 기밀엄수)

특별사법경찰관리는 피의자나 사건관계인이 인권침해 신고나 그 밖에 인권 구제를 위한 신고, 진정, 고소, 고발 등의 행위를 했다는 이유로 부당한 대우를 하거나 불이익을 주어서는 안 된다.

제5조(수사사건의 공개금지 등)

① 특별사법경찰관리는 범죄를 수사할 때는 기밀을 엄수해야 하며, 수사의 모든 과정에서 피의자와 사건관계인의 사생활의 비밀을 보호하고 그들의 명예나 신용이 훼손되지 않도록 노력해야 한다.

② 특별사법경찰관리는 수사 관련 사항, 피의자와 사건관계인의 개인정보, 그 밖에 직무상 알게 된 사실을 누설(구체적 사건의 수사와 관련하여 수사 권한이나 수사 지휘 권한이 없는 상급자에게 누설하는 것을 포함한다)해서는 안 된다.

(1) 수사의 3대 원칙

신속 착수의 원칙	범적은 시간이 경과에 따라 없어지거나 모양이나 성질이 달라지어 수사가 곤란해지게 된다. 따라서 수사는 신속히 착수하여 범적이 유지된 상태에서 수사 활동에 집중해야 한다.
현장보존의 원칙	'범죄 현장은 증거의 바다'라는 법언이 있는 것과 같이 현장보존을 통해 수집된 증거로 수사의 성패가 좌우될 수 있다. 따라서 현장을 잘 보존하고 관찰해야 한다.
민중 협력의 원칙	현실적으로 모든 범죄를 수사기관이 해결할 수는 없다. 목격자, 참고인 등 현장 주변의 증언이 사건 해결에 큰 도움을 제공하기 때문에 민중의 협력을 받아 수사할 수 있어야 한다.

(2) 수사의 기본 원칙

임의수사 원칙	－ 임의수사를 원칙으로 하고 형사소송법에 특별한 규정이 있을 때 강제수사가 허용된다. － 무죄추정의 법리에 따라 '의심스러울 때는 피고인의 이익으로' 수사한다.
수사비례 원칙	－ 수사의 결과에 따라 얻을 수 있는 이익과 부당한 법익침해의 균형을 살펴야 한다. － 임의수사와 강제수사 모두에 적용되는 원칙이다.
수사 비공개 원칙	－ 수사에 관계되는 사람, 사적인 비밀, 사생활, 명예 등 인권 보호와 관련한다. － 수사의 개시와 수사 활동에 관하여 비공개한다.

자기부죄 강요 금지 원칙	– 헌법 제12조 제2항에 명시된 특권이며, 형사소송법 제244조의3 제1항과 같이 진술거부권을 보장한다. – 형법 제125조에 명시된 것과 같이 고문을 금지한다.
강제수사 법정주의	– 헌법 제12조 제1항, 형사소송법 제199조 제1항 – 강제처분은 특별한 규정이 있는 경우에 한한다.
영장주의	– 헌법 제12조 제3항 – 강제처분에 관해서는 영장주의를 원칙으로 적용하고 엄격한 요 건에만 영장주의 예외를 인정한다.
제출인 환부 원칙	– 형사소송법 제134조, 제218조의2, 제219조 – 압수물 환부에 있어 피압수자(제출인)에게 환부함을 원칙으로 하지만, 압수물이 장물일 경우 피해자 보호를 위하여 일정한 요 건을 충족하면 피해자에게 환부할 수 있다.

(3) 범죄 수사상의 준수원칙

선증후포 원칙	실체적 진실발견, 기본적 인권 보장의 원칙을 달성하기 위하여 반 드시 명백한 증거를 확보한 후 체포가 이루어져야 한다.
법령준수 원칙	개인의 자유와 권리에 대한 부당한 침해를 방지하기 위하여 「형사 소송법」, 「범죄수사규칙」 등 관련 법규를 준수해야 한다.
민사사건 불관여 원칙	수사 활동은 '형사 사건'에 국한되어 이루어져야 하고, '민사 사건' 에서 수사권이 발동되어서는 안 된다.
종합수사 원칙	수사는 모든 정보자료를 종합하여 판단되어야 하며, 객관적인 지 식과 기술을 활용해야 한다. 개인의 공명심보다 조직력의 조화가 이뤄짐으로써 종합적인 수사가 진행되어야 한다.

(4) 수사실행의 5원칙

수사자료 완전 수집의 원칙	사건 해결에 관건을 가진 자료가 빠지거나 폐기되지 않도록 꼼꼼하게 자료를 수집해야 한다는 필수적 원칙으로 수사의 제1원칙이다.
수사자료 감식·검토의 원칙	수사자료가 완전히 수집되었다면 상식이나 경험에 의존으로 검토해서는 안 되고 과학적 지식과 장비를 사용하여 감식·검토해야 한다는 원칙이다.
적절한 추리의 원칙	감식·검토하여 수집된 수사자료에서 문제점이 발견되었다면 적절한 추리를 통해 해결 방법을 찾아야 하며, 추측은 가설이기 때문에 확신하여 판단해서는 안 된다는 원칙이다.
검증적 수사의 원칙	여러 가지 제시한 추측을 하나씩 다양한 각도에서 검토하는 것이다. 이때, '수사 사항의 결정 → 수사 방법의 결정 → 수사실행'의 순으로 검토하며, 추측을 확인하면서 새로운 자료를 수집할 수 있다는 원칙이다.
사실 판단 증명의 원칙	수사를 통해 확인된 사실은 반드시 객관화된 자료로 제시해야 하고, 그 판단이 진실이라는 것은 재판과정에서 반드시 객관적으로 증명해야 한다.

3. 수사의 추리

가. 추리의 개념

수사의 추리란 수사 초기 범인을 특정하거나 사용된 증거를 수집하는 과정에서 수사관의 상상으로 사건을 재구성하는 것을 의미한다. 범죄는 반드시 '흔적'을 남기기 때문에 수집된 수사자료를 관찰하고 분석한 다음 종합하여 판단함으로써 범죄사실을 추리하고 검증할 수 있다. 수사의 추리는 수사자료와 수사관의 상상이 더해졌기 때문에 정해진 방법은 없다.

나. 추리의 요소

추리의 요소는 수사 요소와 같다. 결국 추리를 통해 범인과 범죄사실을 재구성하는 것이기 때문이다. 따라서 4하, 6하, 8하 원칙으로 파악한다.

	4하원칙	6하원칙	8하원칙
의의		수사의 기본 원칙에 해당하며, 사건을 추리하고 판단하는 데 중요하게 쓰인다. 또한, 수사서류 작성 시 틀이 된다.	6하 원칙에 공범과 객체의 내용을 더해 가장 효과적인 원칙으로 활용된다.
내용	① 누가? (주체) ② 언제? (일시) ③ 어디서? (장소) ④ 무엇을 했나? (행위)	④ + ⑤ 왜? (동기) ⑥ 어떻게? (수단)	⑥ + ⑦ 누구와? (공범) ⑧ 누구를? (객체)

다. 추리의 종류

연역적 추리(전개적 추리)	귀납적 추리(집중적 추리)
- 심증 형성과정으로 수사의 하강 과정 - 하나의 사실을 가지고 여러 가지 가능성을 추론 - 하나의 자료를 가지고 추리선을 전개하여 진상규명이라는 목적에 도달하는 추리 방법	- 판단을 증명하는 과정으로 수사의 상승 과정 - 다수의 사실을 가지고 하나의 결론을 추론 - 상승 과정에서 입증하려는 것에 사실을 증명할 증거가 갖춰졌는가를 검토 - 다수의 용의자 가운데 합리적 추론을 통해 한 명의 진범에 도달하는 방법

라. 추리의 일반적 추정 사실

① 사람은 특별한 사정이 없으면 정상인으로 추정한다.

② 저녁 9시와 저녁 11시에 술에 취해 있었다면 그 중간인 저녁 10시도 술 취해 있었을 것으로 추정한다.

③ 사람의 인간관계, 교우관계, 지병의 계속 등은 특별한 사정이 없으면 계속된 상태로 추정한다.

④ 사람의 행위는 보통 의식하는 과정에 따른다고 추정한다.

⑤ 우편물이나 택배는 천재지변 등의 사유가 아니라면 배달된 것으로 추정하고, 보통 이웃집은 이웃의 사정을 잘 알고 있다고 추정한다.

제3절 수사의 원리

I. 수사의 가능성

가. 범죄의 흔적(범적)

모든 범죄는 흔적을 남긴다. 따라서 범적을 통해서 범죄사실을 추리하고 사실확인의 과정을 거치게 된다. 범죄와 범적 사이에는 인과관계가 존재하기 때문에 범인의 행동을 파악할 수 있다. 모든 범죄 사건은 수사를 통해 해결할 수 있다.

나. 범죄와 범적의 인과관계

범죄와 범적 사이에 존재하는 인과관계를 통하여 범죄 사건의 전부 또는 일부를 추리하고 추리에 대한 사실확인의 과정이 추진된다. 이처럼 범죄의 결과물인 범적을 통하여 범죄를 추리하고 결과를 확인하여 그 원인인 범죄를 탐색하는 것이다.

다. 범죄 수사 가능성의 3대 근간

범죄 수사가 가능한 이유는 어떤 형태로든 범적이 남아 있기 때문이며, 범적이 남아 있는 이유는 인간의 세 가지 행위 법칙 때문이다. 이를 범죄 수사 가능성의 3대 근간이라 한다.

범죄는 인간의 행동이다	사람의 생물학적·심리학적 특징에 따라 흔적이 남는다. (지문, 혈액, 수법, 동기, 언어, 인상, 습관 등)
범죄는 사회적 행동이다	사회적 법칙에 따라 흔적이 남는다. (도구 입수, 목격자, 소문 등)
범죄는 자연현상을 수반하는 행동이다	범죄는 자연현상 속에서 발생하기에 필연적으로 자연과학적 법칙에 따라 흔적이 남는다. (현장 물건의 이동, 족적, 지문, 현장의 변화 등)

2. 범죄징표

가. 개념

범죄에 수반하여 나타나는 내적·외적 현상을 범죄징표라고 한다. 그중 주로 외적으로 표현되는 징표를 범적이라고 한다.

나. 기능

범죄징표는 범인 및 범죄사실의 발견을 위한 수사자료의 기능(범죄사실의 발견), 수사 요소 확정(범인, 범행일시, 범행 장소 등 수사의 요소를 확정), 수사방식의 형태를 결정(범죄징표의 형태에 따라 수사방식의 형태가 결정되며, 구체적인 방침을 수립)을 쉽게 하는 데 이용된다.

다. 형태

범죄징표의 형태는 범인의 생물학적 특징에 의한 징표, 범인의 심리학적 특징에 의한 징표, 범인의 사회적 제반 법칙에 의한 징표, 자연현상에 의한 징표, 문서에 의한 징표로 구분된다. 범죄징표는 구별표준에 따라 유형적 징표와 무형적 징표 또는 직접적 징표와 간접적 징표로 구분하기도 한다.

생물학적 특징에 의한 징표	인상, 지문, 혈액형, DNA, 기타의 신체 특징	
심리학적 특징에 의한 징표	보통 심리	① 범행동기 - 원한, 치정, 미신, 이욕 등 ② 범행 결의 - 불안, 초조, 친지와의 상담 등 　심리적 갈등, 흉기·요구의 준비, 현장의 사 　전답사, 알리바이 공작 등 ③ 범행 중 - 목적 달성에 쉬운 방법, 숙지·숙 　달된 기술 선호 ④ 범행 후 - 특수한 꿈, 잠꼬대, 피해자에 대 　한 위로, 친지 등에게 고백, 자살, 도주, 증 　거인멸, 변명 준비 등
	이상심리	심리 과정에 합리적인 일관성이 결여
사회적 제반 법칙에 의한 징표	성명, 가족, 주거, 경력, 직업, 목격자, 떠도는 소문 등	
자연현상에 의한 징표	물건의 이동, 일시, 지문, 족적, 물건의 특징	
문서에 의한 징표	문자의 감정, 사용 잉크의 감정, 종이 질의 감정	

3. 수사선

가. 개념

수집된 범적을 바탕으로 수사의 대상과 범죄사실을 추리하는 수사의 방향을 수사선이라 한다. 따라서 범적에 따라 다양한 추리를 하면서 하나씩 체계화하여 줄여나가는 과정이 수사선이다.

나. 성질

(1) 미확정 사실을 추론해 가는 과정

수사선은 확정된 사실을 바탕으로 미확정된 사실을 하나씩 추론해 나가는 과정이다. 예를 들면, 집안에서 발생한 사건에서 다툰 흔적이 없고 찻잔 2개가 가지런히 놓여 있다면(확인된 사실을 기초), 피해자가 직접 문을 열어줬고 차를 대접했을 것이므로 아는 사람일 가능성이 크다(미확정된 사실의 추론).

(2) 추리와 자료수집의 선

수사선은 수집된 범적에서 추리의 선을 발견하여 범죄재현에 필요한 수사자료를 수집하는 과정을 거친다. 범죄사실의 규명에 필요한 수사자료는 8하 원칙으로 설명할 수 있다. 따라서 수사선의 설정은 범죄 수사에서 반드시 거쳐야 하는 필연적인 과정이다. 예를 들면, 용의자가 범죄 현장에 있었다는 사실은 주변에서 목격자를 상대로 탐문수사하며 증명하는 것이다.

다. 종류

종류	내용
개인 특징에 관한 수사선 (인간의 행동)	① 신체적 특징에 의한 개인 식별선: 인상, 지문, 혈액형, 나이, 성별 ② 성격 또는 습성에 의한 특징: 성격, 습관, 동기, 수법, 가정환경, 범행 후의 행동
사회관계에 관한 수사선 (사회적 행동)	① 범인의 사회적 환경에 의한 특징: 성명, 주거, 배회처, 직업, 비행경력, 가족관계, 혼인 관계, 교우관계 ② 범인의 사회적 행동유형에 의한 특징: 행적, 수법, 행동 방식, 사용 물건, 상거래절차 ③ 범죄의 사회적 파문에 의한 특징: 동기, 사회적 배경, 떠도는 소문, 소문, 인심의 동향

자연과학에 관한 수사선	① 범죄는 자연현상을 수반한다. ② 물건의 특징: 제조사, 판매처, 소유자, 특징 ③ 물건의 이동: 물건의 소재 장소, 물건의 이동 경로 등 ④ 현장 관찰: 현장 형상, 범행의 흔적, 유류 물건 등 ⑤ 문서: 문서의 특징, 문서의 내용, 인영 등 ⑥ 자연현상: 범행일시 결정, 기상, 조류, 지형, 법의학적 현상

라. 범죄징표와 수사선

(1) 범죄징표와 수사선의 특징

범죄징표에 대한 이론은 합리적 지식에 기초한 것임에 반해, 수사선은 특정 사건의 수사에 범죄징표를 응용한 것이다. 즉, 수집된 여러 범적을 기초하여 범인과 범죄사실에 대해 징표할 수 있는지 이론적으로 정리했지만, 수사선은 구체적으로 수집된 범적을 바탕으로 범죄징표 이론을 응용하여 범인과 범죄사실을 추리하는 선을 말한다.

(2) 범죄징표와 수사선의 비교

	범죄징표	수사선
개념	"어떠한 방법이 그러한 범적을 낳았는가"라는 결과를 캐는 '범행에서 징표로'의 이론적 지식체계이다.	"범적을 보고 어떠한 범죄에서 비롯된 것이다"라는 원인을 캐는 '범죄징표에서 범죄로의 추리'의 체계화이다.
특징	① 합리적 지식에 기초한 이론적 측면이다. ② 수사 수단을 통하여 수집된 여러 범적이 범인과 범죄사실의 어떤 것을 징표로 하는지 수사지식에 기초하여 이론적으로 정리한 것이다.	① 범죄징표이론을 특정 사건 수사에 응용하는 것이다. ② 수사는 확정된 사실이 수집되고 다시 기정사실을 기초로 하여 미확정의 사실을 향해 많은 수사선을 방사함으로써 진전되는 것이다. ③ 수사선은 추리와 자료수집의 선이다.

4. 수사의 수단

가. 개념

법적으로 남겨진 범죄징표를 수사기관이 구체적인 사건의 해결을 위하여 필요한 수사자료로 입수하는 방법을 의미한다.

나. 종류

수사의 수단은 '듣는 수사', '보는 수사', '추리 수사'로 분류할 수 있다.

(1) 듣는 수사

범죄를 직접 경험하였거나 타인의 경험을 전해 들은 자의 기억에 의존하는 수사 수단으로 청각적 수사라고도 한다. 예를 들면, 용의자 조사, 참고인 조사, 떠도는 소문의 탐문 등과 같이 주로 사람을 통한 조사다.

(2) 보는 수사

시각을 동원하여 현장 또는 물건의 형상과 이동에 따라 남겨진 수사자료를 입수하여 증거화하는 수사 수단으로 광의의 현장 관찰이라 한다. 증거물의 발견, 물건 또는 장소의 현상 관찰이 주된 목적이다. 예를 들면, 장소의 관찰, 범죄 현장에서의 물건의 입수 및 그 관찰, 물건의 수색·발견, 물건 현상의 관찰, 감식 조사 등이 있다.

(3) 추리 수사

듣는 수사와 보는 수사의 보충적인 수사이며, 추리의 선에 따라 수사자료를 입수하는 수사 수단이다.

다. 방향

수사의 수단은 횡적 수사와 종적 수사로 나눌 수 있다. 횡적 수사는 수평적 관점으로 수사와 관련된 자료를 발견하고 수집하는 것이 목적이고, 종적 수사는 수직적 관점으로 수집된 자료를 깊이 있게 파고드는 것이 목적이다.

(1) 횡적 수사

범위를 넓혀가는 수사로 범행에 사용된 도구나 관련 자료를 발견하고 수집하는 수사 활동이다.

(2) 종적 수사

수집된 자료를 깊이 파고드는 수사로 특정 자료의 성질, 특징 등을 상세히 관찰하는 수사 활동이다.

	횡적 수사	종적 수사
장점	광범위한 자료수집을 통해 사건의 신중한 판단과 수사의 확신을 얻을 수 있다.	수집된 특정 자료를 집중적으로 파고들어 신속한 범인 검거가 가능하다.
단점	큰 노력과 시간이 소비되어 **비경제적**이다.	한정된 자료로 잘못된 판단을 하게 되면 **수사는 원점**으로 돌아간다.
종류	현장 관찰, 탐문수사, 행적 수사, 미행, 수색, 감별 수사	유류품 수사, 수법 수사, 장물 수사, 인상 특징 수사, 수배 수사

5. 수사구조

수사 활동을 전체 형사절차에서 어떤 역할을 하는지 또는 수사절차에서 검사, 사법경찰관리, 피의자, 변호인, 법관 등의 상호관계를 어떻게 정립시킬지 규명하기 위한 이론을 '수사구조'라고 한다.

수사에서 적정절차의 원리와 영장주의·진술거부권·변호권의 보장 및 이를 실현하기 위한 법적 규제를 포괄적으로 이론화할 것을 시도한 것이다.

가. 규문적 수사관

수사기관과 피의자의 관계를 불평등 수직적 관계로 바라보며, 수사의 절차에서 법관의 사법적 개입은 인정하지 않고 수사기관의 독자적인 결정에 따라 범인과 증거를 조사하는 합목적적 절차로 수사에 필요한 강제 처분권을 인정하며, 강제처분에 대한 영장은 허가장의 성질을 가져 피의자신문을 위한 구인도 허용한다.

나. 탄핵적 수사관

수사는 수사기관이 단독으로 행하며, 피의자 역시 독립하여 준비 활동을 할 수 있다. 결국 수사절차란 법원에 공소제기를 위한 준비단계이고, 수사에 필요한 강제처분권은 법원의 고유권한에 속한다고 본다. 따라서 영장은 명령장의 성질을 가지고 피의자신문을 위한 구인은 허용하지 않는다.

다. 소송적 수사관

기소와 불기소를 결정하는 독자적 목적의 절차로써 공판절차와는 별개로 수사절차의 독립성을 강조하는 이론이다. 따라서 피의자의 지위는 단순한 수사의 객체가 아니라 수사의 주체가 되어야 한다.

제4절 수사기관

수사기관은 법률상 범죄 수사를 할 수 있는 권한을 받은 국가기관을 의미하며, 대표적으로 검사와 사법경찰관리가 이에 해당한다. 검사와 사법경찰관리의 관계는 검사가 수사의 주재자이고 사법경찰관리가 보조자였는데, 2020년 2월 4일 법률 제16924호로 개정된 형사소송법의 신설 제195조 제1항에서 검사와 사법경찰관의 관계를 새롭게 명시하였다. 이로써 사법경찰관도 수사의 주체로 인정받게 되었다.

> 「형사소송법」
> 제195조(검사와 사법경찰관의 관계 등)
> ① 검사와 사법경찰관은 수사, 공소제기 및 공소유지에 관하여 서로 협력하여야 한다.
> ② 제1항에 따른 수사를 위하여 준수하여야 하는 일반적 수사준칙에 관한 사항은 대통령령으로 정한다.

1. 검사와 사법경찰관리

가. 고위공직자 범죄수사처 검사

「고위공직자범죄수사처 설치 및 운영에 관한 법률」 제4조 등에서 조직에 관한 내용을 명시하고 있다.

제4조(처장·차장 등)
① 수사처에 처장 1명과 차장 1명을 두고, 각각 특정직공무원으로 보한다.
② 수사처에 수사처검사와 수사처수사관 및 그 밖에 필요한 직원을 둔다.

제5조(처장의 자격과 임명)
① 처장은 다음 각 호의 직에 15년 이상 있던 사람 중에서 제6조에 따른 고위공직자범죄수사처장후보추천위원회가 2명을 추천하고, 대통령이 그 중 1명을 지명한 후 인사청문회를 거쳐 임명한다.
  1. 판사, 검사 또는 변호사
  2. 변호사 자격이 있는 사람으로서 국가기관, 지방자치단체, 「공공기관의 운영에 관한 법률」 제4조에 따른 공공기관 또는 그 밖의 법인에서 법률에 관한 사무에 종사한 사람
  3. 변호사 자격이 있는 사람으로서 대학의 법률학 조교수 이상으로 재직하였던 사람
② 제1항 각 호에 규정된 둘 이상의 직에 재직한 사람에 대해서는 그 연수를 합산한다.
③ 처장의 임기는 3년으로 하고 중임할 수 없으며, 정년은 65세로 한다.
④ 처장이 궐위된 때에는 제1항에 따른 절차를 거쳐 60일 이내에 후임자를 임명하여야 한다. 이 경우 새로 임명된 처장의 임기는 새로이 개시된다.

제8조(수사처검사)
① 수사처검사는 7년 이상 변호사의 자격이 있는 사람 중에서 제9조에 따른 인사위원회의 추천을 거쳐 대통령이 임명한다. 이 경우 검사의 직에 있었던 사람은 제2항에 따른 수사처검사 정원의 2분의 1을 넘을 수 없다.
② 수사처검사는 특정직공무원으로 보하고, 처장과 차장을 포함하여 25명 이내로 한다.
③ 수사처검사의 임기는 3년으로 하고, 3회에 한정하여 연임할 수 있으며, 정년은 63세로 한다.
④ 수사처검사는 직무를 수행함에 있어서 「검찰청법」 제4조에 따른 검사의 직무 및 「군사법원법」 제37조에 따른 군검사의 직무를 수행할 수 있다.

나. 검사

「검찰청법」 제4조는 검사의 직무에 관해서 명시하고 있다.

제4조(검사의 직무)
① 검사는 공익의 대표자로서 다음 각호의 직무와 권한이 있다.
　1. 범죄 수사, 공소의 제기 및 그 유지에 필요한 사항. 다만, 검사가 수사를 개시할
　수 있는 범죄의 범위는 다음 각 목과 같다.
　　가. 부패범죄, 경제범죄 등 대통령령으로 정하는 중요 범죄
　　나. 경찰공무원(다른 법률에 따라 사법경찰관리의 직무를 행하는 자를 포함한
　　다) 및 고위공직자 범죄수사처 소속 공무원(「고위공직자 범죄수사처 설치
　　및 운영에 관한 법률」에 따른 파견공무원을 포함한다)이 범한 범죄
　　다. 가목·나목의 범죄 및 사법경찰관이 송치한 범죄와 관련하여 인지한 각 해
　　당 범죄와 직접 관련성이 있는 범죄

다. 특별사법경찰관리

「형사소송법」 제245조의10은 특별사법경찰관리의 직무와 역할에 관해서 명시하
고 있다.

제245조의10(특별사법경찰관리)
① 삼림, 해사, 전매, 세무, 군수사기관, 그 밖에 특별한 사항에 관하여 사법경찰관리
의 직무를 행할 특별사법경찰관리와 그 직무의 범위는 법률로 정한다.
② 특별사법경찰관은 모든 수사에 관하여 검사의 지휘를 받는다.
③ 특별사법경찰관은 범죄의 혐의가 있다고 인식하는 때에는 범인, 범죄사실과 증거
에 관하여 수사를 개시·진행하여야 한다.
④ 특별사법경찰관리는 검사의 지휘가 있는 때에는 이에 따라야 한다. 검사의 지휘에
관한 구체적 사항은 법무부령으로 정한다.
⑤ 특별사법경찰관은 범죄를 수사한 때에는 지체 없이 검사에게 사건을 송치하고,
관계 서류와 증거물을 송부하여야 한다.
⑥ 특별사법경찰관리에 대하여는 제197조의2부터 제197조의4까지, 제221조의5, 제
245조의5부터 제245조의8까지의 규정을 적용하지 아니한다.

라. 사법경찰관리

「형사소송법」 제197조는 사법경찰관리의 직무와 역할에 관해서 명시하고 있다.

제197조(사법경찰관리)

① 경무관, 총경, 경정, 경감, 경위는 사법경찰관으로서 범죄의 혐의가 있다고 사료하는 때에는 범인, 범죄사실과 증거를 수사한다.

② 경사, 경장, 순경은 사법경찰리로서 수사의 보조를 하여야 한다.

2. 수사기관 간 상호관계

가. 검사와 사법경찰관의 관계에 관한 법률 규정

(1) 형사소송법

제195조(검사와 사법경찰관의 관계 등)

① 검사와 사법경찰관은 수사, 공소제기 및 공소유지에 관하여 서로 협력하여야 한다.

② 제1항에 따른 수사를 위하여 준수하여야 하는 일반적 수사준칙에 관한 사항은 대통령령으로 정한다.

제196조(검사의 수사)

① 검사는 범죄의 혐의가 있다고 사료하는 때에는 범인, 범죄사실과 증거를 수사한다.

② 검사는 제197조의3제6항, 제198조의2제2항 및 제245조의7제2항에 따라 사법경찰관으로부터 송치받은 사건에 관하여는 해당 사건과 동일성을 해치지 아니하는 범위 내에서 수사할 수 있다.

제197조(사법경찰관리)

① 경무관, 총경, 경정, 경감, 경위는 사법경찰관으로서 범죄의 혐의가 있다고 사료하는 때에는 범인, 범죄사실과 증거를 수사한다.

② 경사, 경장, 순경은 사법경찰리로서 수사의 보조를 하여야 한다.

(2) 검사와 사법경찰관의 상호협력과 일반적 수사준칙에 관한 규정

제6조(상호협력의 원칙)

① 검사와 사법경찰관은 상호 존중해야 하며, 수사, 공소제기 및 공소유지와 관련하여 협력해야 한다.

② 검사와 사법경찰관은 수사와 공소제기 및 공소유지를 위해 필요한 경우 수사·기소·재판 관련 자료를 서로 요청할 수 있다.

③ 검사와 사법경찰관의 협의는 신속히 이루어져야 하며, 협의의 지연 등으로 수사 또는 관련 절차가 지연되어서는 안 된다.

제7조(중요사건 협력절차)

검사와 사법경찰관은 공소시효가 임박한 사건이나 내란, 외환, 선거, 테러, 대형참사, 연쇄살인 관련 사건, 주한 미합중국 군대의 구성원·외국인군무원 및 그 가족이나 초청계약자의 범죄 관련 사건 등 많은 피해자가 발생하거나 국가적·사회적 피해가 큰 중요한 사건(이하 "중요사건"이라 한다)의 경우에는 송치 전에 수사할 사항, 증거수집의 대상, 법령의 적용 등에 관하여 상호 의견을 제시·교환할 것을 요청할 수 있다.

제8조(검사와 사법경찰관의 협의)

① 검사와 사법경찰관은 수사와 사건의 송치, 송부 등에 관한 이견의 조정이나 협력 등이 필요한 경우 서로 협의를 요청할 수 있다. 다만, 다음 각 호의 어느 하나에 해당하는 경우에는 상대방의 협의 요청에 응해야 한다.

  1. 중요사건에 관하여 상호 의견을 제시·교환하는 것에 대해 이견이 있거나, 제시·교환한 의견의 내용에 대해 이견이 있는 경우
  2. 「형사소송법」(이하 "법"이라 한다) 제197조의2제2항 및 제3항에 따른 정당한 이유의 유무에 대해 이견이 있는 경우
  3. 법 제197조의3제4항 및 제5항에 따른 정당한 이유의 유무에 대해 이견이 있는 경우
  4. 법 제197조의4제2항 단서에 따라 사법경찰관이 계속 수사할 수 있는지 여부나 사법경찰관이 계속 수사할 수 있는 경우 수사를 계속할 주체 또는 사건의 이송 여부 등에 대해 이견이 있는 경우
  5. 법 제222조에 따라 변사자 검시를 하는 경우에 수사의 착수 여부나 수사할 사항 등에 대해 이견의 조정이나 협의가 필요한 경우
  6. 법 제245조의8제2항에 따른 재수사의 결과에 대해 이견이 있는 경우
  7. 법 제316조제1항에 따라 사법경찰관이 조사자로서 공판준비 또는 공판기일에서 진술하게 된 경우

② 제1항제1호, 제2호, 제4호 또는 제6호의 경우 해당 검사와 사법경찰관의 협의에도 불구하고 이견이 해소되지 않는 경우에는 해당 검사가 소속된 검찰청의 장과 해당 사법경찰관이 소속된 경찰관서(지방해양경찰관서를 포함한다. 이하 같다)의 장의 협의에 따른다.

제9조(수사기관협의회)

① 대검찰청, 경찰청 및 해양경찰청 간에 수사에 관한 제도 개선 방안 등을 논의하고, 수사기관 간 협조가 필요한 사항에 대해 서로 의견을 협의·조정하기 위해 수사기관협의회를 둔다.

② 수사기관협의회는 다음 각 호의 사항에 대해 협의·조정한다.

  1. 국민의 인권보호, 수사의 신속성·효율성 등을 위한 제도 개선 및 정책 제안
  2. 국가적 재난 상황 등 관련 기관 간 긴밀한 협조가 필요한 업무를 공동으로 수행하기 위해 필요한 사항

3. 그 밖에 제1항의 어느 한 기관이 수사기관협의회의 협의 또는 조정이 필요하다고 요구한 사항

③ 수사기관협의회는 <u>반기마다 정기적</u>으로 개최하되, 제1항의 어느 한 기관이 요청하면 수시로 개최할 수 있다.

④ 제1항의 각 기관은 수사기관협의회에서 협의·조정된 사항의 세부 추진계획을 수립·시행해야 한다.

⑤ 제1항부터 제4항까지의 규정에서 정한 사항 외에 수사기관협의회의 운영 등에 필요한 사항은 수사기관협의회에서 정한다.

제55조(소재수사에 관한 협력 등)

① 검사와 사법경찰관은 소재불명(所在不明)인 피의자나 참고인을 발견한 때에는 해당 사실을 통보하는 등 서로 협력해야 한다.

② 검사는 법 제245조의5제1호 또는 법 제245조의7제2항에 따라 송치된 사건의 피의자나 참고인의 소재 확인이 필요하다고 판단하는 경우 피의자나 참고인의 주소지 또는 거소지 등을 관할하는 경찰관서의 사법경찰관에게 소재수사를 요청할 수 있다. 이 경우 요청을 받은 사법경찰관은 이에 협력해야 한다.

③ 검사 또는 사법경찰관은 제51조제1항제4호 또는 제52조제1항제3호·제4호에 따라 수사중지 또는 기소중지·참고인중지된 사건의 피의자 또는 참고인을 발견하는 등 수사중지 결정 또는 기소중지·참고인중지 결정의 사유가 해소된 경우에는 즉시 수사를 진행해야 한다.

(3) 경찰수사규칙

제3조(협력의 방식 등)

① 사법경찰관리는 수사준칙 제6조에 따라 검사가 수사, 공소제기 및 공소유지와 관련하여 협력의 요청·요구·신청 등(이하 "협력요청등"이라 한다)을 하는 경우에는 상호 존중을 바탕으로 적극 협조해야 한다.

② 사법경찰관리는 검사에게 협력요청등을 하는 경우에는 「형사사법절차 전자화 촉진법」 제2조제4호에 따른 형사사법정보시스템(이하 "형사사법정보시스템"이라 한다) 또는 서면으로 해야 한다.

③ 천재지변 또는 긴급한 상황이 발생하거나 수사 현장에서 협력요청등을 하는 경우 등 제2항의 방식으로 협력요청등을 하는 것이 불가능하거나 현저히 곤란한 경우에는 구두(口頭)나 전화 등 간편한 방식으로 협력요청등을 할 수 있다.

④ 사법경찰관리는 신속한 수사가 필요한 경우에는 적정한 기간을 정하여 검사에게 협력요청등을 할 수 있다.

⑤ 사법경찰관리는 검사로부터 기간이 정해진 협력요청등을 받은 경우에는 그 기간 내에 이행하도록 노력해야 한다. 다만, 그 기간 내에 이행하기 곤란하거나 이행하지 못하는 경우에는 추가로 필요한 기간을 검사와 협의할 수 있다.

제4조(중요사건 협력절차)

① 사법경찰관리는 수사준칙 제7조에 따라 검사에게 중요사건에 대한 의견의 제시·교환을 요청하는 경우에는 별지 제1호서식의 의견요청서에 따른다.

② 사법경찰관리는 수사준칙 제7조에 따라 검사로부터 중요사건에 대한 의견 제시·교환 요청을 받아 의견을 제시·교환하는 경우에는 별지 제2호서식의 의견서에 따른다.

제5조(소재수사에 관한 협력)

① 사법경찰관리는 수사준칙 제55조제1항에 따라 소재불명(所在不明)인 피의자나 참고인을 발견하여 통보하는 경우에는 별지 제3호서식 또는 별지 제4호서식의 소재불명자 발견 통보서에 따른다.

② 사법경찰관리는 수사준칙 제55조제2항에 따른 검사의 소재수사 요청에 협력하여 소재 확인을 한 경우에는 별지 제5호서식의 소재수사 결과 통보서를 작성하여 검사에게 통보해야 한다.

제6조(시찰조회 요청에 관한 협력)

① 사법경찰관리는 사법경찰관리가 수사 중인 사건에 대하여 검사로부터 「검찰사건사무규칙」에 따른 시찰조회를 요청받은 경우에는 협력해야 한다.

② 사법경찰관리는 사법경찰관리가 수사 중인 사건이 아닌 사건에 대하여 검사로부터 시찰조회를 요청받은 경우에는 사건의 내용, 시찰조회 요청 사유 및 직무 수행 지장 여부 등을 종합적으로 검토하여 협력 여부를 결정할 수 있다.

제7조(검사와의 협의 등)

① 사법경찰관리는 수사준칙 제8조제1항에 따라 검사와의 협의를 요청하려는 경우에는 별지 제6호서식의 협의요청서에 요청 사항과 그 사유를 적어 검사에게 통보해야 한다.

② 사법경찰관리는 수사준칙 제8조제1항제1호, 제2호, 제4호 또는 제6호의 경우 제1항에 따른 해당 검사와의 협의에도 불구하고 이견이 해소되지 않으면 이를 즉시 소속된 경찰관서의 장(이하 "소속경찰관서장"이라 한다)에게 보고해야 한다.

③ 제2항의 보고를 받은 소속경찰관서장은 수사준칙 제8조제2항에 따른 협의가 필요하다고 판단하면 별지 제7호서식의 협의요청서에 요청 사항과 그 사유를 적어 제2항에 따른 해당 검사가 소속된 검찰청의 장에게 통보해야 한다.

④ 사법경찰관리 또는 소속경찰관서장은 제1항 또는 제3항에 따라 검사 또는 검찰청의 장과 협의한 사항이 있으면 그 협의사항을 성실하게 이행하도록 노력해야 한다.

제8조(사법경찰관리의 상호협력)

① 사법경찰관리는 수사에 필요한 경우에는 다른 사법경찰관리에게 피의자의 체포·출석요구·조사·호송, 압수·수색·검증, 참고인의 출석요구·조사 등 그 밖에 필요한 조치에 대한 협력을 요청할 수 있다. 이 경우 요청을 받은 사법경찰관리는 정당한 이유가 없으면 이에 적극 협조해야 한다.

② 사법경찰관리는 수사에 필요한 경우에는 법 제245조의10에 따른 특별사법경찰관리와 긴밀히 협력해야 한다. 이 경우 협력의 구체적인 내용·범위 및 방법 등은 상호 협의하여 정한다.

나. 시정조치 요구 및 수사 경합에 따른 송치 등에 관한 법률 규정

(1) 형사소송법

제197조의3(시정조치요구 등)

① 검사는 사법경찰관리의 수사과정에서 법령위반, 인권침해 또는 현저한 수사권 남용이 의심되는 사실의 신고가 있거나 그러한 사실을 인식하게 된 경우에는 사법경찰관에게 사건기록 등본의 송부를 요구할 수 있다.

② 제1항의 송부 요구를 받은 사법경찰관은 지체 없이 검사에게 사건기록 등본을 송부하여야 한다.

③ 제2항의 송부를 받은 검사는 필요하다고 인정되는 경우에는 사법경찰관에게 시정조치를 요구할 수 있다.

④ 사법경찰관은 제3항의 시정조치 요구가 있는 때에는 정당한 이유가 없으면 지체 없이 이를 이행하고, 그 결과를 검사에게 통보하여야 한다.

⑤ 제4항의 통보를 받은 검사는 제3항에 따른 시정조치 요구가 정당한 이유 없이 이행되지 않았다고 인정되는 경우에는 사법경찰관에게 사건을 송치할 것을 요구할 수 있다.

⑥ 제5항의 송치 요구를 받은 사법경찰관은 검사에게 사건을 송치하여야 한다.

⑦ 검찰총장 또는 각급 검찰청 검사장은 사법경찰관리의 수사과정에서 법령위반, 인권침해 또는 현저한 수사권 남용이 있었던 때에는 권한 있는 사람에게 해당 사법경찰관리의 징계를 요구할 수 있고, 그 징계 절차는 「공무원 징계령」 또는 「경찰공무원 징계령」에 따른다.

⑧ 사법경찰관은 피의자를 신문하기 전에 수사과정에서 법령위반, 인권침해 또는 현저한 수사권 남용이 있는 경우 검사에게 구제를 신청할 수 있음을 피의자에게 알려주어야 한다.

제197조의4(수사의 경합)

① 검사는 사법경찰관과 동일한 범죄사실을 수사하게 된 때에는 사법경찰관에게 사건을 송치할 것을 요구할 수 있다.

② 제1항의 요구를 받은 사법경찰관은 지체 없이 검사에게 사건을 송치하여야 한다. 다만, 검사가 영장을 청구하기 전에 동일한 범죄사실에 관하여 사법경찰관이 영장을 신청한 경우에는 해당 영장에 기재된 범죄사실을 계속 수사할 수 있다.

(2) 검사와 사법경찰관의 상호협력과 일반적 수사준칙에 관한 규정

제48조(동일한 범죄사실 여부의 판단 등)

① 검사와 사법경찰관은 법 제197조의4에 따른 수사의 경합과 관련하여 동일한 범죄사실 여부나 영장(「통신비밀보호법」 제6조 및 제8조에 따른 통신제한조치허가서 및 같은 법 제13조에 따른 통신사실 확인자료제공 요청 허가서를 포함한다. 이하 이 조에서 같다) 청구·신청의 시간적 선후관계 등을 판단하기 위해 필요한 경우에는 그 필요한 범위에서 사건기록의 상호 열람을 요청할 수 있다.

② 제1항에 따른 영장 청구·신청의 시간적 선후관계는 검사의 영장청구서와 사법경찰관의 영장신청서가 각각 법원과 검찰청에 접수된 시점을 기준으로 판단한다.

③ 검사는 제2항에 따른 사법경찰관의 영장신청서의 접수를 거부하거나 지연해서는 안 된다.

제49조(수사경합에 따른 사건송치)

① 검사는 법 제197조의4제1항에 따라 사법경찰관에게 사건송치를 요구할 때에는 그 내용과 이유를 구체적으로 적은 서면으로 해야 한다.

② 사법경찰관은 제1항에 따른 요구를 받은 날부터 7일 이내에 사건을 검사에게 송치해야 한다. 이 경우 관계 서류와 증거물을 함께 송부해야 한다.

제50조(중복수사의 방지)

검사는 법 제197조의4제2항 단서에 따라 사법경찰관이 범죄사실을 계속 수사할 수 있게 된 경우에는 정당한 사유가 있는 경우를 제외하고는 그와 동일한 범죄사실에 대한 사건을 이송하는 등 중복수사를 피하기 위해 노력해야 한다.

(3) 경찰수사규칙

제78조(수사의 경합 시 기록 열람)

① 사법경찰관은 수사준칙 제48조제1항에 따라 검사에게 사건기록의 열람을 요청하는 경우에는 별지 제90호서식의 사건기록 열람요청서에 따른다.

② 사법경찰관은 검사로부터 수사준칙 제48조제1항에 따른 사건기록의 열람을 요청하는 서면을 받은 경우에는 그 요청 서면을 검토하여 열람 허용 여부 및 범위를 신속하게 결정한다.

③ 사법경찰관이 검사에게 열람을 허용할 수 있는 사건기록의 범위는 다음 각 호와 같다. 다만, 예외적으로 그 외 사건기록의 열람을 허용할 필요가 있는 경우에는 달리 정할 수 있다.

　1. 범죄인지서
　2. 영장신청서
　3. 고소장, 고발장

④ 사법경찰관은 별지 제91호서식의 열람허가서에 열람을 허용하는 사건기록의 범위를 기재하여 제2항의 사건기록 중 열람을 허용한 사건기록 등본과 함께 사건기록담당직원에게 인계한다.

⑤ 사건기록담당직원은 검사에게 기록을 열람하게 하고, 관리대장에 열람 일시, 열람검사의 성명 등을 기재한다.

다. 특별사법경찰관리와 사법경찰관리의 협력관계에 관한 법률 규정

(1) 경찰수사규칙

제8조(사법경찰관리의 상호협력)
① 사법경찰관리는 수사에 필요한 경우에는 다른 사법경찰관리에게 피의자의 체포·출석요구·조사·호송, 압수·수색·검증, 참고인의 출석요구·조사 등 그 밖에 필요한 조치에 대한 협력을 요청할 수 있다. 이 경우 요청을 받은 사법경찰관리는 정당한 이유가 없으면 이에 적극 협조해야 한다.
② 사법경찰관리는 수사에 필요한 경우에는 법 제245조의10에 따른 특별사법경찰관리와 긴밀히 협력해야 한다. 이 경우 협력의 구체적인 내용·범위 및 방법 등은 상호 협의하여 정한다.

(2) 범죄수사규칙

제3조(특별사법경찰관리 직무범위 사건을 직접 수사하는 경우)
경찰관은 특별사법경찰관리의 직무범위에 속하는 범죄를 먼저 알게 되어 직접 수사하고자 할 때에는 경찰관이 소속된 경찰관서의 장(이하 "소속 경찰관서장"이라 한다)의 지휘를 받아 수사하여야 한다. 이 경우 해당 특별사법경찰관리와 긴밀히 협조하여야 한다.

제4조(이송하는 경우)
경찰관은 특별사법경찰관리에게 사건을 이송하고자 할 때에는 필요한 조치를 한 후 관련 수사자료와 함께 신속하게 이송하여야 한다.

제5조(사건을 이송받았을 경우)
① 경찰관은 특별사법경찰관리의 직무범위에 해당하는 범죄를 이송받아 수사할 수 있으며, 수사를 종결한 때에는 그 결과를 특별사법경찰관리에게 통보하여야 한다.
② 제1항의 경우에 있어서 필요한 때에는 해당 특별사법경찰관리에게 증거물의 인도 그 밖의 수사를 위한 협력을 요구하여야 한다.

제6조(수사가 경합하는 경우)
경찰관은 특별사법경찰관리가 행하는 수사와 경합할 때에는 경찰관이 소속된 경찰관서 수사부서의 장(이하 "소속 수사부서장"이라 한다)의 지휘를 받아 해당 특별사법경찰관리와 그 수사에 관하여 필요한 사항을 협의하여야 한다.

제5절 수사 조직

1. 사법경찰관리의 직무 관할

가. 경찰수사규칙

제15조(직무 관할)

사법경찰관리는 소속된 경찰관서의 관할구역에서 직무를 수행한다. 다만, 다음 각 호의 어느 하나에 해당하는 경우에는 관할구역이 아닌 곳에서도 그 직무를 수행할 수 있다.

1. 관할구역의 사건과 관련성이 있는 사실을 발견하기 위한 경우
2. 관할구역이 불분명한 경우
3. 긴급을 요하는 등 수사에 필요한 경우

나. 범죄수사규칙

제7조(사건의 관할)

① 사건의 수사는 <u>범죄지, 피의자의 주소·거소 또는 현재지</u>를 관할하는 경찰관서가 담당한다.

② 사건관할을 달리하는 수개의 사건이 관련된 때에는 1개의 사건에 관하여 관할이 있는 경찰관서는 다른 사건까지 병합하여 수사를 할 수 있다.

③ 그밖에 관할에 대한 세부 사항은 「사건의 관할 및 관할사건수사에 관한 규칙」에 따른다.

제14조(사건의 단위)

「형사소송법」 제11조의 관련사건 또는 다음 각 호에 해당하는 범죄사건은 1건으로 처리한다. 다만, 분리수사를 하는 경우에는 그러하지 아니하다.

1. 판사가 청구기각 결정을 한 즉결심판 청구 사건
2. 피고인으로부터 정식재판 청구가 있는 즉결심판 청구 사건

「형사소송법」

제11조(관련사건의 정의) 관련사건은 다음과 같다.

1. 1인이 범한 수 죄
2. 수인이 공동으로 범한 죄
3. 수인이 동시에 동일 장소에서 범한 죄
4. 범인은닉죄, 증거인멸죄, 위증죄, 허위감정통역죄 또는 장물에 관한 죄와 그 본범의 죄

다. 사건의 관할 및 관할사건수사에 관한 규칙

제6조(사건관할이 불분명한 경우의 관할지정)

① 다음 각 호의 사건 중 범죄지와 피의자가 모두 불명확한 경우에는 특별한 사정이 없는 한 사건을 최초로 접수한 관서를 사건의 관할관서로 한다.

1. 전화, 인터넷 등 정보통신매체를 이용한 범죄
2. 지하철, 버스 등 대중교통수단 이동 중에 발생한 범죄
3. 그 밖에 경찰청장이 정하는 범죄

② 외국에서 발생한 범죄의 경우에도 사건을 최초로 접수한 관서를 사건의 관할관서로 한다. 다만, 사건접수 단계부터 피의자가 내국인으로 특정된 경우에는 피의자의 주소·거소 또는 현재지를 관할하는 경찰서를 관할관서로 한다.

③ 국내 또는 국외에 있는 대한민국 및 외국국적 항공기 내에서 발생한 범죄에 관하여는 출발지 또는 범죄 후의 도착지를 관할하는 경찰서를 관할관서로 한다.

④ 제1항부터 제3항까지의 규정에도 불구하고 해양경찰청, 군수사기관, 철도특별사법경찰대 등 다른 국가기관과 협의하여 정한 협정 등이 있으면 이를 이 규칙보다 우선하여 적용한다.

제11조(수사촉탁)

① 수사 중 다른 경찰관서에 소재하는 수사대상에 대하여 수사를 촉탁할 수 있다. 다만, 피의자 조사는 현장진출이 곤란한 경우에 한한다.

② 동일 시·도경찰청 내 또는 별표 제1호에 규정된 경찰관서에서는 구치소, 교도소, 대용감방에 수용된 자에 대한 조사를 위하여 수사촉탁할 수 없다. 다만 울릉경찰서는 예외로 한다.

2. 수사의 조직 운영

가. 수사 조직

경찰 상호 간의 긴밀한 협력과 적정한 통제를 위하여 수사의 조직적 운영에 대하여 「범죄수사규칙」에서 관련 내용을 명시하고 있다.

제16조(수사의 조직적 운영)

경찰관이 수사를 할 때에는 경찰관 상호 간의 긴밀한 협력과 적정한 통제를 도모하고, 수사담당부서 이외의 다른 수사부서나 그밖에 관계있는 다른 경찰관서와 유기적으로 긴밀히 연락하여, 경찰의 조직적 기능을 최고도로 발휘할 수 있도록 유의하여야 한다.

제17조(경찰청장)

① 「국가경찰과 자치경찰의 조직 및 운영에 관한 법률」 (이하 '경찰법'이라 한다) 제14조제6항 단서와 「국가경찰과 자치경찰의 조직 및 운영에 관한 법률 제14조제10항에 따른 긴급하고 중요한 사건의 범위 등에 관한 규정」 제2조에 따라 개별 사건의 수사에 대해 경찰청장이 구체적으로 지휘·감독할 수 있는 사항은 제26조제1항과 같다.

② 경찰청장은 경찰법 제14조제3항의 사무를 수행하거나 경찰법 제14조제6항 단서의 사건에 해당하는지를 판단하기 위해 필요한 경우 사건 수사에 대한 보고를 받을 수 있다.

제17조의2(국가수사본부장)

국가수사본부장은 「형사소송법」에 따른 경찰의 수사에 관하여 각 시·도경찰청장과 경찰서장 및 수사부서 소속 공무원을 지휘·감독하며, 다음 각 호의 사항을 제외한 일반적인 사건수사에 대한 지휘는 시·도경찰청장에게 위임할 수 있다.

1. 수사관할이 수 개의 시·도경찰청에 속하는 사건
2. 고위공직자 또는 경찰관이 연루된 비위 사건으로 해당 관서에서 수사하게 되면 수사의 공정성이 의심받을 우려가 있는 경우
3. 국가수사본부장이 수사본부 또는 특별수사본부를 설치하여 지정하는 사건
4. 그 밖에 사회적 이목이 집중되거나, 파장이 큰 사건으로 국가수사본부장이 특별히 지정하는 사건

제18조(시·도경찰청장)

시·도경찰청장은 체계적인 수사 인력·장비·시설·예산 운영 및 지도 등을 통해 합리적이고 공정한 수사를 위하여 그 책임을 다하여야 한다.

제19조(경찰서장)

경찰서장은 해당 경찰서 관할 내의 수사에 대하여 지휘·감독하며, 합리적이고 공정한 수사를 위하여 그 책임을 다하여야 한다.

제20조(수사간부)

수사를 담당하는 경찰관서의 수사간부는 소속 경찰관서장을 보좌하고 그 명에 의하여 수사의 지휘·감독을 하여야 한다.

제21조(수사경찰관 등)

① 경찰관은 소속 상관의 명을 받아 범죄의 수사에 종사한다.

② 경찰관 이외의 수사관계 직원이 경찰관을 도와 직무를 행하는 경우에는 이 규칙이 정하는 바에 따라야 한다.

나. 수사의 지휘와 보고

제22조(사건의 지휘와 수사보고 요구)

① 경찰관서장과 수사간부(이하 "수사지휘권자"라 한다)는 소속 경찰관이 담당하는 사건의 수사진행 사항에 대하여 명시적인 이유를 근거로 구체적으로 지휘를 하여야 하며, 필요한 경우 수사진행에 관하여 소속 경찰관에게 수사보고를 요구할 수 있다.

② 제1항의 요구를 받은 경찰관은 이에 따라야 한다.

제23조(수사에 관한 보고)

① 경찰관은 범죄와 관계가 있다고 인정되는 사항과 수사상 참고가 될 만한 사항을 인지한 때에는 신속히 소속 상관에게 보고하여야 한다.

② 경찰서장은 관할구역 내에서 별표1의 보고 및 수사지휘 대상 중요사건에 규정된 중요사건이 발생 또는 접수되거나 범인을 검거하였을 때에는 별표2의 보고 절차 및 방법에 따라 시·도경찰청장에게 신속히 보고하여야 한다.

제24조(수사지휘)

① 제23조제2항의 보고를 받은 시·도경찰청장은 사건의 경중, 중요도 등을 종합적으로 검토하여 다른 경찰관서에서 수사를 진행하는 것이 적합하다고 판단되는 경우 시·도경찰청 또는 다른 경찰서에서 수사할 것을 명할 수 있다.

② 시·도경찰청장은 경찰서에서 수사 중인 사건을 지휘할 필요성이 있다고 인정될 때에는 구체적 수사지휘를 할 수 있다.

제25조(수사지휘의 방식)

① 시·도경찰청장이 경찰서장에게 사건에 대한 구체적 지휘를 할 때에는 형사사법정보시스템 또는 모사전송 등을 통해 별지 제5호서식의 수사지휘서(관서간)를 작성하여 송부하여야 하며, 수사지휘권자가 경찰관서 내에서 사건에 대한 구체적 지휘를 할 때에는 형사사법정보시스템을 통해 별지 제4호서식의 수사지휘서를 작성하여 송부하거나 수사서류의 결재 수사지휘란에 기재하는 방식으로 하여야 한다.

② 제1항에도 불구하고 다음 각 호의 경우에는 구두나 전화 등 간편한 방식으로 지휘할 수 있으며, 사후에 신속하게 형사사법정보시스템 또는 모사전송 등을 이용하여 지휘내용을 제1항의 수사지휘서로 송부하여야 한다.

　1. 천재지변, 긴급한 상황 또는 전산장애가 발생한 경우

　2. 이미 수사지휘한 내용을 보완하는 경우

　3. 수사 현장에서 지휘하는 경우

③ 수사지휘를 받은 경찰관이 제1항 또는 제2항의 지휘내용을 송부받지 못한 경우에는 수사지휘권자에게 형사사법정보시스템 또는 모사전송 등을 이용하여 지휘내용을 송부해 줄 것을 요청할 수 있다.

④ 제3항의 요청을 받은 수사지휘권자는 신속하게 지휘내용을 형사사법정보시스템

수 사 지 휘 서			
제 0000-000000 호			20 . . .
접수번호		사건번호	
피 의 자			
사건담당자	소속 :	계급 :	성명 :

< 지 휘 내 용 >

수 사 지 휘 서			
제 0000-000000 호			20 . . .
접수번호		사건번호	
피 의 자			
담당경찰서			

< 지 휘 내 용 >

소속관서

사법경찰관 계급

210㎜ × 297㎜(백상지 80g/㎡)

상급경찰관서장 (직인)

직위 계급 ○○○

210㎜ × 297㎜(백상지 80g/㎡)

또는 모사전송 등을 이용하여 서면으로 송부하여야 한다.

⑤ 경찰관은 제1항, 제2항 또는 제4항에 따라 송부된 수사지휘서를 사건기록에 편철하여야 하며, 형사사법정보시스템 또는 모사전송 등을 이용한 서면지휘를 받지 못한 경우에는 관련 사항을 수사보고서로 작성하여야 한다.

제26조(수사지휘의 내용)

① 수사지휘권자는 다음 각 호의 사항에 대해 구체적으로 지휘하여야 한다.

　1. 범죄인지에 관한 사항

　2. 체포·구속에 관한 사항

　3. 영장에 의한 압수·수색·검증에 관한 사항

　4. 법원 허가에 의한 통신수사에 관한 사항

　5. 「수사준칙」 제51조제1항 각 호의 결정에 관한 사항

　6. 사건 이송 등 책임수사관서 변경에 관한 사항

　7. 수사지휘권자와 경찰관 간 수사에 관하여 이견이 있어 지휘를 요청받은 사항

　8. 그 밖에 수사에 관하여 지휘가 필요하다고 인정되는 사항

② 시·도경찰청장이 경찰서장에 대해 수사지휘하는 경우에는 제1항에서 정한 사항 외에 다음 각 호의 사항에 대해서도 구체적으로 지휘하여야 한다.

　1. 제36조의 수사본부 설치 및 해산

2. 제24조제1항에 관한 사항
  3. 수사방침의 수립 또는 변경
  4. 공보책임자 지정 등 언론대응에 관한 사항
③ 경찰관서 내 수사지휘의 위임과 수사서류 전결에 관한 사항은 별도로 정한다.

제27조(경찰서장의 수사지휘 건의)
① 경찰서장은 사건수사를 함에 있어서 시·도경찰청장의 지휘가 필요한 때에는 시·도경찰청장에게 <u>수사지휘를 하여 줄 것을 건의할</u> 수 있다.
② 제1항의 수사지휘건의를 받은 시·도경찰청장은 지휘가 필요하다고 판단하는 때에는 신속하게 지휘한다.

제28조(지휘계통의 준수)
① 시·도경찰청장이 소속 경찰서장을 지휘하는 경우에는 지휘계통을 준수하여 제20조의 수사간부를 통하거나, 직접 경찰서장에게 지휘하여야 한다.
② 경찰관서장이 관서 내에서 수사지휘를 하는 경우에도 지휘계통을 준수하여야 한다.

제29조(준용규정)
국가수사본부장의 수사지휘에 관하여는 제22조부터 제28조까지를 준용한다.

다. 이의제기

제30조(경찰관서 내 이의제기)
① 경찰관은 구체적 수사와 관련된 소속 수사부서장의 지휘·감독의 적법성 또는 정당성에 이견이 있는 경우에는 해당 상관에게 별지 제6호서식의 수사지휘에 대한 이의제기서를 작성하여 이의를 제기할 수 있다.
② 제1항의 이의제기를 받은 상관은 신속하게 이의제기에 대해 검토한 후 그 사유를 적시하여 별지 제4호서식의 수사지휘서에 따라 재지휘를 하여야 한다.
③ 경찰서 소속 경찰관은 제2항의 재지휘에 대해 이견이 있는 경우에는 경찰서장에게 별지 제6호서식의 수사지휘에 대한 이의제기서를 작성하여 다시 이의를 제기할 수 있고, 경찰서장은 이의제기에 대해 신속하게 판단한 후 그 사유를 적시하여 별지 제4호서식의 수사지휘서에 따라 지휘하여야 한다.
④ 제3항에 따른 경찰서장의 지휘에 따르는 것이 위법하다고 판단하는 해당 경찰관은 시·도경찰청장에게 별지 제6호서식의 수사지휘에 대한 이의제기서를 작성하여 다시 이의를 제기할 수 있다.
⑤ 제4항의 이의제기를 받은 시·도경찰청장은 신속하게 시·도경찰청 경찰수사 심의위원회의 의견을 들어 판단한 후 그 사유를 적시하여 별지 제5호서식의 수사지휘서(관서간)에 따라 지휘하여야 한다.
⑥ 시·도경찰청 소속 경찰관은 제2항의 재지휘에 대해 이견이 있는 경우에는 시·도경찰청장에게 별지 제6호서식의 수사지휘에 대한 이의제기서를 작성하여 다시 이의를

소 속 관 서

제 0000-000000 호   0000.00.00.

수 신 :

참 조 :

제 목 : 경찰관서내 수사지휘에 대한 이의제기

범죄수사규칙 제30조에 따라 다음과 같이 이의를 제기합니다.

접수일자		접수번호	0000-000000	사건번호	0000-000000
피 의 자					
죄 명					
사건개요					
이의제기할 수사지휘내용					
이의제기 내용 및 사유					
첨부사항					

소 속 관 서

사법경찰관(리) 계급

210㎜ × 297㎜(백상지 80g/㎡)

제기할 수 있고, 시·도경찰청장은 이의제기에 대해 신속하게 판단한 후 그 사유를 적시하여 별지 제4호서식의 수사지휘서에 따라 지휘하여야 한다.

⑦ 제6항에 따른 시·도경찰청장의 지휘에 따르는 것이 위법하다고 판단하는 해당 경찰관은 국가수사본부장에게 별지 제6호서식의 수사지휘에 대한 이의제기서를 작성하여 다시 이의를 제기할 수 있다.

⑧ 제7항의 이의제기를 받은 국가수사본부장은 신속하게 국가수사본부 경찰수사 심의위원회의 의견을 들어 판단한 후 그 사유를 적시하여 별지 제5호서식의 수사지휘서(관서간)에 따라 지휘하여야 한다.

⑨ 국가수사본부 소속 경찰관은 제2항의 재수사지휘에 대해 이견이 있는 경우에는 소속 국장에게 별지 제6호서식의 수사지휘에 대한 이의제기서를 작성하여 다시 이의를 제기할 수 있고, 소속 국장은 이의제기에 대해 신속하게 판단한 후 그 사유를 적시하여 별지 제4호서식의 수사지휘서에 따라 수사지휘하여야 한다.

⑩ 제9항에 따른 소속 국장의 지휘에 따르는 것이 위법하다고 판단하는 해당 경찰관은 국가수사본부장에게 별지 제6호서식의 수사지휘에 대한 이의제기서를 작성하여 다시 이의를 제기할 수 있다.

⑪ 제10항의 이의제기를 받은 국가수사본부장은 신속하게 국가수사본부 경찰수사 심의위원회의 의견을 들어 판단한 후 그 사유를 적시하여 별지 제5호서식의 수사지휘서(관서간)에 따라 지휘하여야 한다.

⑫ 시·도경찰청 경찰수사 심의위원회와 국가수사본부 경찰수사 심의위원회의 설치 및 운영에 관한 사항은 별도로 정한다.

제31조(상급경찰관서장에 대한 이의제기)

① 경찰서장은 시·도경찰청장의 구체적 수사와 관련된 지휘·감독의 적법성 또는 정당성에 이견이 있는 경우에는 직권 또는 소속 경찰관의 이의제기 신청을 받아 시·도경찰청장에게 별지 제7호서식의 수사지휘에 대한 이의제기서(상급관서용)에 따라 이의를 제기할 수 있다. 이때 소속 경찰관의 이의제기 신청에 대한 처리 절차에 대하여는 제30조제1항부터 제3항까지를 준용한다.

② 시·도경찰청장은 제1항에 따른 경찰서장의 이의제기에 대하여 신속하게 시·도경찰청 경찰수사 심의위원회의 의견을 들어 판단한 후 그 사유를 적시하여 별지 제5호서식의 수사지휘서(관서간)에 따라 지휘하여야 한다.

③ 시·도경찰청장은 국가수사본부장의 구체적 수사와 관련된 지휘·감독의 적법성 또는 정당성에 이견이 있는 경우에는 직권 또는 소속 경찰관의 이의제기 신청을 받아 국가수사본부장에게 상급경찰관서장의 수사지휘에 대한 이의제기서에 따라 이의를 제기할 수 있다. 이때 소속 경찰관의 이의제기 신청에 대한 처리 절차에 대하여는 제30조제1항, 제2항 및 제6항을 준용한다.

④ 국가수사본부장은 제1항에 따른 시·도경찰청장의 이의제기에 대하여 신속하게 국가수사본부 경찰수사 심의위원회의 의견을 들어 판단한 후 그 사유를 적시하여 별지 제5호서식의 수사지휘서(관서간)에 따라 지휘하여야 한다.

제32조(긴급한 경우의 지휘)

① 시·도경찰청장과 국가수사본부장은 각각 제30조제5항·제8항·제11항, 제31조제2항·제4항에 따라 지휘함에 있어서 긴급한 사유가 있는 경우에 한하여 시·도경찰청 경찰수사 심의위원회와 국가수사본부 경찰수사 심의위원회의 의견을 듣지 않고 지휘할 수 있다.

② 제1항에 따라 지휘한 시·도경찰청장과 국가수사본부장은 각각 신속하게 시·도경찰청 경찰수사 심의위원회와 국가수사본부 경찰수사 심의위원회에 다음 각 호의 사항을 설명하여야 한다.

  1. 해당 이의제기 내용
  2. 시·도경찰청 경찰수사 심의위원회 또는 국가수사본부 경찰수사 심의위원회의 의견을 듣지 않고 지휘한 사유 및 지휘내용

제33조(이의제기에 대한 지휘와 수명)

제30조 및 제31조에 따라 이의제기를 한 경찰관, 경찰서장, 시·도경찰청장은 각각 제30조제5항·제8항·제11항, 제31조제2항·제4항, 제32조에 따른 시·도경찰청장과 국가수사본부장의 지휘를 따라야 한다.

제34조(이의제기 목록제출)

경찰서장과 시 · 도경찰청장은 각각 해당 경찰서 및 시 · 도경찰청 내에서 발생한 이의제기사건 목록을 분기별로 상급 경찰관서장에게 제출하여야 한다.

제35조(불이익 금지 등)

① 제30조 및 제31조에 따라 이의제기를 하는 경찰관, 경찰서장, 시 · 도경찰청장은 정확한 사실에 기초하여 신속하고 성실하게 자신의 의견을 표시하여야 한다.

② 이의제기를 한 경찰관, 경찰서장, 시 · 도경찰청장은 그 이의제기를 이유로 인사상, 직무상 불이익한 조치를 받아서는 아니 된다.

라. 수사본부

제36조(수사본부)

① 국가수사본부장 또는 시 · 도경찰청장은 살인 등 중요사건이 발생하여 <u>종합적인 수사가 필요하다고 인정할 때에는 수사본부를 설치</u>할 수 있다.

② 국가수사본부장은 제1항에도 불구하고 경찰고위직의 내부비리사건, 사회적 관심이 집중되고 공정성이 특별하게 중시되는 사건 등에 대하여는 그 직무에 관하여 국가수사본부장 등 상급자의 지휘 · 감독을 받지 않고 <u>독자적 수사가 가능한 "특별수사본부"</u>를 설치 · 운용할 수 있다.

③ 국가수사본부장 또는 시 · 도경찰청장은 <u>국가기관간 공조수사가 필요한 경우</u>에 관계기관과 <u>"합동수사본부"</u>를 설치 · 운용할 수 있다.

④ 제1항부터 제3항까지에 따른 수사본부의 설치절차와 운영방법은 별도 규칙으로 정한다.

「수사본부 설치 및 운영 규칙」
제2조(수사본부 설치대상 중요사건) 수사본부 설치대상이 되는 중요사건(이하 "중요사건"이라 한다)의 범위는 다음 각호와 같다.
 1. 살인, 강도, 강간, 약취유인, 방화 사건
 2. 피해자가 많은 업무상 과실치사상 사건
 3. 조직폭력, 실종사건 중 중요하다고 인정되는 사건
 4. 국가중요시설물 파괴 및 인명피해가 발생한 테러사건 또는 그러한 테러가 예상되는 사건
 5. 기타 사회적 이목을 집중시키거나 중대한 영향을 미칠 우려가 있다고 인정되는 사건
제3조(수사본부의 설치)
① 국가수사본부장은 중요 사건이 발생하여 특별하게 수사하여야 할 필요가 있다고 판단될 때는 <u>지방경찰청장에게 수사본부의 설치</u>를 명할 수 있고, 이 경우 지방경찰청장은 수사본부를 설치하여야 한다.
② 지방경찰청장은 관할 지역내에서 제2조의 중요사건이 발생하여 필요하다고 인정할 때는

수사본부를 설치하거나 관할경찰서장에게 수사본부의 설치를 명할 수 있다.

제4조(합동수사본부의 설치)

① 지방경찰청장은 국가기관간 공조수사가 필요한 경우에는 관계기관과 합동수사본부(이하 "합동수사본부"라 한다)를 설치·운용할 수 있다. 이 경우 수사본부의 조직, 설치장소, 인원구성, 수사분담 등에 관하여 상호 협의하여 운용한다.

② 제1항의 "국가기관간 공조수사가 필요한 경우"란 다음 각호의 사건이 발생한 경우를 말한다.

 1. 군탈영병, 교도소·구치소·법정 탈주범 추적수사 등 수 개의 국가기관이 관련된 사건

 2. 마약·총기·위폐·테러수사 등 관계기관간 정보교류·수사공조가 특히 필요한 사건

 3. 기타 국가수사본부장이 필요하다고 인정한 사건

제5조(수사전담반의 설치) 지방경찰청장은 중요사건이 발생한 경우 필요하다고 인정하는 경우에는 해당사건에 대한 특별수사를 전담하는 수사전담반을 설치·운용할 수 있다.

제6조(수사본부의 설치장소) 수사본부는 사건 발생지를 관할하는 경찰서 또는 지구대·파출소 등 지역경찰관서에 설치하는 것을 원칙으로 한다. 다만, 지방경찰청장은 관계기관과의 협조 등을 위해 필요하거나 사건의 내용 및 성격을 고려하여 다른 곳에 설치하는 것이 적당하다고 인정될 때는 다른 장소에 설치할 수 있다.

제7조(수사본부의 설치지시) 지방경찰청장이 경찰서장에게 수사본부의 설치를 명할 때는 다음 각호의 사항을 지시하여야 한다.

 1. 설치장소

 2. 사건의 개요

 3. 수사요강

 4. 기타 수사에 필요한 사항

제8조(수사본부의 구성)

① 수사본부에는 수사본부장(이하 "본부장"이라 한다), 수사부본부장(이하 "부본부장"이라 한다), 수사전임관, 홍보관, 분석연구관, 지도관, 수색담당관과 관리반, 수사반 및 제보분석반을 둘 수 있다.

② 본부장과 부본부장은 지방경찰청장이 지명하며, 수사전임관, 홍보관, 분석연구관, 지도관, 수색담당관, 관리반원, 수사반원 및 제보분석반원은 본부장이 지명한다.

제9조(수사본부장)

① 본부장은 다음 각호의 어느 하나에 해당하는 자 중에서 지방경찰청장이 지명하는 자가 된다.

 1. 지방경찰청 수사업무담당부장 또는 지방경찰청차장

 2. 지방청 형사·수사과장 또는 사건관계 과장

 3. 사건관할지 경찰서장

② 합동수사본부의 본부장은 기관별 대표자 중에서 관계기관과 협의하여 시·도경찰청장이 지명한다.

③ 본부장은 수사본부 수사요원을 지휘·감독하며, 수사본부를 운영 관리한다.

제23조(수사본부의 해산)

① 지방경찰청장은 다음 각호의 어느 하나에 해당하면 수사본부를 해산할 수 있다.

1. 범인을 검거한 경우
2. 오랜기간 수사하였으나 사건해결의 전망이 없는 경우
3. 기타 특별수사를 계속할 필요가 없다고 판단되는 경우

② 지방경찰청장은 수사본부를 해산하였을 때는 각 경찰서장, 기타 소속 관계기관 및 부서의 장에게 해산사실 및 그 사유를 알려야 한다.

제27조(특별수사본부의 설치 및 운영)

① 국가수사본부장은 제3조제1항에도 불구하고 중요사건 중 경찰고위직의 내부비리사건, 사회적 관심이 집중되고 공정성이 특별하게 중시되는 사건에 대하여는 직접 특별수사본부를 설치하여 운영할 수 있다.

② 특별수사본부장은 국가수사본부장이 <u>경무관급 경찰관 중에서 지명한다.</u>

③ 국가수사본부장은 제2항의 특별수사본부장을 지명하는 경우 「경찰 수사사건 심의 등에 관한 규칙」 제10조에서 규정하는 경찰수사 심의위원회에 3배수 이내 후보자에 대한 심사를 요청하고, 심사 결과에 따라 추천된 자를 특별수사본부장으로 지명하여야 한다.

④ 특별수사본부장은 그 직무에 관하여 국가수사본부장 등 상급자의 지휘·감독을 받지 않고 수사결과만을 국가수사본부장에게 보고한다.

⑤ 국가수사본부장은 특별수사본부장의 조치가 현저히 부당하거나 직무의 범위를 벗어난 때에는 그 직무수행을 중단시킬 수 있으며, 교체가 필요한 경우에는 다시 제2항과 제3항에 따라서 교체할 수 있다.

⑥ 특별수사본부의 설치 및 운영에 관하여 필요한 사항은 제6조, 제8조, 제10조제1항제1호, 제11조부터 제25조까지의 규정을 준용한다.

02
CHAPTER

수사의 과정

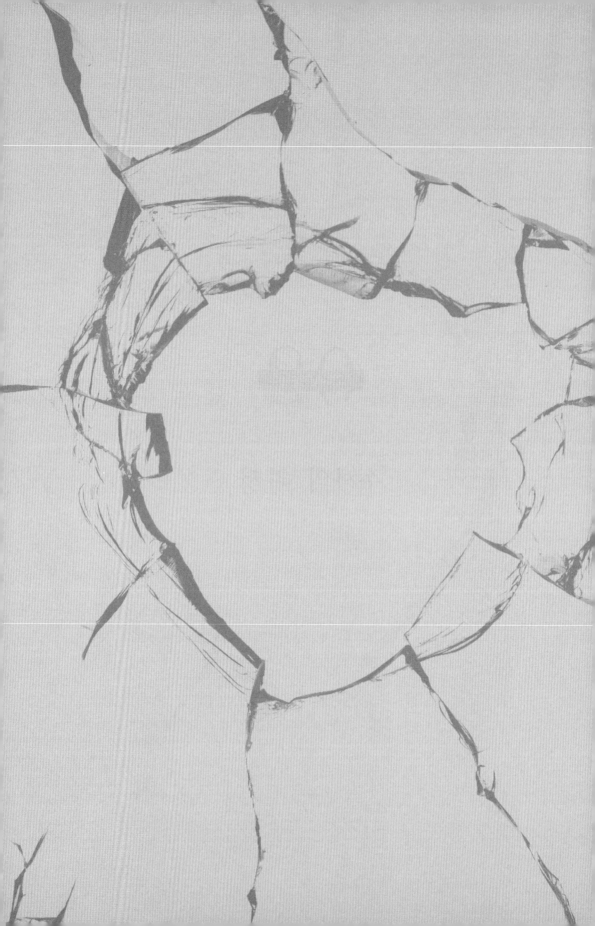

제2장

수사의 과정

| 수사 개시 이전 | 입건 전 조사 (피혐의자) | 첩보·진정·피해자 신고 등으로 범죄혐의 유무를 조사할 만한 가치가 있다고 판단될 때 그 진상을 규명하기 위하여 수사 개시 이전에 이루어지는 조사 활동을 의미한다. |

수사 개시 이후	수사 개시 (피의자)	수사기관은 범죄 혐의가 있다고 판단되면 범죄사실에 대한 범인과 증거를 수사한다. 실무에서는 범죄사건부에 등재하여 사건번호를 부여받는데, 이를 '입건(立件)'이라 한다. 피혐의자에서 피의자로 신분이 전환된다. 고소·고발과 같이 사건 수리로 입건되는 예도 있다.
	수사 실행	실체적 진실발견을 위하여 수사 활동을 실행한다. 임의수사가 원칙이고 법률에 특별한 규정이 있는 경우 강제수사가 허용된다.
	수사 종결	사법경찰관은 수사 결과 '범죄 혐의'가 있다고 인정되면 검사에게 사건을 송치하고 관련 서류와 증거물을 검사에게 송부해야 한다. 불송치를 결정했다면 그 이유를 명시한 서면과 함께 관계 서류와 증거물을 바로 검사에게 송부하여야 한다.

제1절 수사의 단계

1. 입건 전 조사

이전에는 '내사'라는 용어를 사용했었는데, '은밀히 뒷조사한다'라는 부정적 의미를 내포하고 있으며 용어에 대한 명확성이 부족하다는 점을 들어 '내사'를 폐지하고 '입건 전 조사'로 용어를 변경하였다.

「입건 전 조사 사건 처리에 관한 규칙」에서 관련 내용을 자세히 규정하고 있다.

가. 목적과 입건 전 조사의 기본

제1조(목적)

이 규칙은 「검사와 사법경찰관의 상호협력과 일반적 수사준칙에 관한 규정」 제16조 제3항, 「경찰수사규칙」 제19조에 따른 입건 전 조사와 관련한 세부 절차를 규정함으로써 입건 전 조사 사무의 적정한 운영을 도모하는 것을 목적으로 한다.

「검사와 사법경찰관의 상호협력과 일반적 수사 준칙에 관한 규정」

제16조(수사의 개시)

① 검사 또는 사법경찰관이 다음 각 호의 어느 하나에 해당하는 행위에 착수한 때에는 수사를 개시한 것으로 본다. 이 경우 검사 또는 사법경찰관은 해당 사건을 <u>즉시 입건</u>해야 한다.

1. 피혐의자의 수사기관 출석조사
2. 피의자신문조서의 작성
3. 긴급체포
4. 체포·구속영장의 청구 또는 신청
5. 사람의 신체, 주거, 관리하는 건조물, 자동차, 선박, 항공기 또는 점유하는 방실에 대한 압수·수색 또는 검증영장(부검을 위한 검증영장은 제외한다)의 청구 또는 신청

② 검사 또는 사법경찰관은 수사 중인 사건의 범죄 혐의를 밝히기 위한 목적으로 관련 없는 사건의 수사를 개시하거나 수사기간을 부당하게 연장해서는 안 된다.

③ 검사 또는 사법경찰관은 입건 전에 범죄를 의심할 만한 정황이 있어 수사 개시 여부를 결정하기 위한 사실관계의 확인 등 필요한 조사를 할 때에는 적법절차를 준수하고 사건관계인의 인권을 존중하며, 조사가 부당하게 장기화되지 않도록 신속하게 진행해야 한다.

④ 검사 또는 사법경찰관은 제3항에 따른 조사 결과 입건하지 않는 결정을 한 때에는 피해자에 대한 보복범죄나 2차 피해가 우려되는 경우 등을 제외하고는 피혐의자 및 사건관계인에게 통지해야 한다.

⑤ 제4항에 따른 통지의 구체적인 방법 및 절차 등은 법무부장관, 경찰청장 또는 해양경찰청장이 정한다.

⑥ 제3항에 따른 조사와 관련한 서류 등의 열람 및 복사에 관하여는 제69조제1항, 제3항, 제5항(같은 조 제1항 및 제3항을 준용하는 부분으로 한정한다. 이하 이 항에서 같다) 및 제6항(같은 조 제1항, 제3항 및 제5항에 따른 신청을 받은 경우로 한정한다)을 준용한다.

「경찰수사규칙」

제19조(입건 전 조사)

① 사법경찰관은 수사준칙 제16조제3항에 따른 입건 전에 범죄를 의심할 만한 정황이 있어 수사 개시 여부를 결정하기 위한 사실관계의 확인 등 필요한 조사(이하 "입건전조사"라 한다)에 착수하기 위해서는 해당 사법경찰관이 소속된 경찰관서의 수사 부서의 장(이하 "소속수사부서장"이라 한다)의 지휘를 받아야 한다.

② 사법경찰관은 입건전조사한 사건을 다음 각 호의 구분에 따라 처리해야 한다.

 1. 입건: 범죄의 혐의가 있어 수사를 개시하는 경우

 2. 입건전조사 종결(혐의없음, 죄가안됨 또는 공소권없음): 제108조제1항제1호부터 제3호까지의 규정에 따른 사유가 있는 경우

 3. 입건전조사 중지: 피혐의자 또는 참고인 등의 소재불명으로 입건전조사를 계속할 수 없는 경우

 4. 이송: 관할이 없거나 범죄특성 및 병합처리 등을 고려하여 다른 경찰관서 또는 기관(해당 기관과 협의된 경우로 한정한다)에서 입건전조사할 필요가 있는 경우

 5. 공람 후 종결: 진정·탄원·투서 등 서면으로 접수된 신고가 다음 각 목의 어느 하나에 해당하는 경우

  가. 같은 내용으로 3회 이상 반복하여 접수되고 2회 이상 그 처리 결과를 통지한 신고와 같은 내용인 경우

  나. 무기명 또는 가명으로 접수된 경우

  다. 단순한 풍문이나 인신공격적인 내용인 경우

  라. 완결된 사건 또는 재판에 불복하는 내용인 경우

  마. 민사소송 또는 행정소송에 관한 사항인 경우

제2조(입건 전 조사의 기본)

① 경찰관은 피조사자자와 그 밖의 피해자·참고인 등(이하 "관계인"이라 한다)에 대한 입건 전 조사(이하 "조사"라 한다)를 실시하는 경우 관계인의 인권보호에 유의하여야 한다.

② 경찰관은 신속·공정하게 조사를 진행하여야 하며, 관련 혐의 및 관계인의 정보가 정당한 사유 없이 외부로 유출되거나 공개되는 일이 없도록 하여야 한다.

③ 조사는 임의적인 방법으로 하는 것을 원칙으로 하고, 대물적 강제 조치를 실시하

는 경우에는 법률에서 정한 바에 따라 필요 최소한의 범위에서 남용되지 않도록 유의하여야 한다.

→ 입건 전 조사 단계에서 '대물적 강제처분'은 법률에 정한 바에 따라 최소한도로 허용이 되지만, 체포·구속과 같은 '대인적 강제처분'은 허용되지 않는다.

나. 입건 전 조사의 착수

제3조(조사의 분류)
조사사건은 다음 각 호와 같이 분류한다.
1. 진정사건: 범죄와 관련하여 진정·탄원 또는 투서 등 서면으로 접수된 사건
2. 신고사건: 범죄와 관련하여 112신고·방문신고 등 서면이 아닌 방법으로 접수된 사건
3. 첩보사건
    가. 경찰관이 대상자, 범죄혐의 및 증거 자료 등 조사 단서에 관한 사항을 작성·제출한 범죄첩보 사건
    나. 범죄에 관한 정보, 풍문 등 진상을 확인할 필요가 있는 사건
4. 기타조사사건: 제1호부터 제3호까지를 제외한 범죄를 의심할 만한 정황이 있는 사건

제4조(조사사건의 수리)
① 조사사건에 대해 수사의 단서로서 조사할 가치가 있다고 인정되는 경우에는 이를 수리하고, 소속 수사부서장에게 보고하여야 한다.
② 제1항에 따라 사건을 수리하는 경우 형사사법정보시스템에 관련 사항을 입력하여야 하며 별지 제1호서식의 입건 전 조사사건부에 기재하여 관리하여야 한다.

제5조(첩보사건의 착수)
① 경찰관은 첩보사건의 조사를 착수하고자 할 때에는 별지 제2호서식의 입건 전 조사착수보고서를 작성하고, 소속 수사부서의 장에게 보고하고 지휘를 받아야 한다.
② 수사부서의 장은 수사 단서로서 조사할 가치가 있다고 판단하는 사건·첩보 등에 대하여 소속 경찰관에게 별지 제3호서식의 입건 전 조사착수지휘서에 의하여 조사의 착수를 지휘할 수 있다.
③ 경찰관은 소속 수사부서의 장으로부터 조사착수지휘를 받은 경우 형사사법정보시스템에 피조사자, 피해자, 혐의내용 등 관련 사항을 입력하여야 한다.

제6조(조사 사건의 이송·통보)
경찰관은 관할이 없거나 범죄 특성 등을 고려하여 소속 관서에서 조사하는 것이 적당하지 않은 사건을 다른 경찰관서 또는 기관에 이송 또는 통보할 수 있다.

입 건 전 조사사건부

구분	접수번호 (지휘일시) 접수일시	피해자 (진정인등) 성 명 주민번호	조사대상자 성 명 주민번호	주 소	조사할 사항	착수일시 처리일시	처리결과	담당자 지휘자	비 고
진정사건									
신고사건		-	-						
첩보사건									
기타 조사사건		-	-						

○○○○경 찰 서

제 호   년 월 일

수 신 (수사부서의) 장 경

제 목 입건 전 조사 착수 보고

　　　다음 사람에 대하여 조사하고자 하니 지휘바랍니다.

1. 조사대상자

　　성   명　　　　　　주민등록번호

　　주   소

2. 조사할 사항

　(별지 사용 가능)

3. 조사가 필요한 이유(범죄첩보 등 관련자료 첨부)

　　○○○○○팀(계) 경 ○ ○ ○ ○ ㉑

지 휘 사 항

(조사착수 여부, 조사의 방식, 기타 주의사항 등 지휘사항 기재)

　　　　년　　　월　　　일
　　　　(수사부서의) 장 경　　　　　㉑

○○○○경 찰 서

제 호   20 . . .
수 신 :
참 조 :
제 목 : 입건 전 조사진행상황보고

　　　○○○에 대한 ○○ 사건에 관하여 아래와 같이 조사진행상황을 보고합니다.

1. 조사대상자 인적사항

2. 혐의내용

3. 적용법조

4. 조사진행상황

5. 향후조사계획

경 로	수사지휘 및 의견	구분	결 재	일시

다. 입건 전 조사의 진행

제7조(조사의 보고·지휘·방식 등)

① 조사의 보고·지휘, 출석요구, 진정·신고사건의 진행상황의 통지, 각종 조서작성, 압수·수색·검증을 포함한 강제처분 등 구체적인 조사 방법 및 세부 절차에 대해서는 그 성질이 반하지 않는 한 「경찰수사규칙」, 「범죄수사규칙」을 준용한다. 이 경우 '수사'를 '조사'로 본다.

② 신고·진정·탄원에 대해 입건 전 조사를 개시한 경우, 경찰관은 다음 각 호의 어느 하나에 해당하는 날부터 7일 이내에 진정인·탄원인·피해자 또는 그 법정대리인(피해자가 사망한 경우에는 그 배우자·직계친족·형제자매를 포함한다. 이하 "진정인등"이라 한다)에게 조사 진행상황을 통지해야 한다. 다만, 진정인등의 연락처를 모르거나 소재가 확인되지 않으면 연락처나 소재를 알게된 날로부터 7일 이내에 조사 진행상황을 통지해야 한다.

  1. 신고·진정·탄원에 따라 조사에 착수한 날

  2. 제1호에 따라 조사에 착수한 날부터 매 1개월이 지난 날

③ 경찰관은 조사 기간이 3개월을 초과하는 경우 별지 제4호서식의 입건 전 조사진행상황보고서를 작성하여 소속 수사부서의 장에게 보고하여야 한다.

라. 입건 전 조사의 종결 등

제8조(수사절차로의 전환)

경찰관은 조사 과정에서 범죄혐의가 있다고 판단될 때에는 지체없이 범죄인지서를 작성하여 소속 수사부서장의 지휘를 받아 수사를 개시하여야 한다.

제9조(불입건 결정 지휘)

수사부서의 장은 조사에 착수한 후 6개월 이내에 수사절차로 전환하지 않은 사건에 대하여 「경찰수사규칙」 제19조제2항제2호부터 제5호까지의 사유에 따라 불입건 결정 지휘를 하여야 한다. 다만, 다수의 관계인 조사, 관련자료 추가확보·분석, 외부 전문기관 감정 등 계속 조사가 필요한 사유가 소명된 경우에는 6개월의 범위내에서 조사기간을 연장 할 수 있다.

제10조(기록의 관리)

① 제8조에 따라 수사를 개시한 조사 사건의 기록은 해당 수사기록에 합쳐 편철한다. 다만, 조사 사건 중 일부에 대해서만 수사를 개시한 경우에는 그 일부 기록만을 수사기록에 합쳐 편철하고 나머지 기록은 제2항의 방법으로 조사 기록으로 분리하여 보존할 수 있으며 필요한 경우 사본으로 보존할 수 있다.

② 「경찰수사규칙」 제19조에 따른 입건 전 조사종결, 입건 전 조사중지, 공람종결 결정은 별지 제5호서식의 불입건 편철서, 별지 제6호서식의 기록목록, 별지 제7호서식의 불입건 결정서의 서식에 따른다. 제6조에 따라 이송하는 경우에는 사건이송서를 작성하여야 한다.

○○○○경 찰 서

제 호   20 . . .

수 신 :

참 조 :

제 목 : **입건 전 조사진행상황보고**

○○○에 대한 ○○ 사건에 관하여 아래와 같이 조사진행상황을 보고합니다.

1. 조사대상자 인적사항

2. 혐의내용

3. 적용법조

4. 조사진행상황

5. 향후조사계획

경 로	수사지휘 및 의견	구분	결 재	일시

○○○경 찰 서

제 호   . . .

제 목 : **불입건 편철**

		성 명	성별	혐 의 죄 명
조사대상자				

혐 의 죄 명	
결 과	

	접 수 일	접수번호	단 서	피 해 자
대 상 사 건				

책임수사팀장	
정 수 사 관	
부 수 사 관	
비 고	

○○○경찰서

사법경찰관(리) 경○

기 록 목 록

서 류 명	작성자(진술자)	작성년월일	면수

소 속 관 서

0000.00.00.

접수번호 *2021-000000호*

제 목 **불입건결정**

아래와 같이 불입건 결정합니다.

Ⅰ. 조사대상자

Ⅱ. 혐의 죄명

Ⅲ. 결과

Ⅳ. 혐의내용과 불입건 이유

사법경찰관 *계급*

<작성 명의 : 팀장>

2. 입건 전 조사 활동

① 피혐의자의 기초조사

② 신원조회, 출입국 사실조회, 주소지 이동현황, 직장 의료보험 조회 등

③ 미행과 감시를 통한 피혐의자 행적 조사

④ 참고인 조사, 전문 감정인을 통한 감정조사

⑤ 입건 전 조사 혐의에 대한 증거 수집

⑥ 필요시 출국금지 또는 입국할 때 통보 요청

제2절 수사의 개시

1. 수사의 개시

경찰관은 범죄 혐의와 관련된 '수사 단서'를 확보하면 수사를 개시하고, 범인을 검거하고 증거를 수집해야 한다. 실무상으로 '입건'이라 하고 범죄사건부에 사건번호를 부여받고 대상자는 피의자 신분이 되며, 수사 결과는 기소 의견으로 송치되거나 불송치 의견으로 종결이 될 수 있다.

수사가 개시되는 사유는 입건 전 조사 결과 범죄인지를 하거나 고소·고발·자수 등 피해자 신고에 따라 진행된다.

가. 검사와 사법경찰관의 상호협력과 일반적 수사준칙에 관한 규정

제16조(수사의 개시)

① 검사 또는 사법경찰관이 다음 각 호의 어느 하나에 해당하는 행위에 착수한 때에는 수사를 개시한 것으로 본다. 이 경우 검사 또는 사법경찰관은 해당 사건을 즉시 입건해야 한다.

  1. 피혐의자의 수사기관 출석조사

  2. 피의자신문조서의 작성

  3. 긴급체포

  4. 체포·구속영장의 청구 또는 신청

5. 사람의 신체, 주거, 관리하는 건조물, 자동차, 선박, 항공기 또는 점유하는 방실에 대한 압수 · 수색 또는 검증영장(부검을 위한 검증영장은 제외한다)의 청구 또는 신청

② 검사 또는 사법경찰관은 수사 중인 사건의 범죄 혐의를 밝히기 위한 목적으로 관련 없는 사건의 수사를 개시하거나 수사기간을 부당하게 연장해서는 안 된다.

③ 검사 또는 사법경찰관은 입건 전에 범죄를 의심할 만한 정황이 있어 수사 개시 여부를 결정하기 위한 사실관계의 확인 등 필요한 조사를 할 때에는 적법절차를 준수하고 사건관계인의 인권을 존중하며, 조사가 부당하게 장기화되지 않도록 신속하게 진행해야 한다.

④ 검사 또는 사법경찰관은 제3항에 따른 조사 결과 입건하지 않는 결정을 한 때에는 피해자에 대한 보복범죄나 2차 피해가 우려되는 경우 등을 제외하고는 피혐의자 및 사건관계인에게 통지해야 한다.

⑤ 제4항에 따른 통지의 구체적인 방법 및 절차 등은 법무부장관, 경찰청장 또는 해양경찰청장이 정한다.

⑥ 제3항에 따른 조사와 관련한 서류 등의 열람 및 복사에 관하여는 제69조제1항, 제3항, 제5항(같은 조 제1항 및 제3항을 준용하는 부분으로 한정한다. 이하 이 항에서 같다) 및 제6항(같은 조 제1항, 제3항 및 제5항에 따른 신청을 받은 경우로 한정한다)을 준용한다.

나. 경찰수사규칙

제18조(수사의 개시)
① 사법경찰관은 법 제197조제1항에 따라 구체적인 사실에 근거를 둔 범죄의 혐의를 인식한 때에는 수사를 개시한다.

② 사법경찰관은 제1항에 따라 수사를 개시할 때에는 지체 없이 별지 제11호서식의 범죄인지서를 작성하여 사건기록에 편철해야 한다.

다. 범죄수사규칙

제44조(수사의 개시)
경찰관은 수사를 개시할 때에는 범죄의 경중과 정상, 범인의 성격, 사건의 파급성과 모방성, 수사의 완급 등 제반 사정을 고려하여 수사의 시기 또는 방법을 신중하게 결정하여야 한다.

제46조(공무원등에 대한 수사 개시 등의 통보)
① 경찰관은 공무원 및 공공기관의 임직원 등(이하 "공무원등"이라 한다)에 대하여 수사를 시작한 때와 이를 마친 때에는 다음 각 호의 규정에 따라 공무원등의 소속기관의 장 등에게 수사 개시 사실 및 그 결과를 통보해야 한다.

소 속 관 서

제 0000-00000 호   0000.00.00.

수 신 :

참 조 :   접수번호 :

제 목 : 범죄인지서   사건번호 :
_____

다음 사람에 대한 범죄사실을 인지합니다.

1. 피의자 인적사항

　성명   직업

　주민등록번호 :

　주   거 :

　등록기준지 :

2. 범죄경력자료

3. 범죄사실의 요지

4. 죄명 및 적용법조

5. 수사단서 및 범죄 인지경위

_____

210㎜ × 297㎜(백상지 80g/㎡)

1. 「국가공무원법」 제83조제3항
2. 「지방공무원법」 제73조제3항
3. 「사립학교법」 제66조의3제1항
4. 「공공기관의 운영에 관한 법률」 제53조의2
5. 「지방공기업법」 제80조의2
6. 「지방자치단체 출자·출연 기관의 운영에 관한 법률」 제34조의2
7. 「과학기술분야 정부출연연구기관 등의 설립·운영 및 육성에 관한 법률」 제35조의2
8. 「국가연구개발혁신법」 제37조
9. 「국가정보원직원법」 제23조제3항
10. 「군인사법」 제59조의3제1항
11. 「부정청탁 및 금품등 수수의 금지에 관한 법률 시행령」 제37조
12. 그 밖에 소속 기관의 장 등에게 수사 개시 등을 통보하도록 규정하고 있는 법령
② 경찰관이 제1항에 따라 통보하는 경우에는 다음 각 호의 서식을 작성하여 통보해야 한다.
   1. 소속 공무원등에 대하여 수사를 개시한 경우: 별지 제12호서식의 공무원등 범죄 수사 개시 통보서

2. 소속 공무원등에 대하여 「수사준칙」 제51조제1항제2호부터 제5호까지의 결정
을 한 경우: 별지 제13호서식의 공무원등 범죄 수사 결과 통보서

■ 범죄수사규칙 [별지 제12호서식]

소 속 관 서

제 0000-000000 호   0000.00.00.

수 신 :

제 목 : 공무원등 범죄 수사 개시 통보

아래 직원에 대하여 다음과 같이 수사를 개시하였으므로 관련 법령(국가공무원법
제83조제3항, 지방공무원법제73조제3항, 사립학교법 제66조의3제3항, 공공기관의운
영에관한법률 제53조의2, 지방공기업법 제80조의2, 지방자치단체 출자·출연 기관의
운영에 관한 법률 제34조의2, 과학기술분야 정부출연연구기관 등의 설립·운영 및
육성에 관한 법률 제35조의2, 국가연구개발혁신법 제7조, 국가정보원직원법 제23
조제3항, 군인사법 제59조의3제3항, 부정청탁 및 금품등 수수의 금지에 관한 법
률 시행령 제37조 등 중 해당)에 의거 통보합니다.

피 의 자	성 명	피의자		주민등록번호	주민등록번호
	주 거	주거			
	소속(직위)	소속(직위)			
사 건 번 호		사건번호	수사개시일자	0000. 00. 00.	신 병
죄 명		죄명			

< 피의사실요지 >

비 고	이 사건과 관련 행정조치를 취한 사실이 있으면 참고로 통보하여 주시기 바랍니다.

소 속 관 서

사법경찰관 계급

210㎜ × 297㎜(백상지 80g/㎡)

■ 범죄수사규칙 [별지 제13호서식]

소 속 관 서

제 0000-000000 호   0000.00.00.

수 신 :

제 목 : 공무원등 범죄 수사 결과 통보

아래 사항에 대하여 다음과 같이 처리하였으므로 관련 법령(국가공무원법제83조제
3항, 지방공무원법제73조제3항, 사립학교법 제66조의3제3항, 공공기관의운영에관한
법률 제53조의2, 지방공기업법 제80조의2, 지방자치단체 출자·출연 기관의 운영에
관한 법률 제34조의2, 과학기술분야 정부출연연구기관 등의 설립·운영 및 육성에
관한 법률 제35조의2, 국가연구개발혁신법 제7조, 국가정보원직원법 제23조제3항,
군인사법 제59조의3제3항, 부정청탁 및 금품등 수수의 금지에 관한 법률 시행령
제37조 등 중 해당)에 의거 통보합니다.

사 건 번 호		
죄 명		
피 의 자	소속(직위)	
	주민등록번호	
	성 명	
처 리 상 황	연월일	
	내 용	

< 피의사실요지 >

비 고	이 사건과 관련 행정조치를 취한 사실이 있으면 참고로 통보하여 주시기 바랍니다.

소 속 관 서

사법경찰관 계급

210㎜ × 297㎜(백상지 80g/㎡)

라. 기타

형사소송법에 규정된 수사의 단서는 '변사자의 검시', '현행범인 체포', '고소', '고
발', '자수' 등이 있다. 하지만 경찰관은 피해 신고, 신문, 출판물, 떠도는 소문, 불
심검문 등에 의해서도 수사 단서를 얻는다.

2. 수사 첩보

가. 목적

「수사첩보 수집 및 처리 규칙」은 「경찰관 직무집행법」 제2조 제2호, 제4호 및
제8조의2에 따라 범죄의 예방·진압 및 수사 업무를 효율적으로 수행하기 위해 형
사정책 수립 및 수사 첩보의 수집·처리에 관한 사항을 규정하기 위함이다.

나. 개념

용어	정의	
수사 첩보	수사와 관련된 각종 보고자료로서 범죄 첩보와 정책 첩보	
범죄 첩보	범죄 사건 첩보	대상자, 혐의 내용, 증거 자료 등이 특정된 입건 전 조사 단서 자료
	범죄 동향 첩보	범죄 관련 동향
기획 첩보	일정 기간 집중적으로 수집이 필요한 범죄 첩보	
정책 첩보	수사제도 및 형사정책 개선, 범죄예방 및 검거대책에 관한 자료	
수사 첩보 분석시스템	수사 첩보의 수집, 작성, 평가, 배당 등 전 과정을 전산화한 다음 각 목의 시스템으로서 경찰청 범죄정보과(사이버 수사기획과)에서 운영하는 것 가. 수사국 범죄 첩보 분석시스템(Criminal Intelligence Analysis System) 나. 사이버수사국 사이버 첩보 관리시스템(Cyber Intelligence Management System)	

다. 적용 범위와 수집 의무

모든 경찰공무원에게 적용되며 경찰공무원은 일상 업무를 수행하면서 항상 적극적인 자세로 문제의식을 느끼고 사물을 관찰함으로써 정확한 사회 진단에 의한 첩보를 발굴 수집하여야 한다.

라. 제출 방법

(1) 경찰공무원은 수집한 수사 첩보를 보고할 때 수사 첩보 분석시스템을 통하여 작성 및 제출하여야 한다.

(2) 경찰공무원은 허위의 사실을 수사 첩보로 제출해서는 아니 된다.

마. 평가 및 기록관리 책임자

(1) 평가 및 기록관리 책임자(이하 "평가 책임자"라 한다)는 다음과 같다.
　　1. 경찰청은 범죄정보(사이버수사 기획) 과장
　　2. 시·도경찰청 및 경찰서는 수사(사이버수사)과장, 형사과가 분리되었을 때
　　　는 형사과장
(2) 평가 책임자는 제출된 수사 첩보를 신속히 검토한 후 적시성, 정확성, 활용
　　성 등을 종합 판단하여 공정하게 평가하고 필요한 조치에 대하여 구체적으
　　로 지시하여야 한다.
(3) 평가 책임자는 제출된 수사 첩보의 정확한 평가를 위하여 제출자에게 사실
　　확인을 요구할 수 있다.
(4) 평가 책임자는 제출된 수사 첩보의 내용이 부실하여 보충할 필요성이 있는
　　경우 제출자에게 보완을 요구할 수 있다.
(5) 평가 책임자는 제출된 수사 첩보를 비공개하여야 한다. 다만, 범죄예방 및
　　검거 등 수사 목적상 수사 첩보 내용을 공유할 필요가 있다고 인정하면 수사
　　첩보 분석시스템상에서 공유하게 할 수 있다.
(6) 평가 책임자는 제출된 수사 첩보에 대하여 적절한 수사가 이루어지도록 수
　　사부서 책임자에게 필요한 조치를 요구할 수 있다.

바. 수사첩보 처리

(1) 경찰공무원이 입수한 모든 수사 첩보는 수사 첩보 분석시스템을 통하여 처
　　리되어야 한다.
(2) 각급 경찰관서장(경찰청의 경우 국가수사본부장을 말한다)은 입수된 수사 첩보
　　를 신속하게 처리하도록 한다.
(3) 입수된 수사 첩보와 관련하여 당해 관서에서 처리하기가 적합하지 않다고
　　인정될 만한 사유가 있는 때에만 상급 관서에서 처리할 수 있도록 바로 보고
　　한다.
(4) 모든 수사 첩보는 수사 착수 전에 누설되는 일이 없도록 철저히 보안을 유지
　　하여야 한다.

(5) 수사부서 책임자는 평가 책임자로부터 필요한 조치를 요구받았으면 신속히 처리하여야 한다.

사. 이송

(1) 수집된 수사 첩보는 수집 관서에서 처리하는 것을 원칙으로 한다. 다만, 평가 책임자는 수사 첩보에 대해 범죄지, 피조사자의 주소·거소 또는 현재지 중 어느 1개의 관할권도 없는 경우 이송할 수 있다.

(2) 전 (1)과 같이 이송하는 수사 첩보의 평가 및 처리는 이송받은 관서의 평가 책임자가 담당한다.

아. 기획첩보의 수집

각 경찰관서의 장 및 수사부서의 장은 수사 목적상 필요한 경우 소속 관서의 경찰공무원에게 기획 첩보를 수집하도록 요구할 수 있다.

자. 수사 첩보의 평가와 보존·폐기

(1) 범죄 첩보의 평가 결과 및 기준

평가 결과	기준
특보	가. 전국단위 기획 수사에 활용될 수 있는 첩보 나. 2개 이상의 시 · 도경찰청과 연관된 중요 사건 첩보 등 경찰청에서 처리해야 할 첩보
중보	2개 이상 경찰서와 연관된 중요 사건 첩보 등 시·도경찰청 단위에서 처리해야 할 첩보
통보	경찰서 단위에서 **조사할 가치가** 있는 첩보
기록	조사할 정도는 아니나 **추후 활용할 가치가** 있는 첩보
참고	단순히 수사 업무에 **참고가 될 뿐** 사용 가치가 적은 첩보

(2) 정책 첩보의 평가 결과 및 기준

평가 결과	기준
특보	전국적으로 활용·시행할 가치가 있는 첩보
중보	시·도경찰청 단위에서 활용·시행할 가치가 있는 첩보
통보	경찰서 단위에서 활용·시행할 가치가 있는 첩보
기록	추후 활용·시행할 가치가 있는 첩보
참고	단순히 수사 업무에 참고가 될 뿐 활용·시행할 가치가 적은 첩보

(3) 수사 첩보 수집 내역, 평가 및 처리 결과는 수사 첩보 분석시스템을 이용하여 전산 관리한다.

(4) 수사 첩보 및 수사 첩보 전산 관리대장의 보존기간은 다음 각호와 같다. 이 경우 보존기간의 기산일은 다음 해 1월 1일로 한다.

1. 수사 첩보: 2년

2. 수사 첩보 전산 관리대장: 10년

(5) 보존기간이 경과한 수사 첩보 및 수사 첩보 전산 관리대장은 매년 초 일괄 폐기하고, 로그기록을 보존하여야 한다.

차. 포상

(1) 수사 첩보로 사건 해결 또는 중요 범인을 검거하였을 경우 수사 첩보 제출자를 사건을 해결한 자 또는 검거자와 동등하게 특별승진 또는 포상할 수 있다.

(2) 일정 기간 개인별로 수사 첩보 성적을 평가하여 포상 및 특별승진 등 기준으로 사용할 수 있다.

(3) 제출한 수사 첩보로 수사시책 개선발전에 이바지한 자는 별도 포상한다.

(4) 범죄정보과에서는 범죄 첩보 마일리지 제도를 통해 별도 포상을 할 수 있다.

카. 범죄첩보 심의위원회

(1) 범죄 첩보 수집 업무를 전담하는 경찰공무원의 범죄 첩보 수집 개시 및 진행 여부에 관한 사항을 심의하기 위하여 경찰청 국가수사본부(범죄정보과)와 시·도경찰청(수사과)에 범죄 첩보 심의위원회(이하 "심의위원회")를 둔다.
(2) 심의위원회는 위원장 1명을 포함한 3인 이상으로 구성하며, 위원장은 경찰청 범죄정보과장(시·도경찰청은 수사과장)이 되고, 위원은 소속 경찰공무원 중 위원장이 지명한다.
(3) 심의위원회는 심의위원회 운영에 관한 세부 사항을 별도로 정할 수 있다.

타. 범죄 첩보의 특성

결과 지향성	범죄 첩보는 수사에 착수하여 사건으로 드러나는 결과가 있어야 한다.
결합성	범죄 첩보는 여러 첩보가 서로 결합하여 이루어진다.
혼합성	범죄 첩보는 단순한 사실의 나열이 아니라 그 속에 하나의 원인과 결과를 내포하고 있다.
가치 변화성	범죄 첩보는 수사기관이 요구할 필요에 따라 가치가 달라진다.
시한성	범죄 첩보는 시간이 지남에 따라 가치가 감소한다.

3. 불심검문

가. 의의

- 경찰관이 거동 수상자를 발견했을 때 정지시켜 질문하는 것을 의미한다.
- 이때 정지시키거나 동행을 요구하는 것은 질문을 위한 수단일 뿐이다.
- 불심검문은 수사 활동이 아니고 수사의 단서에 해당한다.

나. 관련 근거

「경찰관 직무집행법」 제3조는 불심검문에 대하여 설명하고 있다.

> ### 제3조(불심검문)
> ① 경찰관은 다음 각 호의 어느 하나에 해당하는 사람을 정지시켜 질문할 수 있다.
>   1. 수상한 행동이나 그 밖의 주위 사정을 합리적으로 판단하여 볼 때 어떠한 죄를 범하였거나 범하려 하고 있다고 <u>의심할 만한 상당한 이유</u>가 있는 사람
>   2. 이미 행하여진 범죄나 행하여지려고 하는 범죄행위에 관한 사실을 안다고 인정되는 사람
> ② 경찰관은 제1항에 따라 같은 항 각 호의 사람을 정지시킨 장소에서 질문을 하는 것이 그 사람에게 불리하거나 교통에 방해가 된다고 인정될 때에는 질문을 하기 위하여 가까운 경찰서 · 지구대 · 파출소 또는 출장소(지방해양경찰관서를 포함하며, 이하 "경찰서"라 한다)로 <u>동행할 것을 요구</u>할 수 있다. 이 경우 동행을 요구받은 사람은 그 요구를 <u>거절할 수 있다</u>.
> ③ 경찰관은 제1항 각 호의 어느 하나에 해당하는 사람에게 질문을 할 때에 그 사람이 <u>흉기를 가지고 있는지를 조사</u>할 수 있다.
> ④ 경찰관은 제1항이나 제2항에 따라 질문을 하거나 동행을 요구할 경우 자신의 신분을 표시하는 증표를 제시하면서 소속과 성명을 밝히고 질문이나 동행의 <u>목적과 이유를 설명</u>하여야 하며, 동행을 요구하는 경우에는 동행 장소를 밝혀야 한다.
> ⑤ 경찰관은 제2항에 따라 동행한 사람의 가족이나 친지 등에게 동행한 경찰관의 신분, 동행 장소, 동행 목적과 이유를 알리거나 본인으로 하여금 즉시 연락할 수 있는 기회를 주어야 하며, 변호인의 도움을 받을 권리가 있음을 알려야 한다.
> ⑥ 경찰관은 제2항에 따라 동행한 사람을 <u>6시간을 초과</u>하여 경찰관서에 머물게 할 수 없다.
> ⑦ 제1항부터 제3항까지의 규정에 따라 질문을 받거나 동행을 요구받은 사람은 형사소송에 관한 법률에 따르지 아니하고는 신체를 구속당하지 아니하며, 그 의사에 반하여 답변을 강요당하지 아니한다.

다. 임의동행

「경찰관 직무집행법」 제3조 제2항은 임의동행에 대하여 설명하고 있다.

(1) 경찰관은 정지시켜 질문한 대상자를 경찰관서로 동행 요구할 수 있으며, 이를 '임의동행'이라 한다.

(2) 동행의 요구 사유는 그 장소에서 질문하는 것이 당해인에게 불리하거나 교통에 방해된다고 인정되는 때에 한한다.

(3) 같은 법 제3조 제4항에 따라 동행을 요구하는 경찰관은 자신의 신분을 표시하는 증표를 제시하면서 소속과 성명을 밝히고 동행의 목적과 이유를 설명하여야 하며, 동행 장소를 밝혀야 한다.

(4) 당해인은 경찰관의 동행요구를 거절할 수 있다.

(5) 같은 법 제3조 제6항에 따라 당해인을 경찰관서에 6시간 초과하여 머물게 할 수 없다.

라. 불심검문 시 소지품 검사

(1) 불심검문을 할 때 흉기 또는 기타 물건의 소지 여부를 확인하기 위하여 대상자의 옷 또는 휴대품을 조사하는 것이다.

(2) 「경찰관 직무집행법」 제3조 제3항에서는 질문 시 흉기를 가졌는지를 조사할 수 있다고 명시하고 있다.

(3) 대상자의 옷 또는 휴대품의 외표(外表)를 손으로 만지는 정도는 불심검문에 수반되는 행위로 인정하는 것이 일반적인 견해이다.

(4) 이러한 소지품 검사는 경찰관의 불심검문에 수반되는 하나의 처분으로 수사의 단서가 될 수 있다.

4. 변사체 검시

가. 변사의 정의

「변사 사건 처리 규칙」 제2조에서 '변사'란 자연사 이외의 다음 각 목의 어느 하나에 해당하는 사망으로 그 원인이 분명하지 않은 죽음을 말한다.

① 범죄와 관련되었거나 범죄가 의심되는 사망

② 자연재해, 교통사고, 안전사고, 산업재해, 화재, 익사 등 사고성 사망

③ 자살 또는 자살 의심이 드는 사망

④ 연행, 구금, 심문 등 법 집행 과정에서 발생한 사망

⑤ 보건, 복지, 요양 관련 집단 수용 시설에서 발생한 사망

⑥ 마약, 농약, 알코올, 가스, 약물 등에 의한 급성 중독이 의심되는 사망

⑦ 그 밖에 사인이 밝혀지지 않은 사망

나. 변사체 검시의 성질

변사체의 검시(檢視)는 수사기관이 변사체의 정황을 조사하기 위하여 오관(五官)의 작용으로 진행한다.

> ※ 검시(檢屍): 의사가 사망의 원인을 의학적으로 판단하는 활동으로 사체를 외부에서 오감으로 관찰하는 검안(檢案)과 사체를 해부하는 부검(剖檢)으로 나눌 수 있다.

(1) 변사체 검시는 범죄 혐의가 있는지 확인하는 단계이며, 검시 결과 사망의 원인이 범죄로 인한 것일 때 수사가 개시되므로 변사체 검시 자체가 수사의 활동은 아니다.

(2) 변사체 검시는 수사의 단서에 불과하다.

(3) 절차

변사체 검시의 절차는 ① 변사사건 발생 → ② 변사 현장 출동 → ③ 검시 및 변사사건 발행 통보서 작성 → ④ 검사에게 통보(서면 방식으로 불가능할 경우 전화 등으로 통보하고 사후 서면 통보) 순으로 진행된다.

다. 검시의 주체 관련 법규

(1) 형사소송법

제222조(변사자의 검시)

① 변사자 또는 변사의 의심있는 사체가 있는 때에는 <u>그 소재지를 관할하는 지방검찰청 검사가 검시</u>하여야 한다.

② 전항의 검시로 범죄의 혐의를 인정하고 긴급을 요할 때에는 영장없이 검증할 수 있다.

③ 검사는 사법경찰관에게 전2항의 처분을 명할 수 있다.

(2) 검사와 사법경찰관의 상호협력과 일반적 수사준칙에 관한 규정

제17조(변사자의 검시 등)

① 사법경찰관은 변사자 또는 변사한 것으로 의심되는 사체가 있으면 변사사건 발생 사실을 검사에게 통보해야 한다.

② 검사는 법 제222조제1항에 따라 검시를 했을 경우에는 검시조서를, 검증영장이나 같은 조 제2항에 따라 검증을 했을 경우에는 검증조서를 각각 작성하여 사법경찰관에게 송부해야 한다.

③ 사법경찰관은 법 제222조제1항 및 제3항에 따라 검시를 했을 경우에는 검시조서를, 검증영장이나 같은 조 제2항 및 제3항에 따라 검증을 했을 경우에는 검증조서를 각각 작성하여 검사에게 송부해야 한다.

④ 검사와 사법경찰관은 법 제222조에 따라 변사자의 검시를 한 사건에 대해 사건 종결 전에 수사할 사항 등에 관하여 상호 의견을 제시·교환해야 한다.

(3) 경찰수사규칙

제26조(변사사건 발생사실 통보)

① 사법경찰관은 수사준칙 제17조제1항에 따라 변사사건 발생사실을 검사에게 통보하는 경우에는 별지 제14호서식의 변사사건 발생 통보서 또는 별지 제15호서식의 교통사고 변사사건 발생 통보서에 따른다.

② 사법경찰관은 긴급한 상황 등 제1항의 방식으로 통보하는 것이 불가능하거나 현저히 곤란한 경우에는 구두·전화·팩스·전자우편 등 간편한 방식으로 통보할 수 있다. 이 경우 사후에 지체 없이 서면으로 변사사건 발생사실을 통보해야 한다.

제27조(변사자의 검시·검증)

① 사법경찰관은 법 제222조제1항 및 제3항에 따라 검시를 하는 경우에는 의사를 참여시켜야 하며, 그 의사로 하여금 검안서를 작성하게 해야 한다. 이 경우 사법경찰관은 검시 조사관을 참여시킬 수 있다.

② 사법경찰관은 법 제222조에 따른 검시 또는 검증 결과 사망의 원인이 범죄로 인한 것으로 판단하는 경우에는 신속하게 수사를 개시해야 한다.

제28조(검시·검증조서 등)

① 수사준칙 제17조제3항에 따른 검시조서는 별지 제16호서식에 따르고, 검증조서는 별지 제17호서식에 따른다.

② 사법경찰관은 수사준칙 제17조제3항에 따라 검사에게 제1항의 검시조서 또는 검증조서를 송부하는 경우에는 의사의 검안서, 감정서 및 촬영한 사진 등 관련 자료를 첨부해야 한다.

③ 사법경찰관은 수사준칙 제17조제4항에 따라 검시를 한 사건에 대해 검사와 의견을 제시·교환하는 경우에는 별지 제18호서식의 변사사건 처리 등에 관한 의견서에 따른다.

제29조(검시의 주의사항)

사법경찰관리는 검시할 때에는 다음 각 호의 사항에 주의해야 한다.

　1. 검시에 착수하기 전에 변사자의 위치, 상태 등이 변하지 않도록 현장을 보존하

소 속 관 서

제 0000-00000 호   0000.00.00.

수 신 : 검찰청의 장

제 목 : 변사사건 발생 통보서

우리 서 관내에서 아래와 같은 변사사건이 발생하였기에 「검사와 사법경찰관의 상호협력과 일반적 수사준칙에 관한 규정」 제17조제1항에 따라 통보합니다.

발 견 일 시	
발 견 장 소	
신 고 일 시	
변사 종별 / 원인 방법	
변 사 자 인 적 사 항	성 명 : 주민등록번호 : 직 업 : 주 거 :
발 견 자 인 적 사 항	성 명 : 직 업 : 주 거 : 변사자와관계 :
발 견 경 위	

210㎜ × 297㎜(백상지 80g/㎡)

소 속 관 서

제 0000-00000 호   0000.00.00.

수 신 : 검찰청의 장

제 목 : 교통사고 변사사건 발생 통보서

우리 서 관내에서 아래와 같은 교통사고 변사사건이 발생하였기에 「검사와 사법경찰관의 상호협력과 일반적 수사준칙에 관한 규정」 제17조제1항에 따라 통보합니다.

사 망	일시			
	장소			
사 고 일 시				
발 생 장 소				
변 사 자 인 적 사 항	성 명 : 주민등록번호 : 직 업 : 주 거 :			
피 의 자 (피내사자)	성 명		주민등록번호		연령	
	직 업		변사자와관계		성별	
	주 거					
	집전화번호			회사전화번호	
	진술일시			휴대전화번호	
	진술내용				

210㎜ × 297㎜(백상지 80g/㎡)

검 시 조 서

사법경찰관 계급 성명은/는 0000.00.00. 사법경찰관/리 계급 000을/를 참여하게 하고 다음의 변사자를 검시하다.

변사자	성 명		성 별		연 령	
	직 업		국 적			
	등록기준지					
	주 거					
변 사 장 소						
검 시 장 소						
사체의모양 및상황						
변 사 년 월 일						
사 인						
발 견 일 시						
발 견 자						
의사의 검안 및 관계자의 진술						
소지품 및 유류품						
사체및소지품의 처 리						
참 여 인						
의 견						

210㎜ × 297㎜(백상지 80g/㎡)

이 검시는 0000. 00. 00. 00:00에 시작하여 0000. 00. 00. 00:00에 끝나다.

0000.00.00.

소속관서

사법경찰관 계급 성명 ㉠

사법경찰관/리 계급 성명 ㉠

210㎜ × 297㎜(백상지 80g/㎡)

검 증 조 서

사법경찰관 계급 성명은 0000.00.00. 사법경찰관/리 계급 성명을 참여하게 하고 000외 0명에 대한 피의사건에 관하여 다음과 같이 검증하다.

1. 검증의 장소(대상)

2. 검증의 목적

3. 검증의 참여인

4. 검증의 경위 및 결과

이 검증은 0000. 00. 00. 00:00에 시작하여 0000. 00. 00. 00:00에 끝난다.

0000.00.00.

소속관서

사법경찰관 계급 성명 ㉠

사법경찰관/리 계급 성명 ㉠

210㎜ × 297㎜(백상지 80g/㎡)

고, 변사자 발견 당시 변사자의 주변 환경을 조사할 것

2. 변사자의 소지품이나 그 밖에 변사자가 남겨 놓은 물건이 수사에 필요하다고 인정되는 경우에는 이를 보존하는 데 유의할 것
3. 검시하는 경우에는 잠재지문 및 변사자의 지문 채취에 유의할 것
4. 자살자나 자살로 의심되는 사체를 검시하는 경우에는 교사자(教唆者) 또는 방조자의 유무와 유서가 있는 경우 그 진위를 조사할 것
5. 등록된 지문이 확인되지 않거나 부패 등으로 신원확인이 곤란한 경우에는 디엔에이(DNA) 감정을 의뢰하고, 입양자로 확인된 경우에는 입양기관 탐문 등 신원확인을 위한 보강 조사를 할 것
6. 신속하게 절차를 진행하여 유족의 장례 절차에 불필요하게 지장을 초래하지 않도록 할 것

제30조(검시와 참여자)

사법경찰관리는 검시에 특별한 지장이 없다고 인정하면 변사자의 가족·친족, 이웃사람·친구, 시·군·구·읍·면·동의 공무원이나 그 밖에 필요하다고 인정하는 사람을 검시에 참여시켜야 한다.

제31조(사체의 인도)

① 사법경찰관은 변사자에 대한 검시 또는 검증이 종료된 때에는 사체를 소지품 등과 함께 <u>신속히 유족 등에게 인도</u>한다. 다만, 사체를 인수할 사람이 없거나 변사자의 신원이 판명되지 않은 경우에는 사체가 현존하는 지역의 특별자치시장·특별자치도지사·시장·군수 또는 자치구의 구청장에게 인도해야 한다.

② 제1항 본문에서 검시 또는 검증이 종료된 때는 다음 각 호의 구분에 따른 때를 말한다.

1. <u>검시가 종료된 때</u>: 다음 각 목의 어느 하나에 해당하는 때
    가. 수사준칙 제17조제2항에 따라 검사가 사법경찰관에게 검시조서를 송부한 때
    나. 수사준칙 제17조제3항에 따라 사법경찰관이 검사에게 검시조서를 송부한 이후 검사가 의견을 제시한 때
2. <u>검증이 종료된 때</u>: 부검이 종료된 때

③ 사법경찰관은 제1항에 따라 사체를 인도한 경우에는 인수자로부터 별지 제19호 서식의 사체 및 소지품 인수서를 받아야 한다.

(4) 범죄수사규칙

제56조(변사사건 발생보고)

경찰관은 변사자 또는 변사로 의심되는 시체를 발견하거나 시체가 있다는 신고를 받았을 때에는 즉시 소속 경찰관서장에게 보고하여야 한다.

소속관서

제 0000-00000 호   0000.00.00.

수 신 : 검찰청의 장

제 목 : 변사사건 처리 등에 관한 의견서

제0000-00000호(0000.00.00. 접수) 변사사건 처리에 관하여 「검사와 사법경찰관의 상호협력과 일반적 수사준칙에 관한 규정」 제17조제4항에 따라 다음과 같이 의견을 제시합니다

변 사 자 인 적 사 항	성 명 : 주민등록번호 : 직 업 : 주 거 :
사 인	직접사인 : 간접사인 :
처 리 결 과 및 의 견	
첨 부 서 류	

소속관서

사법경찰관 계급

210㎜ × 297㎜(백상지 80g/㎡)

사 체 및 소지품 인 수 서

□ 인 수 자

성 명		주민등록번호	
직 업		연 락 처	
주 거			
사망자와의 관계			

□ 사 체

성 명			주민등록번호	
성 별		연 령	국 적	
등록기준지				
주 소				

□ 소지품

품 명	수 량	비 고

□ 인수경위

일시·장소	
인 계 자	소속 : 계급 : 성명 :

위와 같이 사체와 소지품을 인수하였음을 확인합니다.

0000.00.00.

인 수 자 :   ㉑

소속관서장 귀하

210㎜ × 297㎜(백상지 80g/㎡)

제57조(변사자의 검시)

① 「경찰수사규칙」 제27조제1항에 따라 검시에 참여한 검시조사관은 별지 제15호서식의 변사자조사결과보고서를 작성하여야 한다.

② 경찰관은 「형사소송법」 제222조제1항 및 제3항에 따라 검시를 한 때에는 의사의 검안서, 촬영한 사진 등을 검시조서에 첨부하여야 하며, 변사자의 가족, 친족, 이웃사람, 관계자 등의 진술조서를 작성한 때에는 그 조서도 첨부하여야 한다.

③ 경찰관은 검시를 한 경우에 범죄로 인한 사망이라 인식한 때에는 신속하게 수사를 개시하고 소속 경찰관서장에게 보고하여야 한다.

제58조(검시의 요령과 주의사항 등)

① 경찰관은 검시할 때에는 다음 각 호의 사항을 면밀히 조사하여야 한다.

  1. 변사자의 등록기준지 또는 국적, 주거, 직업, 성명, 연령과 성별

  2. 변사장소 주위의 지형과 사물의 상황

  3. 변사체의 위치, 자세, 인상, 치아, 전신의 형상, 상처, 문신 그 밖의 특징

  4. 사망의 추정연월일

  5. 사인(특히 범죄행위에 기인 여부)

  6. 흉기 그 밖의 범죄행위에 사용되었다고 의심되는 물건

  7. 발견일시와 발견자

  8. 의사의 검안과 관계인의 진술

9. 소지금품 및 유류품

10. 착의 및 휴대품

11. 참여인

12. 중독사의 의심이 있을 때에는 증상, 독물의 종류와 중독에 이른 경우

② 경찰관은 변사자에 관하여 검시, 검증, 해부, 조사 등을 하였을 때에는 특히 인상·전신의 형상·착의 그 밖의 특징있는 소지품의 촬영, 지문의 채취 등을 하여 향후의 수사 또는 신원조사에 지장을 초래하지 않도록 하여야 한다.

제59조(시체의 인도)

① 「경찰수사규칙」 제31조제1항에 따라 시체를 인도하였을 때에는 인수자에게 별지 제16호서식의 검시필증을 교부해야 한다.

② 변사체는 후일을 위하여 매장함을 원칙으로 한다.

제60조(「가족관계의 등록 등에 관한 법률」에 의한 통보)

① 경찰관은 변사체의 검시를 한 경우에 사망자의 등록기준지가 분명하지 않거나 사망자를 인식할 수 없을 때에는 「가족관계의 등록 등에 관한 법률」 제90조제1항에 따라 지체 없이 사망지역의 시·구·읍·면의 장에게 검시조서를 첨부하여 별지 제17호서식의 사망통지서를 송부하여야 한다.

② 경찰관은 제1항에 따라 통보한 사망자가 등록이 되어 있음이 판명되었거나 사망자의 신원을 알 수 있게 된 때에는 「가족관계의 등록 등에 관한 법률」 제90조제2항에 따라 지체 없이 그 취지를 사망지역의 시·구·읍·면의 장에게 통보하여야 한다.

「가족관계의 등록 등에 관한 법률」

제90조(등록불명자 등의 사망)

① 사망자에 대하여 등록이 되어 있는지 여부가 분명하지 아니하거나 사망자를 인식할 수 없는 때에는 경찰공무원은 검시조서를 작성·첨부하여 지체 없이 사망지의 시·읍·면의 장에게 사망의 통보를 하여야 한다.

② 사망자가 등록이 되어 있음이 판명되었거나 사망자의 신원을 알 수 있게 된 때에는 경찰공무원은 지체 없이 사망지의 시·읍·면의 장에게 그 취지를 통보하여야 한다.

③ 제1항의 통보가 있은 후에 제85조에서 정한 사람이 사망자의 신원을 안 때에는 그 날부터 10일 이내에 사망의 신고를 하여야 한다.

변 사 자 조 사 결 과 보 고 서

변사자손상도

제 0000-0000 호

결 재	담 당	팀 장	과 장

접수번호	0000-0000	관할경찰서		사건담당	
변사자	성 명		생년월일	0000.00.00(00세, 남/여)	
	직 업		국적		
	주소지				
발생일시	0000.00.00.00:00 ~ 0000.00.00.00:00				
발생장소					
조사일시	시 작	0000.00.00.00:00	종 료	0000.00.00.00:00	
조사장소					
사건개요					
조사내용					
현장상황					
의 견					

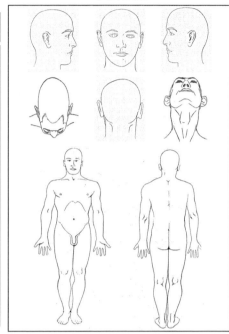

20 . . .

소 속 관 서

검시조사관 ○○○○○ ○ ○ ○ ㉑

210㎜ × 297㎜(백상지 80g/㎡)

소 속 관 서

제 0000-000000 호 0000.00.00.

수 신 : 수신자 귀하

제 목 : 검시필증

아래 사람은 당서 관내 변사자로, 검시를 마쳤으므로 시체를 유족에게 인도하여도 무방함

성 명	
주민등록번호	
직 업	
주 소	
비 고	

소 속 관 서

사법경찰관 계급

210㎜ × 297㎜(백상지 80g/㎡)

소 속 관 서

제 0000-000000 호 20 . . .

수 신 :

제 목 : 사망통지

사망자의 등록기준지가 분명하지 아니한(사망자를 인식할 수 없는) 시체를 검시하였으므로 「가족관계의 등록 등에 관한 법률」 제90조 제1항의 규정에 의하여 별지 검시조서를 첨부 통보합니다.

첨부 : 검시조서 ○○통

소 속 관 서

사법경찰관 ○○

210㎜ × 297㎜(백상지 80g/㎡)

라. 변사자 처리

(1) 죽음이 재해 또는 행려병사 등의 사유이고 범죄와 연관성이 없다면 행정검시로 처리한다.

(2) 자·타살을 명백히 판단해야 한다.

(3) 신원 불상의 변사체는 '긴급사건 수배'에 준하여 신원확인하고 만약 신원이 판명되지 않는다면 '변사자 수배 카드'를 작성한다.

(4) 신속한 업무 처리로 사체를 유가족에게 인도해야 한다.

5. 고소

가. 정의

고소란 피해당사자 또는 법률상 고소권을 가진 자가 수사기관에 범죄사실을 신고하며 범인에 대한 처벌을 요구하는 의사표시이다.

> ※ 범죄사실에 대한 명시는 일시와 장소가 특정될 정도이면 충분하고 피고소인의 이름을 몰라도 범죄를 저지른 자에 대한 처벌 의사가 표명된다면 적법한 고소로 볼 수 있다.
> ※ 처벌을 요구하는 의사표시이기에 도난신고 등과 같이 단순한 피해 신고는 고소로 볼 수 없다.

나. 법적 성격

친고죄에서 고소는 수사의 단서이자 소송의 조건이지만, 비친고죄의 경우 고소는 수사의 단서에 불과하다.

다. 고소권자

(1) 형사소송법

제223조(고소권자)
범죄로 인한 피해자는 고소할 수 있다.

제224조(고소의 제한)
자기 또는 배우자의 직계존속을 고소하지 못한다.

제225조(비피해자인 고소권자)

① 피해자의 법정대리인은 독립하여 고소할 수 있다.

② 피해자가 사망한 때에는 그 배우자, 직계친족 또는 형제자매는 고소할 수 있다. 단, 피해자의 명시한 의사에 반하지 못한다.

제226조(동전)

피해자의 법정대리인이 피의자이거나 법정대리인의 친족이 피의자인 때에는 피해자의 친족은 독립하여 고소할 수 있다.

제227조(동전)

사자의 명예를 훼손한 범죄에 대하여는 그 친족 또는 자손은 고소할 수 있다.

제228조(고소권자의 지정)

친고죄에 대하여 고소할 자가 없는 경우에 이해관계인의 신청이 있으면 검사는 10일 이내에 고소할 수 있는 자를 지정하여야 한다.

제229조(배우자의 고소)

① 「형법」 제241조의 경우에는 혼인이 해소되거나 이혼소송을 제기한 후가 아니면 고소할 수 없다.

② 전항의 경우에 다시 혼인을 하거나 이혼소송을 취하한 때에는 고소는 취소된 것으로 간주한다.

제230조(고소기간)

① 친고죄에 대하여는 <u>범인을 알게 된 날로부터 6월을</u> 경과하면 고소하지 못한다. 단, 고소할 수 없는 불가항력의 사유가 있는 때에는 그 사유가 없어진 날로부터 기산한다.

② 삭제

제231조(수인의 고소권자)

고소할 수 있는 자가 수인인 경우에는 1인의 기간의 해태는 타인의 고소에 영향이 없다.

제232조(고소의 취소)

① 고소는 <u>제1심 판결선고 전</u>까지 취소할 수 있다.

② 고소를 취소한 자는 <u>다시 고소할 수 없다</u>.

③ 피해자의 명시한 의사에 반하여 공소를 제기할 수 없는 사건에서 처벌을 원하는 의사표시를 철회한 경우에도 제1항과 제2항을 준용한다.

제233조(고소의 불가분)

친고죄의 공범 중 그 1인 또는 수인에 대한 고소 또는 그 취소는 <u>다른 공범자에 대하여도 효력이 있다</u>.

제234조(고발)

① 누구든지 범죄가 있다고 사료하는 때에는 고발할 수 있다.

② 공무원은 그 직무를 행함에 있어 범죄가 있다고 사료하는 때에는 고발하여야 한다.

제235조(고발의 제한)
제224조의 규정은 고발에 준용한다.

제236조(대리고소)
고소 또는 그 취소는 대리인으로 하여금하게 할 수 있다.

(2) 경찰수사규칙

제21조(고소 · 고발의 수리)
① 사법경찰관리는 진정인 · 탄원인 등 민원인이 제출하는 서류가 고소 · 고발의 요건을 갖추었다고 판단하는 경우 이를 고소 · 고발로 수리한다.

② 사법경찰관리는 고소장 또는 고발장의 명칭으로 제출된 서류가 다음 각 호의 어느 하나에 해당하는 경우에는 이를 진정(陳情)으로 처리할 수 있다.

   1. 고소인 또는 고발인의 진술이나 고소장 또는 고발장에 따른 내용이 불분명하거나 구체적 사실이 적시되어 있지 않은 경우

   2. 피고소인 또는 피고발인에 대한 처벌을 희망하는 의사표시가 없거나 처벌을 희망하는 의사표시가 취소된 경우

제22조(고소인 · 고발인 진술조서 등)
① 사법경찰관리는 구술로 제출된 고소 · 고발을 수리한 경우에는 진술조서를 작성해야 한다.

② 사법경찰관리는 서면으로 제출된 고소 · 고발을 수리했으나 추가 진술이 필요하다고 판단하는 경우 고소인 · 고발인으로부터 보충 서면을 제출받거나 추가로 진술을 들어야 한다.

③ 자수하는 경우 진술조서의 작성 및 추가 진술에 관하여는 제1항 및 제2항을 준용한다.

제23조(고소의 대리 등)
① 사법경찰관리는 법 제236조에 따라 대리인으로부터 고소를 수리하는 경우에는 고소인 본인의 위임장을 제출받아야 한다.

> **「형사소송법」**
> 제236조(대리고소) 고소 또는 그 취소는 대리인으로 하여금하게 할 수 있다.

② 사법경찰관리는 법 제225조부터 제228조까지의 규정에 따른 고소권자로부터 고소를 수리하는 경우에는 그 자격을 증명하는 서면을 제출받아야 한다.

「형사소송법」

제225조(비피해인 고소권자)

① 피해자의 법정대리인은 독립하여 고소할 수 있다.

② 피해자가 사망한 때에는 그 배우자, 직계친족 또는 형제자매는 고소할 수 있다. 단, 피해자의 명시한 의사에 반하지 못한다.

제226조(동전) 피해자의 법정대리인이 피의자이거나 법정대리인의 친족이 피의자인 때에는 피해자의 친족은 독립하여 고소할 수 있다.

제227조(동전) 사자의 명예를 훼손한 범죄에 대하여는 그 친족 또는 자손은 고소할 수 있다.

제228조(고소권자의 지정) 친고죄에 대하여 고소할 자가 없는 경우에 이해관계인의 신청이 있으면 검사는 10일 이내에 고소할 수 있는 자를 지정하여야 한다.

③ 사법경찰관리는 제2항에 따른 고소권자의 대리인으로부터 고소를 수리하는 경우에는 제1항 및 제2항에 따른 위임장 및 자격을 증명하는 서면을 함께 제출받아야 한다.

④ 고소의 취소에 관하여는 제1항부터 제3항까지의 규정을 준용한다.

제24조(고소·고발사건의 수사기간)

① 사법경찰관리는 고소·고발을 수리한 날부터 3개월 이내에 수사를 마쳐야 한다.

② 사법경찰관리는 제1항의 기간 내에 수사를 완료하지 못한 경우에는 그 이유를 소속수사부서장에게 보고하고 수사기간 연장을 승인받아야 한다.

제25조(고소·고발 취소 등에 따른 조치)

① 사법경찰관리는 고소·고발의 취소가 있을 때에는 그 취지를 명확하게 확인해야 한다.

② 피해자의 명시한 의사에 반하여 공소를 제기할 수 없는 범죄에 대해 처벌을 희망하는 의사표시의 철회가 있을 때에도 제1항과 같다.

(3) 범죄수사규칙

제50조(고소·고발의 반려)

경찰관은 접수한 고소·고발이 다음 각 호의 어느 하나에 해당하는 경우 고소인 또는 고발인의 동의를 받아 이를 수리하지 않고 반려할 수 있다.

　1. 고소·고발 사실이 범죄를 구성하지 않을 경우

　2. 공소시효가 완성된 사건인 경우

　3. 동일한 사안에 대하여 이미 법원의 판결이나 수사기관의 결정(경찰의 불송치 결정 또는 검사의 불기소 결정)이 있었던 사실을 발견한 경우에 새로운 증거 등이 없어 다시 수사하여도 동일하게 결정될 것이 명백하다고 판단되는 경우

　4. 피의자가 사망하였거나 피의자인 법인이 존속하지 않게 되었음에도 고소·고발된 사건인 경우

5. 반의사불벌죄의 경우, 처벌을 희망하지 않는 의사표시가 있거나 처벌을 희망하는 의사가 철회되었음에도 고소·고발된 사건인 경우

6. 「형사소송법」 제223조 및 제225조에 따라 고소 권한이 없는 사람이 고소한 사건인 경우. 다만, 고발로 수리할 수 있는 사건은 제외한다.

> 「형사소송법」
> 제223조(고소권자) 범죄로 인한 피해자는 고소할 수 있다.
> 제225조(비피해자인 고소권자)
> ① 피해자의 법정대리인은 독립하여 고소할 수 있다.
> ② 피해자가 사망한 때에는 그 배우자, 직계친족 또는 형제자매는 고소할 수 있다. 단, 피해자의 명시한 의사에 반하지 못한다.

7. 「형사소송법」 제224조, 제232조, 제235조에 의한 고소 제한규정에 위반하여 고소·고발된 사건인 경우. 이때 「형사소송법」 제232조는 친고죄 및 반의사불벌죄에 한한다.

> 「형사소송법」
> 제224조(고소의 제한) 자기 또는 배우자의 직계존속을 고소하지 못한다.
> 제232조(고소의 취소)
> ① 고소는 제1심 판결선고 전까지 취소할 수 있다.
> ② 고소를 취소한 자는 다시 고소할 수 없다.
> ③ 피해자의 명시한 의사에 반하여 공소를 제기할 수 없는 사건에서 처벌을 원하는 의사표시를 철회한 경우에도 제1항과 제2항을 준용한다.
> 제235조(고발의 제한) 제224조의 규정은 고발에 준용한다.

제53조(고소·고발사건 수사 시 주의사항)
① 경찰관은 고소·고발을 수리하였을 때에는 즉시 수사에 착수하여야 한다.
② 경찰관은 고소사건을 수사할 때에는 고소권의 유무, 자기 또는 배우자의 직계존속에 대한 고소 여부, 친고죄에 있어서는 「형사소송법」 제230조 소정의 고소기간의 경과여부, 피해자의 명시한 의사에 반하여 죄를 논할 수 없는 사건에 있어서는 처벌을 희망하는가의 여부를 각각 조사하여야 한다.

> 「형사소송법」
> 제230조(고소기간)
> ① 친고죄에 대하여는 범인을 알게 된 날로부터 6월을 경과하면 고소하지 못한다. 단, 고소할 수 없는 불가항력의 사유가 있는 때에는 그 사유가 없어진 날로부터 기산한다.

③ 경찰관은 고발사건을 수사할 때에는 자기 또는 배우자의 직계존속에 대한 고발인지 여부, 고발이 소송조건인 범죄에 있어서는 고발권자의 고발이 있는지 여부 등을 조사하여야 한다.

④ 경찰관은 고소·고발에 따라 범죄를 수사할 때에는 다음 각 호의 사항에 주의하여야 한다.

　　1. 무고, 비방을 목적으로 하는 허위 또는 현저하게 과장된 사실의 유무

　　2. 해당 사건의 범죄사실 이외의 범죄 유무

제54조(친고죄의 긴급수사착수)

경찰관은 친고죄에 해당하는 범죄가 있음을 인지한 경우에 즉시 수사를 하지 않으면 향후 증거수집 등이 현저히 곤란하게 될 우려가 있다고 인정될 때에는 고소권자의 고소가 제출되기 전에도 수사할 수 있다. 다만, 고소권자의 명시한 의사에 반하여 수사할 수 없다.

6. 고발

가. 정의

고발이란 고소권자와 범인 이외의 사람(제3자)이 범죄사실을 수사기관에 신고하여 그 소추를 구하는 의사표시이다.

나. 법적 성격

- 고발은 일반적으로 수사의 단서이다.
- '조세범처벌법' 등과 같은 즉시고발사건의 경우 소송 조건이 된다.

※ 즉시고발사건: 소속 기관장의 고발이 있어야 수사할 수 있는 사건 → 독점규제 및 공정거래에 관한 법률, 물가안정에 관한 법률, 출입국관리법, 의무경찰대 설치 및 운영에 관한 법률, 관세법, 조세범 처벌법 등

다. 고발권자

「형사소송법」

제234조(고발)

① 누구든지 범죄가 있다고 사료하는 때에는 고발할 수 있다.

② 공무원은 그 직무를 행함에 있어 범죄가 있다고 사료하는 때에는 고발하여야 한다.

제235조(고발의 제한) 제224조의 규정은 고발에 준용한다.

제236조(대리고소) 고소 또는 그 취소는 대리인으로 하여금하게 할 수 있다.

제237조(고소, 고발의 방식)

① 고소 또는 고발은 서면 또는 구술로써 검사 또는 사법경찰관에게 하여야 한다.

② 검사 또는 사법경찰관이 구술에 의한 고소 또는 고발을 받은 때에는 조서를 작성하여야 한다.

제238조(고소, 고발과 사법경찰관의 조치) 사법경찰관이 고소 또는 고발을 받은 때에는 신속히 조사하여 관계서류와 증거물을 검사에게 송부하여야 한다.

제239조(준용규정) 전2조의 규정은 고소 또는 고발의 취소에 관하여 준용한다.

CHAPTER

03

임의수사

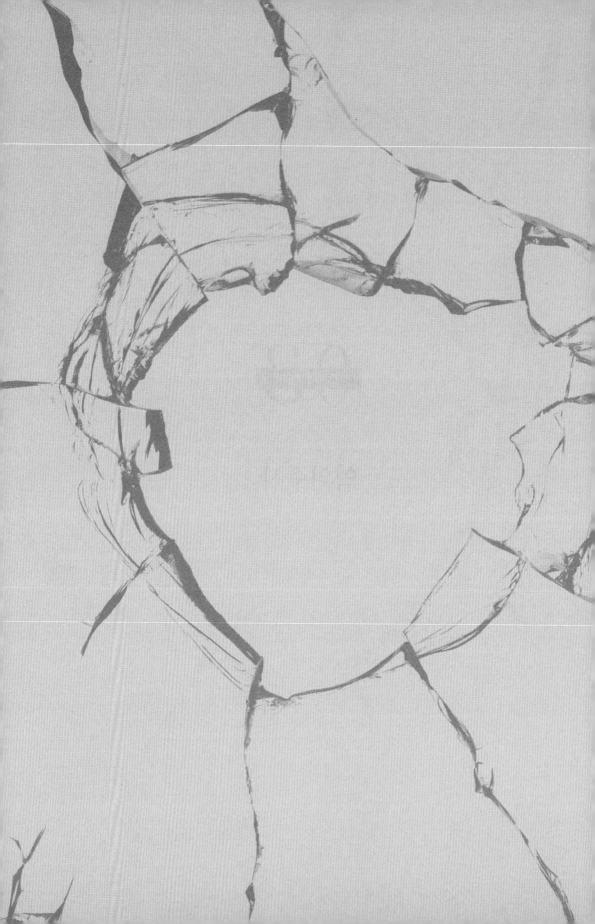

제3장

임의수사

범죄 수사의 목적 달성을 위해서 법률이 정한 범위 안에서 필요한 조사를 할 수 있으며, 범죄 수사의 방법으로 '임의수사'와 '강제수사' 두 가지로 나눈다.

범죄 수사의 기본 원칙은 임의수사이지만, '강제수사 법정주의'를 채택하고 있어 법률에 특별한 규정이 있는 경우에는 강제수사를 예외적으로 허용하고 있다.

임의수사는 강제력을 행사하지 않고 수사 대상자 등에게 동의나 승낙을 얻어서 목적을 수행하는 방식이며, 강제수사는 상대방의 의사와 관계없이 법률에 따라 강제할 수 있는 수사의 방식이다.

임의수사	범죄 수사는 임의수사가 기본 원칙
	상대방의 동의나 승낙을 얻어서 수사
	출석요구, 참고인 조사, 피의자신문, 감정·통역·번역, 실황조사, 사실조회, 촉탁수사
강제수사	법률에 특별한 규정이 있는 경우 예외적으로 허용
	상대방의 의사와 상관없이 강제적으로 수사
	체포, 구속, 압수·수색·검증, 임의제출물의 압수, 증거보전, 증인신문의 청구, 수사상의 감정유치, 기타 감정에 필요한 처분

제1절 수사 관련 자료의 조회

1. 공무소 기타 공사단체 조회

「형사소송법」 제199조(수사와 필요한 조사)

① 수사에 관하여는 그 목적을 달성하기 위하여 필요한 조사를 할 수 있다. 다만, 강제처분은 이 법률에 특별한 규정이 있는 경우에 한하며, 필요한 최소한도의 범위 안에서만 하여야 한다.

② 수사에 관하여는 공무소 기타 공사단체에 조회하여 필요한 사항의 보고를 요구할 수 있다.

2. 범죄 수사자료 조회

가. 범죄수사자료 조회규칙

제3조(범죄수사자료 조회 대상)

범죄수사자료조회는 다음 각호와 같이 한다.

1. 검거한 피의자, 불심검문대상자, 신원조사 대상자는 신원확인조회, 범죄경력조회, 지병수배 · 통보조회를 한다.
2. 검거한 피의자, 불신검문검색대상자, 신원조사대상자 등이 소지한 수상한 물품 및 고물상 · 전당포 입전물품, 사회에 유통되고 있는 출처불명의 물품등은 장물조회를 한다.
3. 신원불상자, 변사자 기타 신원을 알 수 없는 인물은 신원확인조회를 한다.
4. 발생한 수법범죄 사건과 검거한 수법범죄 피의자는 각 수법조회와 여죄조회를 한다.
5. 도난차량, 무적차량, 번호판 도난 · 분실, 범죄차량 여부에 대하여는 수배차량 조회를 한다.
6. 수사상 필요한 대상인물의 신상과 행적을 알고 싶을 때에는 전화로 긴급사실 조회를 한다.

제5조(범죄수사자료 조회방법)

① 범죄수사자료 조회는 조회대상별로 구성된 각 수사조회시스템을 활용 다음사항을 입력 · 대조한다.

1. 범죄경력, 지명수배 · 통보 조회와 신원확인 조회중 주민등록증 소지자는 대상자의 성별, 성명, 생년월일(주민등록번호), 본적, 주소 등 인적사항으로 조회하

여 지문번호 등을 대조 확인하고

2. 장물조회는 범죄정보관리시스템을 활용 피해통보표의 피해품(목적물), 고유번호, 품명, 재료 등으로 한다.
3. 수법·여죄조회는 수사종합검색시스템과 범죄정보관리시스템을 활용, 발생사건 및 검거 피의자의 범죄수법, 신체특징, 피의자·피해자의 성명·이명으로 조회한다.
4. 수배차량조회는 폴조회 단말기를 활용, 대상차량의 차종, 차량번호, 차대번호, 지역, 용도 등으로 조회한다.

② 신원확인 조회중 신원불상 변사자, 동일인 여부, 인적사항 불확실한 자 등의 신원확인은 지문규칙에 따라 십지지문 채취하여 경찰청에 조회 또는 각 경찰관서의 지문자동검색시스템 단말기(AFIS NET)를 활용한다.

③ 긴급사실조회는 별지 제1호 서식에 의거 경찰전화로 직접 실시함을 원칙으로 한다.

제6조(범죄수사자료 조회·회보)

범죄수사자료 조회·회보는 다음 각호와 같이 한다.

1. 전조 제1항의 각종 조회와 회보는 서면·경찰전화·전신 등을 이용 신속·정확히 하고 의뢰자와 회보자의 소속·계급·성명을 명확히 하여야 한다.
2. 전조 제2항의 신원확인 조회결과는 지문규칙에 따라 회보한다.
3. 긴급사실조회는 전조 제3항과 같이 실시하여 회보하되 신속하고 정확히 조사하여 의뢰관서에 회보함으로써 실질적 공조수사의 효율성을 도모하여야 한다.

나. 지문 및 수사자료표 등에 관한 규칙

제17조(현장지문 등의 감정 의뢰 및 회보)

① 경찰관서의 장은 채취한 현장지문 또는 준현장지문 등에 대한 감정이 필요한 경우 감정물을 첨부하여 경찰청장 또는 시·도경찰청장에게 별지 제10호서식의 감정의뢰서에 따라 감정을 의뢰할 수 있다.

② 경찰청장과 시·도경찰청장은 제1항에 따라 의뢰받은 지문을 주민등록증발급신청서, 지문자동검색시스템, 전자수사자료표시스템 등에 입력된 지문자료와 대조하여 그 결과를 별지 제11호서식의 감정서에 따라 회보한다.

제18조(신원확인 조회 의뢰 및 회보)

① 경찰관서의 장은 신원확인이 필요하다고 인정되는 경우 별지 제9호서식의 지문 신원확인조회서를 작성하여 경찰청장 또는 시·도경찰청장에게 조회를 의뢰할 수 있다. 다만, 신원확인이 필요한 대상자가 피의자인 경우에는 별지 제9호서식을 수사자료표로 대신할 수 있다.

② 신원확인을 의뢰받은 경찰청장 또는 시·도경찰청장은 주민등록증발급신청서, 지문자동검색시스템, 전자수사자료표시스템 등의 지문자료와 의뢰받은 대상자의 지문을 대조하여 그 결과를 회보한다.

소속관서

제 0000-00000 호   0000.00.00.

수 신 : 검찰청의 장

제 목 : 변사사건 발생 통보서

우리 서 관내에서 아래와 같은 변사사건이 발생하였기에 「검사와 사법경찰관의 상호협력과 일반적 수사준칙에 관한 규정」 제17조제1항에 따라 통보합니다.

발 견 일 시	
발 견 장 소	
신 고 일 시	
변 사 원 인 종 별 방 법	
변 사 자 인 적 사 항	성 명 : 주민등록번호 직 업 : 주 거 :
발 견 자 인 적 사 항	성 명 : 직 업 : 주 거 : 변사자와관계 :
발 견 경 위	

210㎜ × 297㎜(백상지 80g/㎡)

소속관서

제 0000-00000 호   0000.00.00.

수 신 : 검찰청의 장

제 목 : 교통사고 변사사건 발생 통보서

우리 서 관내에서 아래와 같은 교통사고 변사사건이 발생하였기에 「검사와 사법경찰관의 상호협력과 일반적 수사준칙에 관한 규정」 제17조제1항에 따라 통보합니다.

사 망	일시				
	장소				
사 고 일 시					
발 생 장 소					
변 사 자 인 적 사 항	성 명 : 주민등록번호 : 직 업 : 주 거 :				
피 의 자 (피내사자)	성 명		주민등록번호		연령
	직 업		변사자와관계		성별
	주 거				
	집전화번호		회사전화번호		
	진술일시		휴대전화번호		
	진술내용				

210㎜ × 297㎜(백상지 80g/㎡)

[별지 제10호서식] 감정의뢰서

감 정 의 뢰 서

수신자 :

제 목 :

사 건 명		KICS 접수(사건)번호	
법적근거			
사건발생 (발견)	일 시		
	장 소		
피해자			
관계자			
용의자			

감정물 내 역	감정물 종류 및 수량	채취일시	채취방법	채취장소 및 위치	채취자

사 건 개 요	
참고사항	
담 당 자	휴대전화
첨부파일	

oo 경 찰 청(서) 장

210㎜×297㎜[일반용지(재활용품) 60g/㎡]

[별지 제11호서식] 감정서

감 정 서

oo 경 찰 청(서)	감정서번호 :	

◦ 제 목 :

◦ 의뢰관서(부서) :   의뢰 문서번호(또는 사건번호)

1. 감 정 물 :

2. 대조 대상자 :

3. 감정대상지문 :

4. 감정방법 :

5. 감정(검색)결과

구분	문형	채취장소(위치)	감정결과	이름	주민번호	손가락

발 급 일 자 (감정기간)

감 정 인(관) :

oo 경 찰 청(서) 장

※ 감정물 처리방법, 비고, 감정인 의견 등 관련항목 추가 및 KOLAS 감정서 양식을 적용 할 수 있음.

210㎜×297㎜[일반용지(재활용품) 60g/㎡]

지문 신원확인조회서　　　20 ．．．

성 명		성 별	남.여	주민등록번호	-	지 문 채 취 자	
등록기준지			생 년 월 일		직 업	소속	
주 소			의 뢰 사 유			계급	
						성명	

왼손회전지문	둘째 손가락(시지)	셋째 손가락(중지)	넷째 손가락(환지)	다섯째 손가락(소지)	첫째 손가락(무지)
오른손회전지문	둘째 손가락(시지)	셋째 손가락(중지)	넷째 손가락(환지)	다섯째 손가락(소지)	첫째 손가락(무지)

평면압날	왼손가락 평면지문	왼손 첫째손가락	오른손 첫째손가락	오른손가락 평면지문

297㎜×210㎜(보존용지 120g/㎡)

제2절 출석요구와 조사 등

1. 피의자의 출석요구

가. 형사소송법

제200조(피의자의 출석요구)

검사 또는 사법경찰관은 수사에 필요한 때에는 <u>피의자의 출석을</u> 요구하여 진술을 들을 수 있다.

제221조(제3자의 출석요구 등)

① 검사 또는 사법경찰관은 수사에 필요한 때에는 <u>피의자가 아닌 자의 출석을 요구</u>하여 진술을 들을 수 있다. 이 경우 그의 <u>동의를</u> 받아 영상녹화할 수 있다.

② 검사 또는 사법경찰관은 수사에 필요한 때에는 감정·통역 또는 번역을 위촉할 수 있다.

③ 제163조의2제1항부터 제3항까지는 검사 또는 사법경찰관이 범죄로 인한 피해자를 조사하는 경우에 준용한다.

나. 검사와 사법경찰관의 상호협력과 일반적 수사준칙에 관한 규정

제19조(출석요구)

① 검사 또는 사법경찰관은 피의자에게 출석요구를 할 때에는 다음 각 호의 사항을 유의해야 한다.

    1. 출석요구를 하기 전에 우편·전자우편·전화를 통한 진술 등 출석을 대체할 수 있는 방법의 선택 가능성을 고려할 것

    2. 출석요구의 방법, 출석의 일시·장소 등을 정할 때에는 피의자의 명예 또는 사생활의 비밀이 침해되지 않도록 주의할 것

    3. 출석요구를 할 때에는 피의자의 생업에 지장을 주지 않도록 충분한 시간적 여유를 두도록 하고, 피의자가 출석 일시의 연기를 요청하는 경우 특별한 사정이 없으면 출석 일시를 조정할 것

    4. 불필요하게 여러 차례 출석요구를 하지 않을 것

② 검사 또는 사법경찰관은 피의자에게 출석요구를 하려는 경우 피의자와 조사의 일시·장소에 관하여 협의해야 한다. 이 경우 변호인이 있는 경우에는 변호인과도 협의해야 한다.

③ 검사 또는 사법경찰관은 피의자에게 출석요구를 하려는 경우 피의사실의 요지 등 출석요구의 취지를 구체적으로 적은 출석요구서를 발송해야 한다. 다만, 신속한 출석요구가 필요한 경우 등 부득이한 사정이 있는 경우에는 전화, 문자메시지, 그 밖의 상당한 방법으로 출석요구를 할 수 있다.

④ 검사 또는 사법경찰관은 제3항 본문에 따른 방법으로 출석요구를 했을 때에는 출석요구서의 사본을, 같은 항 단서에 따른 방법으로 출석요구를 했을 때에는 그 취지를 적은 수사보고서를 각각 사건기록에 편철한다.

⑤ 검사 또는 사법경찰관은 피의자가 치료 등 수사관서에 출석하여 조사를 받는 것이 현저히 곤란한 사정이 있는 경우에는 <u>수사관서 외의 장소에서 조사할 수 있다.</u>

⑥ 제1항부터 제5항까지의 규정은 피의자 외의 사람에 대한 출석요구의 경우에도 적용한다.

다. 경찰수사규칙

제34조(출석요구)

수사준칙 제19조제3항 본문 또는 같은 조 제6항에 따라 피의자 또는 피의자 외의 사람에게 출석요구를 하려는 경우에는 별지 제21호서식 또는 별지 제22호서식의 출석요구서에 따른다.

출 석 요 구 서

제 0000-00000 호

대상자 귀하에 대한 사건명 사건(접수번호 : 0000-00000)에 관하여 문의할 사항이 있으니 0000.00.00. 00:00에 00파0팀으로 출석하여 주시기 바랍니다.

< 사건의 요지 >

< 구비서류 등 >
1.
2.
3.

출석하실 때에는 이 출석요구서와 위 구비서류, 기타 귀하가 필요하다고 생각하는 자료를 가지고 나오시기 바라며, 이 사건과 관련하여 귀하가 전에 충분히 진술하지 못하였거나 새롭게 주장하고 싶은 사항, 조사가 필요하다고 생각하는 사항이 있으면 이러한 내용을 정리한 진술서를 제출하여 주시기 바랍니다.

지정된 일시에 출석할 수 없는 부득이한 사정이 있거나 이 출석요구서와 관련하여 궁금한 점이 있으면, 소속팀(☎ 연락처)에 연락하여 출석일시를 조정하시거나 궁금한 사항을 문의하시기 바랍니다.

정당한 이유 없이 출석요구에 응하지 않으면「형사소송법」제200조의2에 따라 체포될 수 있습니다.

0000.00.00.

소속관서

사법경찰관 계급

사법경찰관/리 계급

210㎜ × 297㎜(백상지 60g/㎡)

출 석 요 구 서

제 0000-00000 호

대상자 귀하에 대한 사건명 피의/입건전조사 사건(접수번호 : 0000-00000)의 고소인/고발인/피해자/참고인(으)로 문의할 사항이 있으니 0000.00.00. 00:00에 00파0팀으로 출석하여 주시기 바랍니다.

< 사건의 요지 >

< 구비서류 등 >
1.
2.
3.

출석할 수 없는 부득이한 사정이 있거나 사건내용에 관하여 문의할 사항이 있으면 소속팀(☎ 연락처)로 연락하여 출석일시를 협의하거나 사건내용을 문의하시기 바랍니다.

※ 질병 등으로 경찰관서 직접 출석이 곤란한 경우에는 우편.팩스.전자우편 등 편리한 매체를 이용한 조사를 받을 수 있으며, 출장조사도 요청하실 수 있습니다.

0000.00.00.

소속관서

사법경찰관 계급

사법경찰관/리 계급

210㎜ × 297㎜(백상지 60g/㎡)

라. 범죄수사규칙

제61조(출석요구)

경찰관은「형사소송법」제200조 및 같은 법 제221조의 출석요구에 따라 출석한 피의자 또는 사건관계인에 대하여 지체 없이 진술을 들어야 하며 피의자 또는 사건관계인이 장시간 기다리게 하는 일이 없도록 하여야 한다.

「형사소송법」
제221조(제3자의 출석요구 등)
① 검사 또는 사법경찰관은 수사에 필요한 때에는 피의자가 아닌 자의 출석을 요구하여 진술을 들을 수 있다. 이 경우 그의 동의를 받아 영상녹화할 수 있다.
② 검사 또는 사법경찰관은 수사에 필요한 때에는 감정·통역 또는 번역을 위촉할 수 있다.
③ 제163조의2제1항부터 제3항까지는 검사 또는 사법경찰관이 범죄로 인한 피해자를 조사하는 경우에 준용한다.

2. 수사상 임의동행

가. 검사와 사법경찰관의 상호협력과 일반적 수사준칙에 관한 규정

제20조(수사상 임의동행 시의 고지)
검사 또는 사법경찰관은 임의동행을 요구하는 경우 상대방에게 <u>동행을 거부할 수 있다는 것</u>과 동행하는 경우에도 <u>언제든지 자유롭게 동행 과정에서 이탈하거나 동행 장소에서 퇴거할 수 있다</u>는 것을 알려야 한다.

나. 경찰수사규칙

제35조(수사상 임의동행)
사법경찰관리는 수사준칙 제20조에 따른 임의동행 고지를 하고 임의동행한 경우에는 별지 제23호서식의 임의동행 동의서를 작성하여 사건기록에 편철하거나 별도로 보관해야 한다.

※ 「경찰관 직무집행법」상 임의동행과 비교
「경찰관 직무집행법」
제3조(불심검문)
① 경찰관은 다음 각 호의 어느 하나에 해당하는 사람을 정지시켜 질문할 수 있다.
  1. 수상한 행동이나 그 밖의 주위 사정을 합리적으로 판단하여 볼 때 어떠한 죄를 범하였거나 범하려 하고 있다고 의심할 만한 상당한 이유가 있는 사람
  2. 이미 행하여진 범죄나 행하여지려고 하는 범죄행위에 관한 사실을 안다고 인정되는 사람
② 경찰관은 제1항에 따라 같은 항 각 호의 사람을 정지시킨 장소에서 질문을 하는 것이 그 사람에게 불리하거나 교통에 방해가 된다고 인정될 때에는 질문을 하기 위하여 가까운 경찰서 · 지구대 · 파출소 또는 출장소(지방해양경찰관서를 포함하며, 이하 "경찰관서"라 한다)로 동행할 것을 요구할 수 있다. 이 경우 동행을 요구받은 사람은 그 요구를 거절할 수 있다.
③ 경찰관은 제1항 각 호의 어느 하나에 해당하는 사람에게 질문을 할 때에 그 사람이 흉기를 가지고 있는지를 조사할 수 있다.
④ 경찰관은 제1항이나 제2항에 따라 질문을 하거나 동행을 요구할 경우 자신의 신분을 표시하는 증표를 제시하면서 소속과 성명을 밝히고 질문이나 동행의 목적과 이유를 설명하여야 하며, 동행을 요구하는 경우에는 동행 장소를 밝혀야 한다.
⑤ 경찰관은 제2항에 따라 동행한 사람의 가족이나 친지 등에게 동행한 경찰관의 신분, 동행 장소, 동행 목적과 이유를 알리거나 본인으로 하여금 즉시 연락할 수 있는 기회를 주어야 하며, 변호인의 도움을 받을 권리가 있음을 알려야 한다.

⑥ 경찰관은 제2항에 따라 동행한 사람을 6시간을 초과하여 경찰관서에 머물게 할 수 없다.

⑦ 제1항부터 제3항까지의 규정에 따라 질문을 받거나 동행을 요구받은 사람은 형사소송에 관한 법률에 따르지 아니하고는 신체를 구속당하지 아니하며, 그 의사에 반하여 답변을 강요당하지 아니한다.

3. 수사관서 이외의 장소에서 조사

가. 검사와 사법경찰관의 상호협력과 일반적 수사준칙에 관한 규정

제19조(출석요구)

⑤ 검사 또는 사법경찰관은 피의자가 치료 등 수사관서에 출석하여 조사를 받는 것이 현저히 곤란한 사정이 있는 경우에는 수사관서 외의 장소에서 조사할 수 있다.

나. 범죄수사규칙

제62조(수사관서 이외의 장소에서의 조사)

① 경찰관은 조사를 할 때에는 경찰관서 사무실 또는 조사실에서 하여야 하며 부득이한 사유로 그 이외의 장소에서 하는 경우에는 <u>소속 경찰관서장의 사전 승인</u>을 받아야 한다.

② 경찰관은 치료 등 건강상의 이유로 출석이 현저히 곤란한 피의자 또는 사건관계인을 경찰관서 이외의 장소에서 조사하는 경우에는 피조사자의 건강상태를 충분히 고려하여야 하며, 수사에 중대한 지장이 없으면 가족, 의사, 그 밖의 적당한 사람을 참여시켜야 한다.

③ 경찰관은 피의자신문 이외의 경우 피조사자가 경찰관서로부터 멀리 떨어져 거주하거나 그 밖의 사유로 출석조사가 곤란한 경우에는 별지 제18호서식의 우편조서를 작성하여 우편, 팩스, 전자우편 등의 방법으로 조사할 수 있다.

4. 임의성 확보와 진술거부권 등의 고지

가. 형사소송법

제244조의3(진술거부권 등의 고지)

① 검사 또는 사법경찰관은 피의자를 신문하기 전에 다음 각 호의 사항을 알려주어야 한다.

임의동행 동의서

동행을 요구한 일시·장소	일 시 : 장 소 :
동행할 장소	
동행의 이유 (사건 개요)	
동행대상자	성 명 :
담당경찰관	소 속 : 계 급 : 성 명 :

본인은 위와 같은 내용으로 경찰관으로부터 동행을 요구받았고, 동행을 거부할 수 있는 권리와 언제든지 자유롭게 동행과정에서 이탈 또는 동행장소에서 퇴거할 수 있는 권리가 있음을 안내받았습니다. 이에, 자발적인 의사로 동행한 것임을 확인합니다.

0000.00.00.

위 본인

210㎜ × 297㎜(백상지 80g/㎡)

우 편 조 서

성 명 :   (   ) 주민등록번호 :   -

직 업 :   직 장 :

전화번호 : 자택   직장   휴대전화

주 거 :

등록기준지 :

피의자 피의자외의 O명에 대한 죄명 사건에 관하여 귀하의 편의를 위하여 우편으로 조사하고자 하오니 아래 "문"란의 내용을 잘 읽으시고 "답"란에 진실하게 사실대로 기입하여 주시기 바라며, 끝장에 서명 또는 기명날인(또는 무인)하신 다음 송부하여 주시기 바랍니다.

문 :

답 :

문 :

답 :

문 :

답 :

문 :

답 :

문 :

1. 일체의 진술을 하지 아니하거나 개개의 질문에 대하여 <u>진술을 하지 아니할 수 있다</u>는 것
2. 진술을 하지 아니하더라도 <u>불이익을 받지 아니한다</u>는 것
3. 진술을 거부할 권리를 포기하고 행한 진술은 법정에서 <u>유죄의 증거로 사용될 수 있다</u>는 것
4. 신문을 받을 때에는 변호인을 참여하게 하는 등 <u>변호인의 조력을 받을 수 있다</u>는 것

② 검사 또는 사법경찰관은 제1항에 따라 알려 준 때에는 피의자가 진술을 거부할 권리와 변호인의 조력을 받을 권리를 행사할 것인지의 여부를 질문하고, 이에 대한 <u>피의자의 답변을 조서에 기재</u>하여야 한다. 이 경우 피의자의 답변은 피의자로 하여금 자필로 기재하게 하거나 검사 또는 사법경찰관이 피의자의 답변을 기재한 부분에 기명날인 또는 서명하게 하여야 한다.

제317조(진술의 임의성)

① 피고인 또는 피고인 아닌 자의 진술이 임의로 된 것이 아닌 것은 증거로 할 수 없다.
② 전항의 서류는 그 작성 또는 내용인 진술이 임의로 되었다는 것이 증명된 것이 아니면 증거로 할 수 없다.
③ 검증조서의 일부가 피고인 또는 피고인 아닌 자의 진술을 기재한 것인 때에는 그 부분에 한하여 전2항의 예에 의한다.

나. 검사와 사법경찰관의 상호협력과 일반적 수사준칙에 관한 규정

제32조(체포·구속영장 집행 시의 권리 고지)

① 검사 또는 사법경찰관은 피의자를 체포하거나 구속할 때에는 법 제200조의5(법 제209조에서 준용하는 경우를 포함한다)에 따라 피의자에게 피의사실의 요지, 체포·구속의 이유와 변호인을 선임할 수 있음을 말하고, 변명할 기회를 주어야 하며, 진술거부권을 알려주어야 한다.

② 제1항에 따라 피의자에게 알려주어야 하는 진술거부권의 내용은 법 제244조의3 제1항제1호부터 제3호까지의 사항으로 한다.

③ 검사와 사법경찰관이 제1항에 따라 피의자에게 그 권리를 알려준 경우에는 피의자로부터 권리 고지 확인서를 받아 사건기록에 편철한다.

다. 범죄수사규칙

제63조(임의성의 확보)

① 경찰관은 조사를 할 때에는 고문, 폭행, 협박, 신체구속의 부당한 장기화 그 밖에 진술의 임의성에 관하여 의심받을 만한 방법을 취하여서는 아니 된다.

② 경찰관은 조사를 할 때에는 희망하는 진술을 상대자에게 시사하는 등의 방법으로 진술을 유도하거나 진술의 대가로 이익을 제공할 것을 약속하거나 그 밖에 진술의 진실성을 잃게 할 염려가 있는 방법을 취하여서는 아니 된다.

제64조(조사 시 진술거부권 등의 고지)

「형사소송법」 제244조의3에 따른 진술거부권의 고지는 조사를 상당 시간 중단하거나 회차를 달리하거나 담당 경찰관이 교체된 경우에도 다시 하여야 한다.

5. 수사 대상자 편의 제공

가. 검사와 사법경찰관의 상호협력과 일반적 수사준칙에 관한 규정

제21조(심야조사 제한)

① 검사 또는 사법경찰관은 조사, 신문, 면담 등 그 명칭을 불문하고 피의자나 사건관계인에 대해 <u>오후 9시부터 오전 6시까지 사이에 조사</u>(이하 "심야조사"라 한다)를 <u>해서는 안 된다</u>. 다만, 이미 작성된 조서의 열람을 위한 절차는 자정 이전까지 진행할 수 있다.

② 제1항에도 불구하고 다음 각 호의 어느 하나에 해당하는 경우에는 심야조사를 할 수 있다. 이 경우 심야조사의 사유를 조서에 명확하게 적어야 한다.

1. 피의자를 체포한 후 48시간 이내에 구속영장의 청구 또는 신청 여부를 판단하기 위해 불가피한 경우
2. 공소시효가 임박한 경우
3. 피의자나 사건관계인이 출국, 입원, 원거리 거주, 직업상 사유 등 재출석이 곤란한 구체적인 사유를 들어 심야조사를 요청한 경우(변호인이 심야조사에 동의하지 않는다는 의사를 명시한 경우는 제외한다)로서 해당 요청에 상당한 이유가 있다고 인정되는 경우
4. 그 밖에 사건의 성질 등을 고려할 때 심야조사가 불가피하다고 판단되는 경우 등 법무부장관, 경찰청장 또는 해양경찰청장이 정하는 경우로서 검사 또는 사법경찰관의 소속 기관의 장이 지정하는 인권보호 책임자의 허가 등을 받은 경우

제22조(장시간 조사 제한)

① 검사 또는 사법경찰관은 조사, 신문, 면담 등 그 명칭을 불문하고 피의자나 사건관계인을 조사하는 경우에는 대기시간, 휴식시간, 식사시간 등 모든 시간을 합산한 조사시간(이하 "총조사시간"이라 한다)이 12시간을 초과하지 않도록 해야 한다. 다만, 다음 각 호의 어느 하나에 해당하는 경우에는 예외로 한다.
1. 피의자나 사건관계인의 서면 요청에 따라 조서를 열람하는 경우
2. 제21조제2항 각 호의 어느 하나에 해당하는 경우
② 검사 또는 사법경찰관은 특별한 사정이 없으면 총조사시간 중 식사시간, 휴식시간 및 조서의 열람시간 등을 제외한 실제 조사시간이 8시간을 초과하지 않도록 해야 한다.
③ 검사 또는 사법경찰관은 피의자나 사건관계인에 대한 조사를 마친 때부터 8시간이 지나기 전에는 다시 조사할 수 없다. 다만, 제1항제2호에 해당하는 경우에는 예외로 한다.

제23조(휴식시간 부여)

① 검사 또는 사법경찰관은 조사에 상당한 시간이 소요되는 경우에는 특별한 사정이 없으면 피의자 또는 사건관계인에게 조사 도중에 최소한 2시간마다 10분 이상의 휴식시간을 주어야 한다.
② 검사 또는 사법경찰관은 조사 도중 피의자, 사건관계인 또는 그 변호인으로부터 휴식시간의 부여를 요청받았을 때에는 그때까지 조사에 소요된 시간, 피의자 또는 사건관계인의 건강상태 등을 고려해 적정하다고 판단될 경우 휴식시간을 주어야 한다.
③ 검사 또는 사법경찰관은 조사 중인 피의자 또는 사건관계인의 건강상태에 이상 징후가 발견되면 의사의 진료를 받게 하거나 휴식하게 하는 등 필요한 조치를 해야 한다.

나. 경찰수사규칙

제36조(심야조사 제한)

① 사법경찰관은 수사준칙 제21조제2항제4호에 따라 심야조사를 하려는 경우에는 심야조사의 내용 및 심야조사가 필요한 사유를 소속 경찰관서에서 인권보호 업무를 담당하는 부서의 장에게 보고하고 허가를 받아야 한다.

② 사법경찰관은 제1항에 따라 허가를 받은 경우 수사보고서를 작성하여 사건기록에 편철해야 한다.

제37조(장시간 조사 제한)

사법경찰관리는 피의자나 사건관계인으로부터 수사준칙 제22조제1항제1호에 따라 조서 열람을 위한 조사 연장을 요청받은 경우에는 별지 제24호서식의 조사연장 요청서를 제출받아야 한다.

6. 신뢰관계인 동석

가. 형사소송법

제163조의2(신뢰관계에 있는 자의 동석)

① 법원은 범죄로 인한 피해자를 증인으로 신문하는 경우 증인의 연령, 심신의 상태, 그 밖의 사정을 고려하여 증인이 현저하게 불안 또는 긴장을 느낄 우려가 있다고 인정하는 때에는 직권 또는 피해자·법정대리인·검사의 신청에 따라 피해자와 신뢰관계에 있는 자를 동석하게 할 수 있다.

② 법원은 범죄로 인한 피해자가 13세 미만이거나 신체적 또는 정신적 장애로 사물을 변별하거나 의사를 결정할 능력이 미약한 경우에 재판에 지장을 초래할 우려가 있는 등 부득이한 경우가 아닌 한 피해자와 신뢰관계에 있는 자를 동석하게 하여야 한다.

③ 제1항 또는 제2항에 따라 동석한 자는 법원·소송관계인의 신문 또는 증인의 진술을 방해하거나 그 진술의 내용에 부당한 영향을 미칠 수 있는 행위를 하여서는 아니 된다.

④ 제1항 또는 제2항에 따라 동석할 수 있는 신뢰관계에 있는 자의 범위, 동석의 절차 및 방법 등에 관하여 필요한 사항은 대법원규칙으로 정한다.

제244조의5(장애인 등 특별히 보호를 요하는 자에 대한 특칙)

검사 또는 사법경찰관은 피의자를 신문하는 경우 다음 각 호의 어느 하나에 해당하는 때에는 직권 또는 피의자·법정대리인의 신청에 따라 피의자와 신뢰관계에 있는 자를 동석하게 할 수 있다.

1. 피의자가 신체적 또는 정신적 장애로 사물을 변별하거나 의사를 결정 · 전달할 능력이 미약한 때
2. 피의자의 연령 · 성별 · 국적 등의 사정을 고려하여 그 심리적 안정의 도모와 원활한 의사소통을 위하여 필요한 경우

나. 검사와 사법경찰관의 상호협력과 일반적 수사준칙에 관한 규정

제24조(신뢰관계인의 동석)

① 법 제244조의5에 따라 피의자와 동석할 수 있는 신뢰관계에 있는 사람과 법 제221조제3항에서 준용하는 법 제163조의2에 따라 피해자와 동석할 수 있는 신뢰관계에 있는 사람은 피의자 또는 피해자의 직계친족, 형제자매, 배우자, 가족, 동거인, 보호 · 교육시설의 보호 · 교육담당자 등 피의자 또는 피해자의 심리적 안정과 원활한 의사소통에 도움을 줄 수 있는 사람으로 한다.
② 피의자, 피해자 또는 그 법정대리인이 제1항에 따른 신뢰관계에 있는 사람의 동석을 신청한 경우 검사 또는 사법경찰관은 그 관계를 적은 <u>동석신청서를 제출받거나</u> 조서 또는 수사보고서에 그 관계를 적어야 한다.

다. 경찰수사규칙

제38조(신뢰관계인 동석)

① 수사준칙 제24조제2항에 따른 동석신청서는 별지 제25호서식 또는 별지 제26호서식에 따른다.
② 사법경찰관은 피의자, 피해자 또는 그 법정대리인이 제1항의 동석신청서를 작성할 시간적 여유가 없는 경우 등에는 이를 제출받지 않고 조서 또는 수사보고서에 그 취지를 기재하는 것으로 동석신청서 작성을 갈음할 수 있으며, 조사의 긴급성 또는 동석의 필요성 등이 현저한 경우에는 예외적으로 동석 조사 이후에 신뢰관계인과 피의자와의 관계를 소명할 자료를 제출받아 기록에 편철할 수 있다.
③ 사법경찰관은 동석 신청이 없더라도 동석이 필요하다고 인정되면 피의자 또는 피해자와의 신뢰관계 유무를 확인한 후 직권으로 신뢰관계에 있는 사람을 동석하게 할 수 있다. 이 경우 그 관계 및 취지를 조서나 수사보고서에 적어야 한다.
④ 사법경찰관은 신뢰관계인의 동석으로 인하여 신문이 방해되거나, 수사기밀이 누설되는 등 정당한 사유가 있는 경우에는 동석을 거부할 수 있으며, 신뢰관계인이 피의자신문 또는 피해자 조사를 방해하거나 그 진술의 내용에 부당한 영향을 미칠 수 있는 행위를 하는 등 수사에 현저한 지장을 초래하는 경우에는 피의자신문 또는 피해자 조사 중에도 동석을 제한할 수 있다.
⑤ 피해자 이외의 사건관계인 조사에 관하여는 제1항부터 제4항까지의 규정을 준용한다.

동 석 신 청 서
[피 (혐) 의 자]

수 신 : 소속관서 사법경찰관 계급 성명

귀서 접수번호 제 0000-00000 호 피(혐)의자 000외 0명에 대한 사건명 사건에 관하여 피(혐)의자 000을/를 조사함에 있어 아래와 같이 피(혐)의자와 신뢰관계에 있는 사람의 동석을 신청합니다.

신뢰 관계인	성 명	
	주민등록번호	
	직 업	
	주거(사무소)	
	전화번호	
	피(혐)의자와의 관계	
동석 필요 사유		

※ 소명자료 별첨

0000.00.00.

신청인   ㉑

동 석 신 청 서
(사건관계인)

수 신 : 소속관서 사법경찰관 계급 성명

귀서 접수번호 제 0000-00000 호 피의자 000외 0명에 대한 사건명 사건에 관하여 사건관계인(고소인/고발인/참고인/피해자) 000을/를 조사함에 있어 아래와 같이 사건관계인과 신뢰관계에 있는 사람의 동석을 신청합니다.

사건관계인	성 명	
	주민등록번호	
	직 업	
	주 거	
	전화번호	
신뢰 관계인	성 명	
	주민등록번호	
	직 업	
	주거(사무소)	
	전화번호	
	사건관계인과의 관계	
동석 필요 사유		

※ 소명자료 별첨

0000.00.00.

신청인   ㉑

7. 피의자신문 조서의 작성과 조사사항

가. 형사소송법

제241조(피의자신문)
검사 또는 사법경찰관이 피의자를 신문함에는 먼저 그 성명, 연령, 등록기준지, 주거와 직업을 물어 <u>피의자임에 틀림없음을</u> 확인하여야 한다.

제242조(피의자신문사항)
검사 또는 사법경찰관은 피의자에 대하여 범죄사실과 정상에 관한 필요사항을 신문하여야 하며 그 이익되는 사실을 <u>진술할 기회</u>를 주어야 한다.

제243조(피의자신문과 참여자)
검사가 피의자를 신문함에는 <u>검찰청수사관 또는 서기관이나 서기를 참여</u>하게 하여야 하고 사법경찰관이 피의자를 신문함에는 <u>사법경찰관리를 참여</u>하게 하여야 한다.

제244조(피의자신문조서의 작성)
① 피의자의 진술은 조서에 기재하여야 한다.
② 제1항의 조서는 피의자에게 열람하게 하거나 읽어 들려주어야 하며, 진술한 대로 기재되지 아니하였거나 사실과 다른 부분의 유무를 물어 피의자가 증감 또는 변경의

청구 등 이의를 제기하거나 의견을 진술한 때에는 이를 조서에 추가로 기재하여야 한다. 이 경우 피의자가 이의를 제기하였던 부분은 읽을 수 있도록 남겨두어야 한다.
③ 피의자가 조서에 대하여 이의나 의견이 없음을 진술한 때에는 피의자로 하여금 그 취지를 자필로 기재하게 하고 <u>조서에 간인한 후 기명날인 또는 서명</u>하게 한다.

나. 경찰수사규칙

제39조(조서와 진술서)
① 사법경찰관리가 법 제244조제1항에 따라 피의자의 진술을 조서에 적는 경우에는 별지 제27호서식 또는 별지 제28호서식의 피의자신문조서에 따른다.
② 사법경찰관리가 피의자가 아닌 사람의 진술을 조서에 적는 경우에는 별지 제29호서식 또는 별지 제30호서식의 진술조서에 따른다.
③ 사법경찰관리는 피의자 또는 피의자가 아닌 사람의 진술을 듣는 경우 진술 사항이 복잡하거나 진술인이 서면진술을 원하면 진술서를 작성하여 제출하게 할 수 있다.
④ 피의자신문조서와 진술조서에는 진술자로 하여금 간인(間印)한 후 기명날인 또는 서명하게 한다.

다. 범죄수사규칙

제71조(피의자에 대한 조사사항)
경찰관은 피의자를 신문하는 경우에는 다음 각 호의 사항에 유의하여 「경찰수사규칙」 제39조제1항의 피의자신문조서를 작성하여야 한다. 이 경우, 사건의 성격과 유형을 고려하였을 때, 범죄 사실 및 정상과 관련이 없는 불필요한 질문은 지양하여야 한다.
  1. 성명, 연령, 생년월일, 주민등록번호, 등록기준지, 주거, 직업, 출생지, 피의자가 법인 또는 단체인 경우에는 명칭, 상호, 소재지, 대표자의 성명 및 주거, 설립목적, 기구
  2. 구(舊)성명, 개명, 이명, 위명, 통칭 또는 별명
  3. 전과의 유무(만약 있다면 그 죄명, 형명, 형기, 벌금 또는 과료의 금액, 형의 집행유예 선고의 유무, 범죄사실의 개요, 재판한 법원의 명칭과 연월일, 출소한 연월일 및 교도소명)
  4. 형의 집행정지, 가석방, 사면에 의한 형의 감면이나 형의 소멸의 유무
  5. 기소유예 또는 선고유예 등 처분을 받은 사실의 유무(만약 있다면 범죄사실의 개요, 처분한 검찰청 또는 법원의 명칭과 처분연월일)
  6. 소년보호 처분을 받은 사실의 유무(만약 있다면 그 처분의 내용, 처분을 한 법원명과 처분연월일)
  7. 현재 다른 경찰관서 그 밖의 수사기관에서 수사 중인 사건의 유무(만약 있다면 그 죄명, 범죄사실의 개요와 해당 수사기관의 명칭)

■ 경찰수사규칙 [별지 제27호서식]

피 의 자 신 문 조 서

피 의 자 : 피의자 성명

위의 사람에 대한 죄명 피의사건에 관하여 0000.00.00. 조사장소에서 사법경찰관/리 계급 000은 사법경찰관/리 계급 성명을 참여하게 하고, 아래와 같이 피의자임에 틀림없음을 확인하다.

문 : 피의자의 성명, 주민등록번호, 직업, 주거, 등록기준지 등을 말하십시오.

답 : 성명은

　　주민등록번호는

　　직업은

　　주거는

　　등록기준지는

　　직장주소는

　　연락처는 자택전화　　휴대전화

　　　　　직장전화　　전자우편(e-mail)

　　입니다.

사법경찰관은 피의사건의 요지를 설명하고 사법경찰관의 신문에 대하여 「형사소송법」 제244조의3에 따라 진술을 거부할 수 있는 권리 및 변호인의 참여 등 조력을 받을 권리가 있음을 피의자에게 알려주고 이를 행사할 것인지 그 의사를 확인한다.

210㎜ × 297㎜(백상지 80g/㎡)

■ 경찰수사규칙 [별지 제28호서식]

피 의 자 신 문 조 서　　　(제0회)

피 의 자 : 피의자성명

위의 사람에 대한 죄명 피의사건에 관하여 0000.00.00. 조사장소에서 사법경찰관/리 계급 성명은 사법경찰관/리 계급 성명을 참여하게 한 후, 피의자에 대하여 다시 아래의 권리들이 있음을 알려주고 이를 행사할 것인지 그 의사를 확인하다.

1. 귀하는 일체의 진술을 하지 아니하거나 개개의 질문에 대하여 진술을 하지 아니할 수 있습니다.
1. 귀하가 진술을 하지 아니하더라도 불이익을 받지 아니합니다.
1. 귀하가 진술을 거부할 권리를 포기하고 행한 진술은 법정에서 유죄의 증거로 사용될 수 있습니다.
1. 귀하가 신문을 받을 때에는 변호인을 참여하게 하는 등 변호인의 조력을 받을 수 있습니다.

문 : 피의자는 위와 같은 권리들이 있음을 고지받았는가요

답 :

문 : 피의자는 진술거부권을 행사할 것인가요

답 :

문 : 피의자는 변호인의 조력을 받을 권리를 행사할 것인가요

답 :

이에 사법경찰관은 피의사실에 관하여 다음과 같이 피의자를 신문하다.

210㎜ × 297㎜(백상지 80g/㎡)

■ 경찰수사규칙 [별지 제29호서식]

진 술 조 서

성　　명 :

주민등록번호 :

직　　업 :

주　　거 :

등록기준지 :

직장주소 :

연 락 처 : 자택전화　　　　　휴대전화

　　　　　직장전화　　　　　전자우편(e-mail)

위의 사람은 피의자성명에 대한 죄명 피의사건에 관하여 0000.00.00. 소속관서명+부서명에 임의 출석하여 다음과 같이 진술하다.

1. 피의자와의 관계

　저는　　　와 〇〇〇 관계에 있습니다.

1. 피의사실과의 관계

　저는 피의사실과 관련하여 〇〇〇 자격으로서 출석하였습니다.

이 때 진술의 취지를 더욱 명백히 하기 위하여 다음과 같이 임의로 문답하다.

210㎜ × 297㎜(백상지 60g/㎡)

■ 경찰수사규칙 [별지 제30호서식]

진 술 조 서　　　(제 0 회)

성　　명 :

주민등록번호 :

위의 사람은　에 대한　피의사건에 관하여　에 임의 출석하였는 바, 사법경찰관/리 000은 진술인을 상대로 다음과 같이 전회에 이어 계속 문답을 하다.

문 :

답 :

210㎜ × 297㎜(백상지 80g/㎡)

8. 현재 재판 진행 중인 사건의 유무(만약 있다면 그 죄명, 범죄사실의 개요, 기소 연월일과 해당 법원의 명칭)

9. 병역관계

10. 훈장, 기장, 포장, 연금의 유무

11. 자수 또는 자복하였을 때에는 그 동기와 경위

12. 피의자의 환경, 교육, 경력, 가족상황, 재산과 생활정도, 종교관계

13. 범죄의 동기와 원인, 목적, 성질, 일시장소, 방법, 범인의 상황, 결과, 범행 후의 행동

14. 피해자를 범죄대상으로 선정하게 된 동기

15. 피의자와 피해자의 친족관계 등으로 인한 죄의 성부, 형의 경중이 있는 사건에 대하여는 그 사항

16. 범인은닉죄, 증거인멸죄와 장물에 관한 죄의 피의자에 대하여는 본범과 친족 또는 동거 가족관계의 유무

17. 미성년자나 피성년후견인 또는 피한정후견인인 때에는 그 친권자 또는 후견인의 유무(만약 있다면 그 성명과 주거)

18. 피의자의 처벌로 인하여 그 가정에 미치는 영향

19. 피의자의 이익이 될 만한 사항

20. 제1호부터 제19호까지의 각 사항을 증명할 만한 자료

21. 피의자가 외국인인 경우에는 제216조 각 호의 사항

제73조(피의자신문조서 등 작성 시 주의사항)

① 경찰관은 피의자신문조서와 진술조서를 작성할 때에는 다음 각 호의 사항에 주의하여야 한다.

1. 형식에 흐르지 말고 추측이나 과장을 배제하며 범의 착수의 방법, 실행행위의 태양, 미수 · 기수의 구별, 공모사실 등 범죄 구성요건에 관한 사항에 대하여는 특히 명확히 기재할 것

2. 필요할 때에는 진술자의 진술 태도 등을 기입하여 진술의 내용뿐 아니라 진술 당시의 상황을 명백히 알 수 있도록 할 것

② 경찰관은 조사가 진행 중인 동안에는 수갑 · 포승 등을 해제하여야 한다. 다만, 자살, 자해, 도주, 폭행의 우려가 현저한 사람으로서 담당경찰관 및 유치인 보호주무자가 수갑 · 포승 등 사용이 반드시 필요하다고 인정한 사람에 대하여는 예외로 한다.

8. 피의자 이외의 사람에 대한 진술조서 작성과 조사사항

가. 경찰수사규칙

제39조(조서와 진술서)
② 사법경찰관리가 피의자가 아닌 사람의 진술을 조서에 적는 경우에는 별지 제29호서식 또는 별지 제30호서식의 진술조서에 따른다.

나. 범죄수사규칙

제72조(피의자 아닌 사람에 대한 조사사항)
경찰관은 피의자 아닌 사람을 조사하는 경우에는 특별한 사정이 없는 한 다음 각 호의 사항에 유의하여 「경찰수사규칙」 제39조제2항의 진술조서를 작성하여야 한다.
  1. 피해자의 피해상황
  2. 범죄로 인하여 피해자 및 사회에 미치는 영향
  3. 피해회복의 여부
  4. 처벌희망의 여부
  5. 피의자와의 관계
  6. 그 밖의 수사상 필요한 사항

9. 수사자료표 작성

가. 형의 실효 등에 관한 법률

제5조(수사자료표)
① 사법경찰관은 피의자에 대한 수사자료표를 작성하여 경찰청에 송부하여야 한다. 다만, 다음 각 호의 자에 대하여는 그러하지 아니하다.
  1. 즉결심판(卽決審判) 대상자
  2. 사법경찰관이 수리(受理)한 고소 또는 고발 사건 중 불송치결정 사유에 해당하는 사건의 피의자
② 수사자료표를 작성할 사법경찰관의 범위는 대통령령으로 정한다.

나. 범죄수사규칙

제226조(수사자료표의 작성)
① 경찰관은 「형의 실효 등에 관한 법률」 제5조제1항에 따라 다음 각호를 제외한 피의자에 대한 수사자료표를 작성하여야 한다.

1. 즉결심판 대상자
2. 고소 또는 고발로 수리한 사건 중 「수사준칙」 제51조제1항제3호의 각 목에 해당하는 사건의 피의자

② 제1항의 경우 전자수사자료표시스템을 이용하여 전자문서로 작성한다. 다만, 입원, 교도소 수감 등 불가피한 사유로 피의자가 경찰관서에 출석하여 조사받을 수 없는 경우에는 종이 수사자료표를 작성하여 입력한다.

③ 그 밖의 수사자료표 작성과 관련된 세부적인 사항은 「지문 및 수사자료표 등에 관한 규칙」에 따른다.

10. 수사과정의 기록

가. 형사소송법

제244조의4(수사과정의 기록)

① 검사 또는 사법경찰관은 피의자가 조사장소에 도착한 시각, 조사를 시작하고 마친 시각, 그 밖에 조사과정의 진행경과를 확인하기 위하여 필요한 사항을 피의자신문조서에 기록하거나 별도의 서면에 기록한 후 수사기록에 편철하여야 한다.

② 제244조제2항 및 제3항은 제1항의 조서 또는 서면에 관하여 준용한다.

③ 제1항 및 제2항은 피의자가 아닌 자를 조사하는 경우에 준용한다.

나. 검사와 사법경찰관의 상호협력과 일반적 수사준칙에 관한 규정

제26조(수사과정의 기록)

① 검사 또는 사법경찰관은 법 제244조의4에 따라 조사(신문, 면담 등 명칭을 불문한다. 이하 이 조에서 같다) 과정의 진행경과를 다음 각 호의 구분에 따른 방법으로 기록해야 한다.

1. 조서를 작성하는 경우: 조서에 기록(별도의 서면에 기록한 후 조서의 끝부분에 편철하는 것을 포함한다)
2. 조서를 작성하지 않는 경우: 별도의 서면에 기록한 후 수사기록에 편철

② 제1항에 따라 조사과정의 진행경과를 기록할 때에는 다음 각 호의 구분에 따른 사항을 구체적으로 적어야 한다.

1. 조서를 작성하는 경우에는 다음 각 목의 사항
   가. 조사 대상자가 조사장소에 도착한 시각
   나. 조사의 시작 및 종료 시각
   다. 조사 대상자가 조사장소에 도착한 시각과 조사를 시작한 시각에 상당한 시간적 차이가 있는 경우에는 그 이유

라. 조사가 중단되었다가 재개된 경우에는 그 이유와 중단 시각 및 재개 시각
　2. 조서를 작성하지 않는 경우에는 다음 각 목의 사항
　　가. 조사 대상자가 조사장소에 도착한 시각
　　나. 조사 대상자가 조사장소를 떠난 시각
　　다. 조서를 작성하지 않는 이유
　　라. 조사 외에 실시한 활동
　　마. 변호인 참여 여부

다. 경찰수사규칙

제40조(수사과정의 기록)

사법경찰관리는 수사준칙 제26조제1항에 따라 조사 과정의 진행경과를 별도의 서면에 기록하는 경우에는 별지 제31호서식 또는 별지 제32호서식의 수사 과정 확인서에 따른다.

■ 경찰수사규칙 [별지 제31호서식]

수사 과정 확인서

구 분	내 용
1. 조사 장소 도착시각	
2. 조사 시작시각 및 종료시각	□ 시작시각 : □ 종료시각 :
3. 조서열람 시작시각 및 종료시각	□ 시작시각 : □ 종료시각 :
4. 기타 조사과정 진행경과 확인에 필요한 사항	
5. 조사과정 기재사항에 대한 이의제기나 의견진술 여부 및 그 내용	

0000.00.00.

사법경찰관/리 직위 성명은 조사대상자성명를 조사한 후, 위와 같은 사항에 대해 조사대상자 000로부터 확인받음

확 인 자 : 조사대상자 000 ㉑

사법경찰관/리 : 직위 성명 ㉑

210㎜ × 297㎜(백상지 80g/㎡)

■ 경찰수사규칙 [별지 제32호서식]

수사 과정 확인서(조서미작성)

대상자	성 명		사건관련 신분	
	주민등록번호		전 화 번 호	
	주 소			

구 분	내 용
1. 조사 장소 도착시각	
2. 조사 장소를 떠난 시각	
3. 조서 미작성 이유	
4. 조사 외 실시한 활동	
5. 참여 변호인	
6. 조사과정 기재사항에 대한 이의제기나 의견진술 여부 및 그 내용	

0000.00.00.

사법경찰관/리 직위 성명은 조사대상자000를 조사한 후, 위와 같은 사항에 대해 조사대상자000로부터 확인받음

확 인 자 : 조사대상자000 ㉑

사법경찰관.리 : 직위 성명 ㉑

210㎜ × 297㎜(백상지 80g/㎡)

제3절 변호인의 접견과 참여

Ⅰ. 변호인 선임

가. 형사소송법

제30조(변호인선임권자)
① 피고인 또는 피의자는 변호인을 선임할 수 있다.
② 피고인 또는 피의자의 법정대리인, 배우자, 직계친족과 형제자매는 독립하여 변호인을 선임할 수 있다.

제31조(변호인의 자격과 특별변호인)
변호인은 변호사 중에서 선임하여야 한다. 단, 대법원 이외의 법원은 특별한 사정이 있으면 변호사 아닌 자를 변호인으로 선임함을 허가할 수 있다.

제32조(변호인선임의 효력)
① 변호인의 선임은 심급마다 변호인과 연명날인한 서면으로 제출하여야 한다.
② 공소제기 전의 변호인 선임은 제1심에도 그 효력이 있다.

나. 범죄수사규칙

제78조(변호인의 선임)
① 경찰관은 변호인의 선임에 관하여 특정의 변호인을 시사하거나 추천하여서는 아니 된다.
② 경찰관은 피의자가 조사 중 변호인 선임 의사를 밝히거나 피의자신문 과정에서의 변호인 참여를 요청하는 경우 즉시 조사를 중단하고, 변호인 선임 또는 변호인의 신문과정 참여를 보장하여야 한다.

※ **피해자 변호사 선임**
「성폭력범죄의 처벌 등에 관한 특례법」
제27조(성폭력범죄 피해자에 대한 변호사 선임의 특례)
① 성폭력범죄의 피해자 및 그 법정대리인(이하 "피해자등"이라 한다)은 형사절차상 입을 수 있는 피해를 방어하고 법률적 조력을 보장하기 위하여 변호사를 선임할 수 있다.
② 제1항에 따른 변호사는 검사 또는 사법경찰관의 피해자등에 대한 조사에 참여하여 의견을 진술할 수 있다. 다만, 조사 도중에는 검사 또는 사법경찰관의 승인을 받아 의견을 진술할 수 있다.

③ 제1항에 따른 변호사는 피의자에 대한 구속 전 피의자심문, 증거보전절차, 공판준비기일 및 공판절차에 출석하여 의견을 진술할 수 있다. 이 경우 필요한 절차에 관한 구체적 사항은 대법원규칙으로 정한다.

④ 제1항에 따른 변호사는 증거보전 후 관계 서류나 증거물, 소송계속 중의 관계 서류나 증거물을 열람하거나 등사할 수 있다.

⑤ 제1항에 따른 변호사는 형사절차에서 피해자등의 대리가 허용될 수 있는 모든 소송행위에 대한 포괄적인 대리권을 가진다.

⑥ 검사는 피해자에게 변호사가 없는 경우 국선변호사를 선정하여 형사절차에서 피해자의 권익을 보호할 수 있다.

2. 변호인 접견 등 신청

가. 형사소송법

제34조(피고인·피의자와의 접견, 교통, 진료)
변호인이나 변호인이 되려는 자는 신체가 구속된 피고인 또는 피의자와 접견하고 서류나 물건을 수수(授受)할 수 있으며 의사로 하여금 피고인이나 피의자를 진료하게 할 수 있다.

나. 범죄수사규칙

제80조(변호인 등의 접견신청절차)
① 유치장 입감 피의자(조사 등의 이유로 일시 출감 중인 경우를 포함한다. 이하 같다.)에 대한 변호인 등의 접견신청은 유치장관리부서에서 처리한다.

② 제1항의 신청을 받은 유치장관리부서의 경찰관은 다음 각 호의 사항을 확인하고, 즉시 「피의자 유치 및 호송규칙」 제4조제2항의 유치인보호주무자에게 보고하여야 한다.
  1. 변호사 신분증
  2. 별지 제23호서식의 접견신청서

③ 경찰관은 변호인 등이 변호사 신분증을 소지하지 아니한 경우 지방변호사협회 회원명부와 주민등록증을 대조하는 등 그 밖의 방법으로 변호사 신분을 확인할 수 있고, 신분을 확인할 수 없는 경우에는 일반 접견절차에 따라 접견하도록 안내하여야 한다.

④ 유치인보호주무자는 변호인 접견신청 보고를 받은 경우 즉시 접견장소와 담당경찰관을 지정하는 등 필요한 조치를 하여야 한다.

3. 변호인의 피의자신문 참여와 조력

가. 형사소송법

제243조의2(변호인의 참여 등)

① 검사 또는 사법경찰관은 피의자 또는 그 변호인·법정대리인·배우자·직계친족·형제자매의 신청에 따라 변호인을 피의자와 접견하게 하거나 정당한 사유가 없는 한 피의자에 대한 신문에 참여하게 하여야 한다.

② 신문에 참여하고자 하는 변호인이 2인 이상인 때에는 피의자가 신문에 참여할 변호인 1인을 지정한다. 지정이 없는 경우에는 검사 또는 사법경찰관이 이를 지정할 수 있다.

③ 신문에 참여한 변호인은 신문 후 의견을 진술할 수 있다. 다만, 신문 중이라도 부당한 신문방법에 대하여 이의를 제기할 수 있고, 검사 또는 사법경찰관의 승인을 얻어 의견을 진술할 수 있다.

④ 제3항에 따른 변호인의 의견이 기재된 피의자신문조서는 변호인에게 열람하게 한 후 변호인으로 하여금 그 조서에 기명날인 또는 서명하게 하여야 한다.

⑤ 검사 또는 사법경찰관은 변호인의 신문참여 및 그 제한에 관한 사항을 피의자신문조서에 기재하여야 한다.

나. 검사와 사법경찰관의 상호협력과 일반적 수사준칙에 관한 규정

제13조(변호인의 피의자신문 참여·조력)

① 검사 또는 사법경찰관은 피의자신문에 참여한 변호인이 피의자의 옆자리 등 실질적인 조력을 할 수 있는 위치에 앉도록 해야 하고, 정당한 사유가 없으면 피의자에 대한 법적인 조언·상담을 보장해야 하며, 법적인 조언·상담을 위한 변호인의 메모를 허용해야 한다.

② 검사 또는 사법경찰관은 피의자에 대한 신문이 아닌 단순 면담 등이라는 이유로 변호인의 참여·조력을 제한해서는 안 된다.

③ 제1항 및 제2항은 검사 또는 사법경찰관의 사건관계인에 대한 조사·면담 등의 경우에도 적용한다.

다. 경찰수사규칙

제12조(변호인의 피의자신문 참여)

① 사법경찰관리는 법 제243조의2제1항에 따라 피의자 또는 그 변호인·법정대리인·배우자·직계친족·형제자매의 신청이 있는 경우 변호인의 참여로 인하여 신문이 방해되거나, 수사기밀이 누설되는 등 정당한 사유가 있는 경우를 제외하고는 피

의자에 대한 신문에 변호인을 참여하게 해야 한다.

② 제1항의 변호인의 피의자신문 참여 신청을 받은 사법경찰관리는 신청인으로부터 변호인의 피의자신문 참여 전에 다음 각 호의 서면을 제출받아야 한다.

　1. 변호인 선임서

　2. 별지 제10호서식의 변호인 참여 신청서

■ 범죄수사규칙 [별지 제23호서식]

접 견 신 청 서

일　시	20　년　월　일　：		
피의자(유치인)	성명		생년월일	

신청인	변호인 이외의 자	성명		주민번호	
		유치인과의 관계		직업	
		연령		전화번호	
		주소			
	변호인	성명		전화번호	
		변호사 등록번호		선임여부	□ 선 임 □ 비선임
		소속 법률사무소			

※ 1. 변호인은 접견신청서와 함께 변호사 신분증을 제시해 주시기 바랍니다.
　2. 비선임 변호사인 경우에는 선임여부 항목에 비선임 체크(☑)를 하시기 바랍니다.

[접견(면회) 시 유의사항]

☐ 피의자를 접견(면회)할 때에는 다음과 같은 물품의 휴대 및 제공이 금지됩니다.
　① 마약·총기·도검·폭발물·흉기·독극물, 그 밖에 범죄의 도구로 이용될 우려가 있는 물품
　② 무인비행장치, 전자·통신기기, 그 밖에 도주나 다른 사람과의 연락에 이용될 우려가 있는 물품
　③ 주류·담배·회기·현금·수표, 그 밖에 시설의 안전 또는 질서를 해칠 우려가 있는 물품
　④ 음란물, 사행행위에 사용되는 물품, 그 밖에 유치인의 교화 또는 건전한 사회복귀를 해칠 우려가 있는 물품

☐ 유치인접견 등 전달할 목적으로 주류·담배·현금·수표를 허가 없이 유치장에 반입하거나 유치인과 수수 또는 교환하는 행위는 「형의 집행 및 수용자의 처우에 관한 법률」에 따라 처벌받을 수 있습니다.

☐ 휴대폰, 사진기 등을 몰래 반입하여 유치인 또는 유치장 시설을 촬영하거나 접견(면회)을 녹음할 수 없습니다.

☐ 접견(면회) 중 질서유지 및 안전확보에 적극 협조해 주시기 바랍니다.

☐ 위 사항을 준수하지 않거나 유치장의 안전 또는 질서를 위태롭게 하는 때에는 접견(면회)이 중지될 수 있습니다.

☐ 접견(면회)인의 개인정보는 「형의 집행 및 수용자의 처우에 관한 법률 시행령」에 근거하여 유치행정 업무를 위해 수집·활용됩니다.

본인은 접견 시 유의사항 열람하였고 이를 위반할 경우 접견(면회)가 중지될 수 있음을 근무 경찰관에게 고지받았음을 확인합니다.

20　.　.　.　　위 확인자　　　　　　(인)

210㎜ × 297㎜(백상지 80g/㎡)

■ 경찰수사규칙 [별지 제10호서식]

변호인 참여 신청서

일　시	20　년　월　일　：		
대상자	구　분	□ 피의자 □ 피혐의자 □ 피해자 □ 참고인		
	성　명		생년월일	
신청인	성　명		대상자와의 관　계	
	연　령		전화번호	
	주　소			
변호인	성　명		전화번호	

※ 변호인선임서를 제출하고 변호사 신분증을 제시해 주시기 바랍니다.

< 안 내 사 항 >

☐ 변호인의 참여로 인하여 신문이 방해되거나, 수사기밀이 누설되는 등 정당한 사유가 있는 경우에는 변호사 참여 신청이 제한될 수 있습니다.

☐ 변호인의 참여로 증거를 인멸·손닉·조작할 위험이 구체적으로 드러나거나, 신문 방해, 수사기밀 누설 등 수사에 현저한 지장을 초래하는 경우 신문·조사 중이라도 변호인 참여가 제한될 수 있습니다.

☐ 신문·조사에 참여한 변호인은 신문·조사 후 조서를 열람할 수 있고 의견을 진술할 수 있습니다. 다만 신문·조사 중이라도 부당한 신문·조사 방법에 대하여 이의를 제기할 수 있고, 경찰관의 승인을 얻어 의견을 진술할 수 있습니다.

☐ 피의자신문 시 변호인 참여 관련 내용은 피혐의자, 피해자, 참고인 조사 시에도 준용됩니다.

210㎜ × 297㎜(백상지 80g/㎡)

4. 참여 변호인의 의견진술 및 참여 제한

가. 검사와 사법경찰관의 상호협력과 일반적 수사준칙에 관한 규정

제14조(변호인의 의견진술)

① 피의자신문에 참여한 변호인은 검사 또는 사법경찰관의 <u>신문 후 조서를 열람</u>하고 의견을 진술할 수 있다. 이 경우 변호인은 별도의 서면으로 의견을 제출할 수 있으며, 검사 또는 사법경찰관은 해당 서면을 사건기록에 편철한다.

② 피의자신문에 참여한 변호인은 <u>신문 중</u>이라도 검사 또는 사법경찰관의 <u>승인을 받아 의견을 진술</u>할 수 있다. 이 경우 검사 또는 사법경찰관은 정당한 사유가 있는 경우를 제외하고는 변호인의 의견진술 요청을 승인해야 한다.

③ 피의자신문에 참여한 변호인은 제2항에도 불구하고 부당한 신문방법에 대해서는 검사 또는 사법경찰관의 승인 없이 이의를 제기할 수 있다.

④ 검사 또는 사법경찰관은 제1항부터 제3항까지의 규정에 따른 의견진술 또는 이의 제기가 있는 경우 해당 내용을 조서에 적어야 한다.

나. 경찰수사규칙

제13조(신문 중 변호인 참여 제한)

① 사법경찰관리는 변호인의 참여로 증거를 인멸·은닉·조작할 위험이 구체적으로 드러나거나, 신문 방해, 수사기밀 누설 등 수사에 현저한 지장을 초래하는 경우에는 피의자신문 중이라도 변호인의 참여를 제한할 수 있다. 이 경우 피의자와 변호인에게 변호인의 참여를 제한하는 처분에 대해 법 제417조에 따른 준항고를 제기할 수 있다는 사실을 고지해야 한다.

② 제1항에 따라 변호인 참여를 제한하는 경우 사법경찰관리는 피의자 또는 변호인에게 그 사유를 설명하고 의견을 진술할 기회와 다른 변호인을 참여시킬 기회를 주어야 한다.

③ 제1항에 따라 변호인의 참여를 제한한 후 그 사유가 해소된 때에는 변호인을 신문에 참여하게 해야 한다.

5. 변호인 참여 등에 관한 처분에 불복

「형사소송법」

제417조(동전)

검사 또는 사법경찰관의 구금, 압수 또는 압수물의 환부에 관한 처분과 제243조의2에 따른 변호인의 참여 등에 관한 처분에 대하여 불복이 있으면 그 직무집행지의 관할법원 또는 검사의 소속검찰청에 대응한 법원에 그 처분의 취소 또는 변경을 청구할 수 있다.

제418조(준항고의 방식)

전2조의청구는 서면으로 관할법원에 제출하여야 한다.

제419조(준용규정)

제409조, 제413조, 제414조, 제415조의 규정은 제416조, 제417조의 청구있는 경우에 준용한다.

제409조(보통항고와 집행정지) 항고는 즉시항고 외에는 재판의 집행을 정지하는 효력이 없다. 단, 원심법원 또는 항고법원은 결정으로 항고에 대한 결정이 있을 때까지 집행을 정지할 수 있다.

제413조(항고기각의 결정) 제407조의 규정에 해당한 경우에 원심법원이 항고기각의 결정을 하지 아니한 때에는 항고법원은 결정으로 항고를 기각하여야 한다.

제414조(항고기각과 항고이유 인정)

① 항고를 이유없다고 인정한 때에는 결정으로 항고를 기각하여야 한다.

② 항고를 이유있다고 인정한 때에는 결정으로 원심결정을 취소하고 필요한 경우에는 항고사건에 대하여 직접 재판을 하여야 한다.

제415조(재항고) 항고법원 또는 고등법원의 결정에 대하여는 재판에 영향을 미친 헌법·법률·명령 또는 규칙의 위반이 있음을 이유로 하는 때에 한하여 대법원에 즉시항고를 할 수 있다.

제416조(준항고)

① 재판장 또는 수명법관이 다음 각 호의 1에 해당한 재판을 고지한 경우에 불복이 있으면 그 법관소속의 법원에 재판의 취소 또는 변경을 청구할 수 있다.

 1. 기피신청을 기각한 재판

 2. 구금, 보석, 압수 또는 압수물환부에 관한 재판

 3. 감정하기 위하여 피고인의 유치를 명한 재판

 4. 증인, 감정인, 통역인 또는 번역인에 대하여 과태료 또는 비용의 배상을 명한 재판

② 지방법원이 전항의 청구를 받은 때에는 합의부에서 결정을 하여야 한다.

③ 제1항의 청구는 재판의 고지있는 날로부터 7일 이내에 하여야 한다.

④ 제1항제4호의 재판은 전항의 청구기간 내와 청구가 있는 때에는 그 재판의 집행은 정지된다.

제417조(동전) 검사 또는 사법경찰관의 구금, 압수 또는 압수물의 환부에 관한 처분과 제243조의2에 따른 변호인의 참여 등에 관한 처분에 대하여 불복이 있으면 그 직무집행지의 관할법원 또는 검사의 소속검찰청에 대응한 법원에 그 처분의 취소 또는 변경을 청구할 수 있다.

제4절 진술의 영상녹화

1. 피의자 등 진술 영상녹화

가. 형사소송법

제221조(제3자의 출석요구 등)
① 검사 또는 사법경찰관은 수사에 필요한 때에는 피의자가 아닌 자의 출석을 요구하여 진술을 들을 수 있다. 이 경우 그의 동의를 받아 영상녹화할 수 있다.
② 검사 또는 사법경찰관은 수사에 필요한 때에는 감정·통역 또는 번역을 위촉할 수 있다.
③ 제163조의2제1항부터 제3항까지는 검사 또는 사법경찰관이 범죄로 인한 피해자를 조사하는 경우에 준용한다.

제244조의2(피의자진술의 영상녹화)
① 피의자의 진술은 영상녹화할 수 있다. 이 경우 미리 영상녹화사실을 알려주어야 하며, 조사의 개시부터 종료까지의 전 과정 및 객관적 정황을 영상녹화하여야 한다.
② 제1항에 따른 영상녹화가 완료된 때에는 피의자 또는 변호인 앞에서 지체 없이 그 원본을 봉인하고 피의자로 하여금 기명날인 또는 서명하게 하여야 한다.
③ 제2항의 경우에 피의자 또는 변호인의 요구가 있는 때에는 영상녹화물을 재생하여 시청하게 하여야 한다. 이 경우 그 내용에 대하여 이의를 진술하는 때에는 그 취지를 기재한 서면을 첨부하여야 한다.

나. 경찰수사규칙

제43조(영상녹화)
① 사법경찰관리는 법 제221조제1항 또는 제244조의2제1항에 따라 피의자 또는 피의자가 아닌 사람을 영상녹화하는 경우 그 조사의 시작부터 조서에 기명날인 또는 서명을 마치는 시점까지의 모든 과정을 영상녹화해야 한다. 다만, 조사 도중 영상녹화의 필요성이 발생한 때에는 그 시점에서 진행 중인 조사를 중단하고, 중단한 조사를 다시 시작하는 때부터 조서에 기명날인 또는 서명을 마치는 시점까지의 모든 과정을 영상녹화해야 한다.
② 사법경찰관리는 제1항에도 불구하고 조사를 마친 후 조서 정리에 오랜 시간이 필요한 경우에는 조서 정리과정을 영상녹화하지 않고, 조서 열람 시부터 영상녹화를 다시 시작할 수 있다.
③ 제1항 및 제2항에 따른 영상녹화는 조사실 전체를 확인할 수 있고 조사받는 사

람의 얼굴과 음성을 식별할 수 있도록 해야 한다.

④ 사법경찰관리는 피의자에 대한 조사 과정을 영상녹화하는 경우 다음 각 호의 사항을 고지해야 한다.

  1. 조사자 및 법 제243조에 따른 참여자의 성명과 직책
  2. 영상녹화 사실 및 장소, 시작 및 종료 시각
  3. 법 제244조의3에 따른 진술거부권 등
  4. 조사를 중단·재개하는 경우 중단 이유와 중단 시각, 중단 후 재개하는 시각

⑤ 사법경찰관리는 피의자가 아닌 사람의 조사 과정을 영상녹화하는 경우에는 별지 제35호서식의 영상녹화 동의서로 영상녹화 동의 여부를 확인하고, 제4항제1호, 제2호 및 제4호의 사항을 고지해야 한다. 다만, 피혐의자에 대해서는 제4항제1호부터 제4호까지의 규정에 따른 사항을 고지해야 한다.

2. 영상녹화의 사전 고지

가. 형사소송법

제244조의2(피의자진술의 영상녹화)

① 피의자의 진술은 영상녹화할 수 있다. 이 경우 미리 영상녹화사실을 알려주어야 하며, 조사의 개시부터 종료까지의 전 과정 및 객관적 정황을 영상녹화하여야 한다.

나. 경찰수사규칙

제43조(영상녹화)

④ 사법경찰관리는 피의자에 대한 조사 과정을 영상녹화하는 경우 다음 각 호의 사항을 고지해야 한다.

  1. 조사자 및 법 제243조에 따른 참여자의 성명과 직책
  2. 영상녹화 사실 및 장소, 시작 및 종료 시각
  3. 법 제244조의3에 따른 진술거부권 등
  4. 조사를 중단·재개하는 경우 중단 이유와 중단 시각, 중단 후 재개하는 시각

⑤ 사법경찰관리는 피의자가 아닌 사람의 조사 과정을 영상녹화하는 경우에는 별지 제35호서식의 영상녹화 동의서로 영상녹화 동의 여부를 확인하고, 제4항제1호, 제2호 및 제4호의 사항을 고지해야 한다. 다만, 피혐의자에 대해서는 제4항제1호부터 제4호까지의 규정에 따른 사항을 고지해야 한다.

3. 봉인 전 재생·시청

가. 형사소송법

제244조의2(피의자진술의 영상녹화)

③ 제2항의 경우에 피의자 또는 변호인의 요구가 있는 때에는 영상녹화물을 재생하여 시청하게 하여야 한다. 이 경우 그 내용에 대하여 이의를 진술하는 때에는 그 취지를 기재한 서면을 첨부하여야 한다.

나. 범죄수사규칙

제86조(봉인 전 재생·시청)

경찰관은 원본을 봉인하기 전에 진술자 또는 변호인이 녹화물의 시청을 요구하는 때에는 영상녹화물을 재생하여 시청하게 하여야 한다. 이 경우 진술자 또는 변호인이 녹화된 내용에 대하여 이의를 진술하는 때에는 그 취지를 기재한 서면을 사건기록에 편철하여야 한다.

4. 영상녹화물의 제작 및 보관

가. 형사소송법

제221조(제3자의 출석요구 등)

① 검사 또는 사법경찰관은 수사에 필요한 때에는 피의자가 아닌 자의 출석을 요구하여 진술을 들을 수 있다. 이 경우 그의 동의를 받아 영상녹화할 수 있다.

제244조의2(피의자진술의 영상녹화)

① 피의자의 진술은 영상녹화할 수 있다. 이 경우 미리 영상녹화사실을 알려주어야 하며, 조사의 개시부터 종료까지의 전 과정 및 객관적 정황을 영상녹화하여야 한다.

나. 경찰수사규칙

제44조(영상녹화물의 제작 및 보관)

① 사법경찰관리는 조사 시 영상녹화를 한 경우에는 영상녹화용 컴퓨터에 저장된 영상녹화 파일을 이용하여 영상녹화물(CD, DVD 등을 말한다. 이하 같다) 2개를 제작한 후, 피조사자 또는 변호인 앞에서 지체 없이 제작된 영상녹화물을 봉인하고 피조사자로 하여금 기명날인 또는 서명하게 해야 한다.

② 사법경찰관리는 제1항에 따라 영상녹화물을 제작한 후 영상녹화용 컴퓨터에 저장되어 있는 영상녹화 파일을 데이터베이스 서버에 전송하여 보관할 수 있다.
③ 사법경찰관리는 손상 또는 분실 등으로 제1항의 영상녹화물을 사용할 수 없는 경우에는 데이터베이스 서버에 보관되어 있는 영상녹화 파일을 이용하여 다시 영상녹화물을 제작할 수 있다.

다. 범죄수사규칙

제85조(영상녹화물의 제작·보관)
① 경찰관은 「경찰수사규칙」 제44조에 따라 영상녹화물을 제작할 때에는 영상녹화물 표면에 사건번호, 죄명, 진술자 성명 등 사건정보를 기재하여야 한다.
② 경찰관은 제1항에 따라 제작한 영상녹화물 중 하나는 수사기록에 편철하고 나머지 하나는 보관한다.
③ 경찰관은 피조사자의 기명날인 또는 서명을 받을 수 없는 경우에는 기명날인 또는 서명란에 그 취지를 기재하고 직접 기명날인 또는 서명한다.
④ 경찰관은 영상녹화물을 생성한 후 별지 제25호서식에 따른 영상녹화물 관리대장에 등록하여야 한다.

■ 경찰수사규칙 [별지 제36호서식]

영상녹화 동의서

진술자	성 명		주민등록번호	
	주 거			

상기인은 죄명 피의사건에 관하여 피의자.참고인.피해자로서 진술하면서 진술내용이 영상녹화됨을 고지받고 강제적인 압력이나 권유를 받음이 없이 영상녹화하는 것에 동의합니다.

0000.00.00.

성 명 :   ㊞

소속관서장 귀하

210㎜ × 297㎜(백상지 80g/㎡)

■ 범죄수사규칙 [별지 제25호서식]

영상녹화물 관리대장

순번	접수일자	사건번호	죄 명	영상녹화내장자			인수자	인계자	송치일자	비고
				피의자	참고인	피해자				

210㎜ × 297㎜(백상지 80g/㎡)

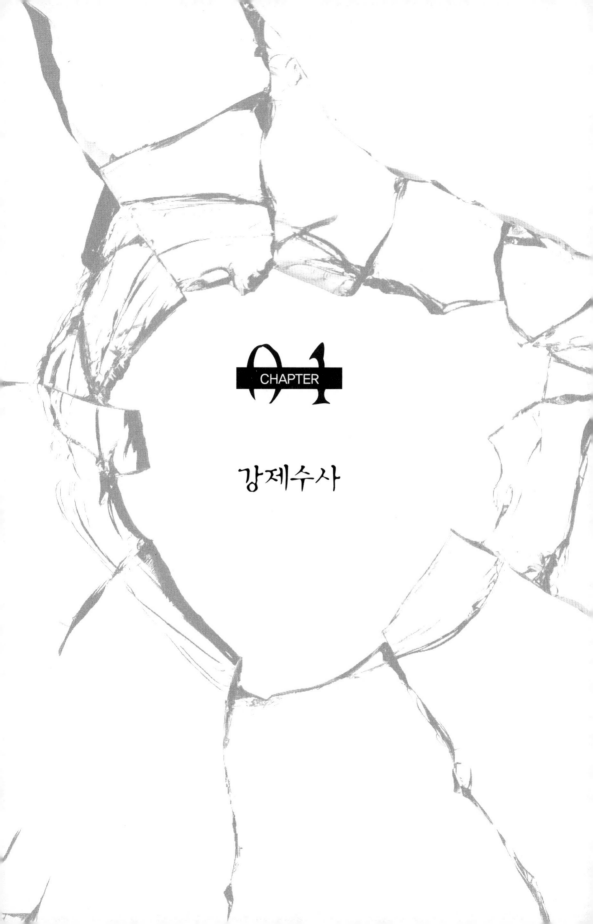

CHAPTER
04

강제수사

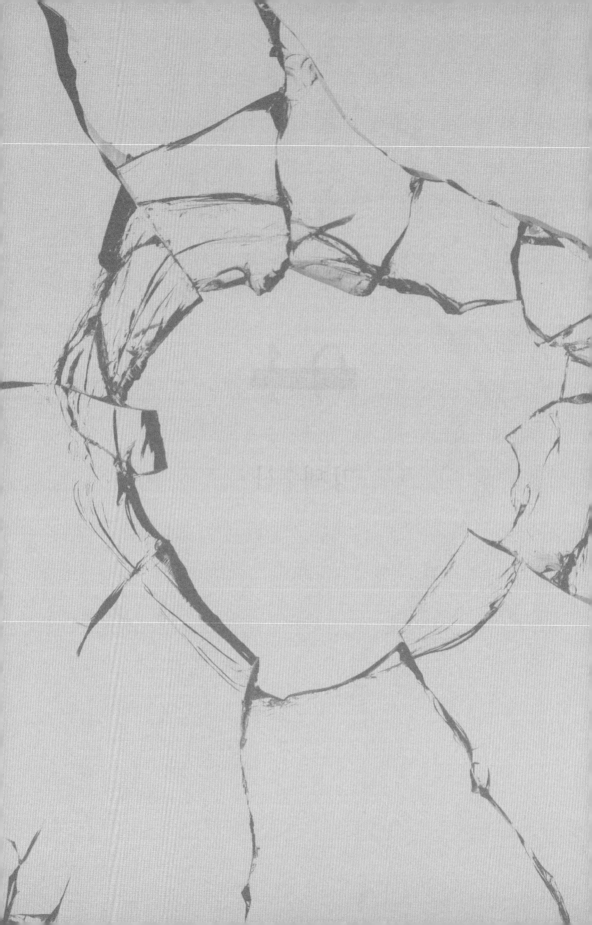

제4장

강제수사

제1절 체포

1. 현행범인의 체포

요건		현행범인으로 체포하기 위하여는 행위의 가벌성, 범죄의 현행성·시간적 접착성, 범인·범죄의 명백성 외에 체포의 필요성, 즉 도망 또는 증거인멸의 염려가 있어야 한다(대법원 1999. 1. 26. 선고 98도3029 판결 등 참조).
절차	체포 전	체포의 이유 등을 고지 (※ 사인이 현행범인을 체포했다면 고지 절차 없고, 현행범인 인수와 함께 인수서 작성)
	체포 후	① 체포 통지 ② 구속영장 신청(불신청 시 → 즉시 석방, 검사에게 석방통보)
재체포		가능
기간		48시간 이내

대법원 1999. 1. 26. 선고 98도3029 판결
[폭력행위등처벌에관한법률위반][공1999.3.1.(77),405]

【판시사항】

[1] 정당행위의 성립요건

[2] 현행범인 체포의 요건

[3] 현행범인 체포행위가 적정한 한계를 벗어나는 행위인지 여부의 판단 기준

[4] 피고인의 차를 손괴하고 도망하려는 피해자를 도망하지 못하게 멱살을 잡고 흔들어 피해자에게 전치 14일의 흉부찰과상을 가한 경우, 정당행위에 해당한다고 본 사례

【판결요지】

[1] 어떠한 행위가 위법성 조각사유로서의 정당행위가 되는지의 여부는 구체적인 경우에 따라 합목적적, 합리적으로 가려져야 할 것인바, 정당행위를 인정하려면 첫째 그 행위의 동기나 목적의 정당성, 둘째 행위의 수단이나 방법의 상당성, 셋째 보호법익과 침해법익의 권형성, 넷째 긴급성, 다섯째 그 행위 이외의 다른 수단이나 방법이 없다는 보충성의 요건을 모두 갖추어야 할 것이다.

[2] 현행범인은 누구든지 영장 없이 체포할 수 있으므로 사인의 현행범인 체포는 법령에 의한 행위로서 위법성이 조각된다고 할 것인데, 현행범인 체포의 요건으로서는 행위의 가벌성, 범죄의 현행성·시간적 접착성, 범인·범죄의 명백성 외에 체포의 필요성 즉, 도망 또는 증거인멸의 염려가 있을 것을 요한다.

[3] 적정한 한계를 벗어나는 현행범인 체포행위는 그 부분에 관한 한 법령에 의한 행위로 될 수 없다고 할 것이나, 적정한 한계를 벗어나는 행위인가 여부는 결국 정당행위의 일반적 요건을 갖추었는지 여부에 따라 결정되어야 할 것이지 그 행위가 소극적인 방어행위인가 적극적인 공격행위인가에 따라 결정되어야 하는 것은 아니다.

[4] 피고인의 차를 손괴하고 도망하려는 피해자를 도망하지 못하게 멱살을 잡고 흔들어 피해자에게 전치 14일의 흉부찰과상을 가한 경우, 정당행위에 해당한다고 본 사례.

가. 형사소송법

제211조(현행범인과 준현행범인)

① 범죄를 실행하고 있거나 실행하고 난 직후의 사람을 현행범인이라 한다.

② 다음 각 호의 어느 하나에 해당하는 사람은 현행범인으로 본다.

1. 범인으로 불리며 추적되고 있을 때

2. 장물이나 범죄에 사용되었다고 인정하기에 충분한 흉기나 그 밖의 물건을 소지하고 있을 때

3. 신체나 의복류에 증거가 될 만한 <u>뚜렷한 흔적이 있을 때</u>
4. 누구냐고 묻자 <u>도망하려고 할 때</u>

제212조(현행범인의 체포)

현행범인은 <u>누구든지 영장없이</u> 체포할 수 있다.

제213조(체포된 현행범인의 인도)

① 검사 또는 사법경찰관리 아닌 자가 현행범인을 체포한 때에는 <u>즉시 검사 또는 사법경찰관리에게 인도</u>하여야 한다.

② 사법경찰관리가 현행범인의 인도를 받은 때에는 체포자의 성명, 주거, 체포의 사유를 물어야 하고 필요한 때에는 <u>체포자에 대하여 경찰관서에 동행함을 요구</u>할 수 있다.

제213조의2(준용규정)

제87조, 제89조, 제90조, 제200조의2제5항 및 제200조의5의 규정은 검사 또는 사법경찰관리가 현행범인을 체포하거나 현행범인을 인도받은 경우에 이를 준용한다.

제87조(구속의 통지)

① 피고인을 구속한 때에는 변호인이 있는 경우에는 변호인에게, 변호인이 없는 경우에는 제30조제2항에 규정한 자 중 피고인이 지정한 자에게 피고사건명, 구속일시·장소, 범죄사실의 요지, 구속의 이유와 변호인을 선임할 수 있는 취지를 알려야 한다.

② 제1항의 통지는 지체없이 서면으로 하여야 한다.

제89조(구속된 피고인의 접견·진료) 구속된 피고인은 관련 법률이 정한 범위에서 타인과 접견하고 서류나 물건을 수수하며 의사의 진료를 받을 수 있다.

제90조(변호인의 의뢰)

① 구속된 피고인은 법원, 교도소장 또는 구치소장 또는 그 대리자에게 변호사를 지정하여 변호인의 선임을 의뢰할 수 있다.

② 전항의 의뢰를 받은 법원, 교도소장 또는 구치소장 또는 그 대리자는 급속히 피고인이 지명한 변호사에게 그 취지를 통지하여야 한다.

제200조의2(영장에 의한 체포)

① 피의자가 죄를 범하였다고 의심할 만한 상당한 이유가 있고, 정당한 이유없이 제200조의 규정에 의한 출석요구에 응하지 아니하거나 응하지 아니할 우려가 있는 때에는 검사는 관할 지방법원판사에게 청구하여 체포영장을 발부받아 피의자를 체포할 수 있고, 사법경찰관은 검사에게 신청하여 검사의 청구로 관할지방법원판사의 체포영장을 발부받아 피의자를 체포할 수 있다. 다만, 다액 50만원이하의 벌금, 구류 또는 과료에 해당하는 사건에 관하여는 피의자가 일정한 주거가 없는 경우 또는 정당한 이유없이 제200조의 규정에 의한 출석요구에 응하지 아니한 경우에 한한다.

② 제1항의 청구를 받은 지방법원판사는 상당하다고 인정할 때에는 체포영장을 발부한다. 다만, 명백히 체포의 필요가 인정되지 아니하는 경우에는 그러하지 아니하다.

---

③ 제1항의 청구를 받은 지방법원판사가 체포영장을 발부하지 아니할 때에는 청구서에 그 취지 및 이유를 기재하고 서명날인하여 청구한 검사에게 교부한다.

④ 검사가 제1항의 청구를 함에 있어서 동일한 범죄사실에 관하여 그 피의자에 대하여 전에 체포영장을 청구하였거나 발부받은 사실이' 있는 때에는 다시 체포영장을 청구하는 취지 및 이유를 기재하여야 한다.

⑤ 체포한 피의자를 구속하고자 할 때에는 체포한 때부터 48시간이내에 제201조의 규정에 의하여 구속영장을 청구하여야 하고, 그 기간내에 구속영장을 청구하지 아니하는 때에는 피의자를 즉시 석방하여야 한다.

제200조의5(체포와 피의사실 등의 고지) 검사 또는 사법경찰관은 피의자를 체포하는 경우에는 피의사실의 요지, 체포의 이유와 변호인을 선임할 수 있음을 말하고 변명할 기회를 주어야 한다.

제214조(경미사건과 현행범인의 체포)

다액 50만원이하의 벌금, 구류 또는 과료에 해당하는 죄의 현행범인에 대하여는 범인의 주거가 분명하지 아니한 때에 한하여 제212조 내지 제213조의 규정을 적용한다.

나. 경찰수사규칙

제52조(현행범인 체포 및 인수)

① 사법경찰관리는 법 제212조에 따라 현행범인을 체포할 때에는 현행범인에게 도망 또는 증거인멸의 우려가 있는 등 당장에 체포하지 않으면 안 될 정도의 급박한 사정이 있는지 또는 체포 외에는 현행범인의 위법행위를 제지할 다른 방법이 없는지 등을 고려해야 한다.

② 사법경찰관리는 법 제212조에 따라 현행범인을 체포한 때에는 별지 제41호서식의 현행범인체포서를 작성하고, 법 제213조에 따라 현행범인을 인도받은 때에는 별지 제42호서식의 현행범인인수서를 작성해야 한다.

③ 사법경찰관리는 제2항의 현행범인체포서 또는 현행범인인수서를 작성하는 경우 현행범인에 대해서는 범죄와의 시간적 접착성과 범죄의 명백성이 인정되는 상황을, 준현행범인에 대해서는 범죄와의 관련성이 인정되는 상황을 구체적으로 적어야 한다.

다. 범죄수사규칙

제116조(현행범인의체포)

① 경찰관은 「경찰수사규칙」 제52조제2항에 따라 현행범인인수서를 작성할 때에는 체포자로부터 성명, 주민등록번호(외국인인 경우에는 외국인등록번호, 해당 번호들이 없거나 이를 알 수 없는 경우에는 생년월일 및 성별, 이하 "주민등록번호등"이라 한

현행범인체포서

제 0000-00000 호

피 체 포 자	성　명	
	주민등록번호	
	직　업	
	주　거	
변　호　인		

「형사소송법」 제212조에 따라, ○○○○ 피의사건과 관련된 위 피체포자를 아래와 같이 현행범인으로 체포함

0000.00.00.

소속관서

사법경찰관/리 계급

체 포 한 일 시	
체 포 한 장 소	
범 죄 사 실 및 체 포 의 사 유	
체포자의 권리및 성명	
인 치 한 일 시	
인 치 한 장 소	
구 금 한 일 시	
구 금 한 장 소	

210㎜ × 297㎜(백상지 80g/㎡)

현행범인인수서

제 0000-00000 호

피 체 포 자	성　명	
	주민등록번호	
	직　업	
	주　거	
변　호　인		

「형사소송법」 제213조에 따라, ○○○○ 피의사건과 관련된 위 피체포자를 아래와 같이 현행범인으로 인수함

0000.00.00.

소속관서

사법경찰관/리 계급

체 포 한 일 시		
체 포 한 장 소		
체 포 자	성　명	
	주민등록번호	
	주　거	
범 죄 사 실 및 체 포 의 사 유		
인 수 한 일 시		
인 수 한 장 소		
인 치 한 일 시		
인 치 한 장 소		
구 금 한 일 시		
구 금 한 장 소		

210㎜ × 297㎜(백상지 80g/㎡)

다), 주거, 직업, 체포일시·장소 및 체포의 사유를 청취하여 적어야 한다.

② 경찰관은 현행범인을 체포하거나 인도받은 경우에는 별지 제46호서식의 현행범인 체포원부에 필요한 사항을 적어야 한다.

③ 경찰관은 다른 경찰관서의 관할구역 내에서 현행범인을 체포하였을 때에는 체포지를 관할하는 경찰관서에 인도하는 것을 원칙으로 한다.

2. 현행범인의 조사 및 석방

가. 형사소송법

제200조의2(영장에 의한 체포)

① 피의자가 죄를 범하였다고 의심할 만한 상당한 이유가 있고, 정당한 이유없이 제200조의 규정에 의한 출석요구에 응하지 아니하거나 응하지 아니할 우려가 있는 때에는 검사는 관할 지방법원판사에게 청구하여 체포영장을 발부받아 피의자를 체포할 수 있고, 사법경찰관은 검사에게 신청하여 검사의 청구로 관할지방법원판사의 체포영장을 발부받아 피의자를 체포할 수 있다. 다만, 다액 50만원이하의 벌금, 구류 또는 과료에 해당하는 사건에 관하여는 피의자가 일정한 주거가 없는 경우 또는 정당한 이유없이 제200조의 규정에 의한 출석요구에 응하지 아니한 경우에 한한다.

② 제1항의 청구를 받은 지방법원판사는 상당하다고 인정할 때에는 체포영장을 발부한다. 다만, 명백히 체포의 필요가 인정되지 아니하는 경우에는 그러하지 아니하다.

③ 제1항의 청구를 받은 지방법원판사가 체포영장을 발부하지 아니할 때에는 청구서에 그 취지 및 이유를 기재하고 서명날인하여 청구한 검사에게 교부한다.

④ 검사가 제1항의 청구를 함에 있어서 동일한 범죄사실에 관하여 그 피의자에 대하여 전에 체포영장을 청구하였거나 발부받은 사실이 있는 때에는 다시 체포영장을 청구하는 취지 및 이유를 기재하여야 한다.

⑤ 체포한 피의자를 구속하고자 할 때에는 <u>체포한 때부터 48시간이내</u>에 제201조의 규정에 의하여 구속영장을 청구하여야 하고, 그 기간내에 구속영장을 청구하지 아니하는 때에는 피의자를 <u>즉시 석방</u>하여야 한다.

> **제200조(피의자의 출석요구)** 검사 또는 사법경찰관은 수사에 필요한 때에는 피의자의 출석을 요구하여 진술을 들을 수 있다.
>
> **제201조(구속)**
> ① 피의자가 죄를 범하였다고 의심할 만한 상당한 이유가 있고 제70조제1항 각 호의 1에 해당하는 사유가 있을 때에는 검사는 관할지방법원판사에게 청구하여 구속영장을 받아 피의자를 구속할 수 있고 사법경찰관은 검사에게 신청하여 검사의 청구로 관할지방법원판사의 구속영장을 받아 피의자를 구속할 수 있다. 다만, 다액 50만원이하의 벌금, 구류 또는 과료에 해당하는 범죄에 관하여는 피의자가 일정한 주거가 없는 경우에 한한다.
> ② 구속영장의 청구에는 구속의 필요를 인정할 수 있는 자료를 제출하여야 한다.
> ③ 제1항의 청구를 받은 지방법원판사는 신속히 구속영장의 발부여부를 결정하여야 한다.
> ④ 제1항의 청구를 받은 지방법원판사는 상당하다고 인정할 때에는 구속영장을 발부한다. 이를 발부하지 아니할 때에는 청구서에 그 취지 및 이유를 기재하고 서명날인하여 청구한 검사에게 교부한다.
> ⑤ 검사가 제1항의 청구를 함에 있어서 동일한 범죄사실에 관하여 그 피의자에 대하여 전에 구속영장을 청구하거나 발부받은 사실이 있을 때에는 다시 구속영장을 청구하는 취지 및 이유를 기재하여야 한다.

나. 검사와 사법경찰관의 상호협력과 일반적 수사준칙에 관한 규정

제28조(현행범인 조사 및 석방)

① 검사 또는 사법경찰관은 법 제212조 또는 제213조에 따라 현행범인을 체포하거나 체포된 현행범인을 인수했을 때에는 조사가 현저히 곤란하다고 인정되는 경우가 아니면 지체 없이 조사해야 하며, 조사 결과 계속 구금할 필요가 없다고 인정할 때에는 현행범인을 즉시 석방해야 한다.

② 검사 또는 사법경찰관은 제1항에 따라 현행범인을 석방했을 때에는 석방 일시와 사유 등을 적은 피의자 석방서를 작성해 사건기록에 편철한다. 이 경우 사법경찰관은 석방 후 지체 없이 검사에게 석방 사실을 통보해야 한다.

다. 경찰수사규칙

제53조(현행범인 석방)
① 수사준칙 제28조제2항 전단에 따른 피의자 석방서는 별지 제43호서식에 따른다.
② 사법경찰관은 수사준칙 제28조제2항 후단에 따라 검사에게 현행범인의 석방사실을 통보하는 경우에는 별지 제44호서식의 석방 통보서에 따른다.

라. 범죄수사규칙

제117조(현행범인의 조사 및 석방)
① 경찰관은 「수사준칙」 제28조제1항에 따라 현행범인을 석방할 때에는 소속 수사부서장의 지휘를 받아야 한다.
② 경찰관은 제1항에 따라 체포한 현행범인을 석방하는 때에는 별지 제46호서식의 현행범인 체포원부에 석방일시 및 석방사유를 적어야 한다.

제118조(체포보고서)
경찰관은 피의자를 영장에 의한 체포, 긴급체포, 현행범인으로 체포하였을 때에는 별지 제47호서식의 피의자 체포보고서를 작성하여 소속관서장에게 보고하여야 한다.

3. 영장에 의한 체포

요건	영장에 의한 체포를 위해서는 피의자가 범죄를 저질렀다는 상당한 의심, 수사를 위한 출석요구에 응하지 않았거나 응하지 않을 우려가 있어야 한다. (※ 경미범죄의 제한 사유로 주거부정과 출석불응)	
절차	체포 전	① 체포영장의 제시 ② 체포 사유를 고지
	체포 후	① 체포 통지 ② 구속영장 신청(불신청 시 → 즉시 석방, 검사에게 석방통보)
재체포	가능하지만, 재청구하는 취지와 이유를 기재	
기간	48시간 이내	

피의자 석방서(현행범인)

제 0000-00000 호   0000.00.00.

다음 피체포자(현행범인)를 아래와 같이 석방합니다.

피체포자	성 명	
	주민등록번호	
	직 업	
	주 거	
죄 명		
체 포 한 일 시		
체 포 한 장 소		
체 포 의 사 유		
석 방 일 시		
석 방 장 소		
석 방 사 유		
석방자의 관직 및 성명		
비 고		

소속관서

사법경찰관 계급

210㎜ × 297㎜(백상지 80g/㎡)

소속관서

제 0000-00000 호   0000.00.00.

수 신 : 검찰청의 장 (검사: 검사명)

제 목 : 석방 통보서(현행범인)

다음 피체포자(현행범인)를 아래와 같이 석방하였기에 「검사와 사법경찰관의 상호협력과 일반적 수사준칙에 관한 규정」 제28조제2항 후단에 따라 통보합니다.

피체포자	성 명	
	주민등록번호	
	직 업	
	주 거	
죄 명		
체 포 한 일 시		
체 포 한 장 소		
체 포 의 사 유		
석 방 일 시		
석 방 장 소		
석 방 사 유		
석방자의 관직 및 성명		
비 고		

소속관서

사법경찰관 계급

210㎜ × 297㎜(백상지 80g/㎡)

현행범인체포원부

진 행 번 호				
사 건 번 호		년 제 호		년 제 호
피의자	성 명			
	주 민 등 록 번 호			
	직 업			
	주 거			
죄 명				
현행범인체포서 또는 현행범인 인 수 서 작 성 일		. . .		
현행범인 체포 및 인수	체 포 한 일 시	. . .시 분		. . .시 분
	체 포 한 장 소			
	체포자 성 명			
	체포자 주민등록번호			
	체포자 주거 또는 관직			
	인 수 한 일 시	. . .시 분		. . .시 분
	인 수 한 장 소			
	인수한자 관 직			
	인수한자 성 명			
	인 치 한 일 시	. . .시 분		. . .시 분
	인 치 한 장 소			
	구 금 한 일 시	. . .시 분		. . .시 분
	구 금 한 장 소			
석방	일	. . .시 분		. . .시 분
	사 유			
구속영장 신청	신 청 부 번 호			
	발 부 연 월 일	. . .		. . .
비 고				

210㎜ × 297㎜(백상지 80g/㎡)

소속관서

제 0000-000000 호   0000.00.00.

수 신 :

장 조 :

제 목 : 피의자체포보고

피의자 OOO외 O명에 대한 죄명 사건에 관하여 다음과 같이 체포하였기에 보고합니다.

1. 체포일시 및 장소

   일 시 :

   장 소 :

2. 피의자 인적사항

   :

   :

   :

3. 범죄사실

4. 체포경위

5. 증거자료의 유무

6. 조 치

210㎜ × 297㎜(백상지 80g/㎡)

가. 형사소송법

제200조의2(영장에 의한 체포)

① 피의자가 죄를 범하였다고 의심할 만한 상당한 이유가 있고, 정당한 이유없이 제200조의 규정에 의한 출석요구에 응하지 아니하거나 응하지 아니할 우려가 있는 때에는 검사는 관할 지방법원판사에게 청구하여 체포영장을 발부받아 피의자를 체포할 수 있고, 사법경찰관은 검사에게 신청하여 검사의 청구로 관할지방법원판사의 체포영장을 발부받아 피의자를 체포할 수 있다. 다만, 다액 50만원이하의 벌금, 구류 또는 과료에 해당하는 사건에 관하여는 피의자가 일정한 주거가 없는 경우 또는 정당한 이유없이 제200조의 규정에 의한 출석요구에 응하지 아니한 경우에 한한다.

② 제1항의 청구를 받은 지방법원판사는 상당하다고 인정할 때에는 체포영장을 발부한다. 다만, 명백히 체포의 필요가 인정되지 아니하는 경우에는 그러하지 아니하다.

③ 제1항의 청구를 받은 지방법원판사가 체포영장을 발부하지 아니할 때에는 청구서에 그 취지 및 이유를 기재하고 서명날인하여 청구한 검사에게 교부한다.

④ 검사가 제1항의 청구를 함에 있어서 동일한 범죄사실에 관하여 그 피의자에 대하여 전에 체포영장을 청구하였거나 발부받은 사실이 있는 때에는 다시 체포영장을 청구하는 취지 및 이유를 기재하여야 한다.

⑤ 체포한 피의자를 구속하고자 할 때에는 체포한 때부터 48시간이내에 제201조의 규정에 의하여 구속영장을 청구하여야 하고, 그 기간내에 구속영장을 청구하지 아니하는 때에는 피의자를 즉시 석방하여야 한다.

제200조의6(준용규정)

제75조, 제81조제1항 본문 및 제3항, 제82조, 제83조, 제85조제1항·제3항 및 제4항, 제86조, 제87조, 제89조부터 제91조까지, 제93조, 제101조제4항 및 제102조제2항 단서의 규정은 검사 또는 사법경찰관이 피의자를 체포하는 경우에 이를 준용한다. 이 경우 "구속"은 이를 "체포"로, "구속영장"은 이를 "체포영장"으로 본다.

> #### 제75조(구속영장의 방식)
> ① 구속영장에는 피고인의 성명, 주거, 죄명, 공소사실의 요지, 인치 구금할 장소, 발부 년월일, 그 유효기간과 그 기간을 경과하면 집행에 착수하지 못하며 영장을 반환하여야 할 취지를 기재하고 재판장 또는 수명법관이 서명날인하여야 한다.
> ② 피고인의 성명이 분명하지 아니한 때에는 인상, 체격, 기타 피고인을 특정할 수 있는 사항으로 피고인을 표시할 수 있다.
> ③ 피고인의 주거가 분명하지 아니한 때에는 그 주거의 기재를 생략할 수 있다.
>
> #### 제81조(구속영장의 집행)
> ① 구속영장은 검사의 지휘에 의하여 사법경찰관리가 집행한다. 단, 급속을 요하는 경우에는 재판장, 수명법관 또는 수탁판사가 그 집행을 지휘할 수 있다.

③ 교도소 또는 구치소에 있는 피고인에 대하여 발부된 구속영장은 검사의 지휘에 의하여 교도관이 집행한다.

제82조(수통의 구속영장의 작성)

① 구속영장은 수통을 작성하여 사법경찰관리 수인에게 교부할 수 있다.

② 전항의 경우에는 그 사유를 구속영장에 기재하여야 한다.

제83조(관할구역 외에서의 구속영장의 집행과 그 촉탁)

① 검사는 필요에 의하여 관할구역 외에서 구속영장의 집행을 지휘할 수 있고 또는 당해 관할구역의 검사에게 집행지휘를 촉탁할 수 있다.

② 사법경찰관리는 필요에 의하여 관할구역 외에서 구속영장을 집행할 수 있고 또는 당해 관할구역의 사법경찰관리에게 집행을 촉탁할 수 있다.

제85조(구속영장집행의 절차)

① 구속영장을 집행함에는 피고인에게 반드시 이를 제시하고 그 사본을 교부하여야 하며 신속히 지정된 법원 기타 장소에 인치하여야 한다.

③ 구속영장을 소지하지 아니한 경우에 급속을 요하는 때에는 피고인에 대하여 공소사실의 요지와 영장이 발부되었음을 고하고 집행할 수 있다.

④ 전항의 집행을 완료한 후에는 신속히 구속영장을 제시하고 그 사본을 교부하여야 한다.

제86조(호송 중의 가유치) 구속영장의 집행을 받은 피고인을 호송할 경우에 필요하면 가장 가까운 교도소 또는 구치소에 임시로 유치할 수 있다.

제87조(구속의 통지)

① 피고인을 구속한 때에는 변호인이 있는 경우에는 변호인에게, 변호인이 없는 경우에는 제30조제2항에 규정한 자 중 피고인이 지정한 자에게 피고사건명, 구속일시·장소, 범죄사실의 요지, 구속의 이유와 변호인을 선임할 수 있는 취지를 알려야 한다.

② 제1항의 통지는 지체없이 서면으로 하여야 한다.

제89조(구속된 피고인의 접견·진료) 구속된 피고인은 관련 법률이 정한 범위에서 타인과 접견하고 서류나 물건을 수수하며 의사의 진료를 받을 수 있다.

제90조(변호인의 의뢰)

① 구속된 피고인은 법원, 교도소장 또는 구치소장 또는 그 대리자에게 변호사를 지정하여 변호인의 선임을 의뢰할 수 있다.

② 전항의 의뢰를 받은 법원, 교도소장 또는 구치소장 또는 그 대리자는 급속히 피고인이 지명한 변호사에게 그 취지를 통지하여야 한다.

제91조(변호인 아닌 자와의 접견·교통) 법원은 도망하거나 범죄의 증거를 인멸할 염려가 있다고 인정할 만한 상당한 이유가 있는 때에는 직권 또는 검사의 청구에 의하여 결정으로 구속된 피고인과 제34조에 규정한 외의 타인과의 접견을 금지할 수 있고, 서류나 그 밖의 물건을 수수하지 못하게 하거나 검열 또는 압수할 수 있다. 다만, 의류·양식·의료품은 수수를 금지하거나 압수할 수 없다.

제93조(구속의 취소) 구속의 사유가 없거나 소멸된 때에는 법원은 직권 또는 검사, 피고

인, 변호인과 제30조제2항에 규정한 자의 청구에 의하여 결정으로 구속을 취소하여야 한다.

제101조(구속의 집행정지)

④ 헌법 제44조에 의하여 구속된 국회의원에 대한 석방요구가 있으면 당연히 구속영장의 집행이 정지된다.

제102조(보석조건의 변경과 취소 등)

② 법원은 피고인이 다음 각 호의 어느 하나에 해당하는 경우에는 직권 또는 검사의 청구에 따라 결정으로 보석 또는 구속의 집행정지를 취소할 수 있다. 다만, 제101조제4항에 따른 구속영장의 집행정지는 그 회기 중 취소하지 못한다.

1. 도망한 때
2. 도망하거나 죄증을 인멸할 염려가 있다고 믿을 만한 충분한 이유가 있는 때
3. 소환을 받고 정당한 사유 없이 출석하지 아니한 때
4. 피해자, 당해 사건의 재판에 필요한 사실을 알고 있다고 인정되는 자 또는 그 친족의 생명·신체·재산에 해를 가하거나 가할 염려가 있다고 믿을 만한 충분한 이유가 있는 때
5. 법원이 정한 조건을 위반한 때

나. 경찰수사규칙

제50조(체포영장의 신청)

사법경찰관은 법 제200조의2제1항에 따라 체포영장을 신청하는 경우에는 별지 제37호서식의 체포영장 신청서에 따른다. 이 경우 현재 수사 중인 다른 범죄사실에 관하여 그 피의자에 대해 발부된 유효한 체포영장이 있는지를 확인해야 하며 해당사항이 있는 경우에는 그 사실을 체포영장 신청서에 적어야 한다.

다. 범죄수사규칙

제114조(영장에 의한 체포)

① 경찰관은 「형사소송법」 제200조의2제1항 및 「경찰수사규칙」 제50조에 따라 체포영장을 신청할 때에는 별지 제43호서식의 체포영장신청부에 필요한 사항을 적어야 한다.

② 경찰관은 체포영장에 따라 피의자를 체포한 경우에는 별지 제44호서식의 체포·구속영장 집행원부에 그 내용을 적어야 한다.

소속관서

제 0000-00000 호　　　　　　　　　　　　0000.00.00.

수 신 : 검찰청의 장

제 목 : 체포영장 신청서

다음 사람에 대한 죄명 피의사건에 관하여, 같은 사람을 인치장소에 인치하고 구금장소에 구금하려 하니 0000.00.00.까지 유효한 체포영장의 청구를 신청합니다.

피의자	성 명	
	주민등록번호	
	직 업	
	주 거	
변 호 인		
범죄사실 및 체포를 필요로 하는 이유		
7일을 넘는 유효기간을 필요로 하는취지와 사유		
둘 이상의 영장을 신청하는 취 지 와 사 유		
재신청의 취지 및 이유		
현재 수사 중인 다른 범죄사실에 관하여 발부된 유효한 체포영장 존재시 그 취지 및 범죄사실		
비 고		

소속관서

사법경찰관 계급

210㎜ × 297㎜(백상지 80g/㎡)

체포영장신청부

진 행 번 호			
사 건 번 호		년 제 호	년 제 호
신 청 일 시		. . . 시 분	. . . 시 분
신청자 관직 및 성명			
피의자	성 명		
	주 민 등 록 번 호		
	직 업		
	주 거		
죄 명			
검 사 불 청 구		. . . 시 분	. . . 시 분
판 사 기 각		. . . 시 분	. . . 시 분
발 부		. . . 시 분	. . . 시 분
재신청	신 청	. . . 시 분	. . . 시 분
	검 사 불 청 구	. . . 시 분	. . . 시 분
	판 사 기 각	. . . 시 분	. . . 시 분
	발 부	. . . 시 분	. . . 시 분
유 효 기 간		. . .	. . .
집행	일 시	. . . 시 분	. . . 시 분
	장 소		
	처 리 결 과		
구속영장신청	신 청 부 번 호		
	발 부 연 월 일		
석 방	연 월 일	. . .	. . .
	사 유		
반 환		. . .	. . .
비 고			

210㎜ × 297㎜(백상지 80g/㎡)

체포·구속영장집행원부

진행번호	영장번호	구분	피의자	죄 명	집행지휘 또는 촉탁		영장유효기간	처 리			비고
					연 월 일	관 서		집 행	집행불능	반환일자	
					. . .		. . .	. . .시 분		. . .	

※ 구분란에는 "체포영장" 또는 "구속영장"임을 특정하여 기재함.

210㎜ × 297㎜(백상지 80g/㎡)

4. 긴급체포

가. 형사소송법

제200조의3(긴급체포)

① 검사 또는 사법경찰관은 피의자가 사형·무기 또는 장기 3년이상의 징역이나 금고에 해당하는 죄를 범하였다고 의심할 만한 상당한 이유가 있고, 다음 각 호의 어느 하나에 해당하는 사유가 있는 경우에 긴급을 요하여 지방법원판사의 체포영장을 받을 수 없는 때에는 그 사유를 알리고 영장없이 피의자를 체포할 수 있다. 이 경우 긴급을 요한다 함은 피의자를 우연히 발견한 경우등과 같이 체포영장을 받을 시간적 여유가 없는 때를 말한다.

  1. 피의자가 <u>증거를 인멸할</u> 염려가 있는 때
  2. 피의자가 도망하거나 <u>도망할 우려가</u> 있는 때

② 사법경찰관이 제1항의 규정에 의하여 피의자를 체포한 경우에는 즉시 검사의 승인을 얻어야 한다.

③ 검사 또는 사법경찰관은 제1항의 규정에 의하여 피의자를 체포한 경우에는 즉시 긴급체포서를 작성하여야 한다.

④ 제3항의 규정에 의한 긴급체포서에는 범죄사실의 요지, 긴급체포의 사유등을 기재하여야 한다.

나. 검사와 사법경찰관의 상호협력과 일반적 수사준칙에 관한 규정

제27조(긴급체포)

① 사법경찰관은 법 제200조의3제2항에 따라 <u>긴급체포 후 12시간 내에 검사에게 긴급체포의 승인을 요청</u>해야 한다. 다만, 제51조제1항제4호가목 또는 제52조제1항제3호에 따라 수사중지 결정 또는 기소중지 결정이 된 피의자를 소속 경찰관서가 위치하는 특별시·광역시·특별자치시·도 또는 특별자치도 외의 지역이나 「연안관리법」 제2조제2호나목의 바다에서 긴급체포한 경우에는 긴급체포 후 <u>24시간 이내에 긴급체포의 승인을 요청</u>해야 한다.

② 제1항에 따라 긴급체포의 승인을 요청할 때에는 범죄사실의 요지, 긴급체포의 일시·장소, 긴급체포의 사유, 체포를 계속해야 하는 사유 등을 적은 긴급체포 승인요청서로 요청해야 한다. 다만, 긴급한 경우에는 「형사사법절차 전자화 촉진법」 제2조제4호에 따른 형사사법정보시스템(이하 "형사사법정보시스템"이라 한다) 또는 팩스를 이용하여 긴급체포의 승인을 요청할 수 있다.

③ 검사는 사법경찰관의 긴급체포 승인 요청이 이유 있다고 인정하는 경우에는 지체 없이 긴급체포 승인서를 사법경찰관에게 송부해야 한다.

④ 검사는 사법경찰관의 긴급체포 승인 요청이 이유 없다고 인정하는 경우에는 지체

없이 사법경찰관에게 불승인 통보를 해야 한다. 이 경우 사법경찰관은 긴급체포된 피의자를 즉시 석방하고 그 석방 일시와 사유 등을 검사에게 통보해야 한다.

> **제51조(사법경찰관의 결정)**
> ① 사법경찰관은 사건을 수사한 경우에는 다음 각 호의 구분에 따라 결정해야 한다.
> 4. 수사중지
> 　가. 피의자중지
> **제52조(검사의 결정)**
> ① 검사는 사법경찰관으로부터 사건을 송치받거나 직접 수사한 경우에는 다음 각 호의 구분에 따라 결정해야 한다.
> 3. 기소중지
>
> 「연안관리법」
> **제2조(정의)** 이 법에서 사용하는 용어의 뜻은 다음과 같다.
> 2. "연안해역"이란 다음 각 목의 지역을 말한다.
> 　나. 바다「해양조사와 해양정보 활용에 관한 법률」제8조제1항제3호에 따른 해안선으로부터 영해(領海)의 외측한계(外側限界)까지의 사이를 말한다]

다. 경찰수사규칙

제51조(긴급체포)
① 법 제200조의3제3항에 따른 긴급체포서는 별지 제38호서식에 따른다.
② 수사준칙 제27조제2항 본문에 따른 긴급체포 승인요청서는 별지 제39호서식에 따른다.
③ 사법경찰관은 수사준칙 제27조제4항 후단에 따라 긴급체포된 피의자의 석방 일시와 사유 등을 검사에게 통보하는 경우에는 별지 제40호서식의 석방 통보서에 따른다.

라. 범죄수사규칙

제115조(긴급체포)
① 「형사소송법」 제200조의3제1항의 "긴급을 요"한다고 함은 피의자를 우연히 발견한 경우 등과 같이 체포영장을 받을 시간적 여유가 없는 때를 말하며 피의자의 연령, 경력, 범죄성향이나 범죄의 경중, 태양, 그 밖에 제반사항을 고려하여 인권침해가 없도록 하여야 한다.
② 「형사소송법」 제200조의3제1항에 따라 긴급체포를 하였을 때에는 같은 법 제200조의3제3항에 따라 즉시 긴급체포서를 작성하고, 별지 제45호서식의 긴급체포원부에 적어야 한다.

긴 급 체 포 서

제 0000-00000 호

피체포자	성 명	
	주민등록번호	
	직 업	
	주 거	
변 호 인		

「형사소송법」 제200조의3제1항에 따라 ○○○○ 피의사건과 관련된 위 피체포자를 아래와 같이 긴급체포함

0000.00.00.

소속관서

사법경찰관 계급

체 포 한 일 시	
체 포 한 장 소	
범 죄 사 실 및 체 포 의 사 유	
체포자의 관직 및 성명	
인 치 한 일 시	
인 치 한 장 소	
구 금 한 일 시	
구 금 한 장 소	
구금을 집행한 자의 관직 및 성명	

210㎜ × 297㎜(백상지 80g/㎡)

소 속 관 서

제 0000-00000 호   0000.00.00.

수 신 : 검찰청의 장 (검사: 검사명)

제 목 : 긴급체포 승인요청서

다음 사람에 대한 00 피의사건에 관하여, 같은 사람을 아래와 같이 긴급체포하였기에 「검사와 사법경찰관의 상호협력과 일반적 수사준칙에 관한 규정」 제27조제2항에 따라 승인을 요청합니다.

인적사항	성 명		주민등록번호	
	직 업			
	주 거			
긴급체포한 일시				
긴급체포한 장소				
긴급체포자의 관직 및 성명				
인 치 한 일 시				
인 치 한 장 소				
구 금 한 일 시				
구 금 한 장 소				
범 죄 사 실				
소 명 자 료				
긴급체포한 사유				
체포를 계속하여야 할 사 유				

소속관서

사법경찰관 계급

210㎜ × 297㎜(백상지 80g/㎡)

소 속 관 서

제 0000-00000 호   0000.00.00.

수 신 : 검찰청의 장 (검사: 검사명)

제 목 : 석방 통보서(긴급체포불승인)

다음 피체포자를 긴급체포 불승인을 이유로 아래와 같이 석방하였기에 「검사와 사법경찰관의 상호협력과 일반적 수사준칙에 관한 규정」 제27조제4항에 따라 통보합니다.

피체포자	성 명	
	주민등록번호	
	직 업	
	주 거	
죄 명		
긴급체포한 일시		
긴급체포한 장소		
긴급체포한 사유		
석 방 한 일 시		
석 방 한 장 소		
불 승 인 사 유		
석방을 집행한 자의 관직 및 성명		

소속관서

사법경찰관 계급

210㎜ × 297㎜(백상지 80g/㎡)

긴 급 체 포 원 부

진 행 번 호				
사 건 번 호			년제 호	년제 호
피의자	성 명			
	주 민 등 록 번 호			
	직 업			
	주 거			
죄 명				
긴급체포서 작성 년 월 일			. . .	. . .
긴급체포	체 포 한 일 시		. . .시 분	. . .시 분
	체 포 한 장 소			
	체포자의 관직 및 성 명			
	인 치 한 일 시		. . .시 분	. . .시 분
	인 치 한 장 소			
	구 금 한 일 시		. . .시 분	. . .시 분
	구 금 한 장 소			
	검사 지휘	승 인	. . .시 분	. . .시 분
		불 승 인	. . .시 분	. . .시 분
석방	일 시		. . .	. . .
	사 유			
구속영장신청	신 청 부 번 호			
	발 부 연 월 일		. . .	. . .
비 고				

210㎜ × 297㎜(백상지 80g/㎡)

③ 긴급체포한 피의자를 석방한 때에는 긴급체포원부에 석방일시 및 석방사유를 적어야 한다.

5. 긴급체포와 영장 청구 기간

「형사소송법」

제200조의4(긴급체포와 영장청구기간)

① 검사 또는 사법경찰관이 제200조의3의 규정에 의하여 피의자를 체포한 경우 피의자를 구속하고자 할 때에는 지체 없이 검사는 관할지방법원판사에게 구속영장을 청구하여야 하고, 사법경찰관은 검사에게 신청하여 검사의 청구로 관할지방법원판사에게 구속영장을 청구하여야 한다. 이 경우 구속영장은 피의자를 체포한 때부터 48시간 이내에 청구하여야 하며, 제200조의3제3항에 따른 긴급체포서를 첨부하여야 한다.

② 제1항의 규정에 의하여 구속영장을 청구하지 아니하거나 발부받지 못한 때에는 피의자를 즉시 석방하여야 한다.

③ 제2항의 규정에 의하여 석방된 자는 영장없이는 동일한 범죄사실에 관하여 체포하지 못한다.

④ 검사는 제1항에 따른 구속영장을 청구하지 아니하고 피의자를 석방한 경우에는 석방한 날부터 30일 이내에 서면으로 다음 각 호의 사항을 법원에 통지하여야 한다. 이 경우 긴급체포서의 사본을 첨부하여야 한다.

　1. 긴급체포 후 석방된 자의 인적사항

　2. 긴급체포의 일시 · 장소와 긴급체포하게 된 구체적 이유

　3. 석방의 일시 · 장소 및 사유

　4. 긴급체포 및 석방한 검사 또는 사법경찰관의 성명

⑤ 긴급체포 후 석방된 자 또는 그 변호인 · 법정대리인 · 배우자 · 직계친족 · 형제자매는 통지서 및 관련 서류를 열람하거나 등사할 수 있다.

⑥ 사법경찰관은 긴급체포한 피의자에 대하여 구속영장을 신청하지 아니하고 석방한 경우에는 즉시 검사에게 보고하여야 한다.

제2절 구속

1. 구속영장의 신청

요건	피의자가 범죄를 저질렀다는 **상당한 의심, 주거부정, 구속의 사유**(도망 또는 증거인멸의 우려) (※ 경미범죄의 제한 사유로 주거부정)	
절차	사전구속영장	① 영장신청, ② 영장청구, ③ 구인용 구속영장 발부, ④ 영장실질심사, ⑤ 구속영장 발부, ⑥ 영장 제시 후 집행, ⑦ 구속통지(24시간 이내)
	현행범인 체포, 긴급체포, 영장에 의한 체포	① 영장신청, ② 영장청구, ③ 영장실질심사, ④ 구속영장 발부, ⑤ 영장 제시 후 집행, ⑥ 구속통지(24시간 이내)
재구속	새로운 증거가 발견된 경우 가능	
기간	경찰 10일, 검찰 10일(10일 내 연장 가능)	

가. 형사소송법

제201조(구속)

① 피의자가 죄를 범하였다고 의심할 만한 상당한 이유가 있고 제70조제1항 각 호의 1에 해당하는 사유가 있을 때에는 검사는 관할지방법원판사에게 청구하여 구속영장을 받아 피의자를 구속할 수 있고 사법경찰관은 검사에게 신청하여 검사의 청구로 관할지방법원판사의 구속영장을 받아 피의자를 구속할 수 있다. 다만, 다액 50만원 이하의 벌금, 구류 또는 과료에 해당하는 범죄에 관하여는 피의자가 일정한 주거가 없는 경우에 한한다.

② 구속영장의 청구에는 구속의 필요를 인정할 수 있는 자료를 제출하여야 한다.

③ 제1항의 청구를 받은 지방법원판사는 신속히 구속영장의 발부여부를 결정하여야 한다.

④ 제1항의 청구를 받은 지방법원판사는 상당하다고 인정할 때에는 구속영장을 발부한다. 이를 발부하지 아니할 때에는 청구서에 그 취지 및 이유를 기재하고 서명날인하여 청구한 검사에게 교부한다.

⑤ 검사가 제1항의 청구를 함에 있어서 동일한 범죄사실에 관하여 그 피의자에 대하여 전에 구속영장을 청구하거나 발부받은 사실이 있을 때에는 다시 구속영장을 청구하는 취지 및 이유를 기재하여야 한다.

> **제70조(구속의 사유)**
> ① 법원은 피고인이 죄를 범하였다고 의심할 만한 상당한 이유가 있고 다음 각 호의 1에 해당하는 사유가 있는 경우에는 피고인을 구속할 수 있다.
> 1. 피고인이 일정한 <u>주거가 없는 때</u>
> 2. 피고인이 <u>증거를 인멸할 염려</u>가 있는 때
> 3. 피고인이 도망하거나 <u>도망할 염려</u>가 있는 때

나. 검사와 사법경찰관의 상호협력과 일반적 수사준칙에 관한 규정

제29조(구속영장의 청구 · 신청)

① 검사 또는 사법경찰관은 구속영장을 청구하거나 신청하는 경우 법 제209조에서 준용하는 법 제70조제2항의 필요적 고려사항이 있을 때에는 구속영장 청구서 또는 신청서에 그 내용을 적어야 한다.

② 검사 또는 사법경찰관은 체포한 피의자에 대해 구속영장을 청구하거나 신청할 때에는 구속영장 청구서 또는 신청서에 체포영장, 긴급체포서, 현행범인 체포서 또는 현행범인 인수서를 첨부해야 한다.

> **제70조(구속의 사유)**
> ② 법원은 제1항의 구속사유를 심사함에 있어서 범죄의 중대성, 재범의 위험성, 피해자 및 중요 참고인 등에 대한 위해우려 등을 고려하여야 한다.

다. 경찰수사규칙

제54조(구속영장의 신청)

수사준칙 제29조에 따른 구속영장 신청서는 별지 제45호서식부터 별지 제48호서식까지에 따른다.

라. 범죄수사규칙

제119조(구속영장 신청)

① 경찰관은 「형사소송법」 제201조제1항 및 「수사준칙」 제29조제1항에 따라 구속영장을 신청할 때에는 범죄의 중대성, 재범의 위험성, 피해자 및 중요 참고인 등에 대한 위해 우려, 피의자의 연령, 건강상태 그 밖의 제반사항 등을 고려하여야 한다.

② 경찰관은 「형사소송법」 제200조의2제5항 및 「수사준칙」 제29조제2항에 따라 체포한 피의자에 대해 구속영장을 신청할 때에는 구속영장 신청서에 제1항의 사유를 인정할 수 있는 자료를 첨부해야 하며, 긴급체포 후 구속영장을 신청할 때에는 「형사소송법」 제200조의3제1항의 사유를 인정할 수 있는 자료도 함께 첨부해야 한다.

③ 경찰관은 「형사소송법」 제200조의2제5항(같은 법 제213조의2에서 준용하는 경우를 포함한다) 및 「형사소송법」 제200조의4제1항에 따라 체포한 피의자를 구속하고자 할 때에는 체포한 때부터 48시간 내에 구속영장을 신청하되 검사의 영장청구에 필요한 시한을 고려하여야 한다.

④ 경찰관은 구속영장을 신청하였을 때에는 별지 제48호서식의 구속영장신청부에 필요한 사항을 적어야 한다.

2. 구속영장 실질심사

가. 형사소송법

제71조의2(구인 후의 유치)

법원은 인치받은 피고인을 유치할 필요가 있는 때에는 교도소·구치소 또는 경찰서 유치장에 유치할 수 있다. 이 경우 유치기간은 인치한 때부터 24시간을 초과할 수 없다.

제81조(구속영장의 집행)

① 구속영장은 검사의 지휘에 의하여 사법경찰관리가 집행한다. 단, 급속을 요하는 경우에는 재판장, 수명법관 또는 수탁판사가 그 집행을 지휘할 수 있다.

② 제1항 단서의 경우에는 법원사무관등에게 그 집행을 명할 수 있다. 이 경우에 법원사무관등은 그 집행에 관하여 필요한 때에는 사법경찰관리·교도관 또는 법원경위에게 보조를 요구할 수 있으며 관할구역 외에서도 집행할 수 있다.

③ 교도소 또는 구치소에 있는 피고인에 대하여 발부된 구속영장은 검사의 지휘에 의하여 교도관이 집행한다.

제85조(구속영장집행의 절차)

① 구속영장을 집행함에는 피고인에게 반드시 이를 제시하고 그 사본을 교부하여야 하며 신속히 지정된 법원 기타 장소에 인치하여야 한다.

소속관서

제 0000-00000 호   0000.00.00.

수 신 : 검찰청의 장

제 목 : 구속영장 신청서(미체포)

다음 사람에 대한 죄명 피의사건에 관하여 같은 사람을 구속장소명에 구속하려 하니 0000.00.00.까지 유효한 구속영장의 청구를 신청합니다.

피 의 자	성 명	
	주민등록번호	
	직 업	
	주 거	
변 호 인		
범죄사실 및 구속을 필요로 하는 이유		
필요적 고려사항	[ ] 범죄의 중대성 [ ] 재범의 위험성 [ ] 피해자·중요참고인 등에 대한 위해 우려 [ ] 기타 사유	
7일을 넘는 유효기간을 필요로 하는 취지와 사유		
둘 이상의 영장을 신청하는 취 지 와 사 유		
재신청의 취지 및 이유		
비 고		

소속관서

사법경찰관 계급

210㎜ × 297㎜(백상지 80g/㎡)

소속관서

제 0000-00000 호   0000.00.00.

수 신 : 검찰청의 장

제 목 : 구속영장 신청서(체포영장)

다음 사람에 대한 죄명 피의사건에 관하여 같은 사람을 아래와 같이 체포영장에 따라 체포하여 구속장소명에 구속하려 하니 0000.00.00.까지 유효한 구속영장의 청구를 신청합니다.

피 의 자	성 명	
	주민등록번호	
	직 업	
	주 거	
변 호 인		
체포한 일시, 장소		
인치한 일시, 장소		
구금한 일시, 장소		
범죄사실 및 구속을 필요로 하는 이유		
필요적 고려사항	[ ] 범죄의 중대성 [ ] 재범의 위험성 [ ] 피해자·중요참고인 등에 대한 위해 우려 [ ] 기타 사유	
체포에 지명에 따라 체포된 피의자를 통지할 자의 성명 및 연락처		
재신청의 취지 및 이유		
비 고		

소속관서

사법경찰관 계급

210㎜ × 297㎜(백상지 80g/㎡)

소속관서

제 0000-00000 호   0000.00.00.

수 신 : 검찰청의 장

제 목 : 구속영장 신청서(현행범인)

다음 사람에 대한 죄명 피의사건에 관하여 같은 사람을 아래와 같이 현행범인으로 체포하여 구속장소명에 구속하려 하니 0000.00.00.까지 유효한 구속영장의 청구를 신청합니다.

피 의 자	성 명	
	주민등록번호	
	직 업	
	주 거	
변 호 인		
체포한 일시, 장소		
인치한 일시, 장소		
구금한 일시, 장소		
범죄사실 및 구속을 필요로 하는 이유		
필요적 고려사항	[ ] 범죄의 중대성 [ ] 재범의 위험성 [ ] 피해자·중요참고인 등에 대한 위해 우려 [ ] 기타 사유	
체포에 지명에 따라 체포된 피의자를 통지할 자의 성명 및 연락처		
재신청의 취지 및 이유		
비 고		

소속관서

사법경찰관 계급

210㎜ × 297㎜(백상지 80g/㎡)

소속관서

제 0000-00000 호   0000.00.00.

수 신 : 검찰청의 장

제 목 : 구속영장 신청서(현행범인)

다음 사람에 대한 죄명 피의사건에 관하여 같은 사람을 아래와 같이 현행범인으로 체포하여 구속장소명에 구속하려 하니 0000.00.00.까지 유효한 구속영장의 청구를 신청합니다.

피 의 자	성 명	
	주민등록번호	
	직 업	
	주 거	
변 호 인		
체포한 일시, 장소		
인치한 일시, 장소		
구금한 일시, 장소		
범죄사실 및 구속을 필요로 하는 이유		
필요적 고려사항	[ ] 범죄의 중대성 [ ] 재범의 위험성 [ ] 피해자·중요참고인 등에 대한 위해 우려 [ ] 기타 사유	
체포에 지명에 따라 체포된 피의자를 통지할 자의 성명 및 연락처		
재신청의 취지 및 이유		
비 고		

소속관서

사법경찰관 계급

210㎜ × 297㎜(백상지 80g/㎡)

구속영장신청부

진 행 번 호					
사 건 번 호		년 제 호		년 제 호	
신 청 일 시		. . . 시 분		. . . 시 분	
신청자 관직 및 성명					
피의자	성 명				
	주 민 등 록 번 호				
	직 업				
	주 거				
죄 명					
체 포 일 시 및 유 형		체포·긴급체포·현행범인체포 시 분 (진행번호)		체포·긴급체포·현행범인체포 시 분 (진행번호)	
영장신청 및 발부	검 사 불 청 구	. . . 시 분		. . . 시 분	
	판 사 기 각	. . . 시 분		. . . 시 분	
	발 부	. . . 시 분		. . . 시 분	
	재신청	신 청	. . . 시 분	. . . 시 분
		검사불청구	. . . 시 분	. . . 시 분
		판 사 기 각	. . . 시 분	. . . 시 분
		발 부	. . . 시 분	. . . 시 분
	피의자심문	일 련 번 호		
		검사또는판사명		
		접 수 일 시	. . . 시 분	. . . 시 분
		접수자관직성명		
		구 인 일 시	. . . 시 분	. . . 시 분
유 효 기 간		. . .		. . .	
석방	연 월 일	. . .		. . .	
	사 유				
반 비	환	. . .		. . .	
	고				

210㎜ × 297㎜(백상지 80g/㎡)

② 제77조제3항의 구속영장에 관하여는 이를 발부한 판사에게 인치하여야 한다.

③ 구속영장을 소지하지 아니한 경우에 급속을 요하는 때에는 피고인에 대하여 공소사실의 요지와 영장이 발부되었음을 고하고 집행할 수 있다.

④ 전항의 집행을 완료한 후에는 신속히 구속영장을 제시하고 그 사본을 교부하여야 한다.

제86조(호송 중의 가유치)

구속영장의 집행을 받은 피고인을 호송할 경우에 필요하면 가장 가까운 교도소 또는 구치소에 임시로 유치할 수 있다.

제87조(구속의 통지)

① 피고인을 구속한 때에는 변호인이 있는 경우에는 변호인에게, 변호인이 없는 경우에는 제30조제2항에 규정한 자 중 피고인이 지정한 자에게 피고사건명, 구속일시·장소, 범죄사실의 요지, 구속의 이유와 변호인을 선임할 수 있는 취지를 알려야 한다.

② 제1항의 통지는 지체없이 서면으로 하여야 한다.

제201조의2(구속영장 청구와 피의자 심문)

① 제200조의2·제200조의3 또는 제212조에 따라 체포된 피의자에 대하여 구속영장을 청구받은 판사는 지체 없이 피의자를 심문하여야 한다. 이 경우 특별한 사정이 없는 한 구속영장이 청구된 날의 다음날까지 심문하여야 한다.

② 제1항 외의 피의자에 대하여 구속영장을 청구받은 판사는 피의자가 죄를 범하였다고 의심할 만한 이유가 있는 경우에 구인을 위한 구속영장을 발부하여 피의자를 구인한 후 심문하여야 한다. 다만, 피의자가 도망하는 등의 사유로 심문할 수 없는 경우에는 그러하지 아니하다.

③ 판사는 제1항의 경우에는 즉시, 제2항의 경우에는 피의자를 인치한 후 즉시 검사, 피의자 및 변호인에게 심문기일과 장소를 통지하여야 한다. 이 경우 검사는 피의자가 체포되어 있는 때에는 심문기일에 피의자를 출석시켜야 한다.

④ 검사와 변호인은 제3항에 따른 심문기일에 출석하여 의견을 진술할 수 있다.

⑤ 판사는 제1항 또는 제2항에 따라 심문하는 때에는 공범의 분리심문이나 그 밖에 수사상의 비밀보호를 위하여 필요한 조치를 하여야 한다.

⑥ 제1항 또는 제2항에 따라 피의자를 심문하는 경우 법원사무관등은 심문의 요지 등을 조서로 작성하여야 한다.

⑦ 피의자심문을 하는 경우 법원이 구속영장청구서 · 수사 관계 서류 및 증거물을 접수한 날부터 구속영장을 발부하여 검찰청에 반환한 날까지의 기간은 제202조 및 제203조의 적용에 있어서 그 구속기간에 산입하지 아니한다.

⑧ 심문할 피의자에게 변호인이 없는 때에는 지방법원판사는 직권으로 변호인을 선정하여야 한다. 이 경우 변호인의 선정은 피의자에 대한 구속영장 청구가 기각되어 효력이 소멸한 경우를 제외하고는 제1심까지 효력이 있다.

⑨ 법원은 변호인의 사정이나 그 밖의 사유로 변호인 선정결정이 취소되어 변호인이 없게 된 때에는 직권으로 변호인을 다시 선정할 수 있다.

⑩ 제71조, 제71조의2, 제75조, 제81조부터 제83조까지, 제85조제1항 · 제3항 · 제4항, 제86조, 제87조제1항, 제89조부터 제91조까지 및 제200조의5는 제2항에 따라 구인을 하는 경우에 준용하고, 제48조, 제51조, 제53조, 제56조의2 및 제276조의2는 피의자에 대한 심문의 경우에 준용한다.

제200조의5(체포와 피의사실 등의 고지)

검사 또는 사법경찰관은 피의자를 체포하는 경우에는 피의사실의 요지, 체포의 이유와 변호인을 선임할 수 있음을 말하고 변명할 기회를 주어야 한다.

나. 검사와 사법경찰관의 상호협력과 일반적 수사준칙에 관한 규정

제30조(구속 전 피의자 심문)

사법경찰관은 법 제201조의2제3항 및 같은 조 제10항에서 준용하는 법 제81조제1항에 따라 판사가 통지한 피의자 심문 기일과 장소에 체포된 피의자를 출석시켜야 한다.

3. 영장 반환 및 법원 통지

가. 형사소송법

제75조(구속영장의 방식)
① 구속영장에는 피고인의 성명, 주거, 죄명, 공소사실의 요지, 인치 구금할 장소, 발부년월일, 그 유효기간과 그 기간을 경과하면 집행에 착수하지 못하며 <u>영장을 반환하여야 할 취지</u>를 기재하고 재판장 또는 수명법관이 서명날인하여야 한다.
② 피고인의 성명이 분명하지 아니한 때에는 인상, 체격, 기타 피고인을 특정할 수 있는 사항으로 피고인을 표시할 수 있다.
③ 피고인의 주거가 분명하지 아니한 때에는 그 주거의 기재를 생략할 수 있다.

제204조(영장발부와 법원에 대한 통지)
체포영장 또는 구속영장의 발부를 받은 후 피의자를 체포 또는 구속하지 아니하거나 체포 또는 구속한 피의자를 석방한 때에는 지체없이 검사는 영장을 발부한 법원에 그 사유를 서면으로 통지하여야 한다.

나. 검사와 사법경찰관의 상호협력과 일반적 수사준칙에 관한 규정

제35조(체포 · 구속영장의 반환)
① 검사 또는 사법경찰관은 체포 · 구속영장의 유효기간 내에 영장의 집행에 착수하지 못했거나, 그 밖의 사유로 <u>영장의 집행이 불가능</u>하거나 <u>불필요</u>하게 되었을 때에는 <u>즉시 해당 영장을 법원에 반환</u>해야 한다. 이 경우 체포 · 구속영장이 여러 통 발부된 경우에는 모두 반환해야 한다.
② 검사 또는 사법경찰관은 제1항에 따라 체포 · 구속영장을 반환하는 경우에는 반환사유 등을 적은 영장반환서에 해당 영장을 첨부하여 반환하고, 그 사본을 사건기록에 편철한다.
③ 제1항에 따라 사법경찰관이 체포 · 구속영장을 반환하는 경우에는 그 영장을 청구한 검사에게 반환하고, 검사는 사법경찰관이 반환한 영장을 법원에 반환한다.

다. 경찰수사규칙

제58조(체포 · 구속영장의 반환)
수사준칙 제35조제2항에 따른 영장반환서는 별지 제50호서식에 따른다.

소 속 관 서

제 0000-00000 호   0000.00.00.

수 신 : 검찰청의 장 (검사: 검사명)

제 목 : 영장반환서

「검사와 사법경찰관의 상호협력과 일반적 수사준칙에 관한 규정」제35조제2항
에 따라 별지 영장을 다음과 같은 이유로 반환합니다.

영 장 종 별	
영 장 발 부 일	
영 장 번 호	
대상자	성 명	
	주민등록번호	
	주 거	
죄 명	
영 장 반 환 사 유	

첨 부 : 영 장

소속관서

사법경찰관 계급

219㎜ × 297㎜(백상지 80g/㎡)

라. 범죄수사규칙

제120조(체포·구속영장의 반환)

경찰관은 「수사준칙」 제35조제1항 및 제3항에 따라 해당 영장을 검사에게 반환하고
자 할 때에는 신속히 소속 수사부서의 장에게 그 취지를 보고하여 지휘를 받아야 하
고, 영장을 반환할 때에는 영장 사본을 사건기록에 편철해야 한다.

4. 체포·구속영장의 재신청

가. 형사소송법

제200조의2(영장에 의한 체포)

① 피의자가 죄를 범하였다고 의심할 만한 상당한 이유가 있고, 정당한 이유없이 제
200조의 규정에 의한 출석요구에 응하지 아니하거나 응하지 아니할 우려가 있는 때
에는 검사는 관할 지방법원판사에게 청구하여 체포영장을 발부받아 피의자를 체포
할 수 있고, 사법경찰관은 검사에게 신청하여 검사의 청구로 관할지방법원판사의 체
포영장을 발부받아 피의자를 체포할 수 있다. 다만, 다액 50만원이하의 벌금, 구류
또는 과료에 해당하는 사건에 관하여는 피의자가 일정한 주거가 없는 경우 또는 정

당한 이유없이 제200조의 규정에 의한 출석요구에 응하지 아니한 경우에 한한다.

② 제1항의 청구를 받은 지방법원판사는 상당하다고 인정할 때에는 체포영장을 발부한다. 다만, 명백히 체포의 필요가 인정되지 아니하는 경우에는 그러하지 아니하다.

③ 제1항의 청구를 받은 지방법원판사가 체포영장을 발부하지 아니할 때에는 청구서에 그 취지 및 이유를 기재하고 서명날인하여 청구한 검사에게 교부한다.

④ 검사가 제1항의 청구를 함에 있어서 동일한 범죄사실에 관하여 그 피의자에 대하여 전에 체포영장을 청구하였거나 발부받은 사실이 있는 때에는 <u>다시 체포영장을 청구하는 취지 및 이유를 기재</u>하여야 한다.

⑤ 체포한 피의자를 구속하고자 할 때에는 체포한 때부터 48시간이내에 제201조의 규정에 의하여 구속영장을 청구하여야 하고, 그 기간내에 구속영장을 청구하지 아니하는 때에는 피의자를 즉시 석방하여야 한다.

제201조(구속)

① 피의자가 죄를 범하였다고 의심할 만한 상당한 이유가 있고 제70조제1항 각 호의 1에 해당하는 사유가 있을 때에는 검사는 관할지방법원판사에게 청구하여 구속영장을 받아 피의자를 구속할 수 있고 사법경찰관은 검사에게 신청하여 검사의 청구로 관할지방법원판사의 구속영장을 받아 피의자를 구속할 수 있다. 다만, 다액 50만원 이하의 벌금, 구류 또는 과료에 해당하는 범죄에 관하여는 피의자가 일정한 주거가 없는 경우에 한한다.

② 구속영장의 청구에는 구속의 필요를 인정할 수 있는 자료를 제출하여야 한다.

③ 제1항의 청구를 받은 지방법원판사는 신속히 구속영장의 발부여부를 결정하여야 한다.

④ 제1항의 청구를 받은 지방법원판사는 상당하다고 인정할 때에는 구속영장을 발부한다. 이를 발부하지 아니할 때에는 청구서에 그 취지 및 이유를 기재하고 서명날인하여 청구한 검사에게 교부한다.

⑤ 검사가 제1항의 청구를 함에 있어서 동일한 범죄사실에 관하여 그 피의자에 대하여 전에 구속영장을 청구하거나 발부받은 사실이 있을 때에는 <u>다시 구속영장을 청구하는 취지 및 이유를 기재</u>하여야 한다.

나. 검사와 사법경찰관의 상호협력과 일반적 수사준칙에 관한 규정

제31조(체포 · 구속영장의 재청구 · 재신청)

검사 또는 사법경찰관은 동일한 범죄사실로 다시 체포 · 구속영장을 청구하거나 신청하는 경우(체포 · 구속영장의 청구 또는 신청이 기각된 후 다시 체포 · 구속영장을 청구하거나 신청하는 경우와 이미 발부받은 체포 · 구속영장과 동일한 범죄사실로 다시 체포 · 구속영장을 청구하거나 신청하는 경우를 말한다)에는 그 취지를 체포 · 구속영장 청구서 또는 신청서에 적어야 한다.

다. 범죄수사규칙

제122조(체포·구속영장의 재신청)

경찰관은 「형사소송법」 제200조의2제4항 및 「수사준칙」 제31조에 따라 동일한 범죄사실로 다시 체포·구속영장을 신청할 때에는 다음 각 호의 사유에 해당하는 경우 그 취지를 체포·구속영장 신청서에 적어야 한다.

1. 체포·구속영장의 <u>유효기간이 경과된 경우</u>
2. 체포·구속영장을 신청하였으나 그 <u>발부를 받지 못한 경우</u>
3. 체포·구속되었다가 <u>석방된 경우</u>

5. 체포·구속영장의 집행

가. 형사소송법

제81조(구속영장의 집행)

① 구속영장은 검사의 지휘에 의하여 사법경찰관리가 집행한다. 단, 급속을 요하는 경우에는 재판장, 수명법관 또는 수탁판사가 그 집행을 지휘할 수 있다.

② 제1항 단서의 경우에는 법원사무관등에게 그 집행을 명할 수 있다. 이 경우에 법원사무관등은 그 집행에 관하여 필요한 때에는 사법경찰관리·교도관 또는 법원경위에게 보조를 요구할 수 있으며 관할구역 외에서도 집행할 수 있다.

③ 교도소 또는 구치소에 있는 피고인에 대하여 발부된 구속영장은 검사의 지휘에 의하여 교도관이 집행한다.

제83조(관할구역 외에서의 구속영장의 집행과 그 촉탁)

① 검사는 필요에 의하여 관할구역 외에서 구속영장의 집행을 지휘할 수 있고 또는 당해 관할구역의 검사에게 집행지휘를 촉탁할 수 있다.

② 사법경찰관리는 필요에 의하여 관할구역 외에서 구속영장을 집행할 수 있고 또는 당해 관할구역의 사법경찰관리에게 집행을 촉탁할 수 있다.

제85조(구속영장집행의 절차)

① 구속영장을 집행함에는 피고인에게 <u>반드시 이를 제시하고 그 사본을 교부하여야</u> 하며 신속히 지정된 법원 기타 장소에 인치하여야 한다.

② 제77조제3항의 구속영장에 관하여는 이를 발부한 판사에게 인치하여야 한다.

③ 구속영장을 소지하지 아니한 경우에 급속을 요하는 때에는 피고인에 대하여 공소사실의 요지와 영장이 발부되었음을 고하고 집행할 수 있다.

④ 전항의 집행을 완료한 후에는 신속히 구속영장을 제시하고 그 사본을 교부하여야 한다.

제86조(호송 중의 가유치)

구속영장의 집행을 받은 피고인을 호송할 경우에 필요하면 가장 가까운 교도소 또는 구치소에 임시로 유치할 수 있다.

제200조의5(체포와 피의사실 등의 고지)

검사 또는 사법경찰관은 피의자를 체포하는 경우에는 <u>피의사실의 요지</u>, 체포의 이유와 변호인을 선임할 수 있음을 말하고 <u>변명할 기회</u>를 주어야 한다.

제200조의6(준용규정)

제75조, 제81조제1항 본문 및 제3항, 제82조, 제83조, 제85조제1항·제3항 및 제4항, 제86조, 제87조, 제89조부터 제91조까지, 제93조, 제101조제4항 및 제102조제2항 단서의 규정은 검사 또는 사법경찰관이 피의자를 체포하는 경우에 이를 준용한다. 이 경우 "구속"은 이를 "체포"로, "구속영장"은 이를 "체포영장"으로 본다.

제209조(준용규정)

제70조제2항, 제71조, 제75조, 제81조제1항 본문·제3항, 제82조, 제83조, 제85조부터 제87조까지, 제89조부터 제91조까지, 제93조, 제101조제1항, 제102조제2항 본문(보석의 취소에 관한 부분은 제외한다) 및 제200조의5는 검사 또는 사법경찰관의 피의자 구속에 관하여 준용한다.

나. 검사와 사법경찰관의 상호협력과 일반적 수사준칙에 관한 규정

제32조(체포·구속영장 집행 시의 권리 고지)

① 검사 또는 사법경찰관은 피의자를 체포하거나 구속할 때에는 법 제200조의5(법 제209조에서 준용하는 경우를 포함한다)에 따라 피의자에게 피의사실의 요지, 체포·구속의 이유와 변호인을 선임할 수 있음을 말하고, 변명할 기회를 주어야 하며, 진술거부권을 알려주어야 한다.

② 제1항에 따라 피의자에게 알려주어야 하는 진술거부권의 내용은 법 제244조의3 제1항제1호부터 제3호까지의 사항으로 한다.

③ 검사와 사법경찰관이 제1항에 따라 피의자에게 그 권리를 알려준 경우에는 피의자로부터 권리 고지 확인서를 받아 사건기록에 편철한다.

제33조(체포·구속 등의 통지)

① 검사 또는 사법경찰관은 피의자를 체포하거나 구속하였을 때에는 법 제200조의6 또는 제209조에서 준용하는 법 제87조에 따라 변호인이 있으면 변호인에게, 변호인이 없으면 법 제30조제2항에 따른 사람 중 피의자가 지정한 사람에게 24시간 이내에 서면으로 사건명, 체포·구속의 일시·장소, 범죄사실의 요지, 체포·구속의 이유와 변호인을 선임할 수 있음을 통지해야 한다.

② 검사 또는 사법경찰관은 제1항에 따른 통지를 하였을 때에는 그 통지서 사본을 사건기록에 편철한다. 다만, 변호인 및 법 제30조제2항에 따른 사람이 없어서 체포·구

속의 통지를 할 수 없을 때에는 그 취지를 수사보고서에 적어 사건기록에 편철한다.
③ 제1항 및 제2항은 법 제214조의2제2항에 따라 검사 또는 사법경찰관이 같은 조 제1항에 따른 자 중에서 피의자가 지정한 자에게 체포 또는 구속의 적부심사를 청구할 수 있음을 통지하는 경우에도 준용한다.

다. 경찰수사규칙

제55조(체포 · 구속영장의 집행)
① 사법경찰관리는 체포영장 또는 구속영장을 집행할 때에는 신속하고 정확하게 해야 한다.
② 체포영장 또는 구속영장의 집행은 검사가 서명 또는 날인하여 교부한 영장이나 검사가 영장의 집행에 관한 사항을 적어 교부한 서면에 따른다.
③ 수사준칙 제32조제3항에 따른 권리 고지 확인서는 별지 제36호서식에 따른다. 다만, 피의자가 권리 고지 확인서에 기명날인 또는 서명하기를 거부하는 경우에는 피의자를 체포 · 구속하는 사법경찰관리가 확인서 끝부분에 그 사유를 적고 기명날인 또는 서명해야 한다.

6. 구속기간

「형사소송법」

제202조(사법경찰관의 구속기간)
사법경찰관이 피의자를 구속한 때에는 <u>10일 이내</u>에 피의자를 검사에게 인치하지 아니하면 석방하여야 한다.

제203조(검사의 구속기간)
검사가 피의자를 구속한 때 또는 사법경찰관으로부터 피의자의 인치를 받은 때에는 <u>10일 이내</u>에 공소를 제기하지 아니하면 석방하여야 한다.

제203조의2(구속기간에의 산입)
피의자가 제200조의2 · 제200조의3 · 제201조의2제2항 또는 제212조의 규정에 의하여 체포 또는 구인된 경우에는 제202조 또는 제203조의 구속기간은 피의자를 체포 또는 구인한 날부터 기산한다.

제205조(구속기간의 연장)
① 지방법원판사는 <u>검사의 신청</u>에 의하여 수사를 계속함에 상당한 이유가 있다고 인정한 때에는 <u>10일을 초과하지 아니하는 한도에서 제203조의 구속기간의 연장을 1차에 한하여</u> 허가할 수 있다.

② 전항의 신청에는 구속기간의 연장의 필요를 인정할 수 있는 자료를 제출하여야 한다.

7. 체포 · 구속 시 통지와 고지

가. 형사소송법

제87조(구속의 통지)

① 피고인을 구속한 때에는 변호인이 있는 경우에는 변호인에게, 변호인이 없는 경우에는 제30조제2항에 규정한 자 중 피고인이 지정한 자에게 피고사건명, 구속일시·장소, 범죄사실의 요지, 구속의 이유와 변호인을 선임할 수 있는 취지를 알려야 한다.
② 제1항의 통지는 지체없이 서면으로 하여야 한다.

제200조의5(체포와 피의사실 등의 고지)

검사 또는 사법경찰관은 피의자를 체포하는 경우에는 피의사실의 요지, 체포의 이유와 변호인을 선임할 수 있음을 말하고 변명할 기회를 주어야 한다.

제209조(준용규정)

제70조제2항, 제71조, 제75조, 제81조제1항 본문·제3항, 제82조, 제83조, 제85조부터 제87조까지, 제89조부터 제91조까지, 제93조, 제101조제1항, 제102조제2항 본문(보석의 취소에 관한 부분은 제외한다) 및 제200조의5는 검사 또는 사법경찰관의 피의자 구속에 관하여 준용한다.

제244조의3(진술거부권 등의 고지)

① 검사 또는 사법경찰관은 피의자를 신문하기 전에 다음 각 호의 사항을 알려주어야 한다.
  1. 일체의 진술을 하지 아니하거나 개개의 질문에 대하여 진술을 하지 아니할 수 있다는 것
  2. 진술을 하지 아니하더라도 불이익을 받지 아니한다는 것
  3. 진술을 거부할 권리를 포기하고 행한 진술은 법정에서 유죄의 증거로 사용될 수 있다는 것
  4. 신문을 받을 때에는 변호인을 참여하게 하는 등 변호인의 조력을 받을 수 있다는 것
② 검사 또는 사법경찰관은 제1항에 따라 알려 준 때에는 피의자가 진술을 거부할 권리와 변호인의 조력을 받을 권리를 행사할 것인지의 여부를 질문하고, 이에 대한 피의자의 답변을 조서에 기재하여야 한다. 이 경우 피의자의 답변은 피의자로 하여금 자필로 기재하게 하거나 검사 또는 사법경찰관이 피의자의 답변을 기재한 부분에 기명날인 또는 서명하게 하여야 한다.

나. 검사와 사법경찰관의 상호협력과 일반적 수사준칙에 관한 규정

제32조(체포·구속영장 집행 시의 권리 고지)

① 검사 또는 사법경찰관은 피의자를 체포하거나 구속할 때에는 법 제200조의5(법 제209조에서 준용하는 경우를 포함한다)에 따라 피의자에게 피의사실의 요지, 체포·구속의 이유와 변호인을 선임할 수 있음을 말하고, 변명할 기회를 주어야 하며, 진술거부권을 알려주어야 한다.

② 제1항에 따라 피의자에게 알려주어야 하는 진술거부권의 내용은 법 제244조의3 제1항제1호부터 제3호까지의 사항으로 한다.

③ 검사와 사법경찰관이 제1항에 따라 피의자에게 그 권리를 알려준 경우에는 피의자로부터 권리 고지 확인서를 받아 사건기록에 편철한다.

다. 경찰수사규칙

제55조(체포·구속영장의 집행)

① 사법경찰관리는 체포영장 또는 구속영장을 집행할 때에는 신속하고 정확하게 해야 한다.

② 체포영장 또는 구속영장의 집행은 검사가 서명 또는 날인하여 교부한 영장이나 검사가 영장의 집행에 관한 사항을 적어 교부한 서면에 따른다.

③ 수사준칙 제32조제3항에 따른 권리 고지 확인서는 별지 제36호서식에 따른다. 다만, 피의자가 권리 고지 확인서에 기명날인 또는 서명하기를 거부하는 경우에는 피의자를 체포·구속하는 사법경찰관리가 확인서 끝부분에 그 사유를 적고 기명날인 또는 서명해야 한다.

라. 범죄수사규칙

제123조(영장에 의하지 않은 체포 시 권리고지)

「수사준칙」 제32조는 경찰관이 「형사소송법」 제200조의3에 따라 피의자를 긴급체포하거나 같은 법 제212조에 따라 현행범을 체포한 경우에 준용한다.

8. 체포·구속의 적부심사

가. 형사소송법

제214조의2(체포와 구속의 적부심사)

① 체포되거나 구속된 피의자 또는 그 변호인, 법정대리인, 배우자, 직계친족, 형제자

권리 고지 확인서

성 명 :

주민등록번호 :　　　　　　(연령 세)

주 거 :

　　　본인은 0000.00.00. 00:00경 체포장소에서 체포·긴급체포·현행범인체포·구속되면서 피의사실의 요지, 체포·구속의 이유와 함께 변호인을 선임할 수 있고, 진술을 거부하거나, 변명을 할 수 있으며, 체포·구속적부심을 청구할 수 있음을 고지받았음을 확인합니다.

0000.00.00.

위 확인인

　　　위 피의자를 체포·긴급체포·현행범인체포·구속하면서 위와 같이 고지하고 변명의 기회를 주었음(변명의 기회를 주었으나 정당한 이유 없이 기명날인 또는 서명을 거부함).

※ 기명날인 또는 서명 거부 사유:

0000. 00. 00.

소속관서

사법경찰관/리 계급

210㎜ × 297㎜(백상지 80g/㎡)

매나 가족, 동거인 또는 고용주는 관할법원에 체포 또는 구속의 적부심사(適否審査)를 청구할 수 있다.

② 피의자를 체포하거나 구속한 검사 또는 사법경찰관은 체포되거나 구속된 피의자와 제1항에 규정된 사람 중에서 피의자가 지정하는 사람에게 제1항에 따른 적부심사를 청구할 수 있음을 알려야 한다.

③ 법원은 제1항에 따른 청구가 다음 각 호의 어느 하나에 해당하는 때에는 제4항에 따른 심문 없이 결정으로 청구를 기각할 수 있다.

　　1. 청구권자 아닌 사람이 청구하거나 동일한 체포영장 또는 구속영장의 발부에 대하여 재청구한 때

　　2. 공범이나 공동피의자의 순차청구(順次請求)가 수사 방해를 목적으로 하고 있음이 명백한 때

④ 제1항의 청구를 받은 법원은 청구서가 접수된 때부터 48시간 이내에 체포되거나 구속된 피의자를 심문하고 수사 관계 서류와 증거물을 조사하여 그 청구가 이유 없다고 인정한 경우에는 결정으로 기각하고, 이유 있다고 인정한 경우에는 결정으로 체포되거나 구속된 피의자의 석방을 명하여야 한다. 심사 청구 후 피의자에 대하여 공소제기가 있는 경우에도 또한 같다.

⑤ 법원은 구속된 피의자(심사청구 후 공소제기된 사람을 포함한다)에 대하여 피의자의 출석을 보증할 만한 보증금의 납입을 조건으로 하여 결정으로 제4항의 석방을

명할 수 있다. 다만, 다음 각 호에 해당하는 경우에는 그러하지 아니하다.

 1. 범죄의 증거를 인멸할 염려가 있다고 믿을 만한 충분한 이유가 있는 때
 2. 피해자, 당해 사건의 재판에 필요한 사실을 알고 있다고 인정되는 사람 또는 그 친족의 생명·신체나 재산에 해를 가하거나 가할 염려가 있다고 믿을 만한 충분한 이유가 있는 때

⑥ 제5항의 석방 결정을 하는 경우에는 주거의 제한, 법원 또는 검사가 지정하는 일시·장소에 출석할 의무, 그 밖의 적당한 조건을 부가할 수 있다.

⑦ 제5항에 따라 보증금 납입을 조건으로 석방을 하는 경우에는 제99조와 제100조를 준용한다.

⑧ 제3항과 제4항의 결정에 대해서는 항고할 수 없다.

⑨ 검사·변호인·청구인은 제4항의 심문기일에 출석하여 의견을 진술할 수 있다.

⑩ 체포되거나 구속된 피의자에게 변호인이 없는 때에는 제33조를 준용한다.

⑪ 법원은 제4항의 심문을 하는 경우 공범의 분리심문이나 그 밖에 수사상의 비밀보호를 위한 적절한 조치를 하여야 한다.

⑫ 체포영장이나 구속영장을 발부한 법관은 제4항부터 제6항까지의 심문·조사·결정에 관여할 수 없다. 다만, 체포영장이나 구속영장을 발부한 법관 외에는 심문·조사·결정을 할 판사가 없는 경우에는 그러하지 아니하다.

⑬ 법원이 수사 관계 서류와 증거물을 접수한 때부터 결정 후 검찰청에 반환된 때까지의 기간은 제200조의2제5항(제213조의2에 따라 준용되는 경우를 포함한다) 및 제200조의4제1항을 적용할 때에는 그 제한기간에 산입하지 아니하고, 제202조·제203조 및 제205조를 적용할 때에는 그 구속기간에 산입하지 아니한다.

⑭ 제4항에 따라 피의자를 심문하는 경우에는 제201조의2제6항을 준용한다.

제214조의3(재체포 및 재구속의 제한)

① 제214조의2제4항에 따른 체포 또는 구속 적부심사결정에 의하여 석방된 피의자가 도망하거나 범죄의 증거를 인멸하는 경우를 제외하고는 동일한 범죄사실로 재차 체포하거나 구속할 수 없다.

② 제214조의2제5항에 따라 석방된 피의자에게 다음 각 호의 어느 하나에 해당하는 사유가 있는 경우를 제외하고는 동일한 범죄사실로 재차 체포하거나 구속할 수 없다.

 1. 도망한 때
 2. 도망하거나 범죄의 증거를 인멸할 염려가 있다고 믿을 만한 충분한 이유가 있는 때
 3. 출석요구를 받고 정당한 이유없이 출석하지 아니한 때
 4. 주거의 제한이나 그 밖에 법원이 정한 조건을 위반한 때

나. 범죄수사규칙

제126조(체포 · 구속적부심사)
① 경찰관은 체포 · 구속적부심사 심문기일과 장소를 통보받은 경우에는 「형사소송규칙」 제104조제2항에 따라 위 심문기일까지 수사관계서류와 증거물을 검사를 거쳐 법원에 제출하여야 하고, 위 심문기일에 피의자를 법원에 출석시켜야 한다.
② 경찰관은 제1항에 따라 수사관계서류 및 증거물을 제출하는 경우에는 별지 제114호서식의 수사관계서류 등 제출서에 소정의 사항을 작성하고, 「형사소송법」 제214조의2제5항 각 호의 사유가 있거나 같은 조 제6항에 따른 석방조건을 부가할 필요가 있는 경우 및 같은 조 제11항에 따른 공범의 분리심문이나 그 밖의 수사상의 비밀보호를 위한 조치가 필요한 때에는 그 뜻을 적은 서면을 수사관계서류 등 제출서에 첨부한다.
③ 경찰관은 법원이 석방결정을 한 경우에는 피의자를 즉시 석방하여야 하고, 보증금의 납입을 조건으로 석방결정을 한 경우에는 보증금 납입증명서를 제출받은 후 석방하여야 한다.

제3절 석방 등

Ⅰ. 피의자 석방

가. 형사소송법

제200조의2(영장에 의한 체포)
⑤ 체포한 피의자를 구속하고자 할 때에는 체포한 때부터 48시간이내에 제201조의 규정에 의하여 구속영장을 청구하여야 하고, 그 기간내에 구속영장을 청구하지 아니하는 때에는 피의자를 즉시 석방하여야 한다.

제200조의4(긴급체포와 영장청구기간)
① 검사 또는 사법경찰관이 제200조의3의 규정에 의하여 피의자를 체포한 경우 피의자를 구속하고자 할 때에는 지체 없이 검사는 관할지방법원판사에게 구속영장을 청구하여야 하고, 사법경찰관은 검사에게 신청하여 검사의 청구로 관할지방법원판사에게 구속영장을 청구하여야 한다. 이 경우 구속영장은 피의자를 체포한 때부터 48시간 이내에 청구하여야 하며, 제200조의3제3항에 따른 긴급체포서를 첨부하여야 한다.

② 제1항의 규정에 의하여 구속영장을 청구하지 아니하거나 발부받지 못한 때에는 피의자를 즉시 석방하여야 한다.

④ 검사는 제1항에 따른 구속영장을 청구하지 아니하고 피의자를 석방한 경우에는 석방한 날부터 30일 이내에 서면으로 다음 각 호의 사항을 법원에 통지하여야 한다. 이 경우 긴급체포서의 사본을 첨부하여야 한다.

　　1. 긴급체포 후 석방된 자의 인적사항

　　2. 긴급체포의 일시·장소와 긴급체포하게 된 구체적 이유

　　3. 석방의 일시·장소 및 사유

　　4. 긴급체포 및 석방한 검사 또는 사법경찰관의 성명

⑥ 사법경찰관은 긴급체포한 피의자에 대하여 구속영장을 신청하지 아니하고 석방한 경우에는 즉시 검사에게 보고하여야 한다.

나. 검사와 사법경찰관의 상호협력과 일반적 수사준칙에 관한 규정

제36조(피의자의 석방)

① 검사 또는 사법경찰관은 법 제200조의2제5항 또는 제200조의4제2항에 따라 구속영장을 청구하거나 신청하지 않고 체포 또는 긴급체포한 피의자를 석방하려는 때에는 다음 각 호의 구분에 따른 사항을 적은 피의자 석방서를 작성해야 한다.

　　1. 체포한 피의자를 석방하려는 때: 체포 일시·장소, 체포 사유, 석방 일시·장소, 석방 사유 등

　　2. 긴급체포한 피의자를 석방하려는 때: 법 제200조의4제4항 각 호의 사항

② 사법경찰관은 제1항에 따라 피의자를 석방한 경우 다음 각 호의 구분에 따라 처리한다.

　　1. 체포한 피의자를 석방한 때: 지체 없이 검사에게 석방사실을 통보하고, 그 통보서 사본을 사건기록에 편철한다.

　　2. 긴급체포한 피의자를 석방한 때: 법 제200조의4제6항에 따라 즉시 검사에게 석방 사실을 보고하고, 그 보고서 사본을 사건기록에 편철한다.

다. 경찰수사규칙

제60조(피의자 석방 및 통보)

① 수사준칙 제36조제1항에 따른 피의자 석방서는 별지 제53호서식 또는 별지 제54호서식에 따른다.

② 사법경찰관은 검사에게 수사준칙 제36조제2항제1호에 따라 석방사실을 통보하는 경우에는 별지 제55호서식의 석방 통보서에 따르고, 같은 항 제2호에 따라 석방 사실을 보고하는 경우에는 별지 제56호서식의 석방 보고서에 따른다.

피의자 석방서(체포영장)

제 0000-00000 호　　　　　　　　　　　　　　　　0000.00.00.

다음 피체포자(체포영장)를 아래와 같이 석방합니다.

피체포자	성　　명	
	주민등록번호	
	직　　업	
	주　　거	
죄　　　명		
체 포 한 일 시		
체 포 한 장 소		
체 포 의 사 유		
석 방 일 시		
석 방 장 소		
석 방 사 유		
석방자의 관직 및 성명		
체 포 영 장 번 호	-	

소속관서

사법경찰관 계급

210㎜ × 297㎜(백상지 80g/㎡)

피의자 석방서(긴급체포)

제 0000-00000 호　　　　　　　　　　　　　　　　0000.00.00.

다음 피체포자(긴급체포)를 아래와 같이 석방합니다.

피체포자	성　　명	
	주민등록번호	
	직　　업	
	주　　거	
죄　　　명		
긴급체포한일시		
긴급체포한장소		
긴급체포의 사유		
석 방 일 시		
석 방 장 소		
석 방 사 유		
석방자의 관직 및 성명		
비　　고		

소속관서

사법경찰관 계급

210㎜ × 297㎜(백상지 80g/㎡)

2. 구속의 취소

가. 형사소송법

제93조(구속의 취소)

구속의 사유가 없거나 소멸된 때에는 법원은 직권 또는 검사, 피고인, 변호인과 제30조제2항에 규정한 자의 청구에 의하여 결정으로 구속을 취소하여야 한다.

제30조(변호인선임권자)

① 피고인 또는 피의자는 변호인을 선임할 수 있다.
② 피고인 또는 피의자의 법정대리인, 배우자, 직계친족과 형제자매는 독립하여 변호인을 선임할 수 있다.

나. 경찰수사규칙

제61조(구속의 취소)

① 사법경찰관은 법 제209조에서 준용하는 법 제93조에 따라 구속을 취소하여 피의자를 석방하는 경우에는 별지 제57호서식의 구속취소 결정서에 따른다. 다만, 법 제

245조의5제1호에 따라 검사에게 송치해야 하는 사건인 경우에는 사전에 별지 제58호서식의 구속취소 동의 요청서에 따라 검사의 동의를 받아야 한다.

② 제1항에 따라 구속을 취소한 사법경찰관은 지체 없이 별지 제59호서식의 석방 통보서를 작성하여 검사에게 석방사실을 통보하고, 그 통보서 사본을 사건기록에 편철해야 한다.

■ 경찰수사규칙 [별지 제58호서식]	
소속관서	

제 0000-00000 호		0000.00.00.

수 신 : 검찰청의 장 (검사: 검사명)

제 목 : 구속취소 동의 요청서

다음 피의자에 대한 구속을 아래와 같이 취소하려 하니 구속취소 동의를 요청합니다.

사 건 번 호		영 장 번 호	-
피의자	성 명	주민등록번호	
	직 업		
	주 거		
죄 명			
구 속 일 시			
구 속 장 소			
구 속 의 사 유			
구 속 취 소 사 유			
비 고			

소속관서

사법경찰관 계급

210㎜ × 297㎜(백상지 80g/㎡)

■ 경찰수사규칙 [별지 제59호서식]	
소속관서	

제 0000-00000 호	0000.00.00.

수 신 : 검찰청의 장 (검사: 검사명)

제 목 : 석방 통보서(구속취소)

다음 피의자를 아래와 같이 석방하였기에 통보합니다.

사 건 번 호		
피의자	성 명	
	주민등록번호	
	직 업	
	주 거	
죄 명		
구 속 일 시		
구 속 장 소		
구 속 의 사 유		
석 방 일 시		
석 방 장 소		
구 속 취 소 사 유		
석방자의 관직 및 성명		
영 장 번 호		

소속관서

사법경찰관 계급

210㎜ × 297㎜(백상지 80g/㎡)

3. 구속 집행정지

가. 형사소송법

제101조(구속의 집행정지)

① 법원은 상당한 이유가 있는 때에는 결정으로 구속된 피고인을 친족·보호단체 기타 적당한 자에게 부탁하거나 피고인의 주거를 제한하여 구속의 집행을 정지할 수 있다.

② 전항의 결정을 함에는 검사의 의견을 물어야 한다. 단, 급속을 요하는 경우에는 그러하지 아니하다.

④ 헌법 제44조에 의하여 구속된 국회의원에 대한 석방요구가 있으면 당연히 구속영장의 집행이 정지된다.

⑤ 전항의 석방요구의 통고를 받은 검찰총장은 즉시 석방을 지휘하고 그 사유를 수소법원에 통지하여야 한다.

제102조(보석조건의 변경과 취소 등)

① 법원은 직권 또는 제94조에 규정된 자의 신청에 따라 결정으로 피고인의 보석조건을 변경하거나 일정기간 동안 당해 조건의 이행을 유예할 수 있다.

② 법원은 피고인이 다음 각 호의 어느 하나에 해당하는 경우에는 직권 또는 검사의 청구에 따라 결정으로 보석 또는 구속의 집행정지를 취소할 수 있다. 다만, 제101조제4항에 따른 구속영장의 집행정지는 그 회기 중 취소하지 못한다.

  1. 도망한 때
  2. 도망하거나 죄증을 인멸할 염려가 있다고 믿을 만한 충분한 이유가 있는 때
  3. 소환을 받고 정당한 사유 없이 출석하지 아니한 때
  4. 피해자, 당해 사건의 재판에 필요한 사실을 알고 있다고 인정되는 자 또는 그 친족의 생명·신체·재산에 해를 가하거나 가할 염려가 있다고 믿을 만한 충분한 이유가 있는 때
  5. 법원이 정한 조건을 위반한 때

③ 법원은 피고인이 정당한 사유 없이 보석조건을 위반한 경우에는 결정으로 피고인에 대하여 1천만원 이하의 과태료를 부과하거나 20일 이내의 감치에 처할 수 있다.

④ 제3항의 결정에 대하여는 즉시항고를 할 수 있다.

나. 경찰수사규칙

제62조(구속의 집행정지)

① 사법경찰관은 법 제209조에서 준용하는 법 제101조제1항에 따라 구속의 집행을 정지하는 경우에는 별지 제60호서식의 구속집행정지 결정서에 따른다.

② 제1항에 따라 구속의 집행을 정지한 사법경찰관은 지체 없이 별지 제61호서식의 구속집행정지 통보서를 작성하여 검사에게 그 사실을 통보하고, 그 통보서 사본을 사건기록에 편철해야 한다.

③ 사법경찰관은 법 제209조에서 준용하는 법 제102조제2항에 따라 구속집행정지 결정을 취소하는 경우에는 별지 제62호서식의 구속집행정지 취소 결정서에 따른다.

구 속 집 행 정 지 결 정 서

제 0000-00000 호   0000.00.00.

다음 피의자에 대한 구속집행을 아래와 같이 정지합니다.

사 건 번 호	
피의자	성 명	
	주민등록번호	
	직 업	
	주 거	
죄 명	
구 속 일 시	
구 속 장 소	
구 속 사 유	
집 행 정 지 사 유	
석 방 일 시	
석 방 장 소	
제 한 주 거 등	
석방자의 관직및 성명	
영 장 번 호	

소속관서

사법경찰관 계급

210㎜ × 297㎜(백상지 80g/㎡)

소 속 관 서

제 0000-00000 호   0000.00.00.

수 신 : 검찰청의 장 (검사: 검사명)

제 목 : 구속집행정지 통보서

아래와 같이 다음 피의자에 대한 구속의 집행을 정지하였기에 통보합니다.

사 건 번 호	
피의자	성 명	
	주민등록번호	
	직 업	
	주 거	
죄 명	
구 속 일 시	
구 속 장 소	
구 속 사 유	
집 행 정 지 사 유	
석 방 일 시	
석 방 장 소	
석방자의 관직및 성명	
영 장 번 호	

소속관서

사법경찰관 계급

210㎜ × 297㎜(백상지 80g/㎡)

구 속 집 행 정 지 취 소 결 정 서

제 0000-00000 호

다음 피의자에 대한 구속집행정지를 아래와 같이 취소합니다.

사 건 번 호	
피의자	성 명	
	주민등록번호	
	직 업	
	주 거	
죄 명	
구 속 일 시	
구 속 장 소	
집 행 정 지 결 정 일	
취 소 사 유	
영 장 번 호	

소속관서

사법경찰관 계급

210㎜ × 297㎜(백상지 80g/㎡)

제4절 압수 · 수색 · 검증

1. 압수 · 수색 · 검증 영장의 신청

가. 형사소송법

제215조(압수, 수색, 검증)

① 검사는 범죄수사에 필요한 때에는 피의자가 죄를 범하였다고 <u>의심할 만한 정황</u>이 있고 해당 사건과 <u>관계가 있다고 인정할 수 있는 것</u>에 한정하여 지방법원판사에게 청구하여 발부받은 영장에 의하여 압수, 수색 또는 검증을 할 수 있다.

② 사법경찰관이 범죄수사에 필요한 때에는 피의자가 죄를 범하였다고 의심할 만한 정황이 있고 해당 사건과 관계가 있다고 인정할 수 있는 것에 한정하여 검사에게 신청하여 검사의 청구로 지방법원판사가 발부한 영장에 의하여 압수, 수색 또는 검증을 할 수 있다.

제106조(압수)

① 법원은 필요한 때에는 피고사건과 관계가 있다고 인정할 수 있는 것에 한정하여 증거물 또는 몰수할 것으로 사료하는 물건을 압수할 수 있다. 단, 법률에 다른 규정이 있는 때에는 예외로 한다.

② 법원은 압수할 물건을 지정하여 <u>소유자, 소지자 또는 보관자에게 제출</u>을 명할 수 있다.

③ 법원은 압수의 목적물이 컴퓨터용디스크, 그 밖에 이와 비슷한 정보저장매체(이하 이 항에서 "정보저장매체등"이라 한다)인 경우에는 기억된 정보의 범위를 정하여 출력하거나 복제하여 제출받아야 한다. 다만, 범위를 정하여 출력 또는 복제하는 방법이 불가능하거나 압수의 목적을 달성하기에 현저히 곤란하다고 인정되는 때에는 정보저장매체등을 압수할 수 있다.

④ 법원은 제3항에 따라 정보를 제공받은 경우「개인정보 보호법」제2조제3호에 따른 정보주체에게 해당 사실을 지체 없이 알려야 한다.

「개인정보 보호법」
제2조(정의) 이 법에서 사용하는 용어의 뜻은 다음과 같다.
  3. "정보주체"란 처리되는 정보에 의하여 <u>알아볼 수 있는 사람으로서 그 정보의 주체</u>가 되는 사람을 말한다.

제107조(우체물의 압수)

① 법원은 필요한 때에는 피고사건과 관계가 있다고 인정할 수 있는 것에 한정하여 우체물 또는 「통신비밀보호법」 제2조제3호에 따른 전기통신(이하 "전기통신"이라 한다)에 관한 것으로서 체신관서, 그 밖의 관련 기관 등이 소지 또는 보관하는 물건의 제출을 명하거나 압수를 할 수 있다.

③ 제1항에 따른 처분을 할 때에는 발신인이나 수신인에게 그 취지를 통지하여야 한다. 단, 심리에 방해될 염려가 있는 경우에는 예외로 한다.

「통신비밀보호법」
제2조(정의) 이 법에서 사용하는 용어의 정의는 다음과 같다.
3. "전기통신"이라 함은 전화 · 전자우편 · 회원제정보서비스 · 모사전송 · 무선호출 등과 같이 유선 · 무선 · 광선 및 기타의 전자적 방식에 의하여 모든 종류의 음향 · 문언 · 부호 또는 영상을 송신하거나 수신하는 것을 말한다.

제109조(수색)

① 법원은 필요한 때에는 피고사건과 관계가 있다고 인정할 수 있는 것에 한정하여 피고인의 신체, 물건 또는 주거, 그 밖의 장소를 수색할 수 있다.

② 피고인 아닌 자의 신체, 물건, 주거 기타 장소에 관하여는 압수할 물건이 있음을 인정할 수 있는 경우에 한하여 수색할 수 있다.

제110조(군사상 비밀과 압수)

① 군사상 비밀을 요하는 장소는 그 책임자의 승낙 없이는 압수 또는 수색할 수 없다.

② 전항의 책임자는 국가의 중대한 이익을 해하는 경우를 제외하고는 승낙을 거부하지 못한다.

제111조(공무상 비밀과 압수)

① 공무원 또는 공무원이었던 자가 소지 또는 보관하는 물건에 관하여는 본인 또는 그 당해 공무소가 직무상의 비밀에 관한 것임을 신고한 때에는 그 소속공무소 또는 당해 감독관공서의 승낙 없이는 압수하지 못한다.

② 소속공무소 또는 당해 감독관공서는 국가의 중대한 이익을 해하는 경우를 제외하고는 승낙을 거부하지 못한다.

제112조(업무상비밀과 압수)

변호사, 변리사, 공증인, 공인회계사, 세무사, 대서업자, 의사, 한의사, 치과의사, 약사, 약종상, 조산사, 간호사, 종교의 직에 있는 자 또는 이러한 직에 있던 자가 그 업무상 위탁을 받아 소지 또는 보관하는 물건으로 타인의 비밀에 관한 것은 압수를 거부할 수 있다. 단, 그 타인의 승낙이 있거나 중대한 공익상 필요가 있는 때에는 예외로 한다.

제113조(압수 · 수색영장)

공판정 외에서 압수 또는 수색을 함에는 영장을 발부하여 시행하여야 한다.

제114조(영장의 방식)

① 압수·수색영장에는 다음 각 호의 사항을 기재하고 재판장이나 수명법관이 서명날인하여야 한다. 다만, 압수·수색할 물건이 전기통신에 관한 것인 경우에는 작성기간을 기재하여야 한다.

1. 피고인의 성명
2. 죄명
3. 압수할 물건
4. 수색할 장소·신체·물건
5. 영장 발부 연월일
6. 영장의 유효기간과 그 기간이 지나면 집행에 착수할 수 없으며 영장을 반환하여야 한다는 취지
7. 그 밖에 대법원규칙으로 정하는 사항

② 제1항의 영장에 관하여는 제75조제2항을 준용한다.

나. 검사와 사법경찰관의 상호협력과 일반적 수사준칙에 관한 규정

제37조(압수·수색 또는 검증영장의 청구·신청)

검사 또는 사법경찰관은 압수·수색 또는 검증영장을 청구하거나 신청할 때에는 압수·수색 또는 검증의 범위를 범죄 혐의의 소명에 <u>필요한 최소한</u>으로 정해야 하고, 수색 또는 검증할 장소·신체·물건 및 압수할 물건 등을 <u>구체적으로 특정</u>해야 한다.

다. 경찰수사규칙

제63조(압수·수색 또는 검증영장의 신청 등)

① 사법경찰관은 수사준칙 제37조에 따라 압수·수색 또는 검증영장을 신청하는 경우에는 별지 제63호서식부터 별지 제65호서식까지의 압수·수색·검증영장 신청서에 따른다. 이 경우 압수·수색 또는 검증의 필요성 및 해당 사건과의 관련성을 인정할 수 있는 자료를 신청서에 첨부해야 한다.

② 압수·수색 또는 검증영장의 집행 및 반환에 관하여는 제55조제1항·제2항 및 제58조를 준용한다.

> 제55조(체포·구속영장의 집행)
> ① 사법경찰관리는 체포영장 또는 구속영장을 집행할 때에는 <u>신속하고 정확하게</u> 해야 한다.
> ② 체포영장 또는 구속영장의 집행은 검사가 서명 또는 날인하여 교부한 영장이나 검사가 영장의 집행에 관한 사항을 적어 교부한 서면에 따른다.
> 제58조(체포·구속영장의 반환) 수사준칙 제35조제2항에 따른 영장반환서는 별지 제50호서식에 따른다.

소 속 관 서

제 0000-00000 호   0000.00.00.

수 신 : 검찰청의 장

제 목 : 압수·수색·검증영장 신청서(사전)

다음 사람에 대한 죄명 피(혐)의사건에 관하여 아래와 같이 압수·수색·검증하려 하니 0000.00.00.까지 유효한 압수·수색·검증영장의 청구를 신청합니다.

피(혐)의자	성 명	
	주 민 등 록 번 호	
	직 업	
	주 거	
변 호 인		
압 수 할 물 건		
수색·검증할 장소, 신체 또는 물건		
범죄사실 및 압수 수색·검증을 필요로 하는 사유		
7일을 넘는 유효기간을 필요로 하는 취지와 사유		
둘 이상의 영장을 신청하는 취지와 사유		
일출 전또는 일몰 후 집행을 필요로 하는 취지와 사유		
신체검사를 받을 자의 성 별 · 건 강 상 태		
비 고		

소속관서

사법경찰관 계급

210mm × 297mm(백상지 80g/㎡)

소 속 관 서

제 0000-00000 호   0000.00.00.

수 신 : 검찰청의 장

제 목 : 압수·수색·검증영장 신청서(금융계좌추적용)

다음 사람에 대한 죄명 피(혐)의사건에 관하여 아래와 같이 압수·수색·검증 하려 하니 0000.00.00.까지 유효한 압수·수색·검증영장의 청구를 신청합니다.

피(혐)의자	성 명	
	주민등록번호	
	직 업	
	주 거	
변 호 인		
대상계좌	계좌명의인	[ ] 피(혐)의자 본인 [ ] 제3자(인적사항은 별지와 같음)
	개설은행·계좌번호	
	거 래 기 간	
	거래정보 등의내용	
압 수 할 물 건		
수색·검증할 장소 또는 물건		
범죄사실 및 압수·수색·검증을 필요로 하는 사유		
7일을 넘는 유효기간을 필요로 하는 취지와 사유		
둘이상의 영장을 신청하는 취지와 사유		
일출전또는 일몰 후 집행을 필요로 하는 취지와 사유		
비 고		

소속관서

사법경찰관 계급

210mm × 297mm(백상지 80g/㎡)

소 속 관 서

제 0000-00000 호   0000.00.00.

수 신 : 검찰청의 장

제 목 : 압수·수색·검증영장 신청서(사후)

다음 사람에 대한 죄명 피(혐)의사건에 관하여 아래와 같이 긴급압수·수색·검증하여 압수·수색·검증영장의 청구를 신청합니다.

피(혐)의자	성 명	
	주민등록번호	
	직 업	
	주 거	
변 호 인		
긴급압수·수색·검증한 자의 관 직 · 성 명		
긴급압수·수색·검증한 일시		
긴급수색·검증한 장소·신체 또는 물건		
긴급압수한 물건		
범죄사실 및 긴급압수·수색·검증한 사유		
체포한 일시 및 장소 (형사소송법 제200조의3제1항에 따른 경우)		
일출 전 또는 일몰 후 집행을 한 사유		
신체검사를 한 자의 성 별 · 건 강 상 태		
비 고		

소속관서

사법경찰관 계급

210mm × 297mm(백상지 80g/㎡)

압수·수색·검증영장신청부

진 행 번 호			
사 건 번 호	년 제 호		년 제 호
신 청 연 월 일			
신청자 관직 및 성명			
피의자	성 명		
	주민등록번호		
	직 업		
	주 거		
죄 명			
검 사 불 청 구		. .	. .
판 사 기 각		. .	. .
발 부		. .	. .
유 효 기 간			
집행	일 시		
	장 소		
	처 리 결 과		
비 고			

210mm × 297mm(백상지 80g/㎡)

라. 범죄수사규칙

제134조(압수·수색 또는 검증영장의 신청)

경찰관은 「형사소송법」 제215조제2항에 따라 압수·수색·검증영장을 신청할 때에는 별지 제57호서식의 압수·수색·검증영장신청부에 신청의 절차, 발부 후의 상황 등을 명확히 적어야 한다.

제135조(자료의 제출)

① 경찰관은 피의자 아닌 자의 신체, 물건, 주거 그 밖의 장소에 대하여 압수·수색영장을 신청할 때에는 압수할 물건이 있다는 개연성을 소명할 수 있는 자료를 기록에 첨부하여야 한다.

② 경찰관은 우편물 또는 전신에 관한 것으로서 체신관서 그 밖의 자가 소지 또는 보관하는 물건(피의자가 발송한 것이나 피의자에 대하여 발송된 것을 제외한다)에 대한 압수·수색영장을 신청할 때에는 그 물건과 해당 사건의 관련성을 인정할 수 있는 자료를 기록에 첨부하여야 한다.

2. 압수·수색·검증 영장의 재신청과 반환

「검사와 사법경찰관의 상호협력과 일반적 수사준칙에 관한 규정」

제39조(압수·수색 또는 검증영장의 재청구·재신청 등)

압수·수색 또는 검증영장의 재청구·재신청(압수·수색 또는 검증영장의 청구 또는 신청이 기각된 후 다시 압수·수색 또는 검증영장을 청구하거나 신청하는 경우와 이미 발부받은 압수·수색 또는 검증영장과 동일한 범죄사실로 다시 압수·수색 또는 검증영장을 청구하거나 신청하는 경우를 말한다)과 반환에 관해서는 제31조 및 제35조를 준용한다.

> **제31조(체포·구속영장의 재청구·재신청)** 검사 또는 사법경찰관은 동일한 범죄사실로 다시 체포·구속영장을 청구하거나 신청하는 경우(체포·구속영장의 청구 또는 신청이 기각된 후 다시 체포·구속영장을 청구하거나 신청하는 경우와 이미 발부받은 체포·구속영장과 동일한 범죄사실로 다시 체포·구속영장을 청구하거나 신청하는 경우를 말한다)에는 그 취지를 체포·구속영장 청구서 또는 신청서에 적어야 한다.
>
> **제35조(체포·구속영장의 반환)**
> ① 검사 또는 사법경찰관은 체포·구속영장의 유효기간 내에 영장의 집행에 착수하지 못했거나, 그 밖의 사유로 영장의 집행이 불가능하거나 불필요하게 되었을 때에는 즉시 해당 영장을 법원에 반환해야 한다. 이 경우 체포·구속영장이 여러 통 발부된 경우에

는 모두 반환해야 한다.

② 검사 또는 사법경찰관은 제1항에 따라 체포·구속영장을 반환하는 경우에는 반환 사유 등을 적은 영장반환서에 해당 영장을 첨부하여 반환하고, 그 사본을 사건기록에 편철한다.

③ 제1항에 따라 사법경찰관이 체포·구속영장을 반환하는 경우에는 그 영장을 청구한 검사에게 반환하고, 검사는 사법경찰관이 반환한 영장을 법원에 반환한다.

3. 압수 · 수색 · 검증 영장의 집행과 통지

가. 형사소송법

제115조(영장의 집행)

① 압수·수색영장은 검사의 지휘에 의하여 사법경찰관리가 집행한다. 단, 필요한 경우에는 재판장은 법원사무관등에게 그 집행을 명할 수 있다.

② 제83조의 규정은 압수·수색영장의 집행에 준용한다.

제118조(영장의 제시와 사본교부)

압수·수색영장은 처분을 받는 자에게 반드시 제시하여야 하고, 처분을 받는 자가 피고인인 경우에는 그 사본을 교부하여야 한다. 다만, 처분을 받는 자가 현장에 없는 등 영장의 제시나 그 사본의 교부가 현실적으로 불가능한 경우 또는 처분을 받는 자가 영장의 제시나 사본의 교부를 거부한 때에는 예외로 한다.

제120조(집행과 필요한 처분)

① 압수·수색영장의 집행에 있어서는 건정을 열거나 개봉 기타 필요한 처분을 할 수 있다.

② 전항의 처분은 압수물에 대하여도 할 수 있다.

제121조(영장집행과 당사자의 참여)

검사, 피고인 또는 변호인은 압수·수색영장의 집행에 참여할 수 있다.

제122조(영장집행과 참여권자에의 통지)

압수·수색영장을 집행함에는 미리 집행의 일시와 장소를 전조에 규정한 자에게 통지하여야 한다. 단, 전조에 규정한 자가 참여하지 아니한다는 의사를 명시한 때 또는 급속을 요하는 때에는 예외로 한다.

나. 검사와 사법경찰관의 상호협력과 일반적 수사준칙에 관한 규정

제38조(압수·수색 또는 검증영장의 제시)

① 검사 또는 사법경찰관은 법 제219조에서 준용하는 법 제118조에 따라 영장을 제시할 때에는 피압수자에게 법관이 발부한 영상에 따른 압수·수색 또는 검증이라는 사실과 영장에 기재된 범죄사실 및 수색 또는 검증할 장소·신체·물건, 압수할 물건 등을 명확히 알리고, 피압수자가 해당 영장을 열람할 수 있도록 해야 한다.

② 압수·수색 또는 검증의 처분을 받는 자가 여럿인 경우에는 <u>모두에게 개별적으로</u> <u>영장을 제시해야</u> 한다.

다. 범죄수사규칙

제136조(압수·수색 또는 검증영장의 제시)

경찰관은 부득이한 사유로 피압수자에게 「형사소송법」 제219조에서 준용하는 같은 법 제118조에 따라 영장을 제시할 수 없을 때에는 참여인에게 이를 제시하여야 한다.

4. 검증·신체검사

검증은 사람, 장소, 물건의 성질이나 형상을 오관의 작용으로 인식하는 강제처분이며 법원의 검증과 수사기관의 검증이 있다. 수사기관의 검증은 강제처분으로 원칙적으로 영장이 필요하고 법원의 검증은 증거조사에 해당하기에 영장이 필요하지 않다. 검증은 강제력을 수반하기에 임의수사에 해당하는 실황조사와는 성질이 다르다. 검증의 절차적 사항과 제한, 예외규정 등은 압수·수색의 경우와 같다.

가. 형사소송법

제139조(검증)
법원은 사실을 발견함에 필요한 때에는 검증을 할 수 있다.

제140조(검증과 필요한 처분)
검증을 함에는 신체의 검사, 사체의 해부, 분묘의 발굴, 물건의 파괴 기타 필요한 처분을 할 수 있다.

제141조(신체검사에 관한 주의)
① 신체의 검사에 관하여는 검사를 받는 사람의 성별, 나이, 건강상태, 그 밖의 사정을 고려하여 그 사람의 건강과 명예를 해하지 아니하도록 주의하여야 한다.
② 피고인 아닌 사람의 신체검사는 증거가 될 만한 흔적을 확인할 수 있는 현저한 사유가 있는 경우에만 할 수 있다.
③ 여자의 신체를 검사하는 경우에는 의사나 성년 여자를 참여하게 하여야 한다.
④ 시체의 해부 또는 분묘의 발굴을 하는 때에는 예(禮)에 어긋나지 아니하도록 주의하고 미리 유족에게 통지하여야 한다.

제142조(신체검사와 소환)
법원은 신체를 검사하기 위하여 피고인 아닌 자를 법원 기타 지정한 장소에 소환할 수 있다.

> **※ 여자의 수색**
> **제124조(여자의 수색과 참여)** 여자의 신체에 대하여 수색할 때에는 성년의 여자를 참여하게 하여야 한다.

나. 검사와 사법경찰관의 상호협력과 일반적 수사준칙에 관한 규정

제43조(검증조서)
검사 또는 사법경찰관은 검증을 한 경우에는 검증의 일시·장소, 검증 경위 등을 적은 검증조서를 작성해야 한다.

다. 경찰수사규칙

제70조(검증조서)
수사준칙 제43조에 따른 검증조서는 별지 제17호서식에 따른다.

검 증 조 서

사법경찰관 계급 성명은 0000.00.00. 사법경찰관/리 계급 성명을 참여하게 하
고 000외 0명에 대한 피의사건에 관하여 다음과 같이 검증하다.

1. 검증의 장소(대상)

2. 검증의 목적

3. 검증의 참여인

4. 검증의 경위 및 결과

이 검증은 0000. 00. 00. 00:00에 시작하여 0000. 00. 00. 00:00에 끝나다.

0000.00.00.

소속관서

사법경찰관　계급　성명　㊞

사법경찰관/리　계급　성명　㊞

210㎜ × 297㎜(백상지 80g/㎡)

라. 범죄수사규칙

제150조(시체 검증 등)

경찰관은 「형사소송법」 제219조에서 준용하는 같은 법 제141조제4항에 따라 시체
의 해부, 분묘의 발굴 등을 하는 때에는 수사상 필요하다고 인정되는 시체의 착의,
부착물, 분묘 내의 매장물 등은 유족으로부터 임의제출을 받거나 압수·수색 또는
검증영장을 발부받아 압수하여야 한다.

제151조(신체검사 시 주의사항)

① 경찰관은 「형사소송법」 제219조에서 준용하는 같은 법 제141조제1항에 따라 신
체검사를 하는 경우 필요하다고 인정할 때에는 의사 그 밖의 전문적 지식을 가진 자
의 조력을 얻어서 하여야 한다.
② 경찰관은 부상자의 부상부위를 신체검사 할 때에는 그 상황을 촬영 등의 방법에
의하여 명확히 기록하고 되도록 단시간에 끝내도록 하여야 한다.

5. 제3자의 참여

가. 형사소송법

제123조(영장의 집행과 책임자의 참여)

① 공무소, 군사용 항공기 또는 선박·차량 안에서 압수·수색영장을 집행하려면 그 책임자에게 참여할 것을 통지하여야 한다.

② 제1항에 규정한 장소 외에 타인의 주거, 간수자 있는 가옥, 건조물(建造物), 항공기 또는 선박·차량 안에서 압수·수색영장을 집행할 때에는 주거주(住居主), 간수자 또는 이에 준하는 사람을 참여하게 하여야 한다.

③ 제2항의 사람을 참여하게 하지 못할 때에는 이웃 사람 또는 지방공공단체의 직원을 참여하게 하여야 한다.

제124조(여자의 수색과 참여)

여자의 신체에 대하여 수색할 때에는 성년의 여자를 참여하게 하여야 한다.

나. 범죄수사규칙

제137조(제3자의 참여)

① 경찰관은 「형사소송법」 제123조제1항 및 제2항 이외의 장소에서 압수·수색 또는 검증영장을 집행하는 경우에도 되도록 제3자를 참여하게 하여야 한다.

② 제1항의 경우에 제3자를 참여시킬 수 없을 때에는 다른 경찰관을 참여하게 하고 압수·수색 또는 검증을 하여야 한다.

6. 압수 조서·압수 목록 교부

가. 형사소송법

제129조(압수목록의 교부)

압수한 경우에는 목록을 작성하여 소유자, 소지자, 보관자 기타 이에 준할 자에게 교부하여야 한다.

나. 검사와 사법경찰관의 상호협력과 일반적 수사준칙에 관한 규정

제40조(압수조서와 압수목록)

검사 또는 사법경찰관은 증거물 또는 몰수할 물건을 압수했을 때에는 압수의 일시·장소, 압수 경위 등을 적은 압수조서와 압수물건의 품종·수량 등을 적은 압수목록을 작성해야 한다. 다만, 피의자신문조서, 진술조서, 검증조서에 압수의 취지를 적은 경우에는 그렇지 않다.

다. 경찰수사규칙

제64조(압수조서 등)

① 수사준칙 제40조 본문에 따른 압수조서는 별지 제66호서식에 따르고, 압수목록은 별지 제67호서식에 따른다.

② 법 제219조에서 준용하는 법 제129조에 따라 압수목록을 교부하는 경우에는 별지 제68호서식의 압수목록 교부서에 따른다. 이 경우 수사준칙 제41조제1항에 따른 전자정보에 대한 압수목록 교부서는 전자파일의 형태로 복사해 주거나 전자우편으로 전송하는 등의 방식으로 교부할 수 있다.

③ 수사준칙 제42조제2항 후단에 따른 삭제·폐기·반환 확인서는 별지 제69호서식에 따른다. 다만, 제2항에 따른 압수목록 교부서에 삭제·폐기 또는 반환했다는 내용을 포함시켜 교부하는 경우에는 삭제·폐기·반환 확인서를 교부하지 않을 수 있다.

라. 범죄수사규칙

제139조(소유권 포기서)

경찰관은 압수물의 소유자가 그 물건의 소유권을 포기한다는 의사표시를 하였을 때에는 별지 제60호서식의 <u>소유권포기서</u>를 제출받아야 한다.

7. 수색조서와 수색증명서 교부

가. 형사소송법

제128조(증명서의 교부)

수색한 경우에 증거물 또는 몰취할 물건이 없는 때에는 그 취지의 증명서를 교부하여야 한다.

나. 경찰수사규칙

제65조(수색조서 및 수색증명서)

① 사법경찰관은 법 제215조에 따라 수색을 한 경우에는 수색의 상황과 결과를 명백히 한 별지 제70호서식의 수색조서를 작성해야 한다.

② 법 제219조에서 준용하는 법 제128조에 따라 증거물 또는 몰수할 물건이 없다는 취지의 증명서를 교부하는 경우에는 별지 제71호서식의 수색증명서에 따른다.

압 수 조 서

○○○외 ○명에 대한 죄명 피(혐)의사건에 관하여 0000. 00. 00. 00:00 ○○○○○

에서 사법경찰관 계급 ○○○은 사법경찰관/리 계급 ○○○을 참여하게 하고, 별지

목록의 물건을 다음과 같이 압수하다.

압 수 경 위

	성 명	주민등록번호	주 소	서명또는날인
참여인				

0000.00.00.

소속관서

사법경찰관 계급 작성자 ㊞

사법경찰관/리 계급 작성자 ㊞

210mm × 297mm(백상지 80g/㎡)

압 수 목 록

번호	품 종	수량	소지자 또는 제출자		소 유 자		경찰의견	비고
			성 명		성 명			
			주 소		주 소			
			주민등록번호		주민등록번호			
			전화번호		전화번호			
			성 명		성 명			
			주 소		주 소			
			주민등록번호		주민등록번호			
			전화번호		전화번호			
			성 명		성 명			
			주 소		주 소			
			주민등록번호		주민등록번호			
			전화번호		전화번호			
			성 명		성 명			
			주 소		주 소			
			주민등록번호		주민등록번호			
			전화번호		전화번호			
			성 명		성 명			
			주 소		주 소			
			주민등록번호		주민등록번호			
			전화번호		전화번호			
			성 명		성 명			
			주 소		주 소			
			주민등록번호		주민등록번호			
			전화번호		전화번호			

210mm × 297mm(백상지 80g/㎡)

소 속 관 서

제 0000-00000 호   0000.00.00.

수 신 : 수신자

제 목 : 압수목록 교부서

○○○에 대한 ○○○○ 피(혐)의사건에 관하여 ○○○로부터 다음 물건을 압수
하였으므로 이에 압수목록을 교부합니다.

연번	품 종	수 량	비 고

소속관서

사법경찰관 계급

210mm × 297mm(백상지 80g/㎡)

소 속 관 서

제 0000-00000 호   0000.00.00.

수 신 :   귀하

제 목 : 전자정보 삭제·폐기·반환 확인서

피압수자 ○○○에 대한 ○○○○ 피(혐)의사건에 관하여 압수목록에 포
함되지 않은 전자정보를 삭제, 폐기, 반환하였으므로 확인서를 교부합니다.

소속관서

사법경찰관 계급

210mm × 297mm(백상지 80g/㎡)

소유권 포기서

【 소유권 포기인 】

성 명		주민등록번호	
직 업		연 락 처	
주 거			

다음 물건에 대한 소유권을 포기합니다.

0000.00.00

포 기 인 :　　　　　　　 ㉑

피 의 자					
죄 명					
압수번호		접수번호		사건번호	
연번	품　　　　종		수 량	비　　 고	

소 속 관 서 장　귀 하

210㎜ × 297㎜(백상지 80g/㎡)

수 색 조 서

000에 대한 죄명 피(혐)의사건에 관하여 0000.00.00. 사법경찰관 계급 000은 사법경찰관/리 계급 000를 참여하게 하고 다음과 같이 수색하다.

수 색 장 소	
참 여 인	
수색한 신체 개 소 · 물 건	
수 색 결 과	
수 색 시 간	착수 : 0000. 00. 00. 00:00 종료 : 0000. 00. 00. 00:00

0000.00.00.

소속관서

사법경찰관 계급 작성자 ㉑

사법경찰관/리 계급 작성자 ㉑

210㎜ × 297㎜(백상지 80g/㎡)

수 색 증 명 서

제 0000-00000 호　　　　　　　　　　　　　　　　0000.00.00.

수신 : 수신

000의 0명에 대한 죄명 피의사건에 관하여 0000. 00. 00. OOOOO에서 OOOOO을 수색한 결과, 증거물 등이 없었음을 증명합니다.

소속관서

사법경찰관 계급

210㎜ × 297㎜(백상지 80g/㎡)

다. 범죄수사규칙

제140조(수색조서)

① 경찰관은 수색영장을 집행함에 있어서 처분을 받는 사람에게 수색영장을 제시하지 못하였거나 참여인을 참여시킬 수 없었을 때에는 수색조서에 그 취지와 이유를 명백히 적어야 한다.

② 경찰관은 주거주 또는 관리자가 임의로 승낙하는 등 피처분자의 동의를 얻어 영장 없이 수색하는 경우에도 수색조서에 그 취지와 이유를 명백히 적어야 한다.

8. 임의 제출물의 압수

가. 형사소송법

제218조(영장에 의하지 아니한 압수)

검사, 사법경찰관은 피의자 기타인의 유류한 물건이나 소유자, 소지자 또는 보관자가 임의로 제출한 물건을 영장없이 압수할 수 있다.

나. 경찰수사규칙

제64조(압수조서 등)

① 수사준칙 제40조 본문에 따른 압수조서는 별지 제66호서식에 따르고, 압수목록은 별지 제67호서식에 따른다.

② 법 제219조에서 준용하는 법 제129조에 따라 압수목록을 교부하는 경우에는 별지 제68호서식의 압수목록 교부서에 따른다. 이 경우 수사준칙 제41조제1항에 따른 전자정보에 대한 압수목록 교부서는 전자파일의 형태로 복사해 주거나 전자우편으로 전송하는 등의 방식으로 교부할 수 있다.

③ 수사준칙 제42조제2항 후단에 따른 삭제 · 폐기 · 반환 확인서는 별지 제69호서식에 따른다. 다만, 제2항에 따른 압수목록 교부서에 삭제 · 폐기 또는 반환했다는 내용을 포함시켜 교부하는 경우에는 삭제 · 폐기 · 반환 확인서를 교부하지 않을 수 있다.

다. 범죄수사규칙

제142조(임의 제출물의 압수 등)

① 경찰관은 소유자, 소지자 또는 보관자(이하 "소유자등"이라 한다)에게 임의제출을 요구할 필요가 있을 때에는 별지 제61호서식의 물건제출요청서를 발부할 수 있다.

② 경찰관은 소유자등이 임의 제출한 물건을 압수할 때에는 제출자에게 임의제출의 취지 및 이유를 적은 별지 제62호서식의 임의제출서를 받아야 하고, 「경찰수사규칙」 제64조제1항의 압수조서와 같은 조 제2항의 압수목록교부서를 작성하여야 한다. 이 경우 제출자에게 압수목록교부서를 교부하여야 한다.

③ 경찰관은 임의 제출한 물건을 압수한 경우에 소유자등이 그 물건의 소유권을 포기한다는 의사표시를 하였을 때에는 제2항의 임의제출서에 그 취지를 작성하게 하거나 별지 제60호서식의 소유권포기서를 제출하게 하여야 한다.

9. 영장에 의하지 아니한 강제처분

구분	요건	요급처분	효과	사후영장	청구시한
1. 체포현장 (제216조 제1항)	체포·구속	가능 (제220조)	피의자 수사 압수·수색·검증	계속 압수 (제217조 제2항)	48시간 내 (제217조 제2항)
2. 범죄장소 (제216조 제3항)	범행 중·직후 장소, 긴급	가능 (제220조)	압수·수색·검증	무조건	지체없이
3. 긴급체포 소유 등 (제217조 제1항)	긴급체포자 소유·소지·보관, 긴급, 24시간 이내	불가	압수·수색·검증	계속 압수 (제217조 제2항)	48시간 내 (제217조 제2항)
4. 유류물 (제218조)	피의자, 기타인의 유류	–	압수	불요	
5. 임의제출물 (제218조)	소유·소지 보관자 임의제출	–	압수	불요	

「형사소송법」

제216조(영장에 의하지 아니한 강제처분)

① 검사 또는 사법경찰관은 제200조의2·제200조의3·제201조 또는 제212조의 규정에 의하여 피의자를 체포 또는 구속하는 경우에 필요한 때에는 <u>영장없이 다음 처분</u>을 할 수 있다.

■ 범죄수사규칙 [별지 제60호서식]

소유권 포기서

【 소유권 포기인 】

성 명		주민등록번호	
직 업		연 락 처	
주 거			

다음 물건에 대한 소유권을 포기합니다.

0000.00.00

포 기 인 :　　　　　　　　㉑

피의자	
죄 명	

압수번호		접수번호		사건번호	

연번	품　　　종	수 량	비　　고

소속관서장 귀하

210㎜ × 297㎜(백상지 80g/㎡)

■ 범죄수사규칙 [별지 제61호서식]

소속관서

제 0000-000000 호　　　　　　　　　　0000.00.00.

수 신 :

제 목 : 물건제출요청

아래 물건은 　　 에 대한 　　 사건에 관하여 압수할 필요가 있으니 20 .
. . 안으로 제출하여 주시기 바랍니다.

연번	품　　　종	수 량	비　　고

소속관서

사법경찰관 계급

210㎜ × 297㎜(백상지 80g/㎡)

■ 범죄수사규칙 [별지 제62호서식]

임 의 제 출

[제 출 자]

성 명		주민등록번호	
직 업		연 락 처	
주 거			

다음 물건을 임의로 제출합니다. 사건처리 후에는 처분의견란 기재와 같이
처분해 주시기 바랍니다.

0000.00.00

제출자 : 제출자 ㉑

[제출물건]

연번	품　　　종	수량	제출자의 처분의견 (반환의사 유무)	비 고

소속관서장 귀하

210㎜ × 297㎜(백상지 80g/㎡)

범죄수사 실무 총론

170

1. 타인의 주거나 타인이 간수하는 가옥, 건조물, 항공기, 선차 내에서의 피의자 수색. 다만, 제200조의2 또는 제201조에 따라 피의자를 체포 또는 구속하는 경우의 피의자 수색은 미리 수색영장을 발부받기 어려운 긴급한 사정이 있는 때에 한정한다.
2. 체포현장에서의 압수, 수색, 검증

② 전항 제2호의 규정은 검사 또는 사법경찰관이 피고인에 대한 구속영장의 집행의 경우에 준용한다.

③ 범행 중 또는 범행직후의 범죄 장소에서 긴급을 요하여 법원판사의 영장을 받을 수 없는 때에는 영장없이 압수, 수색 또는 검증을 할 수 있다. 이 경우에는 사후에 지체없이 영장을 받아야 한다.

제217조(영장에 의하지 아니하는 강제처분)

① 검사 또는 사법경찰관은 제200조의3에 따라 체포된 자가 소유·소지 또는 보관하는 물건에 대하여 긴급히 압수할 필요가 있는 경우에는 <u>체포한 때부터 24시간 이내</u>에 한하여 영장 없이 압수·수색 또는 검증을 할 수 있다.

② 검사 또는 사법경찰관은 제1항 또는 제216조제1항제2호에 따라 압수한 물건을 계속 압수할 필요가 있는 경우에는 지체 없이 압수수색영장을 청구하여야 한다. 이 경우 압수수색영장의 청구는 <u>체포한 때부터 48시간 이내</u>에 하여야 한다.

③ 검사 또는 사법경찰관은 제2항에 따라 청구한 압수수색영장을 발부받지 못한 때에는 압수한 물건을 <u>즉시 반환</u>하여야 한다.

제218조(영장에 의하지 아니한 압수)

검사, 사법경찰관은 피의자 기타인의 유류한 물건이나 소유자, 소지자 또는 보관자가 임의로 제출한 물건을 영장없이 압수할 수 있다.

제220조(요급처분)

제216조의 규정에 의한 처분을 하는 경우에 급속을 요하는 때에는 제123조제2항, 제125조의 규정에 의함을 요하지 아니한다.

10. 압수물의 보관과 폐기

가. 형사소송법

제130조(압수물의 보관과 폐기)

① 운반 또는 보관에 불편한 압수물에 관하여는 간수자를 두거나 소유자 또는 적당한 자의 <u>승낙을 얻어 보관</u>하게 할 수 있다.

② 위험발생의 염려가 있는 <u>압수물은 폐기</u>할 수 있다.

③ 법령상 생산·제조·소지·소유 또는 유통이 금지된 압수물로서 부패의 염려가

있거나 보관하기 어려운 압수물은 소유자 등 권한 있는 자의 동의를 받아 폐기할 수 있다.

제131조(주의사항)

압수물에 대하여는 그 상실 또는 파손등의 방지를 위하여 상당한 조치를 하여야 한다.

나. 경찰수사규칙

제67조(압수물 보관)

① 사법경찰관은 압수물에 사건명, 피의자의 성명, 제64조제1항의 압수목록에 적힌 순위·번호를 기입한 표찰을 붙여야 한다.

② 사법경찰관은 법 제219조에서 준용하는 법 제130조제1항에 따라 압수물을 다른 사람에게 보관하게 하려는 경우에는 별지 제75호서식의 압수물 처분 지휘요청서를 작성하여 검사에게 제출해야 한다.

③ 사법경찰관은 제2항에 따라 압수물을 다른 사람에게 보관하게 하는 경우 적절한 보관인을 선정하여 성실하게 보관하게 하고 보관인으로부터 별지 제76호서식의 압수물 보관 서약서를 받아야 한다.

제68조(압수물 폐기)

① 사법경찰관은 법 제219조에서 준용하는 법 제130조제2항 및 제3항에 따라 압수물을 폐기하려는 경우에는 별지 제77호서식의 압수물 처분 지휘요청서를 작성하여 검사에게 제출해야 한다.

② 사법경찰관은 제1항에 따라 압수물을 폐기하는 경우에는 별지 제78호서식의 압수물 폐기 조서를 작성하고 사진을 촬영하여 사건기록에 편철해야 한다.

③ 사법경찰관은 법 제219조에서 준용하는 법 제130조제3항에 따라 압수물을 폐기하는 경우에는 소유자 등 권한 있는 사람으로부터 별지 제79호서식의 압수물 폐기 동의서를 제출받거나 진술조서 등에 그 취지를 적어야 한다.

제69조(압수물 대가보관)

① 사법경찰관은 법 제219조에서 준용하는 법 제132조에 따라 압수물을 매각하여 대가를 보관하려는 경우에는 별지 제80호서식의 압수물 처분 지휘요청서를 작성하여 검사에게 제출해야 한다.

② 사법경찰관은 제1항에 따라 대가보관의 처분을 했을 때에는 별지 제81호서식의 압수물 대가보관 조서를 작성한다.

소 속 관 서

제 0000-00000 호   0000.00.00.

수 신 : 검찰청의 장 (검사: 검사명)

제 목 : 압수물 처분 지휘요청서(위탁보관)

000 에 대한 죄명 피의사건의 압수물인 다음 물건의 운반 또는 보관이 불편하여 위탁보관 지휘를 요청합니다.

연번	품 종	수 량	비 고

소 속 관 서

사법경찰관 계급

210㎜ × 297㎜(백상지 80g/㎡)

압 수 물 보 관 서 약 서

[서 약 인]

성 명		주민등록번호	
직 업		연 락 처	
주 거			

다음 압수물건에 대한 보관명령을 받았으므로 선량한 관리자로서의 주의를 다하여 보관할 것은 물론 언제든지 지시가 있으면 제출하겠습니다.

서 약 인 :   ㊞

피 의 자					
죄 명					
압수번호		접수번호		사건번호	

연번	품 종	수 량	보 관 장 소	비 고

소 속 관 서 장 귀 하

210㎜ × 297㎜(백상지 80g/㎡)

소 속 관 서

제 0000-00000 호   0000.00.00.

수 신 : 검찰청의 장 (검사: 검사명)

제 목 : 압수물 처분 지휘요청서(폐기)

000 에 대한 죄명 피의사건의 압수물에 위험발생의 염려가 있어 폐기 지휘를 요청합니다.

연번	품 종	수 량	비 고

소 속 관 서

사법경찰관 계급

210㎜ × 297㎜(백상지 80g/㎡)

압 수 물 폐 기 조 서

000외 0명에 대한 죄명 피의사건에 관하여 0000.00.00. 사법경찰관 계급 작성자는 사법경찰관/리 계급 000를 참여하게 하고 압수물을 다음과 같이 폐기한다.

번호	품 종	수 량	이 유	비 고

0000.00.00.

소 속 관 서

사법경찰관 계급 작성자 ㊞

사법경찰관/리 계급 작성자 ㊞

210㎜ × 297㎜(백상지 80g/㎡)

압수물 폐기 동의서

[동 의 인]

성 명		주민등록번호	
직 업		연 락 처	
주 거			

다음 압수물건을 폐기함에 동의합니다.

동 의 인 :　　　　　　　㊞

피 의 자				
죄 명				
압수번호		접수번호		사건번호	
연번	품　　　종	수 량	비 고

소 속 관 서 장 귀 하

210㎜ × 297㎜(백상지 80g/㎡)

소 속 관 서

제 0000-00000 호　　　　　　　　　　　0000.00.00.

수 신 : 검찰청의 장 (검사: 검사명)

제 목 : 압수물 처분 지휘요청서(대가보관)

000 에 대한 죄명 피의사건의 압수물에 부패(멸실 등)의 우려가 있어 대가보관 지휘를 요청합니다.

연번	품　　　종	수 량	비 고

소속관서

사법경찰관 계급

210㎜ × 297㎜(백상지 80g/㎡)

압 수 물 대 가 보 관 조 서

000의 0명에 대한 죄명 피의사건에 관하여 0000.00.00. 사법경찰관 계급 성명은 사법경찰관/리 계급 성명을 참여하게 하고 다음과 같이 대가보관한다.

대가보관금액		보 관 자	
번호	품　　종	수량	매각대금	이 유	매수자

0000.00.00.

소속관서

사법경찰관 계급 성명 ㊞

사법경찰관리 계급 성명 ㊞

210㎜ × 297㎜(백상지 80g/㎡)

다. 범죄수사규칙

제145조(압수물의 보관 등)

① 경찰관은 압수물을 보관할 때에는 「경찰수사규칙」 제67조제1항에 따라 압수물에 사건명, 피의자의 성명 및 압수목록에 적은 순위·번호를 기입한 표찰을 붙여 견고한 상자 또는 보관에 적합한 창고 등에 보관하여야 한다.

② 경찰관은 압수금품 중 현금, 귀금속 등 중요금품과 유치인으로부터 제출받은 임치 금품은 별도로 지정된 보관담당자로 하여금 금고에 보관하게 하여야 한다.

③ 경찰관은 압수물이 유가증권일 때에는 원형보존 필요 여부를 판단하고, 그 취지를 수사보고서에 작성하여 수사기록에 편철하여야 한다.

제146조(압수물의 폐기)

「경찰수사규칙」 제68조제1항에 따른 폐기는 재생이 불가능한 방식으로 하여야 하며, 다른 법령에서 폐기에 관하여 별도의 규정을 두고 있는 경우는 그에 따라야 한다.

제147조(폐기, 대가보관 시 주의사항)

경찰관은 압수물에 관하여 폐기 또는 대가보관의 처분을 할 때에는 다음 사항에 주의하여야 한다.

1. 폐기처분을 할 때에는 사전에 반드시 사진을 촬영해 둘 것
2. 그 물건의 상황을 사진, 도면, 모사도 또는 기록 등의 방법에 따라 명백히 할 것
3. 특히 필요가 있다고 인정될 때에는 해당 압수물의 성질과 상태, 가격 등을 감정해둘 것. 이 경우에는 재감정할 경우를 고려하여 그 물건의 일부를 보존해 둘 것
4. 위험발생, 멸실, 파손 또는 부패의 염려가 있거나 보관하기 어려운 물건이라는 등 폐기 또는 대가보관의 처분을 하여야 할 상당한 이유를 명백히 할 것

제148조(압수물 처분 시 압수목록에의 기재)

경찰관은 압수물의 폐기, 대가보관, 환부 또는 가환부의 처분을 하였을 때에는 그 물건에 해당한 압수목록의 비고란에 그 요지를 적어야 한다.

11. 압수물의 환부와 가환부

압수물 가운데 몰수의 대상이 되는 것은 환부 또는 가환부할 수 없다.

환부의 대상은 형사절차에서 사인 간의 실체법상 권리관계에 관여하지 아니함을 원칙으로 하기에 압수물은 피압수자(제출인)에게 환부한다. 다만, 피해자에게 환부할 명백한 때에는 피해자에게 환부할 수 있다.

가. 형사소송법

제134조(압수장물의 피해자환부)

압수한 장물은 피해자에게 환부할 이유가 명백한 때에는 피고사건의 <u>종결 전이라도</u>
<u>결정으로 피해자에게 환부할 수 있다.</u>

제218조의2(압수물의 환부, 가환부)

① 검사는 사본을 확보한 경우 등 압수를 계속할 필요가 없다고 인정되는 압수물 및
증거에 사용할 압수물에 대하여 공소제기 전이라도 소유자, 소지자, 보관자 또는 제
출인의 청구가 있는 때에는 환부 또는 가환부하여야 한다.

② 제1항의 청구에 대하여 검사가 이를 거부하는 경우에는 신청인은 해당 검사의 소
속 검찰청에 대응한 법원에 압수물의 환부 또는 가환부 결정을 청구할 수 있다.

③ 제2항의 청구에 대하여 법원이 환부 또는 가환부를 결정하면 검사는 신청인에게
압수물을 환부 또는 가환부하여야 한다.

④ 사법경찰관의 환부 또는 가환부 처분에 관하여는 제1항부터 제3항까지의 규정을
준용한다. 이 경우 사법경찰관은 검사의 지휘를 받아야 한다.

제333조(압수장물의 환부)

① 압수한 장물로서 피해자에게 환부할 이유가 명백한 것은 판결로써 피해자에게 환
부하는 선고를 하여야 한다.

② 전항의 경우에 장물을 처분하였을 때에는 판결로써 그 대가로 취득한 것을 피해
자에게 교부하는 선고를 하여야 한다.

③ 가환부한 장물에 대하여 별단의 선고가 없는 때에는 환부의 선고가 있는 것으로
간주한다.

④ 전3항의 규정은 이해관계인이 민사소송절차에 의하여 그 권리를 주장함에 영향을
미치지 아니한다.

제486조(환부불능과 공고)

① 압수물의 환부를 받을 자의 소재가 불명하거나 기타 사유로 인하여 환부를 할 수
없는 경우에는 검사는 그 사유를 관보에 공고하여야 한다.

② 공고한 후 3월 이내에 환부의 청구가 없는 때에는 그 물건은 국고에 귀속한다.

③ 전항의 기간 내에도 가치없는 물건은 폐기할 수 있고 보관하기 어려운 물건은 공
매하여 그 대가를 보관할 수 있다.

나. 경찰수사규칙

제66조(압수물의 환부 및 가환부)

① 사법경찰관은 법 제218조의2제1항 및 제4항에 따라 압수물에 대해 그 소유자,
소지자, 보관자 또는 제출인(이하 이 조에서 "소유자등"이라 한다)으로부터 환부 또

■ 경찰수사규칙 [별지 제72호서식]

소속관서

제 0000-00000 호   0000.00.00.

수 신 : 검찰청의 장 (검사: 검사명)

제 목 : 압수물 처분 지휘요청서(환부·가환부)

000 에 대한 죄명 피의사건의 압수물인 다음 물건에 대하여, 환부/가환부 지휘를 요청합니다.

연번	품 종	수량	피압수자	환부·가환부 받을 사람	비 고

소속관서

사법경찰관 계급

210㎜ × 297㎜(백상지 80g/㎡)

■ 경찰수사규칙 [별지 제73호서식]

압수물 환부·가환부 청구서

[청 구 인]

성 명		주민등록번호	
직 업		연 락 처	
주 거			

귀 관서에서 증거품으로 압수 중인 다음 압수물건을 청구인에게 환부·가환부 하여 주시기 바랍니다.

.   .   .

청 구 인 :   ㉑

피 의 자				
죄 명				
압수번호		접수번호		사건번호	

연번	품 종	수 량	비 고

소속관서장 귀하

210㎜ × 297㎜(백상지 80g/㎡)

■ 경찰수사규칙 [별지 제74호서식]

압수물 환부·가환부 영수증

[영 수 인]

성 명		주민등록번호	
직 업		연 락 처	
주 거			

귀 관서에서 증거품으로 압수 중인 다음 압수물건을 환부·가환부 받았습니다.

.   .   .

영 수 인 :   ㉑

피 의 자				
죄 명				
압수번호		접수번호		사건번호	

기록면수	연번	품 종	수 량	비 고

소속관서장 귀하

210㎜ × 297㎜(백상지 80g/㎡)

는 가환부의 청구를 받거나 법 제219조에서 준용하는 법 제134조에 따라 압수장물을 피해자에게 환부하려는 경우에는 별지 제72호서식의 압수물 처분 지휘요청서를 작성하여 검사에게 제출해야 한다.

② 사법경찰관은 제1항에 따른 압수물의 환부 또는 가환부의 청구를 받은 경우 소유자등으로부터 별지 제73호서식의 압수물 환부·가환부 청구서를 제출받아 별지 제72호서식의 압수물 처분 지휘요청서에 첨부한다.

③ 사법경찰관은 압수물을 환부 또는 가환부한 경우에는 피해자 및 소유자등으로부터 별지 제74호서식의 압수물 환부·가환부 영수증을 받아야 한다.

제5절 전자정보의 압수·수색·검증

I. 디지털 증거의 처리 등에 관한 규칙(경찰청)

가. 목적과 정의

제1조(목적)
이 규칙은 디지털 증거를 수집·보존·운반·분석·현출·관리하는 과정에서 준수하여야 할 기본원칙 및 업무처리절차를 규정함으로써 실체적 진실을 발견하고 인권보호에 기여함을 목적으로 한다.

제2조(정의)
이 규칙에서 사용하는 용어의 뜻은 다음과 같다.
1. "전자정보"란 전기적 또는 자기적 방법으로 저장되거나 네트워크 및 유·무선 통신 등을 통해 전송되는 정보를 말한다.
2. "디지털포렌식"이란 전자정보를 수집·보존·운반·분석·현출·관리하여 범죄사실 규명을 위한 증거로 활용할 수 있도록 하는 과학적인 절차와 기술을 말한다.
3. "디지털 증거"란 범죄와 관련하여 증거로서의 가치가 있는 전자정보를 말한다.
4. "정보저장매체등"이란 전자정보가 저장된 컴퓨터용 디스크, 그 밖에 이와 비슷한 정보저장매체를 말한다.
5. "정보저장매체등 원본"이란 전자정보 압수·수색·검증을 목적으로 반출의 대상이 된 정보저장매체등을 말한다.
6. "복제본"이란 정보저장매체등에 저장된 전자정보 전부를 하드카피 또는 이미징 등의 기술적 방법으로 별도의 다른 정보저장매체에 저장한 것을 말한다.

7. "디지털 증거분석 의뢰물(이하 "분석의뢰물"이라 한다)"이란 범죄사실을 규명하기 위해 디지털 증거분석관에게 분석의뢰된 전자정보, 정보저장매체등 원본, 복제본을 말한다.

8. "디지털 증거분석관(이하 "증거분석관"이라 한다)"이란 제6조의 규정에 따라 선발된 사람으로서 디지털 증거분석 의뢰를 받고 이를 수행하는 사람을 말한다.

9. "디지털포렌식 업무시스템(이하 "업무시스템"이라 한다)"이란 디지털 증거분석 의뢰와 분석결과 회신 등을 포함한 디지털포렌식 업무를 종합적으로 관리하기 위하여 구축된 전산시스템을 말한다.

나. 업무 처리 과정의 인권 보호

제4조(인권보호 원칙 등)

디지털 증거의 처리업무를 수행하는 사람은 업무처리 과정에서 다음 각 호의 사항에 유의하여 업무를 수행하여야 한다.

1. 사건관계인의 인권을 존중하고 적법절차를 준수하며 신속·공정·성실하게 업무를 수행하여야 한다.

2. 객관적인 입장에서 공정하게 예단이나 편견 없이 중립적으로 업무를 수행하여야 하고, 주어진 권한을 자의적으로 행사하거나 남용하여서는 안 된다.

3. 업무의 전 과정에서 사건관계인의 사생활의 비밀을 보호하고 명예나 신용이 훼손되지 않도록 노력하여야 한다.

다. 디지털 증거 처리의 원칙

제5조(디지털 증거 처리의 원칙)

① 디지털 증거는 수집 시부터 수사 종결 시까지 변경 또는 훼손되지 않아야 하며, 정보저장매체등에 저장된 전자정보와 동일성이 유지되어야 한다.

② 디지털 증거 처리의 각 단계에서 업무처리자 변동 등의 이력이 관리되어야 한다.

③ 디지털 증거의 처리 시에는 디지털 증거 처리과정에서 이용한 장비의 기계적 정확성, 프로그램의 신뢰성, 처리자의 전문적인 기술능력과 정확성이 담보되어야 한다.

라. 디지털 증거의 수집

제9조(디지털 증거 수집 시 원칙)

디지털 증거의 수집은 수사목적을 달성하는데 필요한 최소한의 범위에서 이루어져야 하며, 「형사소송법」 등 관계 법령에 따른 적법절차를 준수하여야 한다.

제10조(지원요청 및 처리)

① 수사과정에서 전자정보 압수·수색·검증의 지원이 필요한 경우 경찰청 각 부서는 경찰청 디지털포렌식센터장에게, 시·도경찰청 각 부서 및 경찰서의 수사부서는

시·도경찰청 사이버수사과장에게 압수·수색·검증에 관한 지원을 요청할 수 있다.

② 경찰청 디지털포렌식센터장 또는 시·도경찰청 사이버수사과장은 압수·수색·검증에 관한 지원을 요청받은 경우에는 지원의 타당성과 필요성을 검토한 후, 지원여부를 결정하여 통보하여야 한다.

③ 제2항에 따라 지원이 결정된 경우 증거분석관은 전자정보의 압수·수색·검증을 지원할 수 있다.

④ 압수·수색·검증과정을 지원하는 증거분석관은 성실한 자세로 기술적 지원을 하고, 경찰관은 압수·수색·검증영장 및 제11조 각 호의 사항을 증거분석관에게 사전에 충실히 제공하는 등 수사의 목적이 달성될 수 있도록 상호 협력하여야 한다.

마. 전자정보의 압수·수색·검증 영장의 신청

제11조(압수·수색·검증의 준비)

경찰관은 전자정보를 압수·수색·검증하고자 할 때에는 사전에 다음 각 호의 사항을 고려하여야 한다.

1. 사건의 개요, 압수·수색·검증 장소 및 대상
2. 압수·수색·검증할 컴퓨터 시스템의 네트워크 구성 형태, 시스템 운영체제, 서버 및 대용량 저장장치, 전용 소프트웨어
3. 압수대상자가 사용 중인 정보저장매체등
4. 압수·수색·검증에 소요되는 인원 및 시간
5. 디지털 증거분석 전용 노트북, 쓰기방지 장치 및 하드디스크 복제장치, 복제용 하드디스크, 하드디스크 운반용 박스, 정전기 방지장치 등 압수·수색·검증에 필요한 장비

제12조(압수·수색·검증영장의 신청)

① 경찰관은 압수·수색·검증영장을 신청하는 때에는 전자정보와 정보저장매체등을 구분하여 판단하여야 한다.

② 경찰관은 전자정보에 대한 압수·수색·검증영장을 신청하는 경우에는 혐의사실과의 관련성을 고려하여 압수·수색·검증할 전자정보의 범위 등을 명확히 하여야 한다. 이 경우 영장 집행의 실효성 확보를 위하여 다음 각 호의 사항을 고려하여야 한다.

1. 압수·수색·검증 대상 전자정보가 원격지의 정보저장매체등에 저장되어 있는 경우 등 특수한 압수·수색·검증방식의 필요성
2. 압수·수색·검증영장에 반영되어야 할 압수·수색·검증 장소 및 대상의 특수성

③ 경찰관은 다음 각 호의 어느 하나에 해당하여 필요하다고 판단하는 경우 전자정보와 별도로 정보저장매체등의 압수·수색·검증영장을 신청할 수 있다.

1. 정보저장매체등이 그 안에 저장된 전자정보로 인하여 형법 제48조제1항의 몰수 사유에 해당하는 경우
2. 정보저장매체등이 범죄의 증명에 필요한 경우

바. 전자정보의 압수 · 수색 · 검증 영장의 집행

제13조(압수 · 수색 · 검증 시 참여 보장)

① 전자정보를 압수 · 수색 · 검증할 경우에는 피의자 또는 변호인, 소유자, 소지자, 보관자의 참여를 보장하여야 한다. 이 경우, 압수 · 수색 · 검증 장소가 「형사소송법」 제123조제1항, 제2항에 정한 장소에 해당하는 경우에는 「형사소송법」 제123조에 정한 참여인의 <u>참여를 함께 보장</u>하여야 한다.

② 경찰관은 제1항에 따른 피의자 또는 변호인의 참여를 압수 · 수색 · 검증의 전 과정에서 보장하고, 미리 집행의 일시와 장소를 통지하여야 한다. 다만, 위 통지는 참여하지 아니한다는 의사를 명시한 때 또는 참여가 불가능하거나 급속을 요하는 때에는 예외로 한다.

③ 제1항에 따른 참여의 경우 경찰관은 참여인과 압수정보와의 관련성, 전자정보의 내용, 개인정보보호 필요성의 정도에 따라 압수 · 수색 · 검증 시 참여인 및 참여 범위를 고려하여야 한다.

④ 피의자 또는 변호인, 소유자, 소지자, 보관자, 「형사소송법」 제123조에 정한 참여인(이하 "피압수자 등"이라 한다)이 참여를 거부하는 경우 전자정보의 고유 식별값(이하 "해시값"이라 한다)의 동일성을 확인하거나 압수 · 수색 · 검증과정에 대한 사진 또는 동영상 촬영 등 <u>신뢰성과 전문성을 담보</u>할 수 있는 상당한 방법으로 압수하여야 한다.

⑤ 경찰관은 피압수자 등이 전자정보의 압수 · 수색 · 검증절차 참여과정에서 알게 된 사건관계인의 개인정보와 수사비밀 등을 누설하지 않도록 피압수자 등에게 협조를 요청할 수 있다.

제14조(전자정보 압수 · 수색 · 검증의 집행)

① 경찰관은 압수 · 수색 · 검증 현장에서 전자정보를 압수하는 경우에는 <u>범죄 혐의 사실과 관련된 전자정보에 한하여</u> 문서로 출력하거나 휴대한 정보저장매체에 해당 전자정보만을 복제하는 방식(이하 "<u>선별압수</u>"라 한다)으로 하여야 한다. 이 경우 해시값 확인 등 디지털 증거의 동일성, 무결성을 담보할 수 있는 적절한 방법과 조치를 취하여야 한다.

② 압수가 완료된 경우 경찰관은 별지 제1호서식의 전자정보 확인서를 작성하여 피압수자 등의 확인 · 서명을 받아야 한다. 이 경우 피압수자 등의 확인 · 서명을 받기 곤란한 경우에는 그 사유를 해당 확인서에 기재하고 기록에 편철한다.

③ 경찰관은 별지 제1호서식의 전자정보 확인서 및 상세목록을 피압수자에게 교부한 경우 경찰수사규칙 제64조제2항의 압수목록교부서 및 형사소송법 제129조 압수목록의 교부에 갈음할 수 있다.

④ 경찰관은 압수한 전자정보의 상세목록을 피압수자 등에게 교부하는 때에는 출력한 서면을 교부하거나 전자파일 형태로 복사해 주거나 이메일을 전송하는 등의 방식으로 할 수 있다.

⑤ 그 외 압수 · 수색 · 검증과 관련된 서류의 작성은 「범죄수사규칙(경찰청훈령)」의 규정을 준용한다.

제15조(복제본의 획득 · 반출)

① 경찰관은 다음 각 호의 사유로 인해 압수 · 수색 · 검증 현장에서 제14조제1항 전단에 따라 선별압수 하는 방법이 불가능하거나 압수의 목적을 달성하기에 현저히 곤란한 경우에는 복제본을 획득하여 외부로 반출한 후 전자정보의 압수 · 수색 · 검증을 진행할 수 있다.

  1. 피압수자 등이 협조하지 않거나, 협조를 기대할 수 없는 경우

  2. 혐의사실과 관련될 개연성이 있는 전자정보가 삭제 · 폐기된 정황이 발견되는 경우

  3. 출력 · 복제에 의한 집행이 피압수자 등의 영업활동이나 사생활의 평온을 침해한다는 이유로 피압수자 등이 요청하는 경우

  4. 그 밖에 위 각 호에 준하는 경우

② 경찰관은 제1항에 따라 획득한 복제본을 반출하는 경우에는 복제본의 해시값을 확인하고 피압수자 등에게 전자정보 탐색 및 출력 · 복제과정에 참여할 수 있음을 고지한 후 별지 제3호서식의 복제본 반출(획득) 확인서를 작성하여 피압수자 등의 확인 · 서명을 받아야 한다. 이 경우, 피압수자 등의 확인 · 서명을 받기 곤란한 경우에는 그 사유를 해당 확인서에 기재하고 기록에 편철한다.

제16조(정보저장매체등 원본 반출)

① 경찰관은 압수 · 수색 · 검증현장에서 다음 각 호의 사유로 인해 제15조제1항에 따라 복제본을 획득 · 반출하는 방법이 불가능하거나 압수의 목적을 달성하기에 현저히 곤란한 경우에는 정보저장매체등 원본을 외부로 반출한 후 전자정보의 압수 · 수색 · 검증을 진행할 수 있다.

  1. 영장 집행현장에서 하드카피 · 이미징 등 복제본 획득이 물리적 · 기술적으로 불가능하거나 극히 곤란한 경우

  2. 하드카피 · 이미징에 의한 집행이 피압수자 등의 영업활동이나 사생활의 평온을 침해한다는 이유로 피압수자 등이 요청하는 경우

  3. 그 밖에 위 각 호에 준하는 경우

② 경찰관은 제1항에 따라 정보저장매체등 원본을 반출하는 경우에는 피압수자 등의 참여를 보장한 상태에서 정보저장매체등 원본을 봉인하고 봉인해제 및 복제본의 획득과정 등에 참여할 수 있음을 고지한 후 별지 제4호서식의 정보저장매체 원본 반

출 확인서 또는 별지 제5호서식의 정보저장매체 원본 반출 확인서(모바일기기)를 작성하여 피압수자 등의 확인·서명을 받아야 한다. 이 경우, 피압수자 등의 확인·서명을 받기 곤란한 경우에는 그 사유를 해당 확인서에 기재하고 기록에 편철한다.

사. 현장 이외의 장소에서 전자정보 압수·수색·검증

제17조(현장 외 압수 시 참여 보장절차)

① 경찰관은 제15조 또는 제16조에 따라 복제본 또는 정보저장매체등 원본을 반출하여 현장 이외의 장소에서 전자정보의 압수·수색·검증을 계속하는 경우(이하 "현장 외 압수"라고 한다) 피압수자 등에게 현장 외 압수 일시와 장소를 통지하여야 한다. 단, 제15조제2항 또는 제16조제2항에 따라 참여할 수 있음을 고지받은 자가 참여하지 아니한다는 의사를 명시한 때 또는 참여가 불가능하거나 급속을 요하는 때에는 예외로 한다.

② 피압수자 등의 참여 없이 현장 외 압수를 하는 경우에는 해시값의 동일성을 확인하거나 압수·수색·검증과정에 대한 사진 또는 동영상 촬영 등 신뢰성과 전문성을 담보할 수 있는 상당한 방법으로 압수하여야 한다.

③ 제1항 전단에 따른 통지를 받은 피압수자 등은 현장 외 압수 일시의 변경을 요청할 수 있다.

④ 제3항의 변경 요청을 받은 경찰관은 범죄수사 및 디지털 증거분석에 지장이 없는 범위 내에서 현장 외 압수 일시를 변경할 수 있다. 이 경우 경찰관은 피압수자 등에게 변경된 일시를 통지하여야 하고, 변경하지 않은 경우에는 변경하지 않은 이유를 통지하여야 한다.

⑤ 제1항, 제4항에 따라 통지한 현장 외 압수 일시에 피압수자 등이 출석하지 않은 경우 경찰관은 일시를 다시 정한 후 이를 피압수자 등에게 통지하여야 한다. 다만, 피압수자 등이 다음 각호의 사유로 불출석하는 경우에는 제2항의 절차를 거쳐 현장 외 압수를 진행할 수 있다.

1. 피압수자 등의 소재를 확인할 수 없거나 불명인 경우
2. 피압수자 등이 도망하였거나 도망한 것으로 볼 수 있는 경우
3. 피압수자 등이 증거인멸 또는 수사지연, 수사방해 등을 목적으로 출석하지 않은 경우
4. 그 밖에 위의 사유에 준하는 경우

⑥ 경찰관 또는 증거분석관은 현장 외 압수에 참여 의사를 명시한 피압수자 등이 참여를 철회하는 때에는 제2항의 절차를 거쳐 현장 외 압수를 진행할 수 있다. 이 경우 별지 제6호서식의 참여 철회 확인서를 작성하고 피압수자 등의 확인·서명을 받아야 한다. 피압수자 등의 확인·서명을 받기 곤란한 경우에는 그 사유를 해당 확인서에 기재하고 기록에 편철한다.

제18조(현장 외 압수절차의 설명)

① 경찰관은 현장 외 압수에 참여하여 동석한 피압수자 등에게 현장 외 압수절차를 설명하고 그 사실을 기록에 편철한다. 이 경우 증거분석관이 현장 외 압수를 지원하는 경우에는 전단의 설명을 보조할 수 있다.

② 경찰관 및 증거분석관은 별지 제7호서식의 현장 외 압수절차 참여인을 위한 안내서를 피압수자 등에게 교부하여 전항의 설명을 갈음할 수 있다.

제19조(현장 외 압수절차)

① 경찰관은 제16조제1항에 따라 정보저장매체등 원본을 반출한 경우 위 원본으로부터 범죄혐의와 관련된 부분만을 선별하여 전자정보를 탐색·출력·복제하거나, 위 원본의 복제본을 획득한 후 그 복제본에 대하여 범죄혐의와 관련된 부분만을 선별하여 전자정보를 탐색·출력·복제하는 방법으로 압수한다. 이 경우 작성 서류 및 절차는 제14제2항부터 제5항, 제15조제2항을 준용한다.

② 경찰관은 제15조제1항에 따라 복제본을 반출한 경우 범죄혐의와 관련된 부분만을 선별하여 탐색·출력·복제하여야 한다. 이 경우 작성 서류 및 절차는 제14조제2항부터 제5항을 준용한다.

③ 경찰관은 제1항의 절차를 완료한 후 정보저장매체등 원본을 피압수자 등에게 반환하는 경우에는 별지 제8호서식의 정보저장매체 인수증을 작성·교부하여야 한다.

④ 특별한 사정이 없는 한 정보저장매체등 원본은 그 반출일로부터 10일 이내에 반환하여야 한다.

아. 별건 혐의 전자정보의 압수

제20조(별건 혐의와 관련된 전자정보의 압수)

경찰관은 제14조부터 제17조, 제19조까지의 규정에 따라 혐의사실과 관련된 전자정보를 탐색하는 과정에서 별도의 범죄 혐의(이하 "별건 혐의"라 한다)를 발견한 경우 별건 혐의와 관련된 추가 탐색을 중단하여야 한다. 다만, 별건 혐의에 대해 별도 수사가 필요한 경우에는 압수·수색·검증영장을 별도로 신청·집행하여야 한다.

자. 임의제출

제22조(임의제출)

① 전자정보의 소유자, 소지자 또는 보관자가 임의로 제출한 전자정보의 압수에 관하여는 제13조부터 제20조까지의 규정을 준용한다. 다만, 별지 제1호서식의 전자정보확인서는 별지 제2호서식의 전자정보확인서(간이)로 대체할 수 있다.

② 제1항의 경우 경찰관은 제15조제1항 또는 제16조제1항의 사유가 없더라도 전자정보를 임의로 제출한 자의 동의가 있으면 위 해당규정에서 정하는 방법으로 압수할 수 있다.

③ 경찰관은 정보저장매체등을 임의로 제출 받아 압수하는 경우에는 피압수자의 자필서명으로 그 임의제출 의사를 확인하고, 제출된 전자정보가 증거로 사용될 수 있음을 설명하고 제출받아야 한다.

④ 저장된 전자정보와 관련성 없이 범행의 도구로 사용 또는 제공된 정보저장매체 자체를 임의제출 받은 이후 전자정보에 대한 압수·수색·검증이 필요한 경우 해당 전자정보에 대해 피압수자로부터 임의제출을 받거나 압수·수색·검증영장을 신청하여야 한다.

차. 전자정보의 분석·보관

제23조(디지털 증거분석 의뢰)

① 경찰관은 디지털 증거분석을 의뢰하는 경우 분석의뢰물이 충격, 자기장, 습기 및 먼지 등에 의해 손상되지 않고 안전하게 보관될 수 있도록 봉인봉투 등으로 봉인한 후 직접 운반하여야 한다. 다만, 직접 운반이 현저히 곤란한 경우 분석의뢰물이 손상되지 않고 운반 이력이 확인될 수 있는 안전한 방법으로 의뢰할 수 있다.

② 제1항에도 불구하고 경찰관은 분석의뢰물을 전자적 방식으로 전송하는 것이 효율적이고 적합하며 디지털 증거의 동일성·무결성을 담보하는 경우 해시값을 기록하는 등 분석의뢰물의 동일성을 유지하는 조치를 취하고 업무시스템을 통하여 분석의뢰물을 전송할 수 있다.

③ 제1항과 제2항의 경우 경찰관은 수사상 필요한 범위 내에서 디지털 증거분석이 원활하게 이루어질 수 있도록 증거분석관에게 제14조부터 제19조까지에 따라 작성한 서류 사본, 분석에 필요한 검색어, 검색 대상기간, 파일명, 확장자 등의 정보를 구체적으로 제공하여야 한다.

제34조(디지털 증거 등의 보관)

① 분석의뢰물, 제27조제1항의 복제자료, 증거분석을 통해 획득한 전자정보(디지털 증거를 포함한다)는 항온·항습·무정전·정전기차단시스템이 설치된 장소에 보관함을 원칙으로 한다. 이 경우 열람제한설정, 보관장소 출입제한 등 보안유지에 필요한 조치를 병행하여야 한다.

제35조(전자정보의 삭제·폐기)

① 증거분석관은 분석을 의뢰한 경찰관에게 분석결과물을 회신한 때에는 해당 분석과정에서 생성된 전자정보를 지체 없이 삭제·폐기하여야 한다.

② 경찰관은 제1항의 분석결과물을 회신받아 디지털 증거를 압수한 경우 압수하지 아니한 전자정보를 지체 없이 삭제·폐기하고 피압수자에게 그 취지를 통지하여야 한다. 다만, 압수 상세목록에 삭제·폐기하였다는 취지를 명시하여 교부함으로써 통지에 갈음할 수 있다.

③ 경찰관은 사건을 이송 또는 송치한 경우 수사과정에서 생성한 디지털 증거의 복

사본을 지체 없이 삭제·폐기하여야 한다.

④ 제1항부터 제3항까지에 따른 전자정보의 삭제·폐기는 복구 또는 재생이 불가능한 방식으로 하여야 한다.

제36조(입건 전 조사편철·관리미제사건 등록 사건의 압수한 전자정보 보관 등)

경찰관은 입건 전 조사편철·관리미제사건 등록한 사건의 압수한 전자정보는 다음 각호와 같이 처리하여야 한다.

1. 압수를 계속할 필요가 있는 경우 해당 사건의 공소시효 만료일까지 보관 후 삭제·폐기한다.
2. 압수를 계속할 필요가 없다고 인정되는 경우 삭제·폐기한다.
3. 압수한 전자정보의 삭제·폐기는 관서별 통합 증거물 처분심의위원회의 심의를 거쳐 관련 법령 및 절차에 따라 삭제·폐기한다.
4. 압수한 전자정보 보관 시 충격, 자기장, 습기 및 먼지 등에 의해 손상되지 않고 안전하게 보관될 수 있도록 별도의 정보저장매체등에 담아 봉인봉투 등으로 봉인한 후 소속부서에서 운영 또는 이용하는 증거물 보관시설에 보관하는 등 압수한 전자정보의 무결성과 보안 유지에 필요한 조치를 병행하여야 한다.

2. 디지털 증거의 수집·분석 및 관리 규정(대검찰청)

가. 목적과 정의

제1조(목적)

이 규정은 컴퓨터용 디스크, 그 밖에 이와 비슷한 정보저장매체(이하 '정보저장매체 등'이라고 한다)로부터 디지털 증거를 수집·보존·분석·현출 및 관리하는 과정에서 준수하여야 할 기본적 사항을 정함으로써 실체적 진실 발견에 기여하고 국민의 인권을 보호하는 것을 그 목적으로 한다.

제3조(정의)

이 규정에서 사용하는 용어의 뜻은 다음과 같다.

1. "전자정보"란 정보저장매체등에 기억된 정보를 말한다.
2. "디지털 증거"란 범죄와 관련하여 디지털 형태로 저장되거나 전송되는 증거로서의 가치가 있는 정보를 말한다.
3. "디지털포렌식"이란 디지털 증거를 수집·보존·분석·현출하는데 적용되는 과학기술 및 절차를 말한다.
4. "디지털수사통합업무관리시스템"(이하 '업무관리시스템'이라고 한다)이란 디지털 증거의 수집·분석에 관한 사항과 디지털 증거의 보관·폐기에 관한 이력 등을 관리하는 전산시스템을 말한다.

5. "정보저장매체등의 복제"란 법률적으로 유효한 증거로 사용될 수 있도록 수집 대상 정보저장매체등에 저장된 전자정보를 동일하게 파일로 생성하거나, 다른 정보저장매체에 동일하게 저장하는 것을 말한다.

6. "가선별"이란 압수·수색·검증 현장에서 사건과 관련이 있는 전자정보만 선별하여 압수하는 것이 어려운 경우 일정한 기준에 따라 전체 전자정보 중 일부만 부분 복제하여 현장 이외의 장소로 반출하는 것을 말한다.

7. "디지털포렌식 수사관"이란 디지털 증거의 수집·보존·분석 및 현출 업무나 디지털포렌식 관련 연구를 전문적으로 수행할 수 있는 수사관 중에 과학수사부장의 제청으로 검찰총장이 임명한 자를 말한다.

8. "포렌식 이미지"(이하 '이미지 파일'이라고 한다)란 법률적으로 유효한 증거로 사용될 수 있도록 정보저장매체 등에 저장된 전자정보를 포렌식 도구를 사용하여 비트열 방식으로 동일하게 복사하여 생성한 파일을 말한다.

9. "증거파일"이란 법률적으로 유효한 증거로 사용될 수 있도록 정보저장매체 등에 저장된 전자정보를 파일 또는 디렉터리 단위로 복사하여 생성한 파일을 말한다.

10. "압수목록"이란 형사소송법 제219조에 따라 준용되는 같은 법 제129조에 따른 것으로서 작성년월일과 압수물('전자정보'를 포함한다)의 명칭과 수량 등을 기재한 서면 또는 파일을 말한다.

11. "전자정보 상세목록"이란 제10호에 따른 압수목록의 한 유형으로서 「검사와 사법경찰관의 상호협력과 일반적 수사준칙에 관한 규정」 제42조 제1항에서 정한 '압수한 전자정보의 목록'을 말한다.

12. "디지털 증거의 폐기"란 디지털 증거를 재생할 수 없도록 영구히 삭제, 디가우징, 파쇄, 소각 등으로 처리하는 디지털 증거 관리행위를 말한다.

나. 전자정보 압수 · 수색 · 검증의 기본원칙

제4조(적법절차의 준수)
디지털 증거는 수사에 필요한 범위 내에서 적법한 절차를 엄격히 준수하여 수집·분석 및 관리되어야 한다.

제5조(디지털 증거의 원본성 유지)
디지털 증거는 법정에서 원본과의 동일성을 재현하거나 검증하는데 지장이 초래되지 않도록 수집·분석 및 관리되어야 한다.

제6조(디지털 증거의 무결성 유지)
디지털 증거는 압수·수색·검증한 때로부터 법정에 제출하는 때까지 훼손 또는 변경되지 아니하여야 한다.

제7조(디지털 증거의 신뢰성 유지)

디지털 증거는 디지털포렌식 전문가에 의해 신뢰할 수 있는 도구와 방법으로 수집·분석 및 관리하여야 한다.

제8조(디지털 증거의 보관의 연속성 유지)

디지털 증거는 최초 수집된 상태 그대로 어떠한 변경도 없이 보관되어야 하고, 이를 위해 보관 주체들 간의 연속적인 승계 절차를 관리하는 등의 조치를 취해야 한다.

다. 디지털 증거의 압수 · 수색 · 검증

제20조(전자정보의 단계적 압수·수색·검증)

① 주임검사등은 정보저장매체등에 기억된 전자정보를 압수하는 경우에는 해당 정보저장매체등의 소재지에서 수색 또는 검증한 후 범죄사실과 관련된 전자정보의 범위를 정하여 출력하거나 복제하는 방법으로 한다.

② 제1항에도 불구하고 그에 따른 압수 방법의 실행이 불가능하거나 그 방법으로는 압수의 목적을 달성하는 것이 현저히 곤란한 경우에는 압수·수색 또는 검증 현장에서 정보저장매체등에 들어 있는 전자정보 전부를 복제하여 그 복제본을 정보저장매체등의 소재지 외의 장소로 반출할 수 있다.

③ 제1항 및 제2항에도 불구하고 그에 따른 압수 방법의 실행이 불가능하거나 그 방법으로는 압수의 목적을 달성하는 것이 현저히 곤란한 경우에는 피압수자등이 참여한 상태에서 정보저장매체등의 원본을 봉인하여 정보저장매체등의 소재지 외의 장소로 반출할 수 있다.

제21조(참여권의 보장)

① 주임검사등은 압수·수색·검증의 전 과정에 걸쳐 피압수자등이나 변호인의 참여권을 보장하여야 한다.

② 제1항에도 불구하고 피압수자등과 변호인이 참여를 거부하는 경우에는 신뢰성과 전문성을 담보할 수 있는 상당한 방법으로 압수·수색·검증을 하여야 한다.

제23조(압수목록의 교부)

① 주임검사등은 전자정보의 탐색·복제·출력을 완료한 경우에는 지체 없이 피압수자등에게 압수한 전자정보의 상세목록을 교부해야 한다.

② 제1항에 따른 전자정보 상세목록의 교부는 서면의 형태로 교부하는 방법 이외에 파일 형태로 복사해주거나 전자우편으로 전송하는 등의 방법으로 갈음할 수 있다.

라. 압수 · 수색 · 검증 현장에서 디지털 증거 수집

제26조(현장에서의 참여권 보장)

① 주임검사등은 전자정보에 대한 압수·수색·검증을 하는 경우에 "전자정보 압수·수색·검증 안내문"에 따라 전자정보에 대한 압수·수색·검증 과정을 설명하는 등으로 참여권의 실질적 보장을 위하여 노력하여야 한다.

② 압수·수색·검증 현장에서 피압수자 및 변호인이 참여하지 않는 경우에는 다음 각 호에 따라 필요한 조치를 할 수 있다.

    1. 피압수자의 소재불명, 참여지연, 참여불응 등의 사유로 피압수자 또는 변호인의 참여 없이 압수·수색·검증을 해야 하는 경우에는 「형사소송법」 제123조에서 정하는 참여인을 참여하게 한다.

    2. 피압수자 또는 변호인이 압수·수색·검증에 참여하던 중 정당한 사유 없이 참여를 중단하여 그 집행을 계속하기 어려운 경우에는 「형사소송법」 제123조의 참여인을 참여하게 한 후 집행을 재개한다. 집행을 중지하는 경우 필요한 때에는 압수·수색·검증 장소의 출구를 "압수장소 봉인지"로 봉인하거나 그와 상당한 방법으로 집행재개 시까지 그 장소를 폐쇄할 수 있다.

    3. 피압수자 또는 변호인이 압수·수색·검증에 참여한 "현장조사확인서"에 서명을 거부하는 때에는 피압수자 또는 변호인이 서명을 거부하였음과 그 사유를 위 확인서에 기재한다.

제27조(관련 있는 디지털 증거의 압수 시 조치)

① 디지털포렌식 수사관은 제20조제1항에 따라 사건과 관련이 있는 디지털 증거를 압수하는 경우에는 해시값(파일의 고유값으로서 일종의 전자지문을 말한다)을 생성하고 "현장조사확인서"를 작성하여 서명을 받거나, 다음 각 호의 내용이 포함된 확인서를 작성하여 피압수자 등의 서명을 받아야 한다.

    1. 확인서 작성일시 및 장소

    2. 정보저장매체등의 종류 및 사용자

    3. 해시값, 해시함수

    4. 확인자의 인적사항 및 연락처, 확인자와 피압수자와의 관계

    5. 기타 원본성·무결성·신뢰성을 확인하는데 필요한 사항

② 디지털포렌식 수사관은 제1항에 따라 디지털 증거를 압수한 경우에는 지체 없이 압수한 전자정보의 상세목록을 작성하여 피압수자등에게 교부하여야 한다.

③ 압수·수색·검증 현장에서 사건과 관련이 있는 전자정보만 선별하여 압수하는 것이 어려워 일정한 기준에 따라 전체 전자정보 중 일부만 가선별하여 현장 이외의 장소로 반출하는 경우에는 제28조를 준용하여 필요한 조치를 하여야 한다. 이 경우 압수할 전자정보로 특정이 가능한 범위에서는 압수목록에 해당 전자정보의 출력 또는

복제 사실을 추가하여 피압수자에게 교부하도록 유의한다.

제28조(전자정보의 전부 복제 시 조치)

① 제20조제2항에 따라 전자정보의 전부를 복제하는 경우 해시값을 확인하거나 압수·수색·검증 과정을 촬영하는 등 디지털 증거의 동일성과 무결성을 담보할 수 있는 적절한 방법과 조치를 하여야 한다.

② 제1항에 따라 전자정보 전부를 복제하여 현장 이외의 장소로 반출하는 경우에는 "압수물 봉인지" 및 "정보저장매체 복제 및 이미징 등 참관여부 확인서"를 작성하여야 한다.

③ 주임검사등은 압수목록 교부 시 제2항에 따른 전자정보 전부 복제본 반출 사실도 압수목록에 기재하여 피압수자에게 교부하도록 유의한다.

제29조(정보저장매체등 원본 반출 시 조치)

① 제20조제3항에 따라 정보저장매체등의 원본을 현장 이외의 장소로 반출하는 경우에는 "압수물 봉인지", "정보저장매체 제출 및 이미징 등 참관여부 확인서"를 작성하여야 한다.

② 주임검사등은 압수목록 교부 시 제1항에 따른 정보저장매체등의 원본 반출 사실도 압수목록에 기재하여 피압수자에게 교부하도록 유의한다.

제31조(원격지에 저장된 전자정보의 압수·수색·검증)

압수·수색·검증의 대상인 정보저장매체와 정보통신망으로 연결되어 있고 압수 대상인 전자정보를 저장하고 있다고 인정되는 원격지의 정보저장매체에 대하여는 압수·수색·검증 대상인 정보저장매체의 시스템을 통해 접속하여 압수·수색·검증을 할 수 있다. 이 경우 피압수자등이 정보통신망으로 정보저장매체에 접속하여 기억된 정보를 임의로 삭제할 우려가 있을 경우에는 정보통신망 연결을 차단할 수 있다.

마. 압수 · 수색 · 검증 현장 외에서 디지털 증거 수집

제32조(참관 기회의 부여)

① 주임검사등은 현장 외 전자정보의 압수·수색·검증 등 전 과정에서 피압수자등 또는 변호인의 참여권을 보장하기 위하여 참관일, 참관장소, 참관인 등에 관하여 협의하여야 한다.

② 제1항에도 불구하고 피압수자등 또는 변호인이 참여를 거부하는 경우에는 신뢰성과 전문성을 담보할 수 있는 상당한 방법으로 압수·수색 또는 검증을 해야 한다.

③ 참관인이 참여하는 경우 제33조의 절차를 개시하기 전에 참관인에게 "전자정보 압수·수색·검증 안내문"에 따라 전자정보에 대한 압수·수색·검증 과정을 설명하는 등으로 참여권의 실질적 보장을 위하여 노력하여야 한다.

제33조(봉인의 해제)

① 디지털포렌식 수사관은 제28조 또는 제29조에 따라 반출한 정보저장매체등의 봉

인을 해제하는 경우 부착되어 있던 "압수물 봉인지"에 봉인해제일시와 그 사유를 기재하고 참관인의 서명을 받아 주임검사등에게 인계한다. 다만, 참관인이 없어 서명을 받을 수 없는 경우에는 그 사유를 기재한다.

② 주임검사등은 제1항에 따라 인계받은 "압수물 봉인지"를 수사기록에 편철하여 디지털 증거에 대한 보관의 연속성을 확보한다.

제34조(전자정보의 탐색·복제·출력)

① 제33조에 의해 봉인을 해제한 이후에는 현장에서 기 생성한 이미지 파일의 무결성을 검증하거나 동 매체에 저장된 전자정보에 대한 이미지 파일을 새로 생성한다. 다만, 이미지 파일을 생성할 필요가 없거나 곤란한 경우에는 그러하지 아니하다.

② 사건과 관련이 있는 전자정보의 탐색은 원칙적으로 제1항에 따라 동일성과 무결성이 확인되었거나 새로 생성한 이미지 파일을 이용하여 진행하되, 제1항 단서와 같이 이미지 파일을 생성하지 아니한 경우에는 정보저장매체등에 저장된 전자정보를 직접 탐색할 수 있다.

③ 제2항의 탐색을 통해 사건과 관련이 있는 전자정보를 파일 형태로 복제하여 압수하는 경우에는 선별된 전자정보에 대한 이미지 파일을 생성하고 그에 대한 해시값을 확인한다.

제35조(전자정보 상세목록의 교부)

① 제34조에 따른 전자정보의 탐색·복제·출력을 완료한 경우에는 지체 없이 피압수자등에게 전자정보 상세목록을 교부하고, "참관 및 전자정보 상세목록 교부 확인서"를 작성하여 피압수자등의 서명을 받는다.

② 제1항에도 불구하고 피압수자등이 중간에 참관을 포기하고 퇴실하는 등으로 피압수자등의 서명을 받을 수 없는 경우에는 "참관 및 전자정보 상세목록 교부 확인서"에 그 사유를 기재한다.

제36조(목록에 없는 전자정보에 대한 조치)

① 정보저장매체등에 복제하여 반출된 전자정보의 경우에는 다음 순서에 따라 삭제 또는 폐기하여야 한다.

　1. 주임검사등은 위 정보저장매체등에 저장된 전자정보의 탐색·복제·출력을 완료한 경우에는 '목록에 없는 전자정보에 대한 지휘' 서식에 따라 담당 디지털포렌식 수사관에게 전자정보의 삭제 또는 폐기를 요청한다.

　2. 디지털포렌식 수사관은 주임검사등의 지휘에 따라 전자정보를 삭제 또는 폐기한 뒤 "전자정보 삭제·폐기 또는 반환확인서"를 작성하여 주임검사등에게 송부한다.

　3. 주임검사등은 송부된 "전자정보 삭제·폐기 또는 반환확인서"를 검토한 후 서명·날인하여 피압수자등에게 송부한다.

② 제1항에도 불구하고 복제본이 저장된 정보저장매체등이 피압수자등로부터 제공받은 것으로 그 자체를 반환해야 하는 경우에는 제1항에서 정한 절차가 아닌 제3항

에서 정한 절차에 따라 정보저장매체등을 반환할 수 있다.

③ 정보저장매체등 원본에 저장되어 반출된 전자정보의 경우에는 다음 순서에 따라 피압수자등에게 정보저장매체등 원본을 돌려주는 방법으로 반환한다.

  1. 디지털포렌식 수사관은 제34조에 따라 전자정보의 탐색·복제·출력이 완료된 경우에는 정보저장매체등 원본을 "압수물 재봉인지" 등으로 재봉인하여 "참관 및 전자정보 상세목록 교부확인서"와 함께 주임검사등에게 인계한다.
  2. 주임검사는 인계받은 정보저장매체등 원본을 피압수자에게 반환하고 "정보저장매체 등 반환확인서"를 작성하여 피압수자등의 서명을 받아 기록에 편철한다.
  3. 주임검사는 제2호에 따라 정보저장매체등 원본을 반환한 뒤 "전자정보 삭제· 폐기 또는 반환확인서"를 작성하여 피압수자등에게 송부한다.

제37조(이미지 파일의 보관)

① 주임검사등은 법정에서 디지털 증거의 재현이나 검증을 위해 필요한 경우 디지털 포렌식 수사관에게 제34조제1항의 이미지 파일의 보관을 요청할 수 있다.

② 제1항의 경우 주임검사등은 피압수자등에게 그 취지를 설명하고 제35조제1항에 따른 전자정보 상세목록에 이미지 파일명을 추가 기재하여 피압수자등에게 교부한다.

③ 제1항의 요청을 받은 디지털포렌식 수사관은 누구든지 권한 없이 접근할 수 없도록 이미지 파일을 업무관리시스템에 등록한다.

제38조(이미지 파일의 접근 통제)

① 제37조에 따라 업무관리시스템에 등록한 이미지파일은 디지털포렌식 수사관, 업무관리시스템의 관리 권한을 부여받은 사람 이외에는 접근하지 못하도록 접근 권한을 관리하여야 한다.

② 제37조에 따라 업무관리시스템에 등록한 이미지 파일에 대한 추가 탐색이나 분석을 위해 접근 권한을 새로 부여받고자 하는 경우에는 소속 청의 인권보호관으로부터 승인을 받아 디지털수사과장에게 공문으로 이미지파일에 대한 접근 권한의 부여를 요청할 수 있다.

③ 주임검사등이 제2항에 따라 접근 권한을 부여받아 이미지 파일에서 추출된 파일을 탐색하는 경우에는 피압수자등이나 변호인에게 제32조에 따른 참관의 기회 등을 제공하여야 한다. 다만, 법정에서 디지털 증거의 동일성이나 분석 결과의 정확성, 신뢰성 등을 검증하기 위하여 필요한 분석 등을 수행하는 경우에는 그러하지 아니하다.

제39조(전자정보의 암호화 등에 대한 특례)

① 압수·수색·검증 대상인 정보저장매체등이나 전자정보에 암호가 설정되어 있는 등 다음 각 호의 사유가 있는 경우에는 저장되어 있는 전자정보에 접근하여 탐색할 수 있는 기술적 조치가 이루어진 이후에 본 절에서 정한 절차에 따라 사건과 관련이 있는 전자정보를 압수한다.

  1. 정보저장매체등이 물리적으로 손상된 것이 확인되어 수리가 필요한 경우
  2. 정보저장매체등에 암호가 걸려 있고 피압수자등이 협조하지 않는 경우

3. 정보저장매체등의 특성 상 적합한 장비나 프로그램의 개발이 필요한 경우
4. 사건과 개연성이 있는 전자정보가 조작·삭제된 정황이 발견되어 사건과 관련이 있는 전자정보의 선별에 앞서 정보저장매체등에 대한 종합적인 분석이 필요한 경우
5. 안티포렌식 등으로 인해 통상적인 방식으로는 저장된 전자정보에 접근하는 것이 어려운 경우
6. 그 밖에 각 호의 사유에 준하는 경우

② 제1항 각 호의 사유를 해소하기 위한 기술적 조치 과정에서 필요한 경우에는 사건과 관련이 있는 전자정보를 선별하는 단계에 이르기 전이라도 업무관리시스템에 등록하여 필요한 조치를 취할 수 있다.

바. 디지털 증거의 등록

제40조(업무관리시스템의 운영)

① 디지털 증거의 무결성, 보관의 연속성 등을 유지하고, 등록된 디지털 증거에 대한 접근 권한을 체계적으로 관리하기 위해 업무관리시스템을 운영한다.

② 압수한 디지털 증거는 특별한 사정이 없는 한 업무관리시스템에 등록하여 관리하여야 한다. 대용량 기타 기술적인 사유로 업무관리시스템에 등록하기 어려운 경우에는 디지털 증거의 내용이 변경·훼손되지 않도록 적절한 조치를 하여야 한다.

제41조(현장에서 압수한 디지털 증거의 등록)

① 디지털포렌식 수사관은 지원을 종료하고 복귀한 후 지체 없이 제20조제1항에 따라 압수한 디지털 증거(이미지 파일, 증거파일을 포함한다)와 그 해시값을 업무관리시스템에 등록한다.

② 제1항의 경우 현장에서 압수목록 이외에 전자정보 상세목록을 교부한 때에는 그 전자정보 상세목록을 업무관리시스템에 등록한다.

제42조(현장 외에서 압수한 디지털 증거의 등록)

① 디지털포렌식 수사관은 제34조에 따라 무결성 등을 검증하거나 새로 생성한 이미지 파일에서 사건과 관련이 있는 전자정보를 선별한 때에는 해시값과 함께 업무관리시스템에 등록한다.

② 제37조에 따라 주임검사의 요청이 있는 경우에는 제34조제1항의 이미지파일을 해시값과 함께 업무관리시스템에 등록할 수 있다.

③ 제35조에 따라 피압수자에게 교부한 전자정보 상세목록은 업무관리시스템에 등록한다.

제43조(기타 업무수행을 위한 이용)

디지털포렌식 수사관은 현장에서 가선별하여 이미지파일 형태로 반출한 전자정보의 관리, 암호의 해제, 디지털 증거의 분석 등 업무수행을 위해 필요한 경우에는 업무관

리시스템을 이용할 수 있다.

사. 디지털 증거의 분석

제44조(디지털 증거의 분석 시 유의사항)

디지털 증거의 분석은 분석결과의 신뢰성을 확보할 수 있도록 디지털포렌식 수사관이 행하여야 하고 분석에 적합한 장비와 프로그램을 사용하여야 한다.

제45조(이미지 파일 등에 의한 분석)

① 디지털 증거의 분석은 이미지 파일로 한다.

② 제1항에도 불구하고 이미지 파일로 복제하는 것이 곤란한 경우에는 압수 또는 복제한 정보저장매체 등을 직접 분석할 수 있다. 이 경우 정보저장매체 등의 형상이나 내용이 변경·훼손되지 않도록 적절한 조치를 하여야 한다.

제46조(분석보고서의 작성)

① 디지털포렌식 수사관은 디지털 증거에 대한 분석을 종료한 때에는 분석보고서를 작성한다. 다만, 사안의 경중과 분석의 난이도 등을 고려하여 약식보고서를 활용할 수 있다.

② 디지털포렌식 수사관은 디지털 증거를 분석하는 과정에서 생성된 자료가 있는 경우에는 사후 검증이 가능할 수 있도록 이를 업무관리시스템에 등록하여야 한다.

③ 디지털포렌식 수사관은 수사상 필요하다고 판단되거나 주임검사등의 요청이 있는 때에는 디지털 증거를 분석하는 과정에서 생성된 자료를 CD 등 별도의 정보저장매체에 저장하여 주임검사등에게 인계할 수 있다.

제47조(분석결과의 통보)

① 디지털포렌식 수사관은 디지털 증거의 분석을 종료한 때에는 분석보고서를 업무관리시스템에 등록하는 방법으로 회신한다. 다만, 긴급을 요하는 경우에는 구두 또는 전화 등 기타 방법으로 분석결과를 통보하고 사후에 분석보고서를 업무관리시스템에 등록할 수 있다.

② 디지털포렌식 수사관은 분석 대상물을 접수한 때로부터 15일 이내에 분석결과를 회신하여야 한다. 다만, 부득이한 사정이 경우 중간 분석상황을 통지하는 등으로 그 사유를 소명하여 회신기한을 연장할 수 있다.

제48조(생성 이미지 파일 등 삭제)

제43조에 의한 분석을 위해 생성한 이미지 파일이나 분석 과정에서 생성된 일체의 전자정보는 분석결과 회신 후 지체 없이 삭제하여야 한다. 다만, 제42조 및 제45조에 따라 업무관리시스템에 등록한 전자정보와 분석보고서는 분석결과의 정확성, 신뢰성 등에 대한 검증을 위해 계속 보관할 수 있다.

아. 디지털 증거의 관리

제49조(디지털 증거의 관리 시 유의사항)

디지털수사과장은 업무관리시스템에 등록된 디지털 증거 등 전자정보의 원본성·무결성 등이 훼손되지 않도록 체계적으로 보존·관리하여야 한다.

제50조(디지털 증거 관리담당자의 지정)

① 디지털수사과장은 디지털 증거의 보존·관리·폐기 등 디지털 증거의 생애주기를 관리하기 위하여 그 업무를 전담할 디지털 증거 관리담당자를 지정할 수 있다.

② 제1항의 디지털 증거 관리담당자는 디지털 증거의 보존·관리·폐기에 관한 절차를 위해 필요한 사항과 디지털수사과장으로부터 위임을 받은 사항에 관하여 업무를 수행한다.

제51조(디지털 증거의 관리)

① 디지털 증거 관리담당자는 형사사법정보시스템(이하 'KICS'라고 한다)의 사건번호와 연동하여 사건별로 디지털 증거를 관리하여야 한다. 사건번호와 연동되지 아니한 경우에는 다음 각 호의 절차에 따라 사건번호와 연동되도록 한다.

　　1. 반기 별로 업무관리시스템을 확인하여 KICS의 사건번호와 연동되지 않은 디지털 증거를 파악하고 지원요청 부서별로 그 목록을 작성한다.

　　2. 제1호에 따라 작성한 목록을 해당 부서에 송부하여 1개월 내에 업무관리시스템에 접속하여 KICS의 사건번호와 연동시켜줄 것을 요청한다.

② 디지털 증거 관리담당자는 매년 1회 이상 다음 각 호의 내용이 포함된 디지털 증거의 보관현황을 작성하여 디지털수사과장에게 보고하여야 한다.

　　1. 디지털 증거의 번호

　　2. 디지털 증거의 용량

　　3. KICS와 연동되는 사건 번호

제52조(디지털 증거 보관기록 등 관리)

① 디지털 증거 관리담당자는 디지털 증거의 보관의 연속성이 유지될 수 있도록 디지털 증거의 승계과정에서 등록된 기록, 사진, 영상 등을 관리하여야 한다.

② 디지털 증거 관리담당자는 권한 없이 디지털 증거에 접근하지 못하도록 업무관리시스템 상 디지털 증거에 대한 접근 로그를 생성·관리하여야 한다.

자. 디지털 증거의 폐기

제53조(디지털증거의 폐기 시 유의사항)

범죄사실과 무관한 것으로 확인된 디지털 증거는 폐기하여야 하나, 디지털 증거를 폐기하는 과정에서 향후 재판 절차에 증거로 제출되어야 하는 디지털 증거가 폐기되는 일이 없도록 유의하여야 한다.

제54조(폐기대상)

① 다음 각 호에 해당하는 디지털 증거는 본 장에서 규정한 절차에 따라 업무관리시스템에서 폐기한다.

    1. 수사 또는 재판 과정에서 범죄사실과 관련성이 없는 것으로 확인된 경우

    2. 압수의 원인이 된 사건에 대한 기소·불기소 등 종국처분에 따라 계속 보관할 필요성이 없다고 인정되는 경우

    3. 판결이 확정되어 계속 보관할 필요성이 없다고 인정되는 경우

② 제1항에도 불구하고 다음 각 호의 사유가 있는 경우에는 압수의 원인이 된 사건의 공소시효가 완성될 때까지 디지털 증거를 폐기하지 않을 수 있다.

    1. 압수의 원인이 된 사건과 형사소송법 제11조에 따라 관련성이 인정되는 사건에서 증거로 사용될 것으로 예상되는 경우

    2. 압수의 원인이 된 사건이 기소중지처분 또는 참고인중지처분이 된 경우

    3. 불기소처분을 한 사건 또는 무죄판결이 확정된 사건 중 공범 등에 대한 수사를 계속할 필요가 있다고 인정되는 경우

제55조(폐기방법)

디지털증거를 폐기하는 경우에는 복원이 불가능한 기술적 방법으로 삭제하여야 한다.

제56조(폐기요청)

제54조의 폐기대상 디지털증거에 대한 폐기절차는 주임검사(주임검사가 없는 경우에는 그 승계검사) 또는 압수전담검사의 요청으로 개시한다.

제57조(폐기절차)

디지털 증거의 폐기를 요청하는 경우에는 다음 각 호의 절차에 따라 폐기를 진행한다.

    1. 주임검사 또는 압수전담검사는 제54조의 폐기대상 디지털 증거에 대하여 폐기촉탁지휘를 한다.

    2. 폐기촉탁지휘를 받은 압수물담당직원은 KICS의 압수물관리시스템을 통하여 디지털수사과장에게 해당 디지털 증거에 대한 폐기를 요청한다.

    3. 디지털수사과장은 폐기를 요청 받은 디지털 증거를 지체 없이 폐기하고 "디지털 증거 폐기(촉탁) 회보서"를 업무관리시스템을 통하여 입력하는 방법으로 작성하여 압수물담당직원에게 회보한다.

제58조 (유죄확정 판결에 대한 특례)

① 유죄판결이 확정된 사건에서 압수된 디지털 증거는 피고인에게 재심청구의 기회를 보장하기 위하여 형이 확정된 때로부터 10년간 보존할 수 있다.

② 판결 확정 이후 당사자의 폐기요청이 있는 경우에는 디지털 증거를 폐기한다. 다만, 유죄의 확정판결을 받은 자가 수인인 경우에는 당사자 전원의 폐기요청이 있을 경우에 폐기한다.

③ 내란죄, 외환죄 등 「검찰보존사무규칙」 제8조제3항에 해당하는 죄의 디지털 증거는 「검찰보존사무규칙」 제8조제3항을 준용하여 영구 또는 준영구로 보존한다.

제59조 (폐기점검)

① 디지털수사과장은 매년 반기별로 디지털 증거에 대한 폐기절차가 원활하게 진행되고 있는지 점검하여야 한다.

② 디지털수사과장은 주임검사 처분 후 6개월이 경과될 때까지 압수물로 수리되지 아니한 디지털 증거가 있는 경우에는 지원요청 부서별로 그 목록을 작성하여 해당부서에 송부하고 1개월 내에 압수물로 수리한 후 그 결과를 회보할 것을 요청할 수 있다.

③ 압수물로 수리할 것을 촉구한 때로부터 1개월이 경과하도록 압수물로 수리되지 아니한 경우에는 해당부서의 부서장과 협의하여 디지털 증거를 폐기할 수 있다.

제6절 금융실명거래 정보의 압수 등

1. 금융거래 및 비밀보장에 관한 법률

제4조(금융거래의 비밀보장)

① 금융회사등에 종사하는 자는 명의인(신탁의 경우에는 위탁자 또는 수익자를 말한다)의 서면상의 요구나 동의를 받지 아니하고는 그 금융거래의 내용에 대한 정보 또는 자료(이하 "거래정보등"이라 한다)를 타인에게 제공하거나 누설하여서는 아니 되며, 누구든지 금융회사등에 종사하는 자에게 거래정보등의 제공을 요구하여서는 아니 된다. 다만, 다음 각 호의 어느 하나에 해당하는 경우로서 그 사용 목적에 필요한 최소한의 범위에서 거래정보등을 제공하거나 그 제공을 요구하는 경우에는 그러하지 아니하다.

1. 법원의 제출명령 또는 법관이 발부한 영장에 따른 거래정보등의 제공
2. 조세에 관한 법률에 따라 제출의무가 있는 과세자료 등의 제공과 소관 관서의 장이 상속·증여 재산의 확인, 조세탈루의 혐의를 인정할 만한 명백한 자료의 확인, 체납자(체납액 5천만원 이상인 체납자의 경우에는 체납자의 재산을 은닉한 혐의가 있다고 인정되는 다음 각 목에 해당하는 사람을 포함한다)의 재산조회, 「국세징수법」 제9조제1항 각 호의 어느 하나에 해당하는 사유로 조세에 관한 법률에 따른 질문·조사를 위하여 필요로 하는 거래정보등의 제공
   가. 체납자의 배우자(사실상 혼인관계에 있는 사람을 포함한다)
   나. 체납자의 6촌 이내 혈족
   다. 체납자의 4촌 이내 인척

3. 「국정감사 및 조사에 관한 법률」에 따른 국정조사에 필요한 자료로서 해당 조사위원회의 의결에 따른 금융감독원장(「금융위원회의 설치 등에 관한 법률」 제24조에 따른 금융감독원의 원장을 말한다. 이하 같다) 및 예금보험공사사장(「예금자보호법」 제3조에 따른 예금보험공사의 사장을 말한다. 이하 같다)의 거래정보등의 제공

4. 금융위원회(증권시장 · 파생상품시장의 불공정거래조사의 경우에는 증권선물위원회를 말한다. 이하 이 조에서 같다), 금융감독원장 및 예금보험공사사장이 금융회사등에 대한 감독 · 검사를 위하여 필요로 하는 거래정보등의 제공으로서 다음 각 목의 어느 하나에 해당하는 경우와 제3호에 따라 해당 조사위원회에 제공하기 위한 경우

가. 내부자거래 및 불공정거래행위 등의 조사에 필요한 경우

나. 고객예금 횡령, 무자원(無資源) 입금 기표(記票) 후 현금 인출 등 금융사고의 적발에 필요한 경우

다. 구속성예금 수입(受入), 자기앞수표 선발행(先發行) 등 불건전 금융거래행위의 조사에 필요한 경우

라. 금융실명거래 위반, 장부 외 거래, 출자자 대출, 동일인 한도 초과 등 법령위반행위의 조사에 필요한 경우

마. 「예금자보호법」에 따른 예금보험업무 및 「금융산업의 구조개선에 관한 법률」에 따라 예금보험공사사장이 예금자표(預金者表)의 작성업무를 수행하기 위하여 필요한 경우

5. 동일한 금융회사등의 내부 또는 금융회사등 상호간에 업무상 필요한 거래정보등의 제공

6. 금융위원회 및 금융감독원장이 그에 상응하는 업무를 수행하는 외국 금융감독기관(국제금융감독기구를 포함한다. 이하 같다)과 다음 각 목의 사항에 대한 업무협조를 위하여 필요로 하는 거래정보등의 제공

가. 금융회사등 및 금융회사등의 해외지점 · 현지법인 등에 대한 감독 · 검사

나. 「자본시장과 금융투자업에 관한 법률」 제437조에 따른 정보교환 및 조사 등의 협조

7. 「자본시장과 금융투자업에 관한 법률」에 따라 거래소허가를 받은 거래소(이하 "거래소"라 한다)가 다음 각 목의 경우에 필요로 하는 투자매매업자 · 투자중개업자가 보유한 거래정보등의 제공

가. 「자본시장과 금융투자업에 관한 법률」 제404조에 따른 이상거래(異常去來)의 심리 또는 회원의 감리를 수행하는 경우

나. 이상거래의 심리 또는 회원의 감리와 관련하여 거래소에 상응하는 업무를 수행하는 외국거래소 등과 협조하기 위한 경우. 다만, 금융위원회의 사전 승인을 받은 경우로 한정한다.

8. 그 밖에 법률에 따라 불특정 다수인에게 의무적으로 공개하여야 하는 것으로서 해당 법률에 따른 거래정보등의 제공

② 제1항제1호부터 제4호까지 또는 제6호부터 제8호까지의 규정에 따라 거래정보등의 제공을 요구하는 자는 다음 각 호의 사항이 포함된 금융위원회가 정하는 표준양식에 의하여 금융회사등의 특정 점포에 이를 요구하여야 한다. 다만, 제1항제1호에 따라 거래정보등의 제공을 요구하거나 같은 항 제2호에 따라 거래정보등의 제공을 요구하는 경우로서 부동산(부동산에 관한 권리를 포함한다. 이하 이 항에서 같다)의 보유기간, 보유 수, 거래 규모 및 거래 방법 등 명백한 자료에 의하여 대통령령으로 정하는 부동산거래와 관련한 소득세 또는 법인세의 탈루혐의가 인정되어 그 탈루사실의 확인이 필요한 자(해당 부동산 거래를 알선·중개한 자를 포함한다)에 대한 거래정보등의 제공을 요구하는 경우 또는 체납액 1천만원 이상인 체납자의 재산조회를 위하여 필요한 거래정보등의 제공을 대통령령으로 정하는 바에 따라 요구하는 경우에는 거래정보등을 보관 또는 관리하는 부서에 이를 요구할 수 있다.

1. 명의인의 인적사항
2. 요구 대상 거래기간
3. 요구의 법적 근거
4. 사용 목적
5. 요구하는 거래정보등의 내용
6. 요구하는 기관의 담당자 및 책임자의 성명과 직책 등 인적사항

③ 금융회사등에 종사하는 자는 제1항 또는 제2항을 위반하여 거래정보등의 제공을 요구받은 경우에는 그 요구를 거부하여야 한다.

④ 제1항 각 호[종전의 금융실명거래에관한법률(대통령긴급재정경제명령 제16호로 폐지되기 전의 것을 말한다) 제5조제1항제1호부터 제4호까지 및 금융실명거래및비밀보장에관한긴급재정경제명령(법률 제5493호로 폐지되기 전의 것을 말한다. 이하 같다) 제4조제1항 각 호를 포함한다]에 따라 거래정보등을 알게 된 자는 그 알게 된 거래정보등을 타인에게 제공 또는 누설하거나 그 목적 외의 용도로 이용하여서는 아니 되며, 누구든지 거래정보등을 알게 된 자에게 그 거래정보등의 제공을 요구하여서는 아니 된다. 다만, 금융위원회 또는 금융감독원장이 제1항제4호 및 제6호에 따라 알게 된 거래정보등을 외국 금융감독기관에 제공하거나 거래소가 제1항제7호에 따라 외국거래소 등에 거래정보등을 제공하는 경우에는 그러하지 아니하다.

⑤ 제1항 또는 제4항을 위반하여 제공 또는 누설된 거래정보등을 취득한 자(그로부터 거래정보등을 다시 취득한 자를 포함한다)는 그 위반사실을 알게 된 경우 그 거래정보등을 타인에게 제공 또는 누설하여서는 아니 된다.

⑥ 다음 각 호의 법률의 규정에 따라 거래정보등의 제공을 요구하는 경우에는 해당 법률의 규정에도 불구하고 제2항에 따른 금융위원회가 정한 표준양식으로 하여야 한다.

1. 「감사원법」 제27조제2항
2. 「정치자금법」 제52조제2항
3. 「공직자윤리법」 제8조제5항
4. 삭제
5. 「상속세 및 증여세법」 제83조제1항
6. 「특정 금융거래정보의 보고 및 이용 등에 관한 법률」 제13조제3항
7. 「과세자료의 제출 및 관리에 관한 법률」 제6조제1항

제4조의2(거래정보등의 제공사실의 통보)

① 금융회사등은 명의인의 서면상의 동의를 받아 거래정보등을 제공한 경우나 제4조 제1항제1호·제2호(조세에 관한 법률에 따라 제출의무가 있는 과세자료 등의 경우는 제외한다)·제3호 및 제8호에 따라 거래정보등을 제공한 경우에는 제공한 날(제2항 또는 제3항에 따라 통보를 유예한 경우에는 통보유예기간이 끝난 날)부터 10일 이내에 제공한 거래정보등의 주요 내용, 사용 목적, 제공받은 자 및 제공일 등을 명의인에게 서면으로 통보하여야 한다.

② 금융회사등은 통보 대상 거래정보등의 요구자로부터 다음 각 호의 어느 하나에 해당하는 사유로 통보의 유예를 서면으로 요청받은 경우에는 제1항에도 불구하고 유예요청기간(제2호 또는 제3호의 사유로 요청을 받은 경우로서 그 유예요청기간이 6개월 이상인 경우에는 6개월) 동안 통보를 유예하여야 한다.

1. 해당 통보가 사람의 생명이나 신체의 안전을 위협할 우려가 있는 경우
2. 해당 통보가 증거 인멸, 증인 위협 등 공정한 사법절차의 진행을 방해할 우려가 명백한 경우
3. 해당 통보가 질문·조사 등의 행정절차의 진행을 방해하거나 과도하게 지연시킬 우려가 명백한 경우

③ 금융회사등은 거래정보등의 요구자가 제2항 각 호의 어느 하나에 해당하는 사유가 지속되고 있음을 제시하고 통보의 유예를 서면으로 반복하여 요청하는 경우에는 요청받은 날부터 두 차례만(제2항제1호의 경우는 제외한다) 매 1회 3개월의 범위에서 유예요청기간 동안 통보를 유예하여야 한다. 다만, 제4조제1항제2호(조세에 관한 법률에 따라 제출의무가 있는 과세자료 등의 경우는 제외한다)에 따른 거래정보등의 제공을 요구하는 자가 통보의 유예를 요청하는 경우에는 요청을 받은 때마다 그 날부터 6개월의 범위에서 유예요청기간 동안 통보를 유예하여야 한다.

④ 제1항에 따라 금융회사등이 거래정보등의 제공사실을 명의인에게 통보하는 경우에 드는 비용은 대통령령으로 정하는 바에 따라 제4조제1항에 따라 거래정보등의 제공을 요구하는 자가 부담한다.

⑤ 다음 각 호의 법률의 규정에 따라 거래정보등의 제공을 요구하는 경우에는 제1항부터 제4항까지의 규정을 적용한다.

1. 「감사원법」 제27조제2항
2. 「정치자금법」 제52조제2항
3. 「공직자윤리법」 제8조제5항
4. 삭제
5. 「상속세 및 증여세법」 제83조제1항
6. 「과세자료의 제출 및 관리에 관한 법률」 제6조제1항

2. 감사원법

제27조(출석답변 · 자료제출 · 봉인 등)

① 감사원은 감사에 필요하면 다음 각 호의 조치를 할 수 있다.

1. 관계자 또는 감사사항과 관련이 있다고 인정된 자의 출석 · 답변의 요구(「정보통신망 이용촉진 및 정보보호 등에 관한 법률」에 따른 정보통신망을 이용한 요구를 포함한다. 이하 같다)

2. 증명서, 변명서, 그 밖의 관계 문서 및 장부, 물품 등의 제출 요구

3. 창고, 금고, 문서 및 장부, 물품 등의 봉인

② 감사원은 이 법에 따른 회계검사와 감사대상 기관인 금융기관에 대한 감사를 위하여 필요하면 다른 법률의 규정에도 불구하고 인적 사항을 적은 문서(「정보통신망 이용촉진 및 정보보호 등에 관한 법률」에 따른 전자문서를 포함한다. 이하 같다)에 의하여 금융기관의 특정 점포에 금융거래의 내용에 관한 정보 또는 자료의 제출을 요구할 수 있으며, 해당 금융기관에 종사하는 자는 이를 거부하지 못한다.

③ 제1항제3호에 따른 봉인 및 제2항에 따른 금융거래의 내용에 관한 정보 또는 자료의 제출 요구는 감사에 필요한 최소한도에 그쳐야 한다.

④ 제2항 및 제3항에 따라 금융거래의 내용에 관한 정보 또는 자료를 받은 자는 그 정보 또는 자료를 다른 사람에게 제공 또는 누설하거나 해당 목적 외의 용도로 이용하여서는 아니 된다.

⑤ 감사원은 감사를 위하여 제출받은 개인의 신상이나 사생활에 관한 정보 또는 자료를 해당 감사 목적 외의 용도로 이용하여서는 아니 된다. 다만, 본인 또는 자료를 제출한 기관의 장의 동의가 있는 경우에는 그러하지 아니하다.

3. 공직자윤리법

제8조(등록사항의 심사)

① 공직자윤리위원회는 등록된 사항을 심사하여야 한다.

② 공직자윤리위원회는 등록의무자가 등록재산의 일부를 과실로 빠트리거나 가액합

산 등을 잘못 기재한 부분이 있다고 인정될 때에는 등록의무자에게 기간을 정하여 재산등록서류의 보완을 명할 수 있다.

③ 공직자윤리위원회는 제1항에 따른 심사를 위하여 필요하면 등록의무자에게 자료의 제출요구 또는 서면질의를 하거나 사실 확인을 위한 조사를 할 수 있다. 이 경우 공직자윤리위원회는 등록의무자에게 해명 및 소명자료를 제출할 기회를 주어야 한다.

④ 공직자윤리위원회는 국가기관, 지방자치단체, 공직유관단체, 그 밖의 공공기관의 장에게 제1항에 따른 심사를 위하여 필요한 보고나 자료 제출 등을 요구할 수 있으며, 이 경우 그 기관·단체의 장은 다른 법률에도 불구하고 보고나 자료 제출 등을 거부할 수 없다.

⑤ 공직자윤리위원회는 제1항에 따른 심사를 위하여 금융거래의 내용(신용정보를 포함한다. 이하 같다)에 관한 확인이 필요하다고 인정될 때에는 「금융실명거래 및 비밀보장에 관한 법률」 제4조 및 「신용정보의 이용 및 보호에 관한 법률」 제33조에도 불구하고 국회규칙, 대법원규칙, 헌법재판소규칙, 중앙선거관리위원회규칙 또는 대통령령으로 정하는 기준에 따라 인적사항을 기재한 문서 또는 정보통신망에 의하여 금융기관의 장에게 금융거래의 내용에 관한 자료 제출을 요구할 수 있으며 그 금융기관에 종사하는 사람은 이를 거부하지 못한다.

⑥ 공직자윤리위원회는 등록의무자와 그 배우자, 등록의무자의 직계존속·직계비속, 그 밖의 재산등록사항 관계인에게 출석을 요구하고 진술을 받을 수 있다.

⑦ 공직자윤리위원회는 제1항에 따른 심사 결과 다음 각 호의 어느 하나에 해당하는 등록의무자에 대하여는 그 증명서류를 첨부하고 기간을 정하여 법무부장관(군인 또는 군무원의 경우에는 국방부장관)에게 조사를 의뢰하여야 한다.

1. 거짓으로 등록하였다고 의심되는 등록의무자
2. 다음 각 목의 어느 하나에 해당하는 행위를 통하여 재물 또는 재산상 이익을 취득한 상당한 혐의가 있다고 의심되는 등록의무자
   가. 직무상 알게 된 비밀의 이용
   나. 직무와 관련한 뇌물의 수수(收受)
   다. 지위를 이용하여 다른 공직자의 직무에 속한 사항의 알선

⑧ 법무부장관 또는 국방부장관은 제7항에 따라 조사의뢰를 받으면 지체 없이 검사(檢事) 또는 군검사에게 조사를 하게 하고 그 조사 결과를 공직자윤리위원회에 통보하여야 한다.

⑨ 제8항에 따른 검사나 군검사의 조사에 관하여는 형사소송에 관한 법령(「군사법원법」을 포함한다) 중 수사에 관한 규정을 준용한다. 다만, 인신구속에 관한 규정은 그러하지 아니하다.

⑩ 공직자윤리위원회는 제5조제1항에 따른 등록사항 또는 제6조에 따른 변동신고사항을 제10조제1항에 따라 공개한 후 3개월 이내에 재산공개대상 공직자 전원에 대한 심사를 완료하여야 한다. 다만, 공직자윤리위원회는 필요하다고 인정되면 그 의결

로써 심사기간을 3개월의 범위에서 연장할 수 있다.

⑪ 공직자윤리위원회는 필요한 경우 재산공개대상자가 아닌 등록의무자의 등록사항에 대한 심사를 등록기관의 장이나 그 밖의 관계 기관의 장에게 위임할 수 있으며, 위임을 받은 기관의 장은 심사결과를 관할 공직자윤리위원회에 보고하여야 한다.

⑫ 제11항에 따라 위임하는 경우에는 제2항부터 제9항까지의 규정을 준용한다. 이 경우 제5항에 따른 금융거래의 내용에 관한 자료 제출을 요구하거나 제7항에 따른 조사의뢰를 하려면 관할 공직자윤리위원회의 승인을 받아야 한다.

⑬ 공직자윤리위원회는 재산등록사항을 심사할 때 필요한 경우 제4조에 따라 등록한 재산의 소유자별 취득일자, 취득경위 및 소득원 등(이하 이 조에서 "재산형성과정"이라 한다)을 소명하게 할 수 있다. 이때 재산형성과정의 소명을 요구받은 사람은 소명내용에 대한 재산등록 기준일부터 과거 5년간의 증빙자료를 제출하여야 한다.

⑭ 제13항에 따라 재산형성과정의 소명을 요구받은 사람은 정당한 사유가 없으면 소명 및 자료 제출을 거부할 수 없다.

⑮ 제13항 및 제14항에 따른 재산형성과정의 소명 및 자료 제출에 필요한 사항은 대통령령으로 정한다.

⑯ 공직자윤리위원회는 제4항 및 제5항에 따른 자료제출 요구를 제9조제2항제8호에 따른 정부 공직자윤리위원회에 위탁할 수 있으며, 정부 공직자윤리위원회는 위탁받은 명의인에 대한 자료를 관계 기관의 장에게 요구할 수 있다. 이 경우 「금융실명거래 및 비밀보장에 관한 법률」 제4조의2 및 「신용정보의 이용 및 보호에 관한 법률」 제35조에 따른 비용은 해당 사무를 위탁한 공직자윤리위원회가 부담한다.

「신용정보의 이용 및 보호에 관한 법률」

제33조(개인신용정보의 이용)

① 개인신용정보는 다음 각 호의 어느 하나에 해당하는 경우에만 이용하여야 한다.

 1. 해당 신용정보주체가 신청한 금융거래 등 상거래관계의 설정 및 유지 여부 등을 판단하기 위한 목적으로 이용하는 경우

 2. 제1호의 목적 외의 다른 목적으로 이용하는 것에 대하여 신용정보주체로부터 동의를 받은 경우

 3. 개인이 직접 제공한 개인신용정보(그 개인과의 상거래에서 생긴 신용정보를 포함한다)를 제공받은 목적으로 이용하는 경우(상품과 서비스를 소개하거나 그 구매를 권유할 목적으로 이용하는 경우는 제외한다)

 4. 제32조제6항 각 호의 경우

 5. 그 밖에 제1호부터 제4호까지의 규정에 준하는 경우로서 대통령령으로 정하는 경우

② 신용정보회사등이 개인의 질병, 상해 또는 그 밖에 이와 유사한 정보를 수집·조사하거나 제3자에게 제공하려면 미리 제32조제1항 각 호의 방식으로 해당 개인의 동의를 받아야 하며, 대통령령으로 정하는 목적으로만 그 정보를 이용하여야 한다.

제35조(신용정보 이용 및 제공사실의 조회)

① 신용정보회사등은 개인신용정보를 이용하거나 제공한 경우 대통령령으로 정하는 바에 따라 다음 각 호의 구분에 따른 사항을 신용정보주체가 조회할 수 있도록 하여야 한다. 다만, 내부 경영관리의 목적으로 이용하거나 반복적인 업무위탁을 위하여 제공하는 경우 등 대통령령으로 정하는 경우에는 그러하지 아니하다.

   1. 개인신용정보를 이용한 경우: 이용 주체, 이용 목적, 이용 날짜, 이용한 신용정보의 내용, 그 밖에 대통령령으로 정하는 사항

   2. 개인신용정보를 제공한 경우: 제공 주체, 제공받은 자, 제공 목적, 제공한 날짜, 제공한 신용정보의 내용, 그 밖에 대통령령으로 정하는 사항

② 신용정보회사등은 제1항에 따라 조회를 한 신용정보주체의 요청이 있는 경우 개인신용정보를 이용하거나 제공하는 때에 제1항 각 호의 구분에 따른 사항을 대통령령으로 정하는 바에 따라 신용정보주체에게 통지하여야 한다.

③ 신용정보회사등은 신용정보주체에게 제2항에 따른 통지를 요청할 수 있음을 알려주어야 한다.

4. 범죄수사규칙

제149조(영장에 의한 금융거래정보 요구 시 주의사항)

① 경찰관은 「금융실명거래 및 비밀보장에 관한 법률」 제4조제1항제1호에 따라 금융거래의 내용에 대한 정보 또는 자료(이하 "거래정보등"이라 한다)를 제공받을 때에는 압수 · 수색 · 검증영장(금융계좌 추적용)을 발부받아 해당 금융기관에 금융거래정보 등을 요구하여야 한다.

② 제1항에 따라 거래정보 등을 제공받은 경찰관은 「금융실명거래 및 비밀보장에 관한 법률」 제4조제4항에 따라 범죄수사목적 외의 용도로 이를 이용하거나 타인에게 제공 또는 누설하여서는 아니 된다.

③ 경찰관은 금융기관이 '거래정보 등을 제공하였다는 사실'을 거래명의자에게 통보하는 것이 「금융실명거래 및 비밀보장에 관한 법률」 제4조의2제2항 각 호에 해당하는 경우에는 해당 금융기관에 대하여 명의자에게 통보하는 것을 유예하도록 신청하여야 한다.

제7절 증거보전과 감정 등

1. 증거보전 신청

가. 형사소송법

제184조(증거보전의 청구와 그 절차)

① 검사, 피고인, 피의자 또는 변호인은 미리 증거를 보전하지 아니하면 그 증거를 사용하기 곤란한 사정이 있는 때에는 제1회 공판기일 전이라도 판사에게 압수, 수색, 검증, 증인신문 또는 감정을 청구할 수 있다.

② 전항의 청구를 받은 판사는 그 처분에 관하여 법원 또는 재판장과 동일한 권한이 있다.

③ 제1항의 청구를 함에는 서면으로 그 사유를 소명하여야 한다.

④ 제1항의 청구를 기각하는 결정에 대하여는 <u>3일 이내에 항고</u>할 수 있다.

나. 경찰수사규칙

제71조(증거보전 신청)

사법경찰관은 미리 증거를 보전하지 않으면 그 증거를 사용하기 곤란한 경우에는 별지 제82호서식의 증거보전 신청서를 작성하여 검사에게 법 제184조제1항에 따른 증거보전의 청구를 신청할 수 있다.

2. 감정의 위촉 등

가. 형사소송법

제221조(제3자의 출석요구 등)

① 검사 또는 사법경찰관은 수사에 필요한 때에는 피의자가 아닌 자의 출석을 요구하여 진술을 들을 수 있다. 이 경우 그의 동의를 받아 영상녹화할 수 있다.

② 검사 또는 사법경찰관은 수사에 필요한 때에는 감정·통역 또는 번역을 위촉할 수 있다.

③ 제163조의2제1항부터 제3항까지는 검사 또는 사법경찰관이 범죄로 인한 피해자를 조사하는 경우에 준용한다.

제221조의3(감정의 위촉과 감정유치의 청구)

① 검사는 제221조의 규정에 의하여 감정을 위촉하는 경우에 제172조제3항의 유치처분이 필요할 때에는 판사에게 이를 청구하여야 한다.

② 판사는 제1항의 청구가 상당하다고 인정할 때에는 유치처분을 하여야 한다. 제172조 및 제172조의2의 규정은 이 경우에 준용한다.

제221조의4(감정에 필요한 처분, 허가장)

① 제221조의 규정에 의하여 감정의 위촉을 받은 자는 판사의 허가를 얻어 제173조제1항에 규정된 처분을 할 수 있다.

② 제1항의 허가의 청구는 검사가 하여야 한다.

③ 판사는 제2항의 청구가 상당하다고 인정할 때에는 <u>허가장을 발부</u>하여야 한다.

④ 제173조제2항, 제3항 및 제5항의 규정은 제3항의 허가장에 준용한다.

나. 경찰수사규칙

제42조(감정의 위촉)

사법경찰관은 법 제221조제2항에 따라 감정을 위촉하는 경우에는 별지 제34호서식의 감정위촉서에 따른다. 법 제221조의4에 따라 감정에 필요한 허가장을 발부받아 위촉하는 경우에도 또한 같다.

다. 범죄수사규칙

제173조(감정의 위촉 등)

① 경찰관은 「형사소송법」 제221조제2항에 따라 수사에 필요하여 국립과학수사연구원 등에게 감정을 의뢰하는 경우에는 별지 제24호서식의 감정의뢰서에 따른다.

② 경찰관은 제1항 이외의 감정기관이나 적당한 학식·경험이 있는 사람에게 감정을 위촉하는 경우에는 「경찰수사규칙」 제42조의 감정위촉서에 따르며, 이 경우 감정인에게 예단이나 편견을 생기게 할 만한 사항을 적어서는 아니 된다.

③ 경찰관은 감정을 위촉하는 경우에는 감정인에게 감정의 일시, 장소, 경과와 결과를 관계자가 용이하게 이해할 수 있도록 간단명료하게 기재한 감정서를 제출하도록 요구하여야 한다.

④ 경찰관은 감정인이 여러 사람인 때에는 공동의 감정서를 제출하도록 요구할 수 있다.

⑤ 경찰관은 감정서의 내용이 불명확하거나 누락된 부분이 있을 때에는 이를 보충하는 서면의 제출을 요구하여 감정서에 첨부하여야 한다.

■ 경찰수사규칙 [별지 제34호서식]

소 속 관 서

제 0000-00000 호   0000.00.00.
수 신 : 수신
제 목 : 감정위촉서

피의자 000외 0명에 대한 죄명 피의사건에 관하여 다음 사항의 감정을 위촉합
니다.

사 건 번 호	
감 정 대 상 (종류 · 품명)	
위 촉 사 항	
비 고	※ 감정처분허가장이 첨부된 경우, 감정처분허가장은 감정서와 함께 반환하시기 바랍니다.

소 속 관 서

사법경찰관 계급

210㎜ × 297㎜(백상지 60g/㎡)

■ 범죄수사규칙 [별지 제24호서식]

소 속 관 서

제 0000-00000 호   0000.00.00.
수 신 :
제 목 : 감정의뢰

다음 사항을 의뢰하오니 조속히 감정하여 주시기 바랍니다.

사 건 번 호	
대 상 자	
죄 명	
감정대상물종류 · 품명 및 구 분 번 호	
감 정 의 뢰 사 항	
채 취 년 월 일	
채 취 장 소	
채 취 방 법	
관 련 사 건 개 요	
관련피해자 성명 · 주소	
사건담당자 계급 · 성명	

소 속 관 서

사법경찰관 계급

210㎜ × 297㎜(백상지 80g/㎡)

3. 감정유치 및 감정처분 허가 신청

가. 형사소송법

제172조(법원 외의 감정)
① 법원은 필요한 때에는 감정인으로 하여금 법원 외에서 감정하게 할 수 있다.
② 전항의 경우에는 감정을 요하는 물건을 감정인에게 교부할 수 있다.
③ 피고인의 정신 또는 신체에 관한 감정에 필요한 때에는 법원은 기간을 정하여 병원 기타 적당한 장소에 피고인을 유치하게 할 수 있고 감정이 완료되면 즉시 유치를 해제하여야 한다.
④ 전항의 유치를 함에는 감정유치장을 발부하여야 한다.
⑤ 제3항의 유치를 함에 있어서 필요한 때에는 법원은 직권 또는 피고인을 수용할 병원 기타 장소의 관리자의 신청에 의하여 사법경찰관리에게 피고인의 간수를 명할 수 있다.
⑥ 법원은 필요한 때에는 유치기간을 연장하거나 단축할 수 있다.
⑦ 구속에 관한 규정은 이 법률에 특별한 규정이 없는 경우에는 제3항의 유치에 관하여 이를 준용한다. 단, 보석에 관한 규정은 그러하지 아니하다.
⑧ 제3항의 유치는 미결구금일수의 산입에 있어서는 이를 구속으로 간주한다.

제172조의2(감정유치와 구속)

① 구속 중인 피고인에 대하여 감정유치장이 집행되었을 때에는 피고인이 유치되어 있는 기간 구속은 그 집행이 정지된 것으로 간주한다.

② 전항의 경우에 전조 제3항의 유치처분이 취소되거나 유치기간이 만료된 때에는 구속의 집행정지가 취소된 것으로 간주한다.

제173조(감정에 필요한 처분)

① 감정인은 감정에 관하여 필요한 때에는 법원의 허가를 얻어 타인의 주거, 간수자 있는 가옥, 건조물, 항공기, 선차 내에 들어 갈 수 있고 신체의 검사, 사체의 해부, 분묘발굴, 물건의 파괴를 할 수 있다.

② 전항의 허가에는 피고인의 성명, 죄명, 들어갈 장소, 검사할 신체, 해부할 사체, 발굴할 분묘, 파괴할 물건, 감정인의 성명과 유효기간을 기재한 허가장을 발부하여야 한다.

③ 감정인은 제1항의 처분을 받는 자에게 허가장을 제시하여야 한다.

④ 전2항의 규정은 감정인이 공판정에서 행하는 제1항의 처분에는 적용하지 아니한다.

⑤ 제141조, 제143조의 규정은 제1항의 경우에 준용한다.

제221조의4(감정에 필요한 처분, 허가장)

① 제221조의 규정에 의하여 감정의 위촉을 받은 자는 판사의 허가를 얻어 제173조 제1항에 규정된 처분을 할 수 있다.

② 제1항의 허가의 청구는 검사가 하여야 한다.

③ 판사는 제2항의 청구가 상당하다고 인정할 때에는 허가장을 발부하여야 한다.

④ 제173조제2항, 제3항 및 제5항의 규정은 제3항의 허가장에 준용한다.

나. 경찰수사규칙

제73조(감정유치 및 감정처분허가 신청)

① 사법경찰관은 법 제221조제2항의 감정을 위하여 법 제172조제3항에 따른 유치가 필요한 경우에는 별지 제84호서식의 감정유치장 신청서를 작성하여 검사에게 제출해야 한다.

② 사법경찰관은 법 제221조의4제1항에 따라 법 제173조제1항에 따른 처분을 위한 허가가 필요한 경우에는 별지 제85호서식의 감정처분허가장 신청서를 작성하여 검사에게 제출해야 한다.

소 속 관 서

제 0000-00000 호　　　　　　　　　　　　　　0000.00.00.
수 신 : 검찰청의 장
제 목 : 감정유치 신청서

다음 사건에 관하여 아래와 같이 감정유치하려 하니 0000.00.00.까지 유효한 감정유치장의 청구를 신청합니다.

피의자	성　명	
	주민등록번호	
	직　업	
	주　거	
변　호　인		
범　죄　사　실		
7일을 넘는 유효기간을 필요로하는 취지와 사유		
둘 이상의 유치장을 신청하는 취지와 사유		
유 치 할 장 소		
유　치　기　간		
감정의 목적 및 이유		
감정인	성　명	
	직　업	
비　　　고		

소속관서
사법경찰관 계급

210㎜ × 297㎜(백상지 80g/㎡)

소 속 관 서

제 0000-00000 호　　　　　　　　　　　　　　0000.00.00.
수 신 : 검찰청의 장
제 목 : 감정처분허가장 신청서

다음 사건에 관하여 아래와 같이 감정에 필요한 처분을 할 수 있도록 0000.00.00.까지 유효한 감정처분허가장의 청구를 신청합니다.

피의자	성　명		주민등록번호	
	직　업			
	주　거			
감정인	성　명		주민등록번호	
	직　업			
감정위촉연월일				
감 정 위 촉 사 항				
감 정 장 소				
범　죄　사　실				
7일을 넘는 유효기간을 필요로 하는 취지와사유				
둘 이상의 허가장을 신청하는취지와사유				
감 정 에 필 요 한 처 분 의 이 유				
변　호　인				
비　　　고				

소속관서
사법경찰관 계급

210㎜ × 297㎜(백상지 80g/㎡)

다. 범죄수사규칙

제174조(감정유치 및 감정처분허가신청)
경찰관은 「경찰수사규칙」 제73조제2항의 신청에 따라 판사로부터 감정처분허가장을 발부받은 경우 감정인에게 이를 교부하여야 한다.

4. 증인신문 신청

가. 형사소송법

제221조의2(증인신문의 청구)
① 범죄의 수사에 없어서는 아니될 사실을 안다고 명백히 인정되는 자가 전조의 규정에 의한 출석 또는 진술을 거부한 경우에는 검사는 제1회 공판기일 전에 한하여 판사에게 그에 대한 증인신문을 청구할 수 있다.
② 삭제
③ 제1항의 청구를 함에는 서면으로 그 사유를 소명하여야 한다.
④ 제1항의 청구를 받은 판사는 증인신문에 관하여 법원 또는 재판장과 동일한 권한이 있다.

⑤ 판사는 제1항의 청구에 따라 증인신문기일을 정한 때에는 피고인·피의자 또는 변호인에게 이를 통지하여 증인신문에 참여할 수 있도록 하여야 한다.

⑥ 판사는 제1항의 청구에 의한 증인신문을 한 때에는 지체없이 이에 관한 서류를 검사에게 송부하여야 한다.

나. 경찰수사규칙

제72조(증인신문 신청)

사법경찰관은 범죄의 수사에 없어서는 안 되는 사실을 안다고 명백히 인정되는 사람이 출석 또는 진술을 거부하는 경우에는 별지 제83호서식의 증인신문 신청서를 작성하여 검사에게 법 제221조의2제1항에 따른 증인신문의 청구를 신청할 수 있다.

■ 경찰수사규칙 [별지 제83호서식]

소속관서

제 0000-00000 호   0000.00.00.
수 신 : 검찰청의 장
제 목 : 증인신문 신청서

다음 사건에 관하여 아래와 같이 증인신문의 청구를 신청합니다.

사 건 번 호				
죄 명				
피 의 자	성 명		주민등록번호	
	직 업			
	주 거			
증 인	성 명		주민등록번호	
	직 업			
	주 거			
범 죄 사 실				
증 명 할 사 실				
신 문 사 항				
증인신문청구의 요건이 되는 사실				
변 호 인				

소속관서

사법경찰관 계급

210㎜ × 297㎜(백상지 80g/㎡)

CHAPTER 05

영장심의위원회

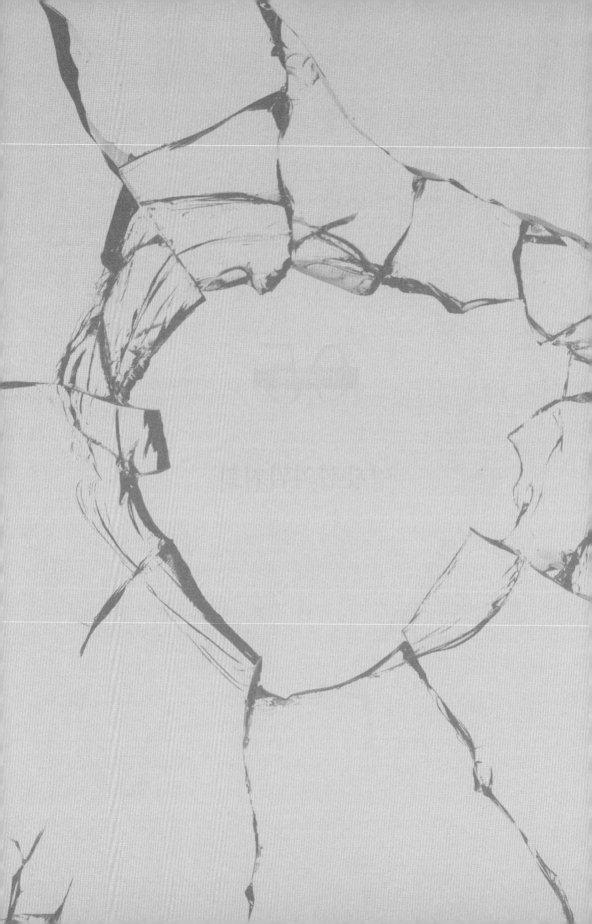

제5장

영장심의위원회

> ## 제1절 영장심의위원회 심의

1. 형사소송법

제221조의5(사법경찰관이 신청한 영장의 청구 여부에 대한 심의)

① 검사가 사법경찰관이 신청한 영장을 정당한 이유 없이 판사에게 청구하지 아니한 경우 사법경찰관은 그 검사 소속의 지방검찰청 소재지를 관할하는 고등검찰청에 영장 청구 여부에 대한 심의를 신청할 수 있다.

② 제1항에 관한 사항을 심의하기 위하여 각 고등검찰청에 영장심의위원회(이하 이 조에서 "심의위원회"라 한다)를 둔다.

③ 심의위원회는 위원장 1명을 포함한 10명 이내의 외부 위원으로 구성하고, 위원은 각 고등검찰청 검사장이 위촉한다.

④ 사법경찰관은 심의위원회에 출석하여 의견을 개진할 수 있다.

⑤ 심의위원회의 구성 및 운영 등 그 밖에 필요한 사항은 법무부령으로 정한다.

2. 검사와 사법경찰관의 상호협력과 일반적 수사준칙에 관한 규정

제44조(영장심의위원회)

법 제221조의5에 따른 영장심의위원회의 위원은 해당 업무에 전문성을 가진 중립적 외부 인사 중에서 위촉해야 하며, 영장심의위원회의 운영은 독립성·객관성·공정성이 보장되어야 한다.

3. 경찰수사규칙

제74조(영장심의위원회)

사법경찰관은 법 제221조의5제1항에 따라 영장 청구 여부에 대한 심의를 신청하는 경우에는 「영장심의위원회 규칙」 제13조에 따라 관할 고등검찰청에 심의신청을 해야 한다.

4. 영장심의위원회 규칙

제1조(목적)

이 규칙은 「형사소송법」 제221조의5제5항에 따라 영장심의위원회 구성과 운영 등에 필요한 사항을 규정하는 것을 목적으로 한다.

제2조(영장심의위원회의 심의대상)

「형사소송법」(이하 "법"이라 한다) 제221조의5제2항에 따른 영장심의위원회(이하 "심의위원회"라 한다)는 법 제221조의5제1항에 따른 신청(이하 "심의신청"이라 한다)에 따라 다음 각 호의 영장 청구 여부에 관한 사항을 심의한다.

1. 체포·구속영장
2. 압수·수색·검증영장
3. 「통신비밀보호법」 제6조·제8조에 따른 통신제한조치허가서 및 같은 법 제13조에 따른 통신사실 확인자료제공 요청허가서
4. 그 밖에 사법경찰관이 관련 법률에 따라 신청하고 검사가 법원에 청구하는 강제처분

제5조(심의위원회의 구성)

① 심의위원회는 법 제221조의5제3항에 따라 위원장 1명을 포함하여 10명의 위원으로 구성한다.

② 심의위원회 위원장(이하 "위원장"이라 한다)은 위원후보 중에서 후보단의 추천을 받아 각 고등검찰청 검사장이 위촉한다.

③ 위원장을 제외한 심의위원회 위원(이하 "심의위원"이라 한다)은 심의신청이 있을 때마다 각 고등검찰청 검사장이 위원후보 중에서 추첨 등 무작위 추출방식으로 선정하여 위촉한다.

④ 각 고등검찰청 검사장은 심의위원회의 회의가 개최되기 전에 제2항 및 제3항에 따라 위촉한 심의위원회 위원(이하 "위원"이라 한다)으로 하여금 별지 제3호서식의 서약서를 작성·제출하도록 하여 제8조제1항 각 호에 따른 결격사유 또는 제9조제1항 각 호에 따른 제척사유나 같은 조 제3항에 따른 회피사유가 없는지를 확인해야 한다.

제27조(심의 비공개 등)

① 누구든지 심의위원회의 심의 여부 및 내용, 심의대상 영장과 관련된 사건에 관한 사항, 심의의견서 등 심의 관련 서류 및 심의위원회의 심의에 참여한 <u>위원 명단을 외부에 공개해서는 안 된다.</u>

② 제1항에도 불구하고 다음 각 호의 사유가 있는 경우에는 심의위원회의 의결을 거쳐 심의 관련 사항을 공개할 수 있다. 다만, 이 경우에도 심의위원회의 심의에 참여한 위원 명단은 공개할 수 없다.

　　1. 사건관계인 또는 수사업무 종사자의 명예·사생활 등 인권을 침해하는 등의 오보가 발생하거나 발생할 것이 명백하여 신속하게 이를 바로잡는 조치가 필요한 경우

　　2. 이미 언론에 공개된 사항과 관련하여 심의 관련 사항을 국민들에게 알릴 필요가 있는 경우

③ 제2항의 경우 심의위원회는 <u>출석심의위원 3분의 2 이상의 찬성</u>으로 공개 여부를 의결한다.

제2절 위원장의 임기 등

「영장심의위원회 규칙」

제6조(위원장 등의 임기)

① 위원장의 <u>임기는 1년</u>으로 하며, <u>연임할 수 없다.</u>

② 위원후보의 <u>임기는 1년</u>으로 하며, <u>한</u> 차례만 연임할 수 있다.

제7조(위원 등의 해촉)

각 고등검찰청 검사장은 위원 또는 위원후보가 다음 각 호의 어느 하나에 해당하는 경우에는 해당 위원 또는 위원후보를 해촉(解囑)할 수 있다.

1. 심의위원회 직무와 관련하여 알게 된 사실을 외부에 누설한 경우
2. 정치·사회적으로 편향된 언행이나 개입으로 인하여 공정한 직무 수행이 어렵다고 인정되는 경우
3. 심신장애로 인하여 직무를 수행할 수 없게 된 경우
4. 직무와 관련된 비위사실이 있는 경우
5. 직무태만, 품위손상이나 그 밖의 사유로 위원 또는 위원후보로 적합하지 않다고 인정되는 경우
6. 제4조제2항에 따라 제출한 별지 제2호서식의 직무윤리 서약서에 규정된 사항을 위반한 경우
7. 위원 또는 위원후보 스스로 직무를 수행하는 것이 곤란하다고 의사를 밝히는 경우

제3절 위원 등의 결격사유 및 제척·기피·회피

「영장심의위원회 규칙」

제8조(위원 등의 결격사유)

① 다음 각 호의 어느 하나에 해당하는 사람은 위원 또는 위원후보가 될 수 없다.
1. 「국가공무원법」 제33조 각 호의 어느 하나에 해당하는 사람
2. 정당의 당원
3. 형사사건으로 기소되어 정식재판이 계속 중인 사람
4. 검찰청, 고위공직자범죄수사처, 경찰청 등 수사기관에 재직하고 있거나 재직했던 사람

② 각 고등검찰청 검사장은 위원 또는 위원후보가 제1항 각 호의 어느 하나에 해당하는 사람이거나 위촉 당시 그에 해당하는 사람이었음이 밝혀진 경우 해당 위원 또는 위원후보를 해촉해야 한다.

③ 제2항에 따라 해촉된 위원 또는 위원후보가 심의위원회의 직무와 관련하여 해촉 전에 한 행위는 그 효력을 잃지 않는다.

제9조(위원의 제척·기피·회피)

① 위원이 다음 각 호의 어느 하나에 해당하는 경우에는 해당 안건의 심의에서 제척(除斥)된다.
1. 해당 안건의 피의자, 피해자 또는 고소인·고발인인 경우(피의자, 피해자 또는 고소인·고발인이 법인 또는 단체인 경우에는 그 대표자를 포함한다)
2. 제1호의 사람과 4촌 이내의 친족이거나 이러한 관계에 있었던 경우

3. 제1호의 사람의 법정대리인, 대리인, 변호인(법무법인 또는 합동법률사무소 소속인 경우 해당 법무법인 또는 합동법률사무소에 소속된 변호인을 포함한다) 또는 보조인이거나 이러한 관계에 있었던 경우

② 심의신청을 한 사법경찰관이나 심의대상 영장을 담당한 검사(이하 "담당검사"라 한다)는 위원에게 공정한 심의를 기대하기 어려운 사정이 있는 경우에는 심의위원회에 기피신청을 할 수 있고, 심의위원회는 의결로 기피 여부를 결정한다. 이 경우 기피신청의 대상인 위원은 그 의결에 참여할 수 없다.

③ 위원은 제1항 각 호에 따른 제척사유에 해당하거나 제1항제1호의 사람 또는 해당 안건의 수사나 영장의 신청·청구 여부의 결정에 관여한 사람과 친분관계·대립관계 또는 이해관계가 있어 심의의 공정성에 대한 의심을 받을 수 있다고 판단하는 경우에는 심의위원회에 그 사실을 알리고 스스로 해당 안건의 심의에서 회피해야 한다.

제4절 영장심의위원회 심의신청과 철회

1. 경찰수사규칙

제74조(영장심의위원회)

사법경찰관은 법 제221조의5제1항에 따라 영장 청구 여부에 대한 심의를 신청하는 경우에는 「영장심의위원회 규칙」 제13조에 따라 관할 고등검찰청에 심의신청을 해야 한다.

2. 영장심의위원회 규칙

제13조(심의신청 절차)

① 사법경찰관은 다음 각 호의 구분에 따른 날부터 7일(토요일과 공휴일은 제외한다) 이내에 심의신청을 해야 한다.

1. 담당검사가 법 제197조의2제1항제2호에 따른 보완수사요구(이하 "보완수사요구"라 한다) 없이 영장을 청구하지 않기로 한 결정서를 송부한 경우: 해당 결정서가 영장을 신청한 사법경찰관 소속 경찰관서에 접수된 날

2. 담당검사가 사법경찰관이 영장을 신청한 날(담당검사가 관계 서류와 증거물을 사법경찰관에게 반환하지 않은 상태로 보완수사요구를 한 경우에는 사법경찰관이 보완수사요구 이행 결과 서면을 검찰청에 접수한 날을 말한다. 이하 이 호

에서 같다)부터 5일(토요일과 공휴일은 제외한다)이 지나도록 영장의 청구 여부를 결정하지 않은 경우: 영장신청일부터 5일(토요일과 공휴일은 제외한다)이 지난 날. 다만, 담당검사와 영장을 신청한 사법경찰관이 협의하여 영장신청일부터 10일(토요일과 공휴일은 제외한다) 이내의 범위에서 영장 청구 여부의 결정 기한을 연기했을 때에는 그 기한이 지난 날로 한다.

3. 사법경찰관이 죄명과 기본적 사실관계가 동일한 내용의 영장에 대하여 두 차례에 걸쳐 보완수사요구를 받아 이를 이행한 경우: 담당검사로부터 세 번째 보완수사요구를 받은 날

② 사법경찰관은 심의신청을 할 때 별지 제4호서식의 심의신청서 원본 및 부본 각 1부와 사건기록 등본 2부를 담당검사가 소속된 지방검찰청 소재지를 관할하는 고등검찰청(이하 "관할 고등검찰청"이라 한다)에 제출해야 한다. 다만, 담당검사와 합의한 경우 사건기록 등본은 그 일부만을 제출할 수 있다.

③ 사법경찰관이 심의신청을 하려고 할 때 담당검사가 사건기록을 보관하고 있는 경우에는 그 담당검사는 사법경찰관에게 사건기록을 신속히 반환해야 한다.

제14조(심의신청의 철회)

① 사법경찰관은 심의위원회의 회의 개최일 전날(그날이 토요일 또는 공휴일인 경우에는 그 전날을 말한다)까지 관할 고등검찰청에 별지 제5호서식의 심의신청 철회서를 제출하여 심의신청을 철회할 수 있다.

② 사법경찰관이 심의신청 후 심의위원회의 회의가 개최되기 전에 심의대상 영장과 동일한 내용의 영장(범죄사실 또는 영장에 의한 강제처분의 범위가 추가된 경우를 포함한다)을 담당검사에게 다시 신청한 경우에는 심의신청을 철회한 것으로 본다. 이 경우 사법경찰관은 영장을 다시 신청할 때 그 신청사실을 관할 고등검찰청에 통보해야 한다.

③ 제14조제1항 또는 제2항에 따라 심의신청이 철회된 경우에는 위원회의 회의를 개최하지 않는다.

제15조(심의절차의 종료)

사법경찰관이 제13조제1항제2호 또는 제3호에 따라 심의신청을 한 이후 심의위원회의 회의가 개최되기 전에 검사(담당검사가 아닌 검사를 포함한다)가 심의대상 영장을 청구한 경우에는 심의절차가 종료된 것으로 본다.

제5절 의견서 제출과 의견 개진

「영장심의위원회 규칙」

제17조(사법경찰관의 의견서 제출 등)
① 심의신청을 한 사법경찰관은 심의위원회에 의견서를 제출할 수 있다. 이 경우 심의신청을 할 때 의견서 원본 및 부본 각 1부를 심의위원회에 제출해야 한다.
② 심의신청을 한 사법경찰관은 법 제221조의5제4항에 따라 심의위원회에 출석하여 의견을 개진하려는 경우 심의위원회의 회의가 개최되기 2일(토요일과 공휴일은 제외한다) 전까지 그 출석의사를 심의위원회에 서면으로 통지해야 한다.
③ 심의신청을 한 사법경찰관 외에 영장 신청의 검토 또는 결재에 관여한 사실이 수사기록에 명백히 드러나는 사법경찰관은 심의위원회에 출석하여 의견을 개진할 수 있다. 이 경우 그 출석의사는 심의신청을 한 사법경찰관이 심의위원회의 회의가 개최되기 2일(토요일과 공휴일은 제외한다) 전까지 심의위원회에 서면으로 통지해야 한다.

제18조(검사의 의견서 제출 등)
① 담당검사는 심의위원회에 의견서를 제출할 수 있다. 이 경우 담당검사는 제16조제1항에 따른 통보가 있은 날부터 5일(토요일과 공휴일은 제외한다) 이내에 의견서 원본 및 부본 각 1부를 심의위원회에 제출해야 한다.
② 담당검사는 심의위원회에 출석하여 의견을 개진할 수 있다. 이 경우 담당검사는 심의위원회의 회의가 개최되기 2일(토요일과 공휴일은 제외한다) 전까지 그 출석의사를 심의위원회에 서면으로 통지해야 한다.

제19조(피의자·변호인의 의견서 제출)
제16조제2항에 따른 통보를 받은 피의자 또는 변호인은 심의위원회에 의견서를 제출할 수 있다. 이 경우 피의자 또는 변호인은 의견서 원본 및 부본 각 1부를 제16조제2항의 통보를 받은 날부터 5일(토요일과 공휴일은 제외한다) 이내에 심의위원회에 제출해야 한다.

제21조(의견 개진 및 질의 등)
① 위원은 심의위원회에 출석한 담당검사와 사법경찰관에게 질의할 수 있다.
② 위원장은 담당검사와 사법경찰관이 함께 출석한 경우에는 의견 개진 및 질의를 분리하여 진행해야 한다.
③ 제2항의 경우 의견 개진 및 질의는 사법경찰관, 담당검사의 순으로 진행한다. 다만, 위원장은 심의위원회의 회의 진행을 위해 필요한 경우 그 순서를 달리 정할 수 있다.

④ 위원장은 사법경찰관 또는 담당검사가 제17조제1항 또는 제18조제1항에 따라 의견서를 제출한 경우에는 심의위원이 그 내용 및 취지를 충분히 알 수 있도록 필요한 조치를 해야 한다.

제6절 심의 결과 통보와 재신청의 제한

「영장심의위원회 규칙」

제25조(심의 결과 통보 등)

① 각 고등검찰청 검사장은 담당검사가 소속된 검찰청의 장과 심의신청을 한 사법경찰관 소속 경찰관서의 장에게 별지 제9호서식에 따라 심의위원회의 심의 결과 및 심의의견별 심의위원 수를 통보해야 한다.

② 담당검사와 사법경찰관은 심의위원회의 심의 결과를 존중해야 한다.

③ 사법경찰관은 제1항에 따라 심의 결과를 통보받은 경우 이를 수사기록에 편철해야 한다.

제26조(재신청의 제한)

사법경찰관은 심의위원회의 심의가 있었거나 제14조제1항 또는 제2항에 따라 심의신청이 철회된 경우에는 심의대상이었던 영장과 동일한 내용의 영장 청구 여부에 대하여 다시 심의신청을 할 수 없다. 다만, 심의신청을 한 이후 영장 청구 여부에 직접적인 영향을 미치는 중요한 증거가 새로 발견된 경우에는 그렇지 않다.

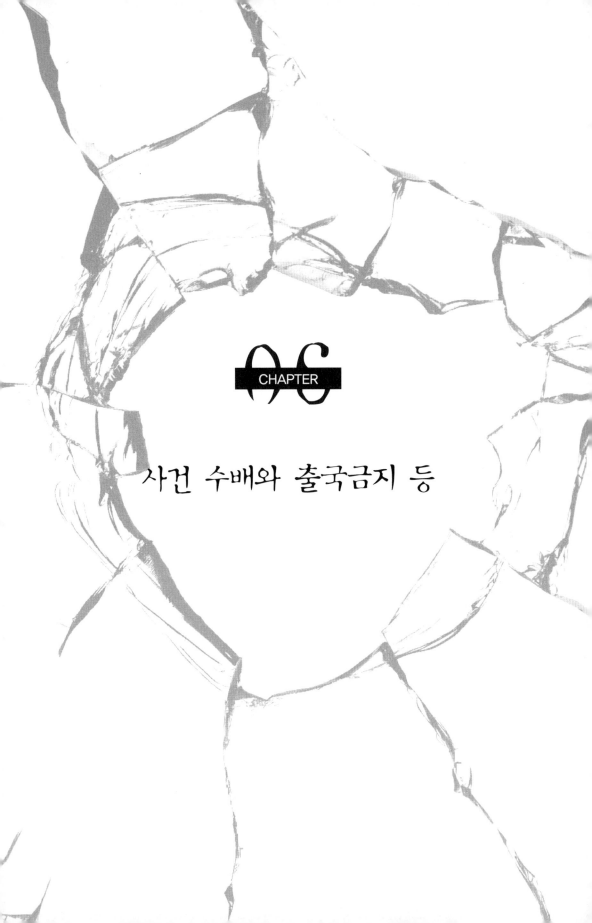

CHAPTER

06

사건 수배와 출국금지 등

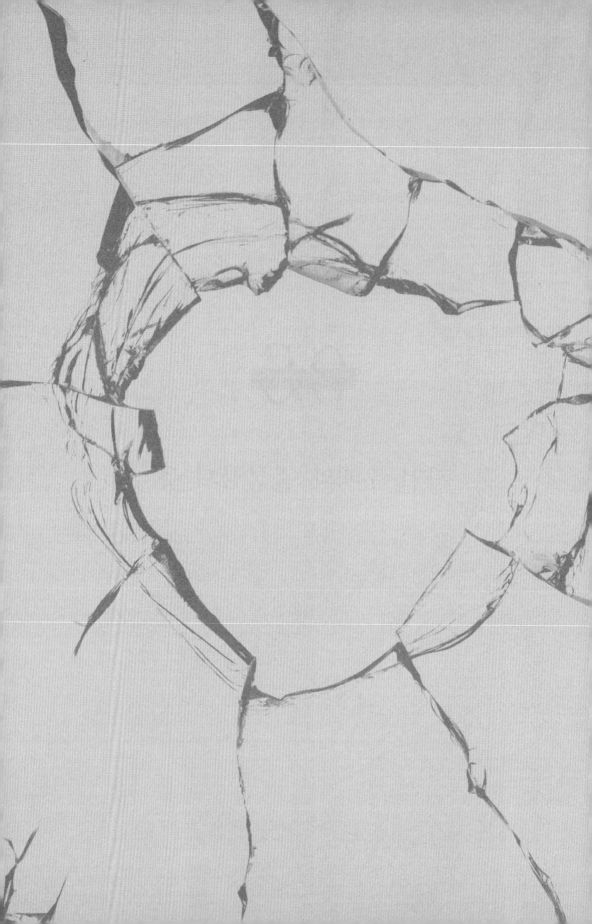

제6장

사건 수배와 출국금지 등

제1절 사건 수배

1. 사건 수배 등 공조

「범죄수사규칙」

제88조(사건수배 등)

경찰관은 범죄수사와 관련하여 사건의 용의자와 수사자료 그 밖의 참고사항에 관하여 다른 경찰관 및 경찰관서에 통보를 요구(이하 "사건수배"라 한다)하거나 긴급배치 등 긴급한 조치를 의뢰할 수 있다.

「경찰수사규칙」

제8조(사법경찰관리의 상호협력)

① 사법경찰관리는 수사에 필요한 경우에는 다른 사법경찰관리에게 피의자의 체포·출석요구·조사·호송, 압수·수색·검증, 참고인의 출석요구·조사 등 그 밖에 필요한 조치에 대한 협력을 요청할 수 있다. 이 경우 요청을 받은 사법경찰관리는 정당한 이유가 없으면 이에 적극 협조해야 한다.

② 사법경찰관리는 수사에 필요한 경우에는 법 제245조의10에 따른 특별사법경찰관리와 긴밀히 협력해야 한다. 이 경우 협력의 구체적인 내용·범위 및 방법 등은 상호 협의하여 정한다.

2. 수사긴급배치

「수사긴급배치규칙」

제2조(정의)

긴급배치라 함은 중요사건이 발생하였을 때 적시성이 있다고 판단되는 경우 신속한 경찰력 배치, 범인의 도주로 차단, 검문검색을 통하여 범인을 체포하고 현장을 보존하는 등의 <u>초동조치</u>로 범죄수사자료를 수집하는 <u>수사활동</u>을 말한다.

제9조(긴급배치의 실시)

① 긴급배치의 실시는 범행현장 및 부근의 교통요소, 범인의 도주로, 잠복, 배회처등 예상되는 지점 또는 지역에 경찰력을 배치하고, 탐문수사 및 검문검색을 실시한다. 다만, 사건의 상황에 따라 그 일부만 실시할 수 있다.

② 관외 중요사건 발생을 관할 경찰서장보다 먼저 인지한 서장은 신속히 시 · 도경찰청장에게 보고하는 동시에 관할을 불문, 초동조치를 취하고 즉시 관할 경찰서장에게 사건을 인계하여야 하며, 필요한 경우 공조수사를 하여야 한다.

③ 사건발생지 관할 경찰서장은 당해 사건에 대하여 다른 경찰서장으로부터 사건을 인수하였을 때에는 전항에 준하여 조치하여야 한다.

3. 수배관리

「범죄수사규칙」

제89조(지명수배 · 지명통보 관리 및 감독 부서)

① 국가수사본부는 수사심사정책담당관이 관리 · 감독한다.

② 시 · 도경찰청 및 경찰서는 수사과에서 관리 · 감독한다.

③ 시 · 도경찰청 및 경찰서 수사과장은 수배관리자를 지정하고 관리 · 감독한다.

제90조(수배관리자의 임무)

수배관리자의 임무는 다음 각 호와 같다.

1. 사건담당자로부터 의뢰가 있는 자에 대한 지명수배 또는 지명통보의 실시
2. 지명수배·지명통보자에 대한 전산 입력 및 지명수배자료 관리

제2절 지명수배

1. 지명수배

가. 경찰수사규칙

제45조(지명수배)

① 사법경찰관리는 다음 각 호의 어느 하나에 해당하는 사람의 소재를 알 수 없을 때에는 지명수배를 할 수 있다.

1. 법정형이 사형, 무기 또는 장기 3년 이상의 징역이나 금고에 해당하는 죄를 범했다고 의심할 만한 상당한 이유가 있어 체포영장 또는 구속영장이 발부된 사람
2. 제47조에 따른 지명통보의 대상인 사람 중 지명수배를 할 필요가 있어 체포영장 또는 구속영장이 발부된 사람

② 제1항에도 불구하고 법 제200조의3제1항에 따른 긴급체포를 하지 않으면 수사에 현저한 지장을 초래하는 경우에는 영장을 발부받지 않고 지명수배할 수 있다. 이 경우 지명수배 후 신속히 체포영장을 발부받아야 하며, 체포영장을 발부받지 못한 때에는 즉시 지명수배를 해제해야 한다.

「형사소송법」

제200조의3(긴급체포)

① 검사 또는 사법경찰관은 피의자가 사형·무기 또는 장기 3년이상의 징역이나 금고에 해당하는 죄를 범하였다고 의심할 만한 상당한 이유가 있고, 다음 각 호의 어느 하나에 해당하는 사유가 있는 경우에 긴급을 요하여 지방법원판사의 체포영장을 받을 수 없는 때에는 그 사유를 알리고 영장없이 피의자를 체포할 수 있다. 이 경우 긴급을 요한다 함은 피의자를 우연히 발견한 경우등과 같이 체포영장을 받을 시간적 여유가 없는 때를 말한다.

1. 피의자가 증거를 인멸할 염려가 있는 때
2. 피의자가 도망하거나 도망할 우려가 있는 때

나. 범죄수사규칙

제91조(지명수배)

경찰관은 「경찰수사규칙」 제45조에 따라 지명수배를 한 경우에는 체포영장 또는 구속영장의 유효기간에 유의하여야 하며, 유효기간 경과 후에도 계속 수배할 필요가 있는 때에는 유효기간 만료 전에 체포영장 또는 구속영장을 재발부 받아야 한다.

2. 사건담당자의 지명수배 등 의뢰

「범죄수사규칙」

제92조(사건담당자의 지명수배 · 지명통보 의뢰)

① 사건담당자는 「경찰수사규칙」 제45조에 따른 지명수배 또는 같은 규칙 제47조에 따른 지명통보를 할 때에는 별지 제32호서식의 지명수배 · 지명통보자 전산입력 요구서를 작성 또는 전산입력 하여 수배관리자에게 지명수배 또는 지명통보를 의뢰하여야 한다.

② 지명수배 · 지명통보를 의뢰할 때에는 다음 각 호의 사항을 정확히 파악하여야 한다.
  1. 성명, 주민등록번호(생년월일), 성별과 주소
  2. 인상, 신체특징 및 피의자의 사진, 방언, 공범
  3. 범죄일자, 죄명, 죄명코드, 공소시효 만료일
  4. 수배관서, 수배번호, 사건번호, 수배일자, 수배종별 구분
  5. 수배종별이 지명수배자인 경우 영장명칭, 영장발부일자, 영장유효기간, 영장번호 또는 긴급체포 대상 유무
  6. 범행 장소, 피해자, 피해정도, 범죄사실 개요
  7. 주민조회, 전과조회, 수배조회 결과
  8. 작성자(사건담당자) 계급, 성명, 작성일시

③ 외국인을 지명수배 또는 지명통보 의뢰할 때에는 영문 성명, 여권번호, 외국인등록번호, 연령, 피부색, 머리카락, 신장, 체격, 활동지, 언어, 국적 등을 추가로 파악하여야 한다.

④ 사건담당자는 지명수배 · 지명통보의 사유를 명확히 하기 위해 지명수배 · 지명통보 의뢰 전 다음 각 호의 사항을 수사한 후, 수사보고서로 작성하여 수사기록에 편철하여야 한다.
  1. 연고지 거주 여부
  2. 가족, 형제자매, 동거인과의 연락 여부
  3. 국외 출국 여부

4. 교도소 등 교정기관 수감 여부

5. 경찰관서 유치장 수감 여부

⑤ 제4항 제1호의 "연고지"란 다음 각 호와 같다.

1. 최종 거주지

2. 주소지

3. 등록기준지

4. 사건 관계자 진술 등 수사 과정에서 파악된 배회처

「경찰수사규칙」

제45조(지명수배)

① 사법경찰관리는 다음 각 호의 어느 하나에 해당하는 사람의 소재를 알 수 없을 때에는 지명수배를 할 수 있다.

1. 법정형이 사형, 무기 또는 장기 3년 이상의 징역이나 금고에 해당하는 죄를 범했다고 의심할 만한 상당한 이유가 있어 체포영장 또는 구속영장이 발부된 사람

2. 제47조에 따른 지명통보의 대상인 사람 중 지명수배를 할 필요가 있어 체포영장 또는 구속영장이 발부된 사람

② 제1항에도 불구하고 법 제200조의3제1항에 따른 긴급체포를 하지 않으면 수사에 현저한 지장을 초래하는 경우에는 영장을 발부받지 않고 지명수배할 수 있다. 이 경우 지명수배 후 신속히 체포영장을 발부받아야 하며, 체포영장을 발부받지 못한 때에는 즉시 지명수배를 해제해야 한다.

제47조(지명통보) 사법경찰관리는 다음 각 호의 어느 하나에 해당하는 사람의 소재를 알 수 없을 때에는 지명통보를 할 수 있다.

1. 법정형이 장기 3년 미만의 징역 또는 금고, 벌금에 해당하는 죄를 범했다고 의심할 만한 상당한 이유가 있고, 출석요구에 응하지 않은 사람

2. 법정형이 장기 3년 이상의 징역이나 금고에 해당하는 죄를 범했다고 의심되더라도 사안이 경미하고, 출석요구에 응하지 않은 사람

3. 지명수배 등 실시

「범죄수사규칙」

제93조(지명수배·지명통보 실시)

① 수배관리자는 제92조에 따라 의뢰받은 지명수배·지명통보자를 별지 제33호서식의 지명수배 및 통보대장에 등재하고, 전산 입력하여 전국 수배를 해야 한다.

② 별지 제32호서식의 지명수배·지명통보자 전산입력요구서는 작성관서에서 작성 내용과 입력사항 및 관련 영장 등을 확인 검토한 후 연도별, 번호순으로 보관하여야 한다.

일련번호 (제   호)

○ 내국인 수배
○ 외국인·교포 수배

기관
번호

지명수배 · 지명통보자 전산입력 요구서

수배관서 :	청 서
수배번호 :	년 호
사건번호 :	년 호
죄심구분 :	

주민조회		전과조회		수배조회	
했음	안했음	했음	안했음	했음	안했음

성명		주민번호(생년월일)	성별	죄명	수배년월일	범죄일자	공소시효만료일	수배종별 (해당란 O표) A지명수배자, B지명수배자 C지명통보자	인상·방언 신체특징	공범 성명	연령
			남 여								

영문성명	First Middle Last	여권번호	연령	피부색	머리카락	신장	체격	활동지	언어	국적

영 장 구 분 (해당란 O표) 1.구속 2.체포 3.긴급체포 4.현행범인 5.구인장	발부일자 년 월 일	유효기간 년 월 일	영장번호	공소시효정지자 무 혐 의 자	범행장소 피 해 자	피해정도

개 요	해 제 사 유 < 해당란 O 표 >						

경 지	01		02 자수	03 공소시효만료	04 오류입력	05 죄안됨	06 공소권없음	07 혐의없음
일자	관서	계급	성명	08 기소유예	09 구약식	10 구공판	11 수배종별변경	12 기타(각하등)

210㎜ × 297㎜(백상지 80g/㎡)

지 명 수 배 및 통 보 대 장

사건송지			수 배 번 호				피 의 자				죄명	공소시효만료일자	연고지 수사상황		수배해제	
청자	일자	번호	일자	번호	공조 일자	공조 번호	성명	연령	성별	주민등록번호			등록기준지 또는 주소	회보내용	사유	일자	번호

210㎜ × 297㎜(백상지 80g/㎡)

4. 지명수배 등 책임과 변경

「범죄수사규칙」

제94조(지명수배 · 지명통보의 책임)

지명수배와 지명통보를 신속하고 정확하게 하여 인권침해 등을 방지하고, 수사의 적정성을 기하기 위하여 다음 각 호와 같이 한다.

1. 지명수배 · 지명통보자 전산입력 요구서 작성, 지명수배 · 지명통보의 실시 및 해제서 작성과 의뢰에 대한 책임은 담당 수사팀장으로 한다.
2. 지명수배 · 지명통보의 실시 및 해제 사항 또는 수배사건 담당자 변경, 전산입력 등 관리책임은 수배관리자로 한다.
3. 제1호 및 제2호의 최종 승인은 수배관리자가 처리한다.

제97조(지명수배 · 지명통보 변경)

① 수배 또는 통보 경찰관서에서는 지명수배 · 지명통보자의 인적사항 등에 대한 변경사항을 확인하였을 경우에는 기존 작성된 지명수배 · 지명통보자 전산입력 요구서에 변경사항을 작성하고 지명수배 · 지명통보 내용을 변경하여야 한다.
② 수배관리자는 영장 유효기간이 경과된 지명수배자에 대해서는 영장이 재발부 될 때까지 지명통보자로 변경한다.

5. 지명수배자 발견 시 조치

가. 경찰수사규칙

제46조(지명수배자 발견 시 조치)

① 사법경찰관리는 제45조제1항에 따라 지명수배된 사람(이하 "지명수배자"라 한다)을 발견한 때에는 체포영장 또는 구속영장을 제시하고, 수사준칙 제32조제1항에 따라 권리 등을 고지한 후 체포 또는 구속하며 별지 제36호서식의 권리 고지 확인서를 받아야 한다. 다만, 체포영장 또는 구속영장을 소지하지 않은 경우 긴급하게 필요하면 지명수배자에게 영장이 발부되었음을 고지한 후 체포 또는 구속할 수 있으며 사후에 지체 없이 그 영장을 제시해야 한다.
② 사법경찰관은 제45조제2항에 따라 영장을 발부받지 않고 지명수배한 경우에는 지명수배자에게 긴급체포한다는 사실과 수사준칙 제32조제1항에 따른 권리 등을 고지한 후 긴급체포해야 한다. 이 경우 지명수배자로부터 별지 제36호서식의 권리 고지 확인서를 받고 제51조제1항에 따른 긴급체포서를 작성해야 한다.

권리 고지 확인서

성 명 :

주민등록번호 : (연령 세)

주 거 :

본인은 0000.00.00. 00:00경 체포장소에서 체포·긴급체포·현행범인체포·구속되면서 피의사실의 요지, 체포·구속의 이유와 함께 변호인을 선임할 수 있고, 진술을 거부하거나, 변명을 할 수 있으며, 체포·구속적부심을 청구할 수 있음을 고지받았음을 확인합니다.

0000.00.00.

위 확인인

위 피의자를 체포·긴급체포·현행범인체포·구속하면서 위와 같이 고지하고 변명의 기회를 주었음(변명의 기회를 주었으나 정당한 이유 없이 기명날인 또는 서명을 거부함).

※ 기명날인 또는 서명 거부 사유:

0000. 00. 00.

소속관서

사법경찰관/리 계급

210㎜ × 297㎜(백상지 80g/㎡)

「검사와 사법경찰관의 상호협력과 일반적 수사준칙에 관한 규정」

제32조(체포·구속영장 집행 시의 권리 고지)

① 검사 또는 사법경찰관은 피의자를 체포하거나 구속할 때에는 법 제200조의5(법 제209조에서 준용하는 경우를 포함한다)에 따라 피의자에게 피의사실의 요지, 체포·구속의 이유와 변호인을 선임할 수 있음을 말하고, 변명할 기회를 주어야 하며, 진술거부권을 알려주어야 한다.

② 제1항에 따라 피의자에게 알려주어야 하는 진술거부권의 내용은 법 제244조의3제1항제1호부터 제3호까지의 사항으로 한다.

③ 검사와 사법경찰관이 제1항에 따라 피의자에게 그 권리를 알려준 경우에는 피의자로부터 권리 고지 확인서를 받아 사건기록에 편철한다.

「경찰수사규칙」

제45조(지명수배)

① 사법경찰관리는 다음 각 호의 어느 하나에 해당하는 사람의 소재를 알 수 없을 때에는 지명수배를 할 수 있다.

1. 법정형이 사형, 무기 또는 장기 3년 이상의 징역이나 금고에 해당하는 죄를 범했다고 의심할 만한 상당한 이유가 있어 체포영장 또는 구속영장이 발부된 사람

2. 제47조에 따른 지명통보의 대상인 사람 중 지명수배를 할 필요가 있어 체포영장 또는 구속영장이 발부된 사람

② 제1항에도 불구하고 법 제200조의3제1항에 따른 긴급체포를 하지 않으면 수사에 현저한 지장을 초래하는 경우에는 영장을 발부받지 않고 지명수배할 수 있다. 이 경우 지명수배 후 신속히 체포영장을 발부받아야 하며, 체포영장을 발부받지 못한 때에는 즉시 지명수배를 해제해야 한다.

「범죄수사규칙」
제123조(영장에 의하지 않은 체포 시 권리고지) 「수사준칙」 제32조는 경찰관이 「형사소송법」 제200조의3에 따라 피의자를 긴급체포하거나 같은 법 제212조에 따라 현행범을 체포한 경우에 준용한다.

나. 범죄수사규칙

제98조(지명수배된 사람 발견 시 조치)
① 경찰관은 「경찰수사규칙」 제46조제1항에 따라 지명수배자를 체포 또는 구속하고, 지명수배한 경찰관서(이하 "수배관서"라 한다)에 인계하여야 한다.
② 도서지역에서 지명수배자가 발견된 경우에는 지명수배자 등이 발견된 관할 경찰관서(이하 "발견관서"라 한다)의 경찰관은 지명수배자의 소재를 계속 확인하고, 수배관서와 협조하여 검거 시기를 정함으로써 검거 후 구속영장청구시한(체포한 때부터 48시간)이 경과되지 않도록 하여야 한다.
③ 지명수배자를 검거한 경찰관은 구속영장 청구에 대비하여 피의자가 도망 또는 증거를 인멸할 염려에 대한 소명자료 확보를 위하여 필요하다고 판단되는 경우에는 체포의 과정과 상황 등을 별지 제35호서식의 지명수배자 검거보고서에 작성하고 이를 수배관서에 인계하여 수사기록에 편철하도록 하여야 한다.
④ 검거된 지명수배자를 인수한 수배관서의 경찰관은 24시간 내에 「형사소송법」 제200조의6 또는 제209조에서 준용하는 법 제87조 및 「수사준칙」 제33조제1항에 따라 체포 또는 구속의 통지를 하여야 한다. 다만, 지명수배자를 수배관서가 위치하는 특별시, 광역시, 도 이외의 지역에서 지명수배자를 검거한 경우에는 지명수배자를 검거한 경찰관서(이하 "검거관서"라 한다)에서 통지를 하여야 한다.

「형사소송법」
제87조(구속의 통지)
① 피고인을 구속한 때에는 변호인이 있는 경우에는 변호인에게, 변호인이 없는 경우에는 제30조제2항에 규정한 자 중 피고인이 지정한 자에게 피고사건명, 구속일시·장소, 범죄사실의 요지, 구속의 이유와 변호인을 선임할 수 있는 취지를 알려야 한다.

② 제1항의 통지는 지체없이 서면으로 하여야 한다.

「검사와 사법경찰관의 상호협력과 일반적 수사준칙에 관한 규정」

제33조(체포·구속 등의 통지)

① 검사 또는 사법경찰관은 피의자를 체포하거나 구속하였을 때에는 법 제200조의6 또는 제209조에서 준용하는 법 제87조에 따라 변호인이 있으면 변호인에게, 변호인이 없으면 법 제30조제2항에 따른 사람 중 피의자가 지정한 사람에게 24시간 이내에 서면으로 사건명, 체포·구속의 일시·장소, 범죄사실의 요지, 체포·구속의 이유와 변호인을 선임할 수 있음을 통지해야 한다.

② 검사 또는 사법경찰관은 제1항에 따른 통지를 하였을 때에는 그 통지서 사본을 사건기록에 편철한다. 다만, 변호인 및 법 제30조제2항에 따른 사람이 없어서 체포·구속의 통지를 할 수 없을 때에는 그 취지를 수사보고서에 적어 사건기록에 편철한다.

③ 제1항 및 제2항은 법 제214조의2제2항에 따라 검사 또는 사법경찰관이 같은 조 제1항에 따른 자 중에서 피의자가 지정한 자에게 체포 또는 구속의 적부심사를 청구할 수 있음을 통지하는 경우에도 준용한다.

「경찰수사규칙」

제57조(체포·구속 통지 등) 사법경찰관은 수사준칙 제33조제1항(같은 조 제3항에서 준용되는 경우를 포함한다)에 따라 체포·구속의 통지를 하는 경우에는 별지 제49호서식의 체포·긴급체포·현행범인체포·구속 통지서에 따른다.

6. 긴급 공개수배와 언론 등을 이용한 공개수배

「범죄수사규칙」

제102조(긴급 공개수배)

① 경찰관서의 장은 법정형이 사형·무기 또는 장기 3년 이상 징역이나 금고에 해당하는 죄를 범하였다고 의심할만한 상당한 이유가 있고, 범죄의 상습성, 사회적 관심, 공익에 대한 위험 등을 고려할 때 신속한 검거가 필요한 자에 대해 긴급 공개수배 할 수 있다.

② 긴급 공개수배는 사진·현상·전단 등의 방법으로 할 수 있으며, 언론매체·정보통신망 등을 이용할 수 있다.

③ 검거 등 긴급 공개수배의 필요성이 소멸한 때에는 긴급 공개수배 해제의 사유를 고지하고 관련 게시물·방영물을 회수, 삭제하여야 한다.

제103조(언론매체 · 정보통신망 등을 이용한 공개수배)

① 언론매체 · 정보통신망 등을 이용한 공개수배는 제104조에 따른 공개수배 위원회의 심의를 거쳐야 한다. 단, 공개수배 위원회를 개최할 시간적 여유가 없는 긴급한 경우에는 사후 심의할 수 있으며, 이 경우 지체 없이 위원회를 개최하여야 한다.

② 언론매체 · 정보통신망 등을 이용한 공개수배는 퍼 나르기, 무단 복제 등 방지를 위한 기술적 · 제도적 보안 조치된 수단을 이용하여야 하며, 방영물 · 게시물의 삭제 등 관리 감독이 가능한 장치를 마련해야 한다.

③ 검거, 공소시효 만료 등 공개수배의 필요성이 소멸한 때에는 공개수배 해제의 사유를 고지하고 관련 게시물 · 방영물 등을 회수, 삭제하여야 한다.

제104조(공개수배 위원회)

① 국가수사본부는 중요지명피의자 종합 공개수배, 긴급 공개수배 등 공개수배에 관한 사항을 심의하기 위하여 공개수배위원회를 둘 수 있다.

② 제1항에 따라 공개수배 위원회를 두는 경우 위원장은 수사심사정책담당관으로 하고, 위원회는 위원장 1명을 포함하여 7명 이상 11명 이내로 성별을 고려하여 구성한다. 이 경우, 외부전문가를 포함하여야 한다.

③ 「공직선거법」에 따라 실시하는 선거에 후보자(예비후보자 포함)로 등록한 사람, 같은 법에 따른 선거사무관계자 및 선거에 의하여 취임한 공무원, 「정당법」에 따른 정당의 당원은 위원이 될 수 없다.

④ 위원이 제3항에 해당하게 된 때에는 당연 해촉된다.

⑤ 국가수사본부 공개수배 위원회 정기회의는 매년 5월, 11월 연 2회 개최하며 제102조제1항에 해당하는 등 필요한 경우 임시회의를 개최할 수 있다.

⑥ 국가수사본부 공개수배 위원회 회의는 위원 5명 이상의 출석과 출석위원 과반수 찬성으로 의결한다.

⑦ 경찰관서의 장은 관할 내 공개수배에 관한 사항의 심의를 위해 필요한 경우 국가수사본부 공개수배 위원회 관련 규정을 준용하여 공개수배 위원회를 운영할 수 있다.

제105조(공개수배 시 유의사항)

① 공개수배를 할 때에는 그 죄증이 명백하고 공익상의 필요성이 현저한 경우에만 실시하여야 한다.

② 제1항의 공개수배를 하는 경우 제101조부터 제104조까지에서 정한 요건과 절차를 준수하여야 하며, 객관적이고 정확한 자료를 바탕으로 필요 최소한의 사항만 공개하여야 한다.

③ 공개수배의 필요성이 소멸된 경우에는 즉시 공개수배를 해제하여야 한다.

제3절 지명통보

1. 지명통보 및 발견 시 조치

가. 경찰수사규칙

제47조(지명통보)

사법경찰관리는 다음 각 호의 어느 하나에 해당하는 사람의 소재를 알 수 없을 때에는 지명통보를 할 수 있다.

1. 법정형이 장기 3년 미만의 징역 또는 금고, 벌금에 해당하는 죄를 범했다고 의심할 만한 상당한 이유가 있고, 출석요구에 응하지 않은 사람
2. 법정형이 장기 3년 이상의 징역이나 금고에 해당하는 죄를 범했다고 의심되더라도 사안이 경미하고, 출석요구에 응하지 않은 사람

제48조(지명통보자 발견 시 조치)

사법경찰관리는 제47조에 따라 지명통보된 사람(이하 "지명통보자"라 한다)을 발견한 때에는 지명통보자에게 지명통보된 사실, 범죄사실의 요지 및 지명통보한 경찰관서(이하 이 조 및 제49조에서 "통보관서"라 한다)를 고지하고, 발견된 날부터 1개월 이내에 통보관서에 출석해야 한다는 내용과 정당한 사유 없이 출석하지 않을 경우 지명수배되어 체포될 수 있다는 내용을 통지해야 한다.

나. 범죄수사규칙

제106조(지명통보된 사람 발견 시 조치)

① 경찰관은 지명통보된 사람(이하 "지명통보자"라 한다)을 발견한 때에는 「경찰수사규칙」 제48조에 따라 지명통보자에게 지명통보된 사실 등을 고지한 뒤 별지 제38호서식의 지명통보사실 통지서를 교부하고, 별지 제39호서식의 지명통보자 소재발견 보고서를 작성한 후 「경찰수사규칙」 제96조에 따라 사건이송서와 함께 통보관서에 인계하여야 한다. 다만, 지명통보된 사실 등을 고지받은 지명통보자가 지명통보사실 통지서를 교부받기 거부하는 경우에는 그 취지를 지명통보자 소재발견 보고서에 기재하여야 한다.

② 제1항의 경우 여러 건의 지명통보가 된 사람을 발견하였을 때에는 각 건마다 별지 제38호서식의 지명통보사실 통지서를 작성하여 교부하고 별지 제39호서식의 지명통보자 소재발견 보고서를 작성하여야 한다.

③ 별지 제39호서식의 지명통보자 소재발견 보고서를 송부받은 통보관서의 사건담당 경찰관은 즉시 지명통보된 피의자에게 피의자가 출석하기로 확인한 일자에 출석하거나 사건이송신청서를 제출하라는 취지의 출석요구서를 발송하여야 한다.

④ 경찰관은 지명통보된 피의자가 정당한 이유없이 약속한 일자에 출석하지 않거나 출석요구에 응하지 아니하는 때에는 지명수배 절차를 진행할 수 있다. 이 경우 체포영장청구기록에 지명통보자 소재발견보고서, 지명통보사실 통지서, 출석요구서 사본 등 지명통보된 피의자가 본인이 약속한 일자에 정당한 이유없이 출석하지 않았다는 취지의 증명자료를 첨부하여야 한다.

제107조(지명통보자에 대한 특칙)

제106조에도 불구하고 행정기관 고발사건 중 법정형이 2년 이하의 징역에 해당하는 범죄로 수사중지된 자를 발견한 발견관서의 경찰관은 통보관서로부터 수사중지결정서를 팩스 등의 방법으로 송부받아 피의자를 조사한 후 조사서류만 통보관서로 보낼 수 있다. 다만, 피의자가 상습적인 법규위반자 또는 전과자이거나 위반사실을 부인하는 경우에는 그러하지 아니 하다.

2. 벌금수배

「형사소송법」

제473조(집행하기 위한 소환)
① 사형, 징역, 금고 또는 구류의 선고를 받은 자가 구금되지 아니한 때에는 검사는 형을 집행하기 위하여 이를 소환하여야 한다.
② 소환에 응하지 아니한 때에는 검사는 <u>형집행장을 발부하여 구인하여야</u> 한다.
③ 제1항의 경우에 형의 선고를 받은 자가 도망하거나 도망할 염려가 있는 때 또는 현재지를 알 수 없는 때에는 소환함이 없이 형집행장을 발부하여 구인할 수 있다.

제492조(노역장유치의 집행)
벌금 또는 과료를 완납하지 못한 자에 대한 노역장유치의 집행에는 형의 집행에 관한 규정을 준용한다.

3. 장물수배

「범죄수사규칙」

제108조(장물수배)
① 장물수배란 수사중인 사건의 장물에 관하여 다른 경찰관서에 그 발견을 요청하는 수배를 말한다.
② 경찰관은 장물수배를 할 때에는 발견해야 할 장물의 명칭, 모양, 상표, 품질, 품종 그 밖의 특징 등을 명백히 하여야 하며 사진, 도면, 동일한 견본·조각을 첨부하는 등 필요한 조치를 하여야 한다.
③ 「범죄수법 공조자료 관리규칙」 제10조의 피해통보표에 전산입력한 피해품은 장물수배로 본다.

제109조(장물수배서)
① 경찰서장은 범죄수사상 필요하다고 인정할 때에는 장물과 관련있는 영업주에 대하여 장물수배서를 발급할 수 있으며, 장물수배서는 다음의 3종으로 구분한다.
  1. <u>특별 중요 장물수배서</u>(수사본부를 설치하고 수사하고 있는 사건에 관하여 발하는 경우의 장물수배서를 말한다)
  2. <u>중요 장물수배서</u>(수사본부를 설치하고 수사하고 있는 사건 이외의 중요한 사건에 관하여 발하는 경우의 장물수배서를 말한다)
  3. <u>보통 장물수배서</u>(그 밖의 사건에 관하여 발하는 경우의 장물수배서를 말한다)

② 특별 중요 장물수배서는 홍색, 중요 장물수배서는 청색, 보통장물수배서는 백색에 의하여 각각 그 구별을 하여야 한다.

③ 장물수배서를 발급할 때에는 제108조제2항을 준용한다.

④ 경찰서장은 장물수배서를 발부하거나 배부하였을 때 별지 제40호서식의 장물수배서 원부와 별지 제41호서식의 장물수배서 배부부에 따라 각각 그 상황을 명확히 작성하여야 한다.

■ 범죄수사규칙 [별지 제40호서식]

장 물 수 배 서 원 부

일련번호	발부월일	품명	수량	규격및종별	특정및기타표시	도난분실년월일	발부범위및매수	발견신고사항

210㎜ × 297㎜(백상지 80g/㎡)

■ 범죄수사규칙 [별지 제41호서식]

장 물 수 배 서 배 부 부

업종별	옥호 또는 성명	월일	제호	월일	제호	월일	제호	월일	제호	월일	제호
		수령인		수령인		수령인		수령인		수령인	

210㎜ × 297㎜(백상지 80g/㎡)

제110조(수배 등의 해제)

① 제108조에 규정한 수배 또는 통보에 관계된 사건에 대하여는 「경찰수사규칙」 제49조를 준용한다.

② 경찰관은 제1항의 경우 이외에는 제87조에 따라 수사 등의 요청을 한 경우 또는 장물수배서를 발행한 경우에도 그 필요성이 없다고 인정할 때에는 제1항에 준하여 필요한 절차를 밟아야 한다.

「경찰수사규칙」

제49조(지명수배 · 지명통보 해제) 사법경찰관리는 다음 각 호의 어느 하나에 해당하는 경우에는 즉시 지명수배 또는 지명통보를 해제해야 한다.

1. 지명수배자를 검거한 경우
2. 지명통보자가 통보관서에 출석하여 조사에 응한 경우
3. 공소시효의 완성, 친고죄에서 고소의 취소, 피의자의 사망 등 공소권이 소멸된 경우
4. 지명수배됐으나 체포영장 또는 구속영장의 유효기간이 지난 후 체포영장 또는 구속영장이 재발부되지 않은 경우
5. 그 밖에 지명수배 또는 지명통보의 필요성이 없어진 경우

「범죄수사규칙」

제87조(수사의 협력) 경찰관은 수사에 필요하다고 인정할 때에는 피의자의 체포 · 출석요구 · 조사, 장물 등 증거물의 수배, 압수 · 수색 · 검증, 참고인의 출석요구 · 조사 등 그 밖의 필요한 조치(이하 "수사등"이라 한다)에 대한 협력을 다른 경찰관에게 요청할 수 있다.

제4절 출국금지 등

1. 출국금지 요청

가. 출입국관리법

제4조(출국의 금지)

① 법무부장관은 다음 각 호의 어느 하나에 해당하는 국민에 대하여는 6개월 이내의 기간을 정하여 출국을 금지할 수 있다.

1. 형사재판에 계속(係屬) 중인 사람
2. 징역형이나 금고형의 집행이 끝나지 아니한 사람
3. 대통령령으로 정하는 금액 이상의 벌금이나 추징금을 내지 아니한 사람
4. 대통령령으로 정하는 금액 이상의 국세 · 관세 또는 지방세를 정당한 사유 없이 그 납부기한까지 내지 아니한 사람
5. 「양육비 이행확보 및 지원에 관한 법률」 제21조의4제1항에 따른 양육비 채무자 중 양육비이행심의위원회의 심의 · 의결을 거친 사람

6. 그 밖에 제1호부터 제5호까지의 규정에 준하는 사람으로서 대한민국의 이익이나 공공의 안전 또는 경제질서를 해칠 우려가 있어 그 출국이 적당하지 아니하다고 법무부령으로 정하는 사람

② 법무부장관은 범죄 수사를 위하여 출국이 적당하지 아니하다고 인정되는 사람에 대하여는 1개월 이내의 기간을 정하여 출국을 금지할 수 있다. 다만, 다음 각 호에 해당하는 사람은 그 호에서 정한 기간으로 한다.

1. 소재를 알 수 없어 기소중지 또는 수사중지(피의자중지로 한정한다)된 사람 또는 도주 등 특별한 사유가 있어 수사진행이 어려운 사람: 3개월 이내

2. 기소중지 또는 수사중지(피의자중지로 한정한다)된 경우로서 체포영장 또는 구속영장이 발부된 사람: 영장 유효기간 이내

③ 중앙행정기관의 장 및 법무부장관이 정하는 관계 기관의 장은 소관 업무와 관련하여 제1항 또는 제2항 각 호의 어느 하나에 해당하는 사람이 있다고 인정할 때에는 법무부장관에게 출국금지를 요청할 수 있다.

④ 출입국관리공무원은 출국심사를 할 때에 제1항 또는 제2항에 따라 출국이 금지된 사람을 출국시켜서는 아니 된다.

⑤ 제1항부터 제4항까지에서 규정한 사항 외에 출국금지기간과 출국금지절차에 관하여 필요한 사항은 대통령령으로 정한다.

나. 출입국관리법 시행령

제2조(출국금지 절차)

① 법무부장관은 법 제4조제1항 또는 제2항에 따라 출국을 금지하려는 경우에는 관계 기관의 장에게 의견을 묻거나 관련 자료를 제출하도록 요청할 수 있다.

② 중앙행정기관의 장 및 법무부장관이 정하는 관계 기관의 장은 법 제4조제3항에 따라 출국금지를 요청하는 경우에는 출국금지 요청 사유와 출국금지 예정기간 등을 적은 출국금지 요청서에 법무부령으로 정하는 서류를 첨부하여 법무부장관에게 보내야 한다. 다만, 시장·군수 또는 구청장(「제주특별자치도 설치 및 국제자유도시 조성을 위한 특별법」 제11조에 따른 행정시장을 포함하며, 구청장은 자치구의 구청장을 말한다. 이하 같다)의 소관 업무에 관한 출국금지 요청은 특별시장·광역시장 또는 도지사(특별자치도지사를 포함한다. 이하 같다)가 한다.

③ 제2항 본문에 따른 출국금지 예정기간은 법 제4조제1항 또는 제2항에 따른 출국금지기간을 초과할 수 없다.

다. 출입국관리법 시행규칙

제6조의4(출국금지 등의 요청 시 첨부서류)

① 영 제2조제2항 본문에서 "법무부령으로 정하는 서류"란 다음 각 호의 서류를 말한다.
  1. 다음 각 목의 사항에 대한 소명 자료
    가. 당사자가 법 제4조제1항 또는 제2항에 따른 출국금지 대상자에 해당하는 사실
    나. 출국금지가 필요한 사유
  2. 검사의 검토의견서(법 제4조제2항에 따른 범죄 수사 목적인 경우에만 해당한다)
② 영 제2조의2제2항에서 "법무부령으로 정하는 서류"란 다음 각 호의 서류를 말한다.
  1. 다음 각 목의 사항에 대한 소명 자료
    가. 당사자가 법 제4조제1항 또는 제2항에 따른 출국금지 대상자에 해당하는 사실
    나. 출국금지기간 연장이 필요한 사유
  2. 검사의 검토의견서(법 제4조제2항에 따른 범죄 수사 목적인 경우에만 해당한다)
③ 영 제5조의2제1항에서 "법무부령으로 정하는 서류"란 다음 각 호의 서류를 말한다.
  1. 당사자가 법 제4조의6제1항에 따른 출국금지(이하 "긴급출국금지"라 한다) 대상자에 해당하는 사실
  2. 법 제4조의6제1항에 따른 긴급한 필요 등 긴급출국금지가 필요한 사유
④ 영 제5조의3제1항에서 "법무부령으로 정하는 서류"란 다음 각 호의 서류를 말한다.
  1. 검사의 검토의견서
  2. 긴급출국금지보고서
  3. 다음 각 목의 사항에 대한 소명 자료
    가. 당사자가 법 제4조의6제1항에 따른 긴급출국금지 대상자에 해당하는 사실
    나. 긴급출국금지 승인이 필요한 사유
  4. 긴급출국금지 요청 시 제출하였던 긴급출국금지 요청서와 첨부 서류

2. 긴급출국금지 요청

가. 출입국관리법

제4조의6(긴급출국금지)

① 수사기관은 범죄 피의자로서 사형·무기 또는 장기 3년 이상의 징역이나 금고에 해당하는 죄를 범하였다고 의심할 만한 상당한 이유가 있고, 다음 각 호의 어느 하나에 해당하는 사유가 있으며, 긴급한 필요가 있는 때에는 제4조제3항에도 불구하고

출국심사를 하는 출입국관리공무원에게 출국금지를 요청할 수 있다.

   1. 피의자가 <u>증거를</u> 인멸할 염려가 있는 때

   2. 피의자가 도망하거나 <u>도망할 우려가</u> 있는 때

② 제1항에 따른 요청을 받은 출입국관리공무원은 출국심사를 할 때에 출국금지가 요청된 사람을 출국시켜서는 아니 된다.

③ 수사기관은 제1항에 따라 긴급출국금지를 요청한 때로부터 <u>6시간 이내</u>에 법무부장관에게 긴급출국금지 <u>승인을 요청</u>하여야 한다. 이 경우 검사의 검토의견서 및 범죄사실의 요지, 긴급출국금지의 사유 등을 기재한 긴급출국금지보고서를 첨부하여야 한다.

④ 법무부장관은 수사기관이 제3항에 따른 긴급출국금지 승인 요청을 하지 아니한 때에는 제1항의 수사기관 요청에 따른 출국금지를 해제하여야 한다. 수사기관이 긴급출국금지 승인을 요청한 때로부터 12시간 이내에 법무부장관으로부터 긴급출국금지 승인을 받지 못한 경우에도 또한 같다.

⑤ 제4항에 따라 출국금지가 해제된 경우에 수사기관은 동일한 범죄사실에 관하여 다시 긴급출국금지 요청을 할 수 없다.

⑥ 그 밖에 긴급출국금지의 절차 및 긴급출국금지보고서 작성 등에 필요한 사항은 대통령령으로 정한다.

나. 출입국관리법 시행령

제5조의2(긴급출국금지 절차)

① 법 제4조의6제1항에 따른 출국금지(이하 "긴급출국금지"라 한다)를 요청하려는 수사기관의 장은 긴급출국금지 요청 사유와 출국금지 예정기간 등을 적은 긴급출국금지 요청서에 법무부령으로 정하는 서류를 첨부하여 출입국관리공무원에게 보내야 한다.

② 출입국관리공무원은 긴급출국금지 업무를 처리할 때 필요하면 긴급출국금지를 요청한 수사기관의 장에게 의견을 묻거나 관련 자료를 제출하도록 요청할 수 있다.

③ 법무부장관은 출입국관리공무원 중에서 긴급출국금지 업무를 전담하는 공무원을 지정할 수 있다.

제5조의3(긴급출국금지 승인 절차)

① 긴급출국금지를 요청한 수사기관의 장은 법 제4조의6제3항에 따라 긴급출국금지 승인을 요청할 때에는 긴급출국금지 승인 요청서에 검사의 검토의견서 및 긴급출국금지보고서 등 법무부령으로 정하는 서류를 첨부하여 법무부장관에게 보내야 한다.

② 법무부장관은 제1항에 따라 긴급출국금지 승인 요청을 받으면 긴급출국금지 승인 여부와 출국금지기간을 심사하여 결정하여야 한다.

③ 법무부장관은 제2항에 따른 심사 · 결정을 할 때에 필요하면 승인을 요청한 수사기관의 장에게 의견을 묻거나 관련 자료를 제출하도록 요청할 수 있다.

④ 법무부장관은 긴급출국금지를 승인하지 아니하기로 결정한 때에는 그 이유를 분명히 밝혀 긴급출국금지 승인을 요청한 수사기관의 장에게 통보하여야 한다.
⑤ 법무부장관이 긴급출국금지를 승인한 경우에 출국금지기간의 연장 요청 및 심사·결정, 출국금지의 해제 절차, 출국금지결정 등 통지의 제외, 이의신청에 대한 심사·결정에 관하여는 제2조의2, 제2조의3제2항부터 제4항까지, 제3조, 제3조의3 및 제3조의4를 준용한다. 이 경우 출국금지기간은 긴급출국금지된 때부터 계산한다.

제5조의4(긴급출국금지 요청대장의 작성 및 관리)

긴급출국금지를 요청한 수사기관의 장은 긴급출국금지 요청과 그 승인 또는 해제 요청, 기간 연장 또는 해제 등의 변동 사항을 적은 긴급출국금지 요청대장을 갖추어 두어야 한다.

다. 출입국관리법 시행규칙

제6조의4(출국금지 등의 요청 시 첨부서류)

① 영 제2조제2항 본문에서 "법무부령으로 정하는 서류"란 다음 각 호의 서류를 말한다.
  1. 다음 각 목의 사항에 대한 소명 자료
    가. 당사자가 법 제4조제1항 또는 제2항에 따른 출국금지 대상자에 해당하는 사실
    나. 출국금지가 필요한 사유
  2. 검사의 검토의견서(법 제4조제2항에 따른 범죄 수사 목적인 경우에만 해당한다)
② 영 제2조의2제2항에서 "법무부령으로 정하는 서류"란 다음 각 호의 서류를 말한다.
  1. 다음 각 목의 사항에 대한 소명 자료
    가. 당사자가 법 제4조제1항 또는 제2항에 따른 출국금지 대상자에 해당하는 사실
    나. 출국금지기간 연장이 필요한 사유
  2. 검사의 검토의견서(법 제4조제2항에 따른 범죄 수사 목적인 경우에만 해당한다)
③ 영 제5조의2제1항에서 "법무부령으로 정하는 서류"란 다음 각 호의 서류를 말한다.
  1. 당사자가 법 제4조의6제1항에 따른 출국금지(이하 "긴급출국금지"라 한다) 대상자에 해당하는 사실
  2. 법 제4조의6제1항에 따른 긴급한 필요 등 긴급출국금지가 필요한 사유
④ 영 제5조의3제1항에서 "법무부령으로 정하는 서류"란 다음 각 호의 서류를 말한다.
  1. 검사의 검토의견서
  2. 긴급출국금지보고서
  3. 다음 각 목의 사항에 대한 소명 자료

가. 당사자가 법 제4조의6제1항에 따른 긴급출국금지 대상자에 해당하는 사실
　　나. 긴급출국금지 승인이 필요한 사유
　4. 긴급출국금지 요청 시 제출하였던 긴급출국금지 요청서와 첨부 서류

3. 출국금지 기간 연장요청

가. 출입국관리법

제4조의2(출국금지기간의 연장)
① 법무부장관은 출국금지기간을 초과하여 계속 출국을 금지할 필요가 있다고 인정하는 경우에는 그 기간을 연장할 수 있다.
② 제4조제3항에 따라 출국금지를 요청한 기관의 장은 출국금지기간을 초과하여 계속 출국을 금지할 필요가 있을 때에는 출국금지기간이 끝나기 3일 전까지 법무부장관에게 출국금지기간을 연장하여 줄 것을 요청하여야 한다.
③ 제1항 및 제2항에서 규정한 사항 외에 출국금지기간의 연장절차에 관하여 필요한 사항은 대통령령으로 정한다.

나. 출입국관리법 시행령

제2조의2(출국금지기간 연장 절차)
① 법무부장관은 법 제4조의2제1항에 따라 출국금지기간을 연장하려면 법 제4조제1항 또는 제2항에 따른 출국금지기간 내에서 그 기간을 정하여 연장하여야 한다. 이 경우 법무부장관은 관계 기관의 장에게 의견을 묻거나 관련 자료를 제출하도록 요청할 수 있다.
② 제2조제2항에 따라 출국금지를 요청한 중앙행정기관의 장 및 법무부장관이 정하는 관계 기관의 장(이하 "출국금지 요청기관의 장"이라 한다)은 법 제4조의2제2항에 따라 출국금지기간 연장을 요청하는 경우에는 출국금지기간 연장요청 사유와 출국금지기간 연장예정기간 등을 적은 출국금지기간 연장요청서에 법무부령으로 정하는 서류를 첨부하여 법무부장관에게 보내야 한다.
③ 제2항에 따른 출국금지기간 연장예정기간은 법 제4조제1항 또는 제2항에 따른 출국금지기간을 초과할 수 없다.

다. 출입국관리법 시행규칙

제6조의4(출국금지 등의 요청 시 첨부서류)
① 영 제2조제2항 본문에서 "법무부령으로 정하는 서류"란 다음 각 호의 서류를 말한다.

1. 다음 각 목의 사항에 대한 소명 자료
    가. 당사자가 법 제4조제1항 또는 제2항에 따른 출국금지 대상자에 해당하는 사실
    나. 출국금지가 필요한 사유
2. 검사의 검토의견서(법 제4조제2항에 따른 범죄 수사 목적인 경우에만 해당한다)
② 영 제2조의2제2항에서 "법무부령으로 정하는 서류"란 다음 각 호의 서류를 말한다.
  1. 다음 각 목의 사항에 대한 소명 자료
      가. 당사자가 법 제4조제1항 또는 제2항에 따른 출국금지 대상자에 해당하는 사실
      나. 출국금지기간 연장이 필요한 사유
  2. 검사의 검토의견서(법 제4조제2항에 따른 범죄 수사 목적인 경우에만 해당한다)
③ 영 제5조의2제1항에서 "법무부령으로 정하는 서류"란 다음 각 호의 서류를 말한다.
  1. 당사자가 법 제4조의6제1항에 따른 출국금지(이하 "긴급출국금지"라 한다) 대상자에 해당하는 사실
  2. 법 제4조의6제1항에 따른 긴급한 필요 등 긴급출국금지가 필요한 사유
④ 영 제5조의3제1항에서 "법무부령으로 정하는 서류"란 다음 각 호의 서류를 말한다.
  1. 검사의 검토의견서
  2. 긴급출국금지보고서
  3. 다음 각 목의 사항에 대한 소명 자료
      가. 당사자가 법 제4조의6제1항에 따른 긴급출국금지 대상자에 해당하는 사실
      나. 긴급출국금지 승인이 필요한 사유
  4. 긴급출국금지 요청 시 제출하였던 긴급출국금지 요청서와 첨부 서류

4. 출국금지 결정 등의 통지

가. 출입국관리법

제4조의4(출국금지결정 등의 통지)

① 법무부장관은 제4조제1항 또는 제2항에 따라 출국을 금지하거나 제4조의2제1항에 따라 출국금지기간을 연장하였을 때에는 즉시 당사자에게 그 사유와 기간 등을 밝혀 서면으로 통지하여야 한다.
② 법무부장관은 제4조의3제1항에 따라 출국금지를 해제하였을 때에는 이를 즉시 당사자에게 통지하여야 한다.
③ 법무부장관은 제1항에도 불구하고 다음 각 호의 어느 하나에 해당하는 경우에는 제1항의 통지를 하지 아니할 수 있다.

1. 대한민국의 안전 또는 공공의 이익에 중대하고 명백한 위해(危害)를 끼칠 우려가 있다고 인정되는 경우
2. 범죄수사에 중대하고 명백한 장애가 생길 우려가 있다고 인정되는 경우. 다만, 연장기간을 포함한 총 출국금지기간이 3개월을 넘는 때에는 당사자에게 통지하여야 한다.
3. 출국이 금지된 사람이 있는 곳을 알 수 없는 경우

나. 출입국관리법 시행령

제3조의3(출국금지결정 등 통지의 제외)

① 출국금지 요청기관의 장은 법 제4조제3항에 따라 출국금지를 요청하거나 법 제4조의2제2항에 따라 출국금지기간 연장을 요청하는 경우 당사자가 법 제4조의4제3항 각 호에 해당된다고 인정하면 법무부장관에게 법 제4조의4제1항에 따른 통지를 하지 아니할 것을 요청할 수 있다.

② 법무부장관은 출국금지나 출국금지기간 연장 요청에 관하여 심사·결정할 때에는 제1항에 따른 통지 제외에 관한 요청을 함께 심사·결정하여야 한다.

③ 제1항 및 제2항에서 규정한 사항 외에 출국금지결정 등의 통지 제외 방법 및 절차에 관하여 필요한 세부 사항은 법무부령으로 정한다.

다. 출입국관리법 시행규칙

제6조의8(출국금지결정 등 통지의 예외)

① 법 제4조의4제3항제1호에 따라 대한민국의 안전 또는 공공의 이익에 중대하고 명백한 위해를 끼칠 우려가 있어 출국금지나 출국금지기간 연장의 통지를 하지 아니할 수 있는 경우는 출국이 금지된 사람이 다음 각 호의 어느 하나에 해당하는 죄와 관련된 혐의자인 경우로 한정한다.

1. 「형법」 중 내란·외환의 죄
2. 「국가보안법」 위반의 죄
3. 「군형법」 중 반란·이적의 죄
4. 「군형법」 중 군사기밀 누설죄와 암호부정 사용죄

② 영 제2조의2제2항에 따른 출국금지 요청기관의 장은 영 제3조의3제1항에 따라 당사자에게 통지하지 아니할 것을 요청하는 경우에는 출국금지 요청서의 출국금지 사유란 또는 출국금지기간 연장요청서의 연장요청 사유란에 그 이유를 기재하여야 한다.

③ 법무부장관은 영 제3조의3제2항에 따라 출국금지 또는 출국금지기간 연장을 결정한 사실을 통지하지 아니하기로 한 경우에는 출국금지 등의 심사결정서에 그 이유를 기재하여야 한다.

5. 출국금지 해제 요청

가. 출입국관리법

제4조의3(출국금지의 해제)

① 법무부장관은 출국금지 사유가 없어졌거나 출국을 금지할 필요가 없다고 인정할 때에는 즉시 출국금지를 해제하여야 한다.

② 제4조제3항에 따라 출국금지를 요청한 기관의 장은 출국금지 사유가 없어졌을 때에는 즉시 법무부장관에게 출국금지의 해제를 요청하여야 한다.

③ 제1항 및 제2항에서 규정한 사항 외에 출국금지의 해제절차에 관하여 필요한 사항은 대통령령으로 정한다.

나. 출입국관리법 시행령

제3조(출국금지의 해제 절차)

① 법무부장관은 법 제4조의3제1항에 따라 출국금지를 해제하려는 경우에는 출국금지 사유의 소멸 또는 출국금지의 필요 여부를 판단하기 위하여 관계 기관 또는 출국금지 요청기관의 장에게 의견을 묻거나 관련 자료를 제출하도록 요청할 수 있다. 다만, 출국금지 사유가 소멸되거나 출국금지를 할 필요가 없음이 명백한 경우에는 즉시 출국금지를 해제하여야 한다.

② 법무부장관은 제1항에 따라 출국금지를 해제하면 그 이유를 분명히 밝혀 지체 없이 출국금지 요청기관의 장에게 통보하여야 한다. 다만, 출국이 금지된 사람의 여권이 반납되었거나 몰취(沒取)된 것이 확인된 경우에는 통보하지 아니할 수 있다.

③ 출국금지 요청기관의 장은 법 제4조의3제2항에 따라 출국금지 해제를 요청하려면 출국금지 해제요청서를 작성하여 법무부장관에게 보내야 한다.

④ 법무부장관은 제3항에 따라 출국금지 해제요청서를 받으면 지체 없이 해제 여부를 심사하여 결정하여야 한다.

⑤ 법무부장관은 제4항에 따른 심사 결과 출국금지를 해제하지 아니하기로 결정하면 지체 없이 그 이유를 분명히 밝혀 출국금지 요청기관의 장에게 통보하여야 한다.

다. 출입국관리법 시행규칙

제6조의6(출국금지의 해제)

① 법무부장관은 출국금지된 사람이 다음 각 호의 어느 하나에 해당하면 영 제3조 제1항 단서에 따라 즉시 출국금지를 해제하여야 한다.

  1. 출국이 금지된 사람의 여권이 「여권법」에 따라 반납되었거나 몰취(沒取)된 것이 확인된 경우

2. 유효한 여권을 소지하지 아니한 사람으로서 여권발급이 제한되어 있어 해외도
피의 우려가 없다고 확인된 경우
3. 그 밖에 출국금지 사유가 소멸되었음이 확인된 경우
② 법무부장관은 출국이 금지된 사람이 다음 각 호의 어느 하나에 해당되면 출국금
지를 해제할 수 있다.
1. 출국금지로 인하여 생업을 유지하기 어렵다고 인정되는 경우
2. 출국금지로 인하여 회복하기 어려운 중대한 손해를 입을 우려가 있다고 인정되
는 경우
3. 그 밖에 인도적인 사유 등으로 출국금지를 해제할 필요가 있다고 인정되는 경우
③ 법무부장관은 영 제3조제4항에 따라 출국금지 해제요청에 관하여 심사·결정하
면 심사결정서를 작성하여야 한다.

6. 이의신청

가. 출입국관리법

제4조의5(출국금지결정 등에 대한 이의신청)

① 제4조제1항 또는 제2항에 따라 출국이 금지되거나 제4조의2제1항에 따라 출국
금지기간이 연장된 사람은 출국금지결정이나 출국금지기간 연장의 <u>통지를 받은 날 또
는 그 사실을 안 날부터 10일 이내</u>에 법무부장관에게 출국금지결정이나 출국금지기
간 연장결정에 대한 <u>이의를 신청</u>할 수 있다.
② 법무부장관은 제1항에 따른 이의신청을 받으면 그 날부터 15일 이내에 이의신청
의 타당성 여부를 결정하여야 한다. 다만, 부득이한 사유가 있으면 15일의 범위에서
한 차례만 그 기간을 연장할 수 있다.
③ 법무부장관은 제1항에 따른 이의신청이 이유 있다고 판단하면 즉시 출국금지를
해제하거나 출국금지기간의 연장을 철회하여야 하고, 그 이의신청이 이유 없다고 판
단하면 이를 기각하고 당사자에게 그 사유를 서면에 적어 통보하여야 한다.

나. 출입국관리법 시행령

제3조의4(이의신청에 대한 심사·결정)

① 법무부장관은 법 제4조의5제2항에 따른 이의신청에 대한 심사·결정에 필요하다
고 인정하면 이의신청인이나 출국금지 요청기관의 장에게 필요한 서류를 제출하거나
의견을 진술할 것을 요구할 수 있다.
② 법무부장관은 법 제4조의5제2항에 따라 이의신청에 대하여 심사·결정을 하면
그 결과를 이의신청인과 출국금지 요청기관의 장에게 통보하여야 한다.

다. 출입국관리법 시행규칙

제6조의10(출국금지결정 등에 대한 이의신청서)

① 법 제4조의5제1항에 따라 출국금지결정이나 출국금지기간 연장결정에 대하여 이의신청을 하려는 사람은 같은 항에서 정한 기간 내에 법무부장관에게 다음 각 호의 어느 하나에 해당하는 방법으로 이의신청서를 제출하여야 한다.

1. 이의신청서를 서면으로 제출
2. 법무부장관이 지정하는 전자우편 주소로 이의신청서가 포함된 전자적 파일을 제출

② 법무부장관은 영 제3조의4에 따라 심사 · 결정을 하면 이의신청에 대한 심사결정서를 작성하고, 그 사본을 이의신청인과 출국금지 또는 출국금지기간 연장을 요청한 기관의 장에게 보내야 한다.

7. 특칙

「출입국관리법」

제25조의2(결혼이민자 등에 대한 특칙)

① 법무부장관은 다음 각 호의 어느 하나에 해당하는 외국인이 체류기간 연장허가를 신청하는 경우에는 해당 재판 등의 권리구제 절차가 종료할 때까지 체류기간 연장을 허가할 수 있다.

1. 「가정폭력범죄의 처벌 등에 관한 특례법」 제2조제1호의 가정폭력을 이유로 법원의 재판, 수사기관의 수사 또는 그 밖의 법률에 따른 권리구제 절차가 진행 중인 대한민국 국민의 배우자인 외국인
2. 「성폭력범죄의 처벌 등에 관한 특례법」 제2조제1항의 성폭력범죄를 이유로 법원의 재판, 수사기관의 수사 또는 그 밖의 법률에 따른 권리구제 절차가 진행 중인 외국인
3. 「아동학대범죄의 처벌 등에 관한 특례법」 제2조제4호의 아동학대범죄를 이유로 법원의 재판, 수사기관의 수사 또는 그 밖의 법률에 따른 권리구제 절차가 진행 중인 외국인 아동 및 「아동복지법」 제3조제3호의 보호자(아동학대행위자는 제외한다)
4. 「인신매매등방지 및 피해자보호 등에 관한 법률」 제3조의 인신매매등피해자로서 법원의 재판, 수사기관의 수사 또는 그 밖의 법률에 따른 권리구제 절차가 진행 중인 외국인

② 법무부장관은 제1항에 따른 체류 연장기간 만료 이후에도 피해 회복 등을 위하여 필요하다고 인정하는 경우에는 체류기간 연장을 허가할 수 있다.

8. 외국인 출국의 정지

가. 출입국관리법

제29조(외국인 출국의 정지)

① 법무부장관은 제4조제1항 또는 제2항 각 호의 어느 하나에 해당하는 외국인에 대하여는 출국을 정지할 수 있다.

② 제1항의 경우에 제4조제3항부터 제5항까지와 제4조의2부터 제4조의5까지의 규정을 준용한다. 이 경우 "출국금지"는 "출국정지"로 본다.

제4조(출국의 금지)

① 법무부장관은 다음 각 호의 어느 하나에 해당하는 국민에 대하여는 6개월 이내의 기간을 정하여 출국을 금지할 수 있다.
  1. 형사재판에 계속(係屬) 중인 사람
  2. 징역형이나 금고형의 집행이 끝나지 아니한 사람
  3. 대통령령으로 정하는 금액 이상의 벌금이나 추징금을 내지 아니한 사람
  4. 대통령령으로 정하는 금액 이상의 국세·관세 또는 지방세를 정당한 사유 없이 그 납부기한까지 내지 아니한 사람
  5. 「양육비 이행확보 및 지원에 관한 법률」 제21조의4제1항에 따른 양육비 채무자 중 양육비이행심의위원회의 심의·의결을 거친 사람
  6. 그 밖에 제1호부터 제5호까지의 규정에 준하는 사람으로서 대한민국의 이익이나 공공의 안전 또는 경제질서를 해칠 우려가 있어 그 출국이 적당하지 아니하다고 법무부령으로 정하는 사람

② 법무부장관은 범죄 수사를 위하여 출국이 적당하지 아니하다고 인정되는 사람에 대하여는 1개월 이내의 기간을 정하여 출국을 금지할 수 있다. 다만, 다음 각 호에 해당하는 사람은 그 호에서 정한 기간으로 한다.
  1. 소재를 알 수 없어 기소중지 또는 수사중지(피의자중지로 한정한다)된 사람 또는 도주 등 특별한 사유가 있어 수사진행이 어려운 사람: 3개월 이내
  2. 기소중지 또는 수사중지(피의자중지로 한정한다)된 경우로서 체포영장 또는 구속영장이 발부된 사람: 영장 유효기간 이내

③ 중앙행정기관의 장 및 법무부장관이 정하는 관계 기관의 장은 소관 업무와 관련하여 제1항 또는 제2항 각 호의 어느 하나에 해당하는 사람이 있다고 인정할 때에는 법무부장관에게 출국금지를 요청할 수 있다.

④ 출입국관리공무원은 출국심사를 할 때에 제1항 또는 제2항에 따라 출국이 금지된 사람을 출국시켜서는 아니 된다.

⑤ 제1항부터 제4항까지에서 규정한 사항 외에 출국금지기간과 출국금지절차에 관하여 필요한 사항은 대통령령으로 정한다.

나. 출입국관리법 시행령

제36조의2(외국인의 출국정지 절차 등)

외국인에 대한 출국정지 및 출국정지기간 연장 절차 등에 관하여는 제2조, 제2조의2, 제2조의3, 제3조, 제3조의2부터 제3조의4까지 및 제5조를 준용한다. 이 경우 "출국금지"는 "출국정지"로 보고, "법 제4조제1항 또는 제2항에 따른 출국금지기간"은 "제36조제1항 각 호에 따른 출국정지기간"으로 본다.

제2조(출국금지 절차)

① 법무부장관은 법 제4조제1항 또는 제2항에 따라 출국을 금지하려는 경우에는 관계 기관의 장에게 의견을 묻거나 관련 자료를 제출하도록 요청할 수 있다.

② 중앙행정기관의 장 및 법무부장관이 정하는 관계 기관의 장은 법 제4조제3항에 따라 출국금지를 요청하는 경우에는 출국금지 요청 사유와 출국금지 예정기간 등을 적은 출국금지 요청서에 법무부령으로 정하는 서류를 첨부하여 법무부장관에게 보내야 한다. 다만, 시장·군수 또는 구청장(「제주특별자치도 설치 및 국제자유도시 조성을 위한 특별법」 제11조에 따른 행정시장을 포함하며, 구청장은 자치구의 구청장을 말한다. 이하 같다)의 소관 업무에 관한 출국금지 요청은 특별시장·광역시장 또는 도지사(특별자치도지사를 포함한다. 이하 같다)가 한다.

③ 제2항 본문에 따른 출국금지 예정기간은 법 제4조제1항 또는 제2항에 따른 출국금지기간을 초과할 수 없다.

다. 출입국관리법 시행규칙

제6조의4(출국금지 등의 요청 시 첨부서류)

① 영 제2조제2항 본문에서 "법무부령으로 정하는 서류"란 다음 각 호의 서류를 말한다.
  1. 다음 각 목의 사항에 대한 소명 자료
    가. 당사자가 법 제4조제1항 또는 제2항에 따른 출국금지 대상자에 해당하는 사실
    나. 출국금지가 필요한 사유
  2. 검사의 검토의견서(법 제4조제2항에 따른 범죄 수사 목적인 경우에만 해당한다)
② 영 제2조의2제2항에서 "법무부령으로 정하는 서류"란 다음 각 호의 서류를 말한다.
  1. 다음 각 목의 사항에 대한 소명 자료
    가. 당사자가 법 제4조제1항 또는 제2항에 따른 출국금지 대상자에 해당하는 사실
    나. 출국금지기간 연장이 필요한 사유

2. 검사의 검토의견서(법 제4조제2항에 따른 범죄 수사 목적인 경우에만 해당한다)

③ 영 제5조의2제1항에서 "법무부령으로 정하는 서류"란 다음 각 호의 서류를 말한다.

  1. 당사자가 법 제4조의6제1항에 따른 출국금지(이하 "긴급출국금지"라 한다) 대
    상자에 해당하는 사실

  2. 법 제4조의6제1항에 따른 긴급한 필요 등 긴급출국금지가 필요한 사유

④ 영 제5조의3제1항에서 "법무부령으로 정하는 서류"란 다음 각 호의 서류를 말한다.

  1. 검사의 검토의견서

  2. 긴급출국금지보고서

  3. 다음 각 목의 사항에 대한 소명 자료

    가. 당사자가 법 제4조의6제1항에 따른 긴급출국금지 대상자에 해당하는 사실

    나. 긴급출국금지 승인이 필요한 사유

  4. 긴급출국금지 요청 시 제출하였던 긴급출국금지 요청서와 첨부 서류

9. 외국인의 긴급출국정지 요청

가. 출입국관리법

제29조의2(외국인 긴급출국정지)

① 수사기관은 범죄 피의자인 외국인이 제4조의6제1항에 해당하는 경우에는 제29조
제2항에도 불구하고 출국심사를 하는 출입국관리공무원에게 출국정지를 요청할 수
있다.

② 제1항에 따른 외국인의 출국정지에 관하여는 제4조의6제2항부터 제6항까지의 규
정을 준용한다. 이 경우 "출국금지"는 "출국정지"로, "긴급출국금지"는 "긴급출국정
지"로 본다.

제4조의6(긴급출국금지)

① 수사기관은 범죄 피의자로서 사형·무기 또는 장기 3년 이상의 징역이나 금고에 해
당하는 죄를 범하였다고 의심할 만한 상당한 이유가 있고, 다음 각 호의 어느 하나에
해당하는 사유가 있으며, 긴급한 필요가 있는 때에는 제4조제3항에도 불구하고 출국심
사를 하는 출입국관리공무원에게 출국금지를 요청할 수 있다.

  1. 피의자가 증거를 인멸할 염려가 있는 때

  2. 피의자가 도망하거나 도망할 우려가 있는 때

② 제1항에 따른 요청을 받은 출입국관리공무원은 출국심사를 할 때에 출국금지가 요
청된 사람을 출국시켜서는 아니 된다.

③ 수사기관은 제1항에 따라 긴급출국금지를 요청한 때로부터 6시간 이내에 법무부장
관에게 긴급출국금지 승인을 요청하여야 한다. 이 경우 검사의 검토의견서 및 범죄사실

의 요지, 긴급출국금지의 사유 등을 기재한 긴급출국금지보고서를 첨부하여야 한다.

④ 법무부장관은 수사기관이 제3항에 따른 긴급출국금지 승인 요청을 하지 아니한 때에는 제1항의 수사기관 요청에 따른 출국금지를 해제하여야 한다. 수사기관이 긴급출국금지 승인을 요청한 때로부터 12시간 이내에 법무부장관으로부터 긴급출국금지 승인을 받지 못한 경우에도 또한 같다.

⑤ 제4항에 따라 출국금지가 해제된 경우에 수사기관은 동일한 범죄사실에 관하여 다시 긴급출국금지 요청을 할 수 없다.

⑥ 그 밖에 긴급출국금지의 절차 및 긴급출국금지보고서 작성 등에 필요한 사항은 대통령령으로 정한다.

나. 출입국관리법 시행령

제5조의2(긴급출국금지 절차)

① 법 제4조의6제1항에 따른 출국금지(이하 "긴급출국금지"라 한다)를 요청하려는 수사기관의 장은 긴급출국금지 요청 사유와 출국금지 예정기간 등을 적은 긴급출국금지 요청서에 법무부령으로 정하는 서류를 첨부하여 출입국관리공무원에게 보내야 한다.

② 출입국관리공무원은 긴급출국금지 업무를 처리할 때 필요하면 긴급출국금지를 요청한 수사기관의 장에게 의견을 묻거나 관련 자료를 제출하도록 요청할 수 있다.

③ 법무부장관은 출입국관리공무원 중에서 긴급출국금지 업무를 전담하는 공무원을 지정할 수 있다.

제5조의3(긴급출국금지 승인 절차)

① 긴급출국금지를 요청한 수사기관의 장은 법 제4조의6제3항에 따라 긴급출국금지 승인을 요청할 때에는 긴급출국금지 승인 요청서에 검사의 검토의견서 및 긴급출국금지보고서 등 법무부령으로 정하는 서류를 첨부하여 법무부장관에게 보내야 한다.

② 법무부장관은 제1항에 따라 긴급출국금지 승인 요청을 받으면 긴급출국금지 승인 여부와 출국금지기간을 심사하여 결정하여야 한다.

③ 법무부장관은 제2항에 따른 심사·결정을 할 때에 필요하면 승인을 요청한 수사기관의 장에게 의견을 묻거나 관련 자료를 제출하도록 요청할 수 있다.

④ 법무부장관은 긴급출국금지를 승인하지 아니하기로 결정한 때에는 그 이유를 분명히 밝혀 긴급출국금지 승인을 요청한 수사기관의 장에게 통보하여야 한다.

⑤ 법무부장관이 긴급출국금지를 승인한 경우에 출국금지기간의 연장 요청 및 심사·결정, 출국금지의 해제 절차, 출국금지결정 등 통지의 제외, 이의신청에 대한 심사·결정에 관하여는 제2조의2, 제2조의3제2항부터 제4항까지, 제3조, 제3조의3 및 제3조의4를 준용한다. 이 경우 출국금지기간은 긴급출국금지된 때부터 계산한다.

제5조의4(긴급출국금지 요청대장의 작성 및 관리)

긴급출국금지를 요청한 수사기관의 장은 긴급출국금지 요청과 그 승인 또는 해제 요청, 기간 연장 또는 해제 등의 변동 사항을 적은 긴급출국금지 요청대장을 갖추어 두어야 한다.

다. 출입국관리법 시행규칙

제6조의4(출국금지 등의 요청 시 첨부서류)

① 영 제2조제2항 본문에서 "법무부령으로 정하는 서류"란 다음 각 호의 서류를 말한다.
  1. 다음 각 목의 사항에 대한 소명 자료
     가. 당사자가 법 제4조제1항 또는 제2항에 따른 출국금지 대상자에 해당하는 사실
     나. 출국금지가 필요한 사유
  2. 검사의 검토의견서(법 제4조제2항에 따른 범죄 수사 목적인 경우에만 해당한다)
② 영 제2조의2제2항에서 "법무부령으로 정하는 서류"란 다음 각 호의 서류를 말한다.
  1. 다음 각 목의 사항에 대한 소명 자료
     가. 당사자가 법 제4조제1항 또는 제2항에 따른 출국금지 대상자에 해당하는 사실
     나. 출국금지기간 연장이 필요한 사유
  2. 검사의 검토의견서(법 제4조제2항에 따른 범죄 수사 목적인 경우에만 해당한다)
③ 영 제5조의2제1항에서 "법무부령으로 정하는 서류"란 다음 각 호의 서류를 말한다.
  1. 당사자가 법 제4조의6제1항에 따른 출국금지(이하 "긴급출국금지"라 한다) 대상자에 해당하는 사실
  2. 법 제4조의6제1항에 따른 긴급한 필요 등 긴급출국금지가 필요한 사유
④ 영 제5조의3제1항에서 "법무부령으로 정하는 서류"란 다음 각 호의 서류를 말한다.
  1. 검사의 검토의견서
  2. 긴급출국금지보고서
  3. 다음 각 목의 사항에 대한 소명 자료
     가. 당사자가 법 제4조의6제1항에 따른 긴급출국금지 대상자에 해당하는 사실
     나. 긴급출국금지 승인이 필요한 사유
  4. 긴급출국금지 요청 시 제출하였던 긴급출국금지 요청서와 첨부 서류

10. 외국인의 출국정지기간 연장 요청

가. 출입국관리법

제29조(외국인 출국의 정지)
① 법무부장관은 제4조제1항 또는 제2항 각 호의 어느 하나에 해당하는 외국인에 대하여는 출국을 정지할 수 있다.
② 제1항의 경우에 제4조제3항부터 제5항까지와 제4조의2부터 제4조의5까지의 규정을 준용한다. 이 경우 "출국금지"는 "출국정지"로 본다.

제4조의2(출국금지기간의 연장)
① 법무부장관은 출국금지기간을 초과하여 계속 출국을 금지할 필요가 있다고 인정하는 경우에는 그 기간을 연장할 수 있다.
② 제4조제3항에 따라 출국금지를 요청한 기관의 장은 출국금지기간을 초과하여 계속 출국을 금지할 필요가 있을 때에는 출국금지기간이 끝나기 3일 전까지 법무부장관에게 출국금지기간을 연장하여 줄 것을 요청하여야 한다.
③ 제1항 및 제2항에서 규정한 사항 외에 출국금지기간의 연장절차에 관하여 필요한 사항은 대통령령으로 정한다.

나. 출입국관리법 시행령

제36조의2(외국인의 출국정지 절차 등)
외국인에 대한 출국정지 및 출국정지기간 연장 절차 등에 관하여는 제2조, 제2조의2, 제2조의3, 제3조, 제3조의2부터 제3조의4까지 및 제5조를 준용한다. 이 경우 "출국금지"는 "출국정지"로 보고, "법 제4조제1항 또는 제2항에 따른 출국금지기간"은 "제36조제1항 각 호에 따른 출국정지기간"으로 본다.

제2조의2(출국금지기간 연장 절차)
① 법무부장관은 법 제4조의2제1항에 따라 출국금지기간을 연장하려면 법 제4조제1항 또는 제2항에 따른 출국금지기간 내에서 그 기간을 정하여 연장하여야 한다. 이 경우 법무부장관은 관계 기관의 장에게 의견을 묻거나 관련 자료를 제출하도록 요청할 수 있다.
② 제2조제2항에 따라 출국금지를 요청한 중앙행정기관의 장 및 법무부장관이 정하는 관계 기관의 장(이하 "출국금지 요청기관의 장"이라 한다)은 법 제4조의2제2항에 따라 출국금지기간 연장을 요청하는 경우에는 출국금지기간 연장요청 사유와 출국금지기간 연장예정기간 등을 적은 출국금지기간 연장요청서에 법무부령으로 정하는 서류를 첨부하여 법무부장관에게 보내야 한다.

③ 제2항에 따른 출국금지기간 연장예정기간은 법 제4조제1항 또는 제2항에 따른 출국금지기간을 초과할 수 없다.

다. 출입국관리법 시행규칙

제6조의4(출국금지 등의 요청 시 첨부서류)
① 영 제2조제2항 본문에서 "법무부령으로 정하는 서류"란 다음 각 호의 서류를 말한다.
  1. 다음 각 목의 사항에 대한 소명 자료
    가. 당사자가 법 제4조제1항 또는 제2항에 따른 출국금지 대상자에 해당하는 사실
    나. 출국금지가 필요한 사유
  2. 검사의 검토의견서(법 제4조제2항에 따른 범죄 수사 목적인 경우에만 해당한다)
② 영 제2조의2제2항에서 "법무부령으로 정하는 서류"란 다음 각 호의 서류를 말한다.
  1. 다음 각 목의 사항에 대한 소명 자료
    가. 당사자가 법 제4조제1항 또는 제2항에 따른 출국금지 대상자에 해당하는 사실
    나. 출국금지기간 연장이 필요한 사유
  2. 검사의 검토의견서(법 제4조제2항에 따른 범죄 수사 목적인 경우에만 해당한다)
③ 영 제5조의2제1항에서 "법무부령으로 정하는 서류"란 다음 각 호의 서류를 말한다.
  1. 당사자가 법 제4조의6제1항에 따른 출국금지(이하 "긴급출국금지"라 한다) 대상자에 해당하는 사실
  2. 법 제4조의6제1항에 따른 긴급한 필요 등 긴급출국금지가 필요한 사유
④ 영 제5조의3제1항에서 "법무부령으로 정하는 서류"란 다음 각 호의 서류를 말한다.
  1. 검사의 검토의견서
  2. 긴급출국금지보고서
  3. 다음 각 목의 사항에 대한 소명 자료
    가. 당사자가 법 제4조의6제1항에 따른 긴급출국금지 대상자에 해당하는 사실
    나. 긴급출국금지 승인이 필요한 사유
  4. 긴급출국금지 요청 시 제출하였던 긴급출국금지 요청서와 첨부 서류

11. 외국인의 출국정지 해제 요청

가. 출입국관리법

제29조(외국인 출국의 정지)
① 법무부장관은 제4조제1항 또는 제2항 각 호의 어느 하나에 해당하는 외국인에 대하여는 출국을 정지할 수 있다.
② 제1항의 경우에 제4조제3항부터 제5항까지와 제4조의2부터 제4조의5까지의 규정을 준용한다. 이 경우 "출국금지"는 "출국정지"로 본다.

> **제4조의3(출국금지의 해제)**
> ① 법무부장관은 출국금지 사유가 없어졌거나 출국을 금지할 필요가 없다고 인정할 때에는 즉시 출국금지를 해제하여야 한다.
> ② 제4조제3항에 따라 출국금지를 요청한 기관의 장은 출국금지 사유가 없어졌을 때에는 즉시 법무부장관에게 출국금지의 해제를 요청하여야 한다.
> ③ 제1항 및 제2항에서 규정한 사항 외에 출국금지의 해제절차에 관하여 필요한 사항은 대통령령으로 정한다.

나. 출입국관리법 시행령

제3조(출국금지의 해제 절차)
① 법무부장관은 법 제4조의3제1항에 따라 출국금지를 해제하려는 경우에는 출국금지 사유의 소멸 또는 출국금지의 필요 여부를 판단하기 위하여 관계 기관 또는 출국금지 요청기관의 장에게 의견을 묻거나 관련 자료를 제출하도록 요청할 수 있다. 다만, 출국금지 사유가 소멸되거나 출국금지를 할 필요가 없음이 명백한 경우에는 즉시 출국금지를 해제하여야 한다.
② 법무부장관은 제1항에 따라 출국금지를 해제하면 그 이유를 분명히 밝혀 지체 없이 출국금지 요청기관의 장에게 통보하여야 한다. 다만, 출국이 금지된 사람의 여권이 반납되었거나 몰취(沒取)된 것이 확인된 경우에는 통보하지 아니할 수 있다.
③ 출국금지 요청기관의 장은 법 제4조의3제2항에 따라 출국금지 해제를 요청하려면 출국금지 해제요청서를 작성하여 법무부장관에게 보내야 한다.
④ 법무부장관은 제3항에 따라 출국금지 해제요청서를 받으면 지체 없이 해제 여부를 심사하여 결정하여야 한다.
⑤ 법무부장관은 제4항에 따른 심사 결과 출국금지를 해제하지 아니하기로 결정하면 지체 없이 그 이유를 분명히 밝혀 출국금지 요청기관의 장에게 통보하여야 한다.

다. 출입국관리법 시행규칙

제6조의6(출국금지의 해제)

① 법무부장관은 출국금지된 사람이 다음 각 호의 어느 하나에 해당하면 영 제3조제1항 단서에 따라 즉시 출국금지를 해제하여야 한다.

1. 출국이 금지된 사람의 여권이 「여권법」에 따라 반납되었거나 몰취(沒取)된 것이 확인된 경우

2. 유효한 여권을 소지하지 아니한 사람으로서 여권발급이 제한되어 있어 해외도피의 우려가 없다고 확인된 경우

3. 그 밖에 출국금지 사유가 소멸되었음이 확인된 경우

② 법무부장관은 출국이 금지된 사람이 다음 각 호의 어느 하나에 해당되면 출국금지를 해제할 수 있다.

1. 출국금지로 인하여 생업을 유지하기 어렵다고 인정되는 경우

2. 출국금지로 인하여 회복하기 어려운 중대한 손해를 입을 우려가 있다고 인정되는 경우

3. 그 밖에 인도적인 사유 등으로 출국금지를 해제할 필요가 있다고 인정되는 경우

③ 법무부장관은 영 제3조제4항에 따라 출국금지 해제요청에 관하여 심사·결정하면 심사결정서를 작성하여야 한다.

07
CHAPTER

통신 수사 및 위치추적
전자장치 관련 수사

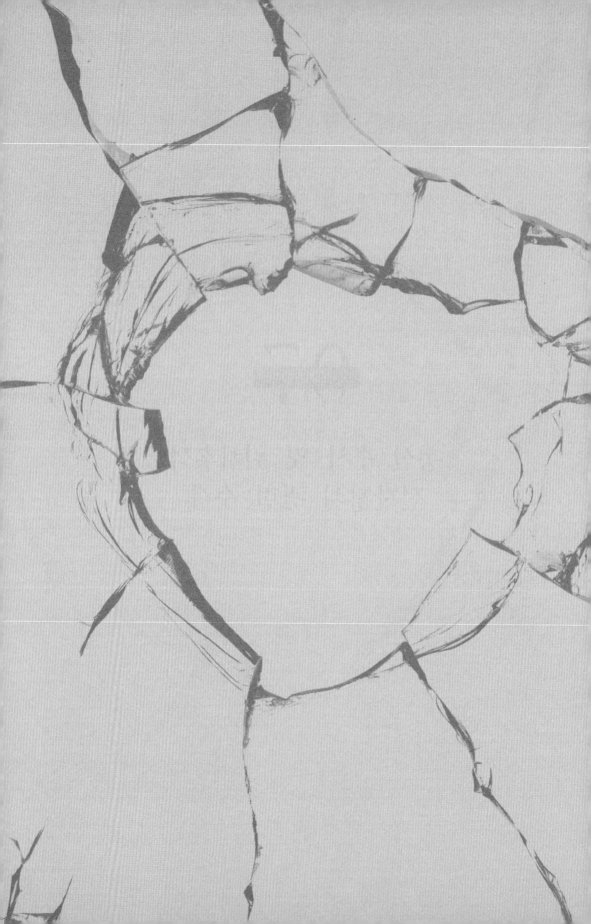

통신 수사 및 위치추적 전자장치 관련 수사

제1절 통신 수사

1. 통신 수사 개념 정의

	통신자료	통신사실확인자료	통신제한조치
법률 근거	전기통신사업법 제83조 등	통신비밀보호법 제13조 등	통신비밀보호법 제5조 등
대상	모든 범죄	모든 범죄	통신비밀보호법 제5조 제1항에 명시한 대상 범죄
개념 정의	단순한 이용자의 인적 사항 등을 확인	가입자가 사용한 통신 기록의 흔적을 확인	우편물의 검열 또는 전기 통신의 감청하여 그 내용 을 지득 또는 채록
요건	재판, 수사, 형의 집행, 국가안전보장	재판, 수사, 형의 집행, 국가안전보장	수사, 국가안전보장
허가 · 승인	관서장	법원	수사: 법원허가 국가안전보장: 고등법원

			수석판사 허가 또는 **대통령** 승인
제공 자료	① 이용자의 성명 ② 이용자의 주민등록번호 ③ 이용자의 주소 ④ 이용자의 전화번호 ⑤ 이용자의 아이디 (컴퓨터시스템이나 통신망의 정당한 이용자임을 알아보기 위한 이용자 식별부호를 말한다) ⑥ 이용자의 가입일 또는 해지일	① 가입자의 전기통신일시 ② 전기통신개시·종료 시간 ③ 발·착신 통신번호 등 상대방의 가입자번호 ④ 사용도수 ⑤ 컴퓨터통신 또는 인터넷의 사용자가 전기통신역무를 이용한 사실에 관한 컴퓨터통신 또는 인터넷의 로그기록자료 ⑥ 정보통신망에 접속된 정보통신기기의 위치를 확인할 수 있는 발신기지국의 위치추적자료 ⑦ 컴퓨터통신 또는 인터넷의 사용자가 정보통신망에 접속하기 위하여 사용하는 정보통신기기의 위치를 확인할 수 있는 접속지의 추적자료	통화내용
절차	① 법원, 검사 또는 수사관서의 장, 정보수사기관의 장이 재판, 수사, 형의 집행 또는 국가안전보장에 대한 위해를 방지하기 위한 정보수집을 위하여 자료의 열람이나	① 검사 또는 사법경찰관은 수사 또는 형의 집행을 위하여 필요한 경우 전기통신사업법에 의한 전기통신사업자에게 통신사실 확인자료의 열람이나 제출을 요청할	통신비밀보호법 제6조, 제7조 참고

	수 있다.	
제출을 요청 ② 통신자료제공 요청은 요청사유, 해당 이용 자와의 연관성, 필요 한 자료의 범위를 기 재한 서면으로 하여 야 한다. ③ 전기통신사업자는 이 용자의 통신비밀에 관 한 업무를 담당하는 전담기구를 설치·운 영하여야 하며, 그 전 담기구의 기능 및 구 성 등에 관한 사항은 대통령령으로 정한다.	② 검사 또는 사법경찰 관은 수사를 위하여 통신사실확인자료 중 실시간 추적자료, 특 정한 기지국에 대한 통신사실확인자료가 필요한 경우에는 다 른 방법으로는 범죄 의 실행을 저지하기 어렵거나 범인의 발 견·확보 또는 증거 의 수집·보전이 어 려운 경우에만 전기 통신사업자에게 해당 자료의 열람이나 제 출을 요청할 수 있다. ③ 통신사실 확인자료제 공을 요청하는 경우에 는 요청사유, 해당 가 입자와의 연관성 및 필요한 자료의 범위를 기록한 서면으로 관할 지방법원 또는 지원의 허가를 받아야 한다. ④ 긴급한 사유로 통신사 실확인자료를 제공받 았으나 지방법원 또 는 지원의 허가를 받 지 못한 경우에는 지 체 없이 제공받은 통 신사실확인자료를 폐 기하여야 한다.	

2. 통신비밀보호의 원칙

가. 통신비밀보호법

제1조(목적)

이 법은 통신 및 대화의 비밀과 자유에 대한 제한은 그 대상을 한정하고 엄격한 법적 절차를 거치도록 함으로써 통신비밀을 보호하고 통신의 자유를 신장함을 목적으로 한다.

제11조(비밀준수의 의무)

① 통신제한조치의 허가 · 집행 · 통보 및 각종 서류작성 등에 관여한 공무원 또는 그 직에 있었던 자는 직무상 알게 된 통신제한조치에 관한 사항을 외부에 공개하거나 누설하여서는 아니된다.

② 통신제한조치에 관여한 통신기관의 직원 또는 그 직에 있었던 자는 통신제한조치에 관한 사항을 외부에 공개하거나 누설하여서는 아니된다.

③ 제1항 및 제2항에 규정된 자 외에 누구든지 이 법에 따른 통신제한조치로 알게 된 내용을 이 법에 따라 사용하는 경우 외에는 이를 외부에 공개하거나 누설하여서는 아니 된다.

④ 법원에서의 통신제한조치의 허가절차 · 허가여부 · 허가내용 등의 비밀유지에 관하여 필요한 사항은 대법원규칙으로 정한다.

나. 범죄수사규칙

제152조(통신비밀보호의 원칙)

경찰관은 통신수사를 할 때에는 통신 및 대화의 비밀을 침해하지 않도록 필요 최소한도로 실시하여야 한다.

제153조(남용방지)

① 경찰관은 통신제한조치 허가신청을 할 때에는 「통신비밀보호법」 제5조, 제6조에서 규정한 대상범죄, 신청방법, 관할법원, 허가요건 등을 충분히 검토하여 남용되지 않도록 하여야 한다.

② 경찰관은 통신사실 확인자료 제공요청 허가신청을 할 때에는 요청사유, 해당 가입자와의 연관성, 필요한 자료의 범위 등을 명확히 하여 남용되지 않도록 하여야 한다.

3. 범죄 수사를 위한 통신제한조치 허가신청 등

가. 통신비밀보호법

제6조(범죄수사를 위한 통신제한조치의 허가절차)

① 검사(군검사를 포함한다. 이하 같다) 는 제5조제1항의 요건이 구비된 경우에는 법원(軍事法院을 포함한다. 이하 같다)에 대하여 각 피의자별 또는 각 피내사자별로 통신제한조치를 허가하여 줄 것을 청구할 수 있다.

② 사법경찰관(軍司法警察官을 포함한다. 이하 같다)은 제5조제1항의 요건이 구비된 경우에는 검사에 대하여 각 피의자별 또는 각 피내사자별로 통신제한조치에 대한 허가를 신청하고, 검사는 법원에 대하여 그 허가를 청구할 수 있다.

③ 제1항 및 제2항의 통신제한조치 청구사건의 관할법원은 그 통신제한조치를 받을 통신당사자의 쌍방 또는 일방의 주소지·소재지, 범죄지 또는 통신당사자와 공범관계에 있는 자의 주소지·소재지를 관할하는 지방법원 또는 지원(군사법원을 포함한다)으로 한다.

④ 제1항 및 제2항의 통신제한조치청구는 필요한 통신제한조치의 종류·그 목적·대상·범위·기간·집행장소·방법 및 당해 통신제한조치가 제5조제1항의 허가요건을 충족하는 사유등의 청구이유를 기재한 서면(이하 "請求書"라 한다)으로 하여야 하며, 청구이유에 대한 소명자료를 첨부하여야 한다. 이 경우 동일한 범죄사실에 대하여 그 피의자 또는 피내사자에 대하여 통신제한조치의 허가를 청구하였거나 허가받은 사실이 있는 때에는 다시 통신제한조치를 청구하는 취지 및 이유를 기재하여야 한다.

⑤ 법원은 청구가 이유 있다고 인정하는 경우에는 각 피의자별 또는 각 피내사자별로 통신제한조치를 허가하고, 이를 증명하는 서류(이하 "허가서"라 한다)를 청구인에게 발부한다.

⑥ 제5항의 허가서에는 통신제한조치의 종류·그 목적·대상·범위·기간 및 집행장소와 방법을 특정하여 기재하여야 한다.

⑦ 통신제한조치의 기간은 2개월을 초과하지 못하고, 그 기간 중 통신제한조치의 목적이 달성되었을 경우에는 즉시 종료하여야 한다. 다만, 제5조제1항의 허가요건이 존속하는 경우에는 소명자료를 첨부하여 제1항 또는 제2항에 따라 2개월의 범위에서 통신제한조치기간의 연장을 청구할 수 있다.

⑧ 검사 또는 사법경찰관이 제7항 단서에 따라 통신제한조치의 연장을 청구하는 경우에 통신제한조치의 총 연장기간은 1년을 초과할 수 없다. 다만, 다음 각 호의 어느 하나에 해당하는 범죄의 경우에는 통신제한조치의 총 연장기간이 3년을 초과할 수 없다.

1. 「형법」 제2편 중 제1장 내란의 죄, 제2장 외환의 죄 중 제92조부터 제101조까지의 죄, 제4장 국교에 관한 죄 중 제107조, 제108조, 제111조부터 제113조까지의 죄, 제5장 공안을 해하는 죄 중 제114조, 제115조의 죄 및 제6장 폭발물에 관한 죄

2. 「군형법」 제2편 중 제1장 반란의 죄, 제2장 이적의 죄, 제11장 군용물에 관한 죄 및 제12장 위령의 죄 중 제78조·제80조·제81조의 죄

3. 「국가보안법」에 규정된 죄

4. 「군사기밀보호법」에 규정된 죄

5. 「군사기지 및 군사시설보호법」에 규정된 죄

⑨ 법원은 제1항·제2항 및 제7항 단서에 따른 청구가 이유없다고 인정하는 경우에는 청구를 기각하고 이를 청구인에게 통지한다.

나. 통신비밀보호법 시행령

제5조(통신제한조치기간 연장의 절차)

① 법 제6조제7항 및 법 제7조제2항에 따라 통신제한조치기간 연장의 허가를 청구하거나 승인을 신청하는 경우에는 이를 서면으로 하여야 한다.

② 제1항의 서면에는 기간연장이 필요한 이유와 연장할 기간을 적고 소명자료를 첨부하여야 한다.

다. 범죄수사규칙

제154조(범죄수사목적 통신제한조치 허가신청 등)

① 경찰관은 「통신비밀보호법」 제6조제2항 및 제4항에 따라 검사에게 통신제한조치 허가를 신청하는 경우에는 별지 제63호서식의 통신제한조치 허가신청서(사전)에 따른다.

② 경찰관이 「통신비밀보호법」 제6조제7항에 따라 검사에게 통신제한조치 기간연장을 신청하는 경우에는 별지 제65호서식의 통신제한조치 기간연장 신청서에 따른다.

③ 경찰관은 제1항에 따라 통신제한조치 허가를 신청한 경우에는 별지 제73호서식의 통신제한조치 허가신청부에 필요한 사항을 적어야 한다.

4. 긴급통신제한조치 등

가. 통신비밀보호법

제8조(긴급통신제한조치)

① 검사, 사법경찰관 또는 정보수사기관의 장은 국가안보를 위협하는 음모행위, 직접

■ 범죄수사규칙 [별지 제63호서식]

소 속 관 서

제 0000-00000 호   0000.00.00.

수 신 :

제 목 : 통신제한조치 허가신청(사전)

다음 피의자에 대한   피의사건에 관하여 아래와 같은 내용의 통신제한 조치를 할 수 있는 허가서의 청구를 신청합니다.

피 의 자	성 명		주민등록번호	
	직 업			
	주 거			
통신제한조치의 종류 및 방법				
통신제한조치의 대 상 과 범 위				
통신제한조치의 기간 및 집행장소	1. 기간 : 2. 집행장소 :			
혐의사실의 요지 및 신 청 이 유				
둘이상을신청하는경우 신 청 취 지 및 이 유				
재신청의취지및이유				
비 고				

소 속 관 서

사법경찰관 계급

210㎜ × 297㎜(백상지 60g/㎡)

■ 범죄수사규칙 [별지 제65호서식]

소 속 관 서

제 0000-000000 호   0000.00.00.

수 신 :

제 목 : 통신제한조치 기간연장 신청

아래와 같이 통신제한조치 기간연장을 청구하여 주시기 바랍니다.

성 명	
주 민 등 록 번 호	
주 거	
직 업	
사 건 번 호	
허 가 서 번 호	
통신제한허가기간	부터 까지 일
연 장 할 기 간	부터 까지 일
기간연장이 필요한 이유 및 소명자료	

소 속 관 서

사법경찰관 계급

210㎜ × 297㎜(백상지 80g/㎡)

■ 범죄수사규칙 [별지 제73호서식]

통신제한조치허가신청부

진 행 번 호				
사 건 번 호				
성 명 주 민 등 록 번 호 주 거 직 업				
죄 명				
종 류 · 방 법				
처 분 대 상 · 범 위				
긴급통신제한조치일자				
허가기간 · 집행장소				
연 장 기 간	부터 까지		부터 까지	
허가신청및발부	구 분	허가신청	연장신청	허가신청	연장신청
	신 청				
	발 부				
	기 각				
	재 신 청				
	발 부				
	기 각				
	수 령 년 월 일				
	수령자직성명, 날인				
검 찰 반 환 연 월 일				
비 고				

210㎜ × 297㎜(백상지 60g/㎡)

제7장•통신 수사 및 위치추적 전자장치 관련 수사

적인 사망이나 심각한 상해의 위험을 야기할 수 있는 범죄 또는 조직범죄등 중대한 범죄의 계획이나 실행 등 긴박한 상황에 있고 제5조제1항 또는 제7조제1항제1호의 규정에 의한 요건을 구비한 자에 대하여 제6조 또는 제7조제1항 및 제3항의 규정에 의한 절차를 거칠 수 없는 긴급한 사유가 있는 때에는 법원의 허가없이 통신제한조치를 할 수 있다.

② 검사, 사법경찰관 또는 정보수사기관의 장은 제1항에 따른 통신제한조치(이하 "긴급통신제한조치"라 한다)의 집행에 착수한 후 지체 없이 제6조(제7조제3항에서 준용하는 경우를 포함한다)에 따라 법원에 허가청구를 하여야 한다.

③ 사법경찰관이 긴급통신제한조치를 할 경우에는 미리 검사의 지휘를 받아야 한다. 다만, 특히 급속을 요하여 미리 지휘를 받을 수 없는 사유가 있는 경우에는 긴급통신제한조치의 집행착수후 지체없이 검사의 승인을 얻어야 한다.

④ 검사, 사법경찰관 또는 정보수사기관의 장이 긴급통신제한조치를 하고자 하는 경우에는 반드시 긴급검열서 또는 긴급감청서(이하 "긴급감청서등"이라 한다)에 의하여야 하며 소속기관에 긴급통신제한조치대장을 비치하여야 한다.

⑤ 검사, 사법경찰관 또는 정보수사기관의 장은 긴급통신제한조치의 집행에 착수한 때부터 36시간 이내에 법원의 허가를 받지 못한 경우에는 해당 조치를 즉시 중지하고 해당 조치로 취득한 자료를 폐기하여야 한다.

⑥ 검사, 사법경찰관 또는 정보수사기관의 장은 제5항에 따라 긴급통신제한조치로 취득한 자료를 폐기한 경우 폐기이유·폐기범위·폐기일시 등을 기재한 자료폐기결과보고서를 작성하여 폐기일부터 7일 이내에 제2항에 따라 허가청구를 한 법원에 송부하고, 그 부본(副本)을 피의자의 수사기록 또는 피내사자의 내사사건기록에 첨부하여야 한다.

⑦ 삭제

⑧ 정보수사기관의 장은 국가안보를 위협하는 음모행위, 직접적인 사망이나 심각한 상해의 위험을 야기할 수 있는 범죄 또는 조직범죄등 중대한 범죄의 계획이나 실행 등 긴박한 상황에 있고 제7조제1항제2호에 해당하는 자에 대하여 대통령의 승인을 얻을 시간적 여유가 없거나 통신제한조치를 긴급히 실시하지 아니하면 국가안전보장에 대한 위해를 초래할 수 있다고 판단되는 때에는 소속 장관(국가정보원장을 포함한다)의 승인을 얻어 통신제한조치를 할 수 있다.

⑨ 정보수사기관의 장은 제8항에 따른 통신제한조치의 집행에 착수한 후 지체 없이 제7조에 따라 대통령의 승인을 얻어야 한다.

⑩ 정보수사기관의 장은 제8항에 따른 통신제한조치의 집행에 착수한 때부터 36시간 이내에 대통령의 승인을 얻지 못한 경우에는 해당 조치를 즉시 중지하고 해당 조치로 취득한 자료를 폐기하여야 한다.

나. 범죄수사규칙

제155조(긴급통신제한조치 등)

① 경찰관이 「통신비밀보호법」 제8조제1항에 따라 긴급통신제한조치를 하는 경우에는 별지 제67호서식의 긴급검열·감청서에 따른다.

② 경찰관이 「통신비밀보호법」 제8조제2항에 따라 긴급통신제한조치를 하고 검사에게 사후 통신제한조치 허가를 신청하는 경우에는 별지 제64호서식의 통신제한조치 허가신청서(사후)에 따른다.

③ 경찰관이 「통신비밀보호법」 제8조제3항에 따라 검사의 지휘를 받아야 할 때는 별지 제69호서식의 긴급통신제한조치 지휘요청서, 검사의 승인을 얻어야 할 때는 별지 제68호서식의 긴급통신제한조치 승인요청서에 따른다.

④ 경찰관은 제1항에 따른 긴급통신제한조치를 한 경우에는 별지 제70호서식의 긴급통신제한조치 대장에 소정의 사항을 적어야 한다.

⑤ 경찰관은 「통신비밀보호법」 제8조제5항에 따라 긴급통신제한조치가 단시간 내에 종료되어 법원의 허가를 받을 필요가 없는 경우에는 지체 없이 별지 제71호서식의 긴급통신제한조치 통보서를 작성하여 관할 지방검찰청 검사장에게 제출하여야 한다.

■ 범죄수사규칙 [별지 제67호서식]

긴 급 검 열·감 청

제 0000-000000 호   0000.00.00.

인적 사항	성 명		주민등록번호	
	직 업			
	주 거			

위 사람에 대한   피의사건에 관하여 통신비밀보호법 제8조 제1항에 따라 아래와 같이 긴급통신제한조치를 실시함

긴급통신제한조치의 종류 및 방법	
긴급통신제한조치의 대 상 과 범 위	
긴급통신제한조치의 기간 및 집행장소	1. 기간 : 2. 집행장소 :
범죄사실의요지및 긴급통신제한조치의목적	

소 속 관 서

사법경찰관 계급

210㎜ × 297㎜(백상지 80g/㎡)

■ 범죄수사규칙 [별지 제64호서식]

소 속 관 서

제 0000-000000 호   0000.00.00.

수 신 :

제 목 : 통신제한조치 허가신청(사후)

다음 피의자에 대한   피의사건에 관하여 아래와 같이 긴급통신제한조치를 실시하였으므로 통신제한조치를 계속할 수 있는 허가서의 청구를 신청합니다.

피의자	성 명		주 민 등 록 번 호	
	직 업			
	주 거			

긴급통신제한조치의 사유와 내용		통신제한조치의 사유와 내용	
통신제한조치를 필요로 하는 사유와 허가를 받을 수 없었던 긴급한 사유		통신제한조치를 계속 필요로 하는 사유	
긴급통신제한조치의 종 류 및 방 법		통신제한조치의 종 류 및 방 법	
긴급통신제한조치의 대 상 과 범 위		통신제한조치의 대 상 과 범 위	
긴급통신제한조치의 일 시 와 집 행 장 소		통신제한조치의 기 간	
긴급통신제한조치 집행자의관직·성명		통신제한조치의 집 행 장 소	
물이상을신청하는경우 신 청 취 지 및 이 유			
재신청의취지및이유			
비 고			

소 속 관 서

사법경찰관 계급

210㎜ × 297㎜(백상지 80g/㎡)

소 속 관 서

제 0000-000000 호   0000.00.00.

수 신 :

제 목 : 긴급통신제한조치 지휘요청

다음 사람에 대한   피의사건에 관하여 아래와 같이 긴급통신제한조치를
실시하려 하니 지휘를 요청합니다.

인적 사항	성 명		주민등록번호	
	직 업			
	주 거			
긴급통신제한조치의 종 류 및 방 법				
긴급통신제한조치의 대 상 과 범 위				
긴급통신제한조치의 기간및집행장소	1. 기간 : 2. 집행장소 :			
혐의사실의 요지 및 신 청 이 유	1. 혐의사실의 요지 : 2. 소명자료 :			
긴급통신제한조치를 필요로 하는 사유				

소 속 관 서
사법경찰관 계급

210㎜ × 297㎜(백상지 80g/㎡)

소 속 관 서

제 0000-000000 호   0000.00.00.

수 신 :

제 목 : 긴급통신제한조치 승인요청

다음 사람에 대한   피의사건에 관하여 아래와 같은 긴급통신제한조치를
하였으므로 승인을 요청합니다.

인적 사항	성 명		주민등록번호	
	직 업			
	주 거			
긴급통신제한조치의 종 류 및 방 법				
긴급통신제한조치의 대 상 과 범 위				
긴급통신제한조치의 기간및집행장소	1. 기간 : 2. 집행장소 :			
긴급통신제한조치한 사 유	1. 혐의사실의 요지 : 2. 소명자료 :			
사전지휘를받지못한 사 유				

소 속 관 서
사법경찰관 계급

210㎜ × 297㎜(백상지 80g/㎡)

긴급통신제한조치 대장

집행 번호	사건 번호	성명	긴급통신제한조치				집행위탁		집행 일시	사후신청 또 는 통 보 서 발송여부
			대상	종류·방법	기간·장소	연월일	관서			

210㎜ × 297㎜(백상지 80g/㎡)

소 속 관 서

제 0000-000000 호   0000.00.00.

수 신 :

제 목 : 긴급통신제한조치 통보

아래 사람에 대한 제   호   피의사건에 관하여 긴급통신제한조치
를 실시하였으나 단시간내에 종료되어 법원의 허가를 받을 필요가 없는 경
우에 해당되므로 아래와 같이 통보합니다.

인적 사항	성 명		주민등록번호	
	직 업			
	주 거			
긴급통신제한조치의 종 류 및 방 법				
긴급통신제한조치의 대 상 과 범 위				
긴급통신제한조치의 기간및집행장소				
긴급통신제한조치 집행자의 관직 성명				
긴급통신제한조치의 목 적				
긴급통신제한조치후 법 원 허 가 서 를 신청하지 못한 사유				

소 속 관 서
사법경찰관 계급

210㎜ × 297㎜(백상지 80g/㎡)

5. 통신제한조치의 집행 등

가. 통신비밀보호법

제9조(통신제한조치의 집행)

① 제6조 내지 제8조의 통신제한조치는 이를 청구 또는 신청한 검사·사법경찰관 또는 정보수사기관의 장이 집행한다. 이 경우 체신관서 기타 관련기관등(이하 "통신기관등"이라 한다)에 그 집행을 위탁하거나 집행에 관한 협조를 요청할 수 있다.

② 통신제한조치의 집행을 위탁하거나 집행에 관한 협조를 요청하는 자는 통신기관등에 통신제한조치허가서(제7조제1항제2호의 경우에는 대통령의 승인서를 말한다. 이하 이 조, 제16조제2항제1호 및 제17조제1항제1호·제3호에서 같다) 또는 긴급감청서등의 표지의 사본을 교부하여야 하며, 이를 위탁받거나 이에 관한 협조요청을 받은 자는 통신제한조치허가서 또는 긴급감청서등의 표지 사본을 대통령령이 정하는 기간동안 보존하여야 한다.

③ 통신제한조치를 집행하는 자와 이를 위탁받거나 이에 관한 협조요청을 받은 자는 당해 통신제한조치를 청구한 목적과 그 집행 또는 협조일시 및 대상을 기재한 대장을 대통령령이 정하는 기간동안 비치하여야 한다.

④ 통신기관등은 통신제한조치허가서 또는 긴급감청서등에 기재된 통신제한조치 대상자의 전화번호 등이 사실과 일치하지 않을 경우에는 그 집행을 거부할 수 있으며, 어떠한 경우에도 전기통신에 사용되는 비밀번호를 누설할 수 없다.

제6조(범죄수사를 위한 통신제한조치의 허가절차)

① 검사(군검사를 포함한다. 이하 같다) 는 제5조제1항의 요건이 구비된 경우에는 법원(軍事法院을 포함한다. 이하 같다)에 대하여 각 피의자별 또는 각 피내사자별로 통신제한조치를 허가하여 줄 것을 청구할 수 있다.

② 사법경찰관(軍司法警察官을 포함한다. 이하 같다)은 제5조제1항의 요건이 구비된 경우에는 검사에 대하여 각 피의자별 또는 각 피내사자별로 통신제한조치에 대한 허가를 신청하고, 검사는 법원에 대하여 그 허가를 청구할 수 있다.

③ 제1항 및 제2항의 통신제한조치 청구사건의 관할법원은 그 통신제한조치를 받을 통신당사자의 쌍방 또는 일방의 주소지·소재지, 범죄지 또는 통신당사자와 공범관계에 있는 자의 주소지·소재지를 관할하는 지방법원 또는 지원(군사법원을 포함한다)으로 한다.

④ 제1항 및 제2항의 통신제한조치청구는 필요한 통신제한조치의 종류·그 목적·대상·범위·기간·집행장소·방법 및 당해 통신제한조치가 제5조제1항의 허가요건을 충족하는 사유등의 청구이유를 기재한 서면(이하 "請求書"라 한다)으로 하여야 하며, 청구이유에 대한 소명자료를 첨부하여야 한다. 이 경우 동일한 범죄사실에 대하여 그

피의자 또는 피내사자에 대하여 통신제한조치의 허가를 청구하였거나 허가받은 사실이 있는 때에는 다시 통신제한조치를 청구하는 취지 및 이유를 기재하여야 한다.

⑤ 법원은 청구가 이유 있다고 인정하는 경우에는 각 피의자별 또는 각 피내사자별로 통신제한조치를 허가하고, 이를 증명하는 서류(이하 "허가서"라 한다)를 청구인에게 발부한다.

⑥ 제5항의 허가서에는 통신제한조치의 종류·그 목적·대상·범위·기간 및 집행장소와 방법을 특정하여 기재하여야 한다.

⑦ 통신제한조치의 기간은 2개월을 초과하지 못하고, 그 기간 중 통신제한조치의 목적이 달성되었을 경우에는 즉시 종료하여야 한다. 다만, 제5조제1항의 허가요건이 존속하는 경우에는 소명자료를 첨부하여 제1항 또는 제2항에 따라 2개월의 범위에서 통신제한조치기간의 연장을 청구할 수 있다.

⑧ 검사 또는 사법경찰관이 제7항 단서에 따라 통신제한조치의 연장을 청구하는 경우에 통신제한조치의 총 연장기간은 1년을 초과할 수 없다. 다만, 다음 각 호의 어느 하나에 해당하는 범죄의 경우에는 통신제한조치의 총 연장기간이 3년을 초과할 수 없다.

1. 「형법」 제2편 중 제1장 내란의 죄, 제2장 외환의 죄 중 제92조부터 제101조까지의 죄, 제4장 국교에 관한 죄 중 제107조, 제108조, 제111조부터 제113조까지의 죄, 제5장 공안을 해하는 죄 중 제114조, 제115조의 죄 및 제6장 폭발물에 관한 죄

2. 「군형법」 제2편 중 제1장 반란의 죄, 제2장 이적의 죄, 제11장 군용물에 관한 죄 및 제12장 위령의 죄 중 제78조·제80조·제81조의 죄

3. 「국가보안법」에 규정된 죄

4. 「군사기밀보호법」에 규정된 죄

5. 「군사기지 및 군사시설보호법」에 규정된 죄

⑨ 법원은 제1항·제2항 및 제7항 단서에 따른 청구가 이유없다고 인정하는 경우에는 청구를 기각하고 이를 청구인에게 통지한다.

제7조(국가안보를 위한 통신제한조치)

① 대통령령이 정하는 정보수사기관의 장(이하 "情報搜査機關의 長"이라 한다)은 국가 안전보장에 상당한 위험이 예상되는 경우 또는 「국민보호와 공공안전을 위한 테러방지법」 제2조제6호의 대테러활동에 필요한 경우에 한하여 그 위해를 방지하기 위하여 이에 관한 정보수집이 특히 필요한 때에는 다음 각호의 구분에 따라 통신제한조치를 할 수 있다.

1. 통신의 일방 또는 쌍방당사자가 내국인인 때에는 고등법원 수석판사의 허가를 받아야 한다. 다만, 군용전기통신법 제2조의 규정에 의한 군용전기통신(작전수행을 위한 전기통신에 한한다)에 대하여는 그러하지 아니하다.

2. 대한민국에 적대하는 국가, 반국가활동의 혐의가 있는 외국의 기관·단체와 외국인, 대한민국의 통치권이 사실상 미치지 아니하는 한반도내의 집단이나 외국에 소재하는 그 산하단체의 구성원의 통신인 때 및 제1항제1호 단서의 경우에는 서면으로 대통령의 승인을 얻어야 한다.

② 제1항의 규정에 의한 통신제한조치의 기간은 4월을 초과하지 못하고, 그 기간중 통신제한조치의 목적이 달성되었을 경우에는 즉시 종료하여야 하되, 제1항의 요건이 존속하는 경우에는 소명자료를 첨부하여 고등법원 수석판사의 허가 또는 대통령의 승인을 얻어 4월의 범위 이내에서 통신제한조치의 기간을 연장할 수 있다. 다만, 제1항제1호 단서의 규정에 의한 통신제한조치는 전시·사변 또는 이에 준하는 국가비상사태에 있어서 적과 교전상태에 있는 때에는 작전이 종료될 때까지 대통령의 승인을 얻지 아니하고 기간을 연장할 수 있다.

③ 제1항제1호에 따른 허가에 관하여는 제6조제2항, 제4항부터 제6항까지 및 제9항을 준용한다. 이 경우 "사법경찰관(군사법경찰관을 포함한다. 이하 같다)"은 "정보수사기관의 장"으로, "법원"은 "고등법원 수석판사"로, "제5조제1항"은 "제7조제1항제1호 본문"으로, 제6조제2항 및 제5항 중 "각 피의자별 또는 각 피내사자별로 통신제한조치"는 각각 "통신제한조치"로 본다.

④ 제1항제2호의 규정에 의한 대통령의 승인에 관한 절차등 필요한 사항은 대통령령으로 정한다.

제8조(긴급통신제한조치)

① 검사, 사법경찰관 또는 정보수사기관의 장은 국가안보를 위협하는 음모행위, 직접적인 사망이나 심각한 상해의 위험을 야기할 수 있는 범죄 또는 조직범죄등 중대한 범죄의 계획이나 실행 등 긴박한 상황에 있고 제5조제1항 또는 제7조제1항제1호의 규정에 의한 요건을 구비한 자에 대하여 제6조 또는 제7조제1항 및 제3항의 규정에 의한 절차를 거칠 수 없는 긴급한 사유가 있는 때에는 법원의 허가없이 통신제한조치를 할 수 있다.

② 검사, 사법경찰관 또는 정보수사기관의 장은 제1항에 따른 통신제한조치(이하 "긴급통신제한조치"라 한다)의 집행에 착수한 후 지체 없이 제6조(제7조제3항에서 준용하는 경우를 포함한다)에 따라 법원에 허가청구를 하여야 한다.

③ 사법경찰관이 긴급통신제한조치를 할 경우에는 미리 검사의 지휘를 받아야 한다. 다만, 특히 급속을 요하여 미리 지휘를 받을 수 없는 사유가 있는 경우에는 긴급통신제한조치의 집행착수후 지체없이 검사의 승인을 얻어야 한다.

④ 검사, 사법경찰관 또는 정보수사기관의 장이 긴급통신제한조치를 하고자 하는 경우에는 반드시 긴급검열서 또는 긴급감청서(이하 "긴급감청서등"이라 한다)에 의하여야 하며 소속기관에 긴급통신제한조치대장을 비치하여야 한다.

⑤ 검사, 사법경찰관 또는 정보수사기관의 장은 긴급통신제한조치의 집행에 착수한 때부터 36시간 이내에 법원의 허가를 받지 못한 경우에는 해당 조치를 즉시 중지하고 해당 조치로 취득한 자료를 폐기하여야 한다.

⑥ 검사, 사법경찰관 또는 정보수사기관의 장은 제5항에 따라 긴급통신제한조치로 취득한 자료를 폐기한 경우 폐기이유·폐기범위·폐기일시 등을 기재한 자료폐기결과보고서를 작성하여 폐기일부터 7일 이내에 제2항에 따라 허가청구를 한 법원에 송부하고, 그 부본(副本)을 피의자의 수사기록 또는 피내사자의 내사사건기록에 첨부하여야 한다.

⑦ 삭제

⑧ 정보수사기관의 장은 국가안보를 위협하는 음모행위, 직접적인 사망이나 심각한 상해의 위험을 야기할 수 있는 범죄 또는 조직범죄등 중대한 범죄의 계획이나 실행 등 긴박한 상황에 있고 제7조제1항제2호에 해당하는 자에 대하여 대통령의 승인을 얻을 시간적 여유가 없거나 통신제한조치를 긴급히 실시하지 아니하면 국가안전보장에 대한 위해를 초래할 수 있다고 판단되는 때에는 소속 장관(국가정보원장을 포함한다)의 승인을 얻어 통신제한조치를 할 수 있다.

⑨ 정보수사기관의 장은 제8항에 따른 통신제한조치의 집행에 착수한 후 지체 없이 제7조에 따라 대통령의 승인을 얻어야 한다.

⑩ 정보수사기관의 장은 제8항에 따른 통신제한조치의 집행에 착수한 때부터 36시간 이내에 대통령의 승인을 얻지 못한 경우에는 해당 조치를 즉시 중지하고 해당 조치로 취득한 자료를 폐기하여야 한다.

나. 통신비밀보호법 시행령

제12조(통신제한조치 집행의 협조)

검사, 사법경찰관 또는 정보수사기관의 장(그 위임을 받은 소속 공무원을 포함한다)이 체신관서 그 밖의 관련기관 등에 통신제한조치의 집행에 관한 협조를 요청하는 경우에는 법 제9조제2항에 따른 통신제한조치허가서(법 제7조제1항제2호의 경우에는 대통령의 승인서를 말한다. 이하 제13조제2항, 제16조제1항·제2항 및 제17조제1항부터 제3항까지의 규정에서 같다) 또는 긴급감청서등의 표지의 사본을 발급하고 자신의 신분을 표시할 수 있는 증표를 체신관서, 그 밖의 관련기관의 장에게 제시하여야 한다.

제13조(통신제한조치의 집행위탁)

① 검사, 사법경찰관 또는 정보수사기관의 장은 법 제9조제1항에 따라 통신제한조치를 받을 당사자의 쌍방 또는 일방의 주소지·소재지, 범죄지 또는 통신당사자와 공범관계에 있는 자의 주소지·소재지를 관할하는 다음 각 호의 기관에 대하여 통신제한조치의 집행을 위탁할 수 있다.

  1. 5급 이상인 공무원을 장으로 하는 우체국
  2. 「전기통신사업법」에 따른 전기통신사업자

② 검사, 사법경찰관 또는 정보수사기관의 장(그 위임을 받은 공무원을 포함한다)이 제1항 각 호에 따른 기관(이하 "체신관서등"이라 한다)에 통신제한조치의 집행을 위탁하려는 경우에는 체신관서등에 대하여 소속기관의 장이 발행한 위탁의뢰서와 함께 통신제한조치허가서 또는 긴급감청서등(긴급검열서 또는 긴급감청서를 말한다. 이하 같다)의 표지의 사본을 교부하고 자신의 신분을 표시할 수 있는 증표를 제시하여야 한다.

③ 제1항 및 제2항 외에 수탁업무의 범위 등 위탁에 필요한 사항에 대하여는 과학기술정보통신부장관 또는 전기통신사업자의 장과 집행을 위탁한 기관의 장이 협의하여 정한다.

제18조(통신제한조치 집행 후의 조치)

① 통신제한조치를 집행한 검사, 사법경찰관 또는 정보수사기관의 장은 그 집행의 경위 및 이로 인하여 취득한 결과의 요지를 조서로 작성하고, 그 통신제한조치의 집행으로 취득한 결과와 함께 이에 대한 비밀보호 및 훼손·조작의 방지를 위하여 봉인·열람제한 등의 적절한 보존조치를 하여야 한다.

② 사법경찰관은 통신제한조치를 집행하여 수사 또는 내사한 사건을 종결할 경우 그 결과를 검사에게 보고하여야 한다. 다만, 그 사건을 송치하는 경우에는 그러하지 아니하다.

③ 정보수사기관의 장이 법 제7조에 따른 통신제한조치를 집행하여 정보를 수집한 경우 및 사법경찰관이 「정보 및 보안업무 기획·조정 규정」 제2조제5호에 따른 정보사범 등에 대하여 통신제한조치를 집행하여 수사 또는 내사한 사건을 종결한 경우에는 그 집행의 경위 및 이로 인하여 취득한 결과의 요지를 서면으로 작성하여 국정원장에게 제출하여야 한다.

④ 제1항에 따른 보존조치를 함에 있어서의 보존기간은 범죄수사를 위한 통신제한조치로 취득한 결과의 경우에는 그와 관련된 범죄의 사건기록 보존기간과 같은 기간으로 하고, 국가안보를 위한 통신제한조치로 취득한 결과의 경우에는 「보안업무규정」에 따라 분류된 비밀의 보호기간으로 한다.

다. 범죄수사규칙

제156조(통신제한조치의 집행 등)

① 경찰관은 「통신비밀보호법」 제9조제1항에 따라 통신제한조치 집행위탁을 하는 경우에는 별지 제74호서식의 통신제한조치 집행위탁의뢰서에 따른다. 이 경우 통신제한조치 집행위탁의뢰서의 비고란에는 녹취교부까지 포함하는지 또는 청취만 위탁하는지 등 구체적인 업무위탁의 범위를 기재할 수 있다.

② 경찰관은 집행위탁한 통신제한조치의 통신제한조치 허가기간을 연장한 경우에는 별지 제66호서식의 통신제한조치 기간연장통지서로 수탁기관에 통지한다.

③ 경찰관은 「통신비밀보호법」 제9조제1항에 따라 통신제한조치를 집행하는 경우 또는 통신제한조치의 집행을 위탁하는 경우에는 별지 제84호서식의 통신제한조치 집행대장에 소정의 사항을 적어야 한다.

④ 통신제한조치를 집행한 경찰관은 별지 제75호서식의 통신제한조치 집행조서를 작성하여야 한다.

⑤ 경찰관은 통신제한조치의 집행이 불가능하거나 필요 없게 된 때에는 별지 제78호 서식의 통신제한조치 허가서 반환서를 작성하여 검사에게 「통신비밀보호법」 제9조제2항의 통신제한조치 허가서를 반환하여야 한다.

⑥ 경찰관이 통신제한조치의 집행이 필요없게 되어 통신제한조치를 중지하고자 하는 경우에는 별지 제77호서식의 통신제한조치 집행중지 통지서를 수탁기관에 통지한다.

6. 통신제한조치의 집행에 관한 통지 절차 등

가. 통신비밀보호법

제9조의2(통신제한조치의 집행에 관한 통지)

① 검사는 제6조제1항 및 제8조제1항에 따라 통신제한조치를 집행한 사건에 관하여 공소를 제기하거나, 공소의 제기 또는 입건을 하지 아니하는 처분(기소중지결정, 참고인중지결정을 제외한다)을 한 때에는 그 처분을 한 날부터 30일 이내에 우편물 검열의 경우에는 그 대상자에게, 감청의 경우에는 그 대상이 된 전기통신의 가입자에게 통신제한조치를 집행한 사실과 집행기관 및 그 기간 등을 서면으로 통지하여야 한다. 다만, 고위공직자범죄수사처(이하 "수사처"라 한다)검사는 「고위공직자범죄수사처 설치 및 운영에 관한 법률」 제26조제1항에 따라 서울중앙지방검찰청 소속 검사에게 관계 서류와 증거물을 송부한 사건에 관하여 이를 처리하는 검사로부터 공소를 제기하거나 제기하지 아니하는 처분(기소중지결정, 참고인중지결정은 제외한다)의 통보를 받은 경우에도 그 통보를 받은 날부터 30일 이내에 서면으로 통지하여야 한다.

② 사법경찰관은 제6조제1항 및 제8조제1항에 따라 통신제한조치를 집행한 사건에 관하여 검사로부터 공소를 제기하거나 제기하지 아니하는 처분(기소중지 또는 참고인중지 결정은 제외한다)의 통보를 받거나 검찰송치를 하지 아니하는 처분(수사중지 결정은 제외한다) 또는 내사사건에 관하여 입건하지 아니하는 처분을 한 때에는 그 날부터 30일 이내에 우편물 검열의 경우에는 그 대상자에게, 감청의 경우에는 그 대상이 된 전기통신의 가입자에게 통신제한조치를 집행한 사실과 집행기관 및 그 기간 등을 서면으로 통지하여야 한다.

③ 정보수사기관의 장은 제7조제1항제1호 본문 및 제8조제1항의 규정에 의한 통신제한조치를 종료한 날부터 30일 이내에 우편물 검열의 경우에는 그 대상자에게, 감청의 경우에는 그 대상이 된 전기통신의 가입자에게 통신제한조치를 집행한 사실과 집행기관 및 그 기간 등을 서면으로 통지하여야 한다.

④ 제1항 내지 제3항의 규정에 불구하고 다음 각호의 1에 해당하는 사유가 있는 때에는 그 사유가 해소될 때까지 통지를 유예할 수 있다.

소속관서

제 0000-000000 호   0000.00.00.
수 신 :
제 목 : 통신제한조치 집행위탁 의뢰

아래와 같이 통신제한조치의 집행을 위탁합니다.

인적사항	성 명	
	주민등록번호	
	직 업	
	주 거	
통신제한조치의 종 류		
통신제한조치의 대 상 과 범 위		
통신제한조치의 기 간		
비 고		

붙 임 : 통신제한조치허가(승인)서 사본 1통

소 속 관 서

사법경찰관 계급

210㎜ × 297㎜(백상지 80g/㎡)

통신제한조치 집행대장

집행번호	허가서번호	성명	통신제한조치				집행위탁		집행일시	비고
			목적	대상	종류	기간	연월일	관서		

210㎜ × 297㎜(백상지 80g/㎡)

통신제한조치 집행조서

피의자   에 대한   피의사건에 관하여 통신제한조치를 집행하고 이 조서를 작성함

1. 통신제한조치의 종류

2. 통신제한조치의 대상과 범위

3. 통신제한조치의 기간

4. 집행위탁 여부

5. 집행경위

6. 통신제한조치로 취득한 결과의 요지

0000.00.00

소 속 관 서

사법경찰관   ㉑
사법경찰관/리   ㉑

210㎜ × 297㎜(백상지 80g/㎡)

소속관서

제 0000-000000 호   0000.00.00.
수 신 :
제 목 : 통신제한조치 허가서 반환

별지 허가서를 다음의 이유로 반환합니다.

허가서 종 별		
허가서 발부일		
허가서 번 호		
대상자	성 명	
	주민등록번호	
	주 거	
죄 명		
집행불능의 사유		

첨 부 : 허가서

소 속 관 서

사법경찰관 계급

210㎜ × 297㎜(백상지 80g/㎡)

소 속 관 서

제 0000-000000 호   0000.00.00.

수 신 :

제 목 : 통신제한조치 집행중지 통지

아래 사람에 대한 통신제한조치의 집행이 필요없게 되어 통지하니 집행을
중지하여 주시기 바랍니다.

인적 사항	성 명	
	주민등록번호	
통신제한조치허가법원		
통신제한조치의 종류		
통신제한조치허가년월일		
통신제한조치허가서 번호		
비 고		

소 속 관 서

사법경찰관 계급

210㎜ × 297㎜(백상지 80g/㎡)

    1. 통신제한조치를 통지할 경우 국가의 안전보장·공공의 안녕질서를 위태롭게 할
현저한 우려가 있는 때

    2. 통신제한조치를 통지할 경우 사람의 생명·신체에 중대한 위험을 초래할 염려
가 현저한 때

⑤ 검사 또는 사법경찰관은 제4항에 따라 통지를 유예하려는 경우에는 소명자료를
첨부하여 미리 관할지방검찰청검사장의 승인을 받아야 한다. 다만, 수사처검사가 제4
항에 따라 통지를 유예하려는 경우에는 소명자료를 첨부하여 미리 수사처장의 승인
을 받아야 하고, 군검사 및 군사법경찰관이 제4항에 따라 통지를 유예하려는 경우에
는 소명자료를 첨부하여 미리 관할 보통검찰부장의 승인을 받아야 한다.

⑥ 검사, 사법경찰관 또는 정보수사기관의 장은 제4항 각호의 사유가 해소된 때에는
그 사유가 해소된 날부터 30일 이내에 제1항 내지 제3항의 규정에 의한 통지를 하여
야 한다.

나. 통신비밀보호법 시행령

제19조(통신제한조치 집행에 관한 통지의 유예)

① 검사 또는 사법경찰관이 법 제9조의2제5항에 따라 통신제한조치의 집행에 관한
통지를 유예하기 위하여 관할 지방검찰청검사장(관할 보통검찰부장을 포함한다)의

범죄수사 실무 총론
278

승인을 얻으려는 경우에는 집행한 통신제한조치의 종류·대상·범위·기간, 통신제한조치를 집행한 사건의 처리일자·처리결과, 통지를 유예하려는 사유 등을 적은 서면으로 신청하여야 한다. 이 경우 사법경찰관은 관할 지방검찰청검사장의 승인을 신청하는 서면을 관할 지방검찰청 또는 지청(관할 보통검찰부를 포함한다)에 제출하여야 한다.

② 제1항에 따른 신청을 받은 관할 지방검찰청검사장은 통지를 유예하려는 사유 등을 심사한 후 그 결과를 검사 또는 사법경찰관에게 통지하여야 한다.

다. 범죄수사규칙

제157조(통신제한조치의 집행에 관한 통지절차 등)

① 경찰관은 「통신비밀보호법」 제9조의2제2항 또는 제6항에 따라 우편물 검열의 대상자 또는 감청의 대상이 된 전기통신의 가입자에게 통신제한조치를 집행한 사실과 집행기관 및 그 기간 등을 통지하는 경우에는 별지 제79호서식의 통신제한조치 집행사실 통지서에 따른다. 이 경우 경찰관은 별지 제80호서식의 통신제한조치 집행사실 통지부에 소정의 사항을 적어야 한다.

② 경찰관은 「통신비밀보호법」 제9조의2제5항 및 같은 법 시행령 제19조제1항에 따라 통신제한조치 집행사실의 통지유예에 관한 관할 지방검찰청 검사장의 승인을 얻고자 하는 경우에는 별지 제81호서식의 통신제한조치 집행사실 통지유예 승인신청서에 따른다.

③ 경찰관은 제2항에 따른 승인신청을 하거나 관할 지방검찰청 검사장의 승인을 얻은 때에는 별지 제82호서식의 통신제한조치 집행사실 통지유예 승인신청부에 해당사항을 적어야 한다.

7. 범죄 수사를 위한 통신 사실 확인 자료 제공요청

가. 통신비밀보호법

제13조(범죄수사를 위한 통신사실 확인자료제공의 절차)

① 검사 또는 사법경찰관은 수사 또는 형의 집행을 위하여 필요한 경우 전기통신사업법에 의한 전기통신사업자(이하 "전기통신사업자"라 한다)에게 통신사실 확인자료의 열람이나 제출(이하 "통신사실 확인자료제공"이라 한다)을 요청할 수 있다.

② 검사 또는 사법경찰관은 제1항에도 불구하고 수사를 위하여 통신사실확인자료 중 다음 각 호의 어느 하나에 해당하는 자료가 필요한 경우에는 다른 방법으로는 범죄의 실행을 저지하기 어렵거나 범인의 발견·확보 또는 증거의 수집·보전이 어려운 경우에만 전기통신사업자에게 해당 자료의 열람이나 제출을 요청할 수 있다. 다만,

소 속 관 서

제 0000-000000 호   0000.00.00.

수신 :

제 목 : 통신제한조치 집행사실 통지

당서 사건번호 제   호 사건과 관련하여 아래와 같은 내용의 통신제한조치를 집행하였으므로 통신비밀보호법 제9조의2 제2항에 따라 이를 통지합니다.

허 가 서 번 호	
통신제한조치 집행기관	
전기통신의 가입자 (우편물검열의 대상자)	
통 신 제 한 조 치 의 대 상 과 범 위	
통 신 제 한 조 치 의 종 류 와 기 간	

소 속 관 서

사법경찰관 계급

사건담당자

210㎜ × 297㎜(백상지 80g/㎡)

통신제한조치 집행사실 통지부

연번	통신제한조치		통신제한조치 집행사건				통지 일자	비고
	허가서 면 호	통 지 대상자	집행자의 관직·성명	사건 번호	처리일자 및 처리결과	처리결과를 통보받은 일자		

210㎜ × 297㎜(백상지 80g/㎡)

소 속 관 서

제 0000-000000 호   0000.00.00.

수신 :

제 목 : 통신제한조치 집행사실 통지유예 승인요청

피의자   에 대한   사건에 관하여 아래와 같이 실시한 통신제한 조치 집행사실의 통지 유예에 대한 승인을 요청합니다.

인적 사항	성 명		주민등록번호	
	직 업			
	주 거			
통신제한조치의 종 류 및 방 법				
통신제한조치의 대 상 과 범 위				
통신제한조치의 기간 및 집행장소				
통신제한조치의 목 적				
통신제한조치를 집행한 사건의 처리일자 및 결과				
처리결과를 통보받은 일자				
통지를 유예하고자 하는 사 유				

소 속 관 서

사법경찰관 계급

210㎜ × 297㎜(백상지 80g/㎡)

통신제한조치집행사실통지유예승인신청부

연번	신청 일자	신청자 관직·성명	통신제한조치		통신제한조치 집행사건			승인 일자	유예사유 해소후 통지일자
			허가서 면 호	통 지 대상자	사건 번호	처리일자 및 처리결과	통보받은 일 자		

210㎜ × 297㎜(백상지 80g/㎡)

제5조제1항 각 호의 어느 하나에 해당하는 범죄 또는 전기통신을 수단으로 하는 범죄에 대한 통신사실확인자료가 필요한 경우에는 제1항에 따라 열람이나 제출을 요청할 수 있다.

   1. 제2조제11호바목 · 사목 중 <u>실시간 추적자료</u>
   2. <u>특정한 기지국에 대한 통신사실확인자료</u>

③ 제1항 및 제2항에 따라 통신사실 확인자료제공을 요청하는 경우에는 요청사유, 해당 가입자와의 연관성 및 필요한 자료의 범위를 기록한 서면으로 관할 지방법원(군사법원을 포함한다. 이하 같다) 또는 지원의 허가를 받아야 한다. 다만, 관할 지방법원 또는 지원의 허가를 받을 수 없는 긴급한 사유가 있는 때에는 통신사실 확인자료제공을 요청한 후 지체 없이 그 허가를 받아 전기통신사업자에게 송부하여야 한다.

④ 제3항 단서에 따라 긴급한 사유로 통신사실확인자료를 제공받았으나 지방법원 또는 지원의 허가를 받지 못한 경우에는 지체 없이 제공받은 통신사실확인자료를 폐기하여야 한다.

⑤ 검사 또는 사법경찰관은 제3항에 따라 통신사실 확인자료제공을 받은 때에는 해당 통신사실 확인자료제공요청사실 등 필요한 사항을 기재한 대장과 통신사실 확인자료제공요청서 등 관련자료를 소속기관에 비치하여야 한다.

⑥ 지방법원 또는 지원은 제3항에 따라 통신사실 확인자료제공 요청허가청구를 받은 현황, 이를 허가한 현황 및 관련된 자료를 보존하여야 한다.

⑦ 전기통신사업자는 검사, 사법경찰관 또는 정보수사기관의 장에게 통신사실 확인자료를 제공한 때에는 자료제공현황 등을 연 2회 과학기술정보통신부장관에게 보고하고, 해당 통신사실 확인자료 제공사실등 필요한 사항을 기재한 대장과 통신사실 확인자료제공요청서등 관련자료를 통신사실확인자료를 제공한 날부터 7년간 비치하여야 한다.

⑧ 과학기술정보통신부장관은 전기통신사업자가 제7항에 따라 보고한 내용의 사실 여부 및 비치하여야 하는 대장등 관련자료의 관리실태를 점검할 수 있다.

⑨ 이 조에서 규정된 사항 외에 범죄수사를 위한 통신사실 확인자료제공과 관련된 사항에 관하여는 제6조(제7항 및 제8항은 제외한다)를 준용한다.

나. 통신비밀보호법 시행령

제37조(통신사실 확인자료제공의 요청 등)

① 법 제13조제2항 본문 및 단서에서 "관할 지방법원 또는 지원"이란 피의자 또는 피내사자의 주소지 · 소재지, 범죄지 또는 해당 가입자의 주소지 · 소재지를 관할하는 지방법원 또는 지원을 말한다.

② 동일한 범죄의 수사 또는 동일인에 대한 형의 집행을 위하여 피의자 또는 피내사자가 아닌 다수의 가입자에 대하여 통신사실 확인자료제공의 요청이 필요한 경우에는 1건의 허가청구서에 의할 수 있다.

③ 범죄수사 또는 내사를 위한 통신사실 확인자료제공 요청 및 그 통지 등에 관하여는 제11조부터 제13조까지, 제17조부터 제21조까지의 규정을 준용한다. 다만, 제17조제2항 본문의 규정은 그러하지 아니하다.

④ 국가안보를 위한 통신사실 확인자료제공 요청 및 그 통지 등에 관하여는 제5조부터 제13조까지, 제16조부터 제18조까지, 제20조 및 제21조를 준용한다. 다만, 제17조제2항 본문의 규정은 그러하지 아니하다.

⑤ 검사, 사법경찰관 또는 정보수사기관의 장(그 위임을 받은 소속 공무원을 포함한다)은 제3항 및 제4항에서 준용하는 제12조에 따라 전기통신사업자에게 통신사실 확인자료제공 요청허가서 또는 긴급 통신사실 확인자료제공 요청서 표지의 사본을 발급하거나 신분을 표시하는 증표를 제시하는 경우에는 모사전송의 방법에 의할 수 있다.

다. 범죄수사규칙

제158조(범죄수사목적 통신사실 확인자료 제공요청 허가신청)

① 경찰관은 「통신비밀보호법」 제13조제3항 및 같은 조 제9항에서 준용하는 같은 법 제6조제2항에 따라 검사에게 통신사실 확인자료 제공요청허가를 신청하는 경우에는 별지 제85호서식의 통신사실 확인자료 제공요청 허가신청서(사전)에 따른다.

② 경찰관은 제1항에 따라 허가를 신청한 경우에는 별지 제87호서식의 통신사실 확인자료 제공요청 허가신청부에 해당 사항을 적어야 한다.

제159조(긴급 통신사실 확인자료 제공요청 허가신청 등)

① 경찰관은 「통신비밀보호법」 제13조제3항 단서 및 같은 조 제9항에서 준용하는 같은 법 제6조제2항에 따라 전기통신사업자에게 긴급 통신사실 확인자료 제공을 요청하는 경우에는 별지 제103호서식의 긴급 통신사실 확인자료 제공요청서에 따른다.

② 경찰관은 제1항에 따라 긴급 통신사실 확인자료 제공을 요청하고, 사후에 검사에게 통신사실 확인자료 제공요청 허가를 신청하는 경우에는 별지 제86호서식의 통신사실 확인자료 제공요청 허가신청서(사후)에 따른다.

③ 경찰관은 제1항에 따라 긴급 통신사실 확인자료 제공을 요청한 경우에는 별지 제88호서식의 통신사실 확인자료 제공요청 집행대장(사후허가용)에 해당 사항을 적어야 한다.

제160조(통신사실 확인자료제공 요청 등)

① 경찰관은 「통신비밀보호법」 제13조제1항에 따라 전기통신사업자에게 통신사실 확인자료 제공을 요청하는 경우에는 별지 제90호서식의 통신사실 확인자료 제공요청서에 따르고, 별지 제89호서식의 통신사실 확인자료 제공요청 집행대장(사전허가용)에 해당 사항을 적어야 한다.

② 통신사실 확인자료 제공을 요청한 경찰관은 별지 제91호서식의 통신사실 확인자료 제공요청 집행조서를 작성하여야 한다.

③ 경찰관은 통신사실 확인자료 제공을 요청하는 것이 불가능하거나 필요없게 된 때에는 별지 제98호서식의 통신사실 확인자료 제공요청 허가서 반환서를 작성하여 검사에게 통신사실 확인자료 제공요청 허가서를 반환하여야 한다.

④ 경찰관은 통신사실 확인자료 제공요청이 필요 없게 된 경우에는 별지 제93호서식의 통신사실 확인자료 제공요청 중지 통지서를 해당 전기통신사업자에게 통지하여야 한다.

⑤ 경찰관은 제1항에 따라 전기통신사업자로부터 통신사실 확인자료를 제공받은 때에는 별지 제94호서식의 통신사실 확인자료 회신대장에 해당 사항을 적어야 한다.

8. 통지 절차 등

가. 통신비밀보호법

제13조의3(범죄수사를 위한 통신사실 확인자료제공의 통지)

① 검사 또는 사법경찰관은 제13조에 따라 통신사실 확인자료제공을 받은 사건에 관하여 다음 각 호의 구분에 따라 정한 기간 내에 통신사실 확인자료제공을 받은 사실과 제공요청기관 및 그 기간 등을 통신사실 확인자료제공의 대상이 된 당사자에게 서면으로 통지하여야 한다.

소 속 관 서

제 0000-000000 호   0000.00.00.

수 신 :

제 목 : 긴급통신사실확인자료 제공요청

다음 사람에 대하여 「통신비밀보호법」 제13조제2항 단서에 따라 아래와 같이 긴급으로 통신사실확인자료 제공을 요청하니 협조하여 주시기 바랍니다.

성 명	
주 민 등 록 번 호	
직 업	
주 거	
요 청 사 유	
해당 가입자와의 연 관 성	
필요한 자료의 범위	
미리 허가를 받지 못 한 사 유	
회신받을 연락처	

소 속 관 서

사법경찰관 계급

210㎜ × 297㎜(백상지 80g/㎡)

소 속 관 서

제 0000-000000 호   0000.00.00.

수 신 :

제 목 : 통신사실확인자료 제공요청 허가신청(사후)

피의사건과 관련하여, 다음 사람에 대하여 아래와 같은 내용의 긴급 통신사실확인자료 제공을 요청하였으므로 이에 대한 허가서의 청구를 신청합니다.

인적사항	성 명		주민등록번호	
	직 업			
	주 거			
전기통신사업자				
요 청 사 유				
해당가입자와의 연 관 성				
필요한 자료의 범위				
미리 허가를 받지못한 사유				
집 행 일 시 · 장 소 집행자의관직 · 성명				
재신청의 취지 및 이유				
비 고				

소 속 관 서

사법경찰관 계급

210㎜ × 297㎜(백상지 80g/㎡)

긴급통신사실확인자료 제공요청대장

집행 번호	사전 번호	성 명	긴급통신사실확인자료제공요청			집 행 일 시	사후청구 또는 통보서 발송여부
			대 상	종 류	범 위		

210㎜ × 297㎜(백상지 80g/㎡)

1. 공소를 제기하거나, 공소제기·검찰송치를 하지 아니하는 처분(기소중지·참고인중지 또는 수사중지 결정은 제외한다) 또는 입건을 하지 아니하는 처분을 한 경우: 그 처분을 한 날부터 30일 이내. 다만, 다음 각 목의 어느 하나에 해당하는 경우 그 통보를 받은 날부터 30일 이내

   가. 수사처검사가 「고위공직자범죄수사처 설치 및 운영에 관한 법률」 제26조제1항에 따라 서울중앙지방검찰청 소속 검사에게 관계 서류와 증거물을 송부한 사건에 관하여 이를 처리하는 검사로부터 공소를 제기하거나 제기하지 아니하는 처분(기소중지 또는 참고인중지 결정은 제외한다)의 통보를 받은 경우

   나. 사법경찰관이 「형사소송법」 제245조의5제1호에 따라 검사에게 송치한 사건으로서 검사로부터 공소를 제기하거나 제기하지 아니하는 처분(기소중지 또는 참고인중지 결정은 제외한다)의 통보를 받은 경우

2. 기소중지·참고인중지 또는 수사중지 결정을 한 경우: 그 결정을 한 날부터 1년(제6조제8항 각 호의 어느 하나에 해당하는 범죄인 경우에는 3년)이 경과한 때부터 30일 이내. 다만, 다음 각 목의 어느 하나에 해당하는 경우 그 통보를 받은 날로부터 1년(제6조제8항 각 호의 어느 하나에 해당하는 범죄인 경우에는 3년)이 경과한 때부터 30일 이내

   가. 수사처검사가 「고위공직자범죄수사처 설치 및 운영에 관한 법률」 제26조제1항에 따라 서울중앙지방검찰청 소속 검사에게 관계 서류와 증거물을 송부한 사건에 관하여 이를 처리하는 검사로부터 기소중지 또는 참고인중지 결정의 통보를 받은 경우

   나. 사법경찰관이 「형사소송법」 제245조의5제1호에 따라 검사에게 송치한 사건으로서 검사로부터 기소중지 또는 참고인중지 결정의 통보를 받은 경우

3. 수사가 진행 중인 경우: 통신사실 확인자료제공을 받은 날부터 1년(제6조제8항 각 호의 어느 하나에 해당하는 범죄인 경우에는 3년)이 경과한 때부터 30일 이내

② 제1항제2호 및 제3호에도 불구하고 다음 각 호의 어느 하나에 해당하는 사유가 있는 경우에는 그 사유가 해소될 때까지 같은 항에 따른 통지를 유예할 수 있다.

1. 국가의 안전보장, 공공의 안녕질서를 위태롭게 할 우려가 있는 경우
2. 피해자 또는 그 밖의 사건관계인의 생명이나 신체의 안전을 위협할 우려가 있는 경우
3. 증거인멸, 도주, 증인 위협 등 공정한 사법절차의 진행을 방해할 우려가 있는 경우
4. 피의자, 피해자 또는 그 밖의 사건관계인의 명예나 사생활을 침해할 우려가 있는 경우

③ 검사 또는 사법경찰관은 제2항에 따라 통지를 유예하려는 경우에는 소명자료를 첨부하여 미리 관할 지방검찰청 검사장의 승인을 받아야 한다. 다만, 수사처검사가 제2항에 따라 통지를 유예하려는 경우에는 소명자료를 첨부하여 미리 수사처장의 승인을 받아야 한다.

소속관서

제 0000-000000 호 0000.00.00.

수 신 :

제 목 : 통신사실확인자료 제공요청

다음 사람에 대하여 아래와 같이 통신사실확인자료 제공을 요청하니 협조하여 주시기 바랍니다.

성 명	
주 민 등 록 번 호	
주 거	
직 업	
요 청 사 유	
해당 가입자와의 연 관 성	
필요한 자료의 범위	
회신받을 연락처	

붙임 : 허가서 1부

소속관서

사법경찰관 계급

210㎜ × 297㎜(백상지 80g/㎡)

통신사실확인자료 제공요청 집행대장(사전허가용)

집행번호	허가서번호	성명	통신사실확인자료제공요청집행			집행일시	비고
			대상	종류	범위		

210㎜ × 297㎜(백상지 80g/㎡)

통신사실확인자료 제공요청 집행조서

에 대한 피의사건에 관하여 통신사실확인자료 제공요청의 집행을 하고 이 조서를 작성함.

1. 허가서 번호

2. 집행기관

3. 전기통신가입자

4. 통신사실확인자료제공요청 대상과 종류

5. 통신사실확인자료제공요청으로 취득한 결과의 요지

0000.00.00

소속관서

사법경찰관 ㉑

사법경찰관/리 ㉑

210㎜ × 297㎜(백상지 80g/㎡)

소속관서

제 0000-000000 호 0000.00.00.

수 신 :

제 목 : 통신사실확인자료제공 요청 허가서 반환

별지 허가서를 다음의 이유로 반환합니다.

허가서 종 별	
허가서 발부일	
허가서 번 호	
대상자 성 명	
대상자 주민등록번호	
대상자 주 거	
죄 명	
집행불능의 사유	

첨부 : 허가서

소속관서

사법경찰관 계급

210㎜ × 297㎜(백상지 80g/㎡)

④ 검사 또는 사법경찰관은 제2항 각 호의 사유가 해소된 때에는 그 날부터 30일 이내에 제1항에 따른 통지를 하여야 한다.

⑤ 제1항 또는 제4항에 따라 검사 또는 사법경찰관으로부터 통신사실 확인자료제공을 받은 사실 등을 통지받은 당사자는 해당 통신사실 확인자료제공을 요청한 사유를 알려주도록 서면으로 신청할 수 있다.

⑥ 제5항에 따른 신청을 받은 검사 또는 사법경찰관은 제2항 각 호의 어느 하나에 해당하는 경우를 제외하고는 그 신청을 받은 날부터 30일 이내에 해당 통신사실 확인자료제공 요청의 사유를 서면으로 통지하여야 한다.

⑦ 제1항부터 제5항까지에서 규정한 사항 외에 통신사실 확인자료제공을 받은 사실 등에 관하여는 제9조의2(제3항은 제외한다)를 준용한다.

나. 범죄수사규칙

제161조(통신사실 확인자료 제공요청에 관한 통지절차 등)

① 경찰관은 「통신비밀보호법」 제13조의3제1항에 따라 통신사실 확인자료 제공의 대상이 된 당사자에게 통신사실 확인자료를 제공받은 사실과 제공요청기관 및 그 기간 등을 통지하는 경우에는 별지 제99호서식의 통신사실 확인자료 제공요청 집행사실 통지서에 따른다. 이 경우 경찰관은 별지 제100호서식의 통신사실 확인자료 제공요청 집행사실 통지부에 해당 사항을 적어야 한다.

② 경찰관은 「통신비밀보호법」 제13조의3제2항·제3항 및 「통신비밀보호법 시행령」 제37조제3항에서 준용하는 같은 법 시행령 제19조제1항에 따라 통신사실 확인자료 제공요청 집행사실의 통지유예에 관한 관할 지방검찰청 검사장의 승인을 얻고자 하는 경우에는 별지 제95호서식의 통신사실 확인자료 제공요청 집행사실 통지유예 승인신청서에 따른다.

③ 경찰관은 제2항에 따른 승인신청을 하거나 관할 지방검찰청 검사장의 승인을 얻은 때에는 별지 제96호서식의 통신사실 확인자료 제공요청 집행사실 통지유예 승인신청부에 해당 사항을 적어야 한다.

9. 압수·수색·검증의 집행에 관한 통지

가. 통신비밀보호법

제9조의3(압수·수색·검증의 집행에 관한 통지)

① 검사는 송·수신이 완료된 전기통신에 대하여 압수·수색·검증을 집행한 경우 그 사건에 관하여 공소를 제기하거나 공소의 제기 또는 입건을 하지 아니하는 처분(기소중지결정, 참고인중지결정을 제외한다)을 한 때에는 그 처분을 한 날부터 30일

소속관서

제 0000-000000 호   0000.00.00.

수 신 :

제 목 : 통신사실확인자료 제공요청 집행사실 통지

　당서 제   호 사건과 관련하여 아래와 같이 통신사실확인자료 제공요청
을 집행하였으므로 「통신비밀보호법」 제13조의3 제1항에 따라 이를 통지합니다.

허 가 서 번 호	
통신사실확인자료 제공요청집행기관	
전기통신가입자	
통신사실확인자료 제공요청의 대상과 종류	
통신사실확인자료 제공요청의 범위	
사 건 담 당 자	

소속관서

사법경찰관 계급

210㎜ × 297㎜(백상지 80g/㎡)

통신사실확인자료 제공요청 집행사실 통지부

연번	통신사실확인자료 제공요청		통신사실확인자료제공요청 집행사건				통지일자	비고 (반송등)
	허가서 번호	통지 대상자	집행자의 관직·성명	사건 번호	처리일자 및 처리결과	처리결과를 통보받은 일자		

210㎜ × 297㎜(백상지 80g/㎡)

소속관서

제 0000-000000 호   0000.00.00.

수 신 :

제 목 : 통신사실확인자료 제공요청 집행사실 통지유예 승인요청

　피의자   에 대한   피의사건 관련, 다음 사람에 대하여 통신사실
확인자료제공요청의 집행사실에 관한 통지 유예에 대한 승인을 요청합니다.

인적 사항	성 명		주민등록번호	
	직 업			
	주 거			
사 건 번 호				
통신사실확인자료제공요청의 종류 및 자료의 범위				
통신사실확인자료제공요청을 집행한 사건의 처리일자 및 결과				
처리결과를 통보받은 일자				
통지를 유예하고자 하 는 사 유				

소속관서

사법경찰관 계급

210㎜ × 297㎜(백상지 80g/㎡)

통신사실확인자료 제공요청 집행사실 통지유예 승인신청부

연번	신청 일자	신청자의 관직· 성명	통신사실확인 자료제공요청		통신사실확인자료제공 요청집행사건				승인일자	유예사유 해 소 후 통지일자
			허가서 번호	통지 대상자	사건 번호	처리일자 및 처리결과	통보받은 일자			

210㎜ × 297㎜(백상지 80g/㎡)

이내에 수사대상이 된 가입자에게 압수·수색·검증을 집행한 사실을 서면으로 통지하여야 한다. 다만, 수사처검사는 「고위공직자범죄수사처 설치 및 운영에 관한 법률」 제26조제1항에 따라 서울중앙지방검찰청 소속 검사에게 관계 서류와 증거물을 송부한 사건에 관하여 이를 처리하는 검사로부터 공소를 제기하거나 제기하지 아니하는 처분(기소중지결정, 참고인중지결정은 제외한다)의 통보를 받은 경우에도 그 통보를 받은 날부터 30일 이내에 서면으로 통지하여야 한다.

② 사법경찰관은 송·수신이 완료된 전기통신에 대하여 압수·수색·검증을 집행한 경우 그 사건에 관하여 검사로부터 공소를 제기하거나 제기하지 아니하는 처분(기소중지 또는 참고인중지 결정은 제외한다)의 통보를 받거나 검찰송치를 하지 아니하는 처분(수사중지 결정은 제외한다) 또는 내사사건에 관하여 입건하지 아니하는 처분을 한 때에는 그 날부터 30일 이내에 수사대상이 된 가입자에게 압수·수색·검증을 집행한 사실을 서면으로 통지하여야 한다.

나. 범죄수사규칙

제162조(압수·수색 또는 검증의 집행에 관한 통지절차 등)

경찰관은 「통신비밀보호법」 제9조의3제2항에 따라 수사대상이 된 가입자에게 송·수신이 완료된 전기통신에 대한 압수·수색 또는 검증의 집행사실을 통지하는 경우에는 별지 제106호서식의 송·수신이 완료된 전기통신에 대한 압수·수색·검증 집행사실 통지서에 따른다. 이 경우 경찰관은 별지 제107호서식의 송·수신이 완료된 전기통신에 대한 압수·수색·검증 집행사실 통지부에 해당 사항을 적어야 한다.

10. 통신자료 제공요청

가. 전기통신사업법

제83조(통신비밀의 보호)

① 누구든지 전기통신사업자가 취급 중에 있는 통신의 비밀을 침해하거나 누설하여서는 아니 된다.

② 전기통신업무에 종사하는 사람 또는 종사하였던 사람은 그 재직 중에 통신에 관하여 알게 된 타인의 비밀을 누설하여서는 아니 된다.

③ 전기통신사업자는 법원, 검사 또는 수사관서의 장(군 수사기관의 장, 국세청장 및 지방국세청장을 포함한다. 이하 같다), 정보수사기관의 장이 재판, 수사(「조세범 처벌법」 제10조제1항·제3항·제4항의 범죄 중 전화, 인터넷 등을 이용한 범칙사건의 조사를 포함한다), 형의 집행 또는 국가안전보장에 대한 위해를 방지하기 위한 정보수집을 위하여 다음 각 호의 자료의 열람이나 제출(이하 "통신자료제공"이라 한다)

소 속 관 서

제 0000-000000 호   0000.00.00.

수 신 :

제 목 : 송·수신이 완료된 전기통신에 대한 압수·수색·검증 집행사실 통지

당서 제   호 사건과 관련하여 아래와 같이 송수신이 완료된 전기
통신에 대하여 압수·수색·검증을 집행하였으므로 「통신비밀보호법」 제9조의3 제
2항에 따라 이를 통지합니다.

압수·수색·검증영장번호	
압수·수색·검증집행기관	
전 기 통 신 가 입 자	
압수·수색·검증 집행의 대상과 종류	
압수·수색·검증 집행 대상의 범위	

소 속 관 서

사법경찰관 계급

210㎜ × 297㎜(백상지 60g/㎡)

연번	압수·수색·검증 영장 신청		압수·수색·검증영장 집행사건				통지일	비고 (반송등)
	영 장 번 호	통 지 대상자	집행자의 관직·성명	사건 번호	처리일자 및 처리결과	처리결과를 통보받은 날		

210㎜ × 297㎜(백상지 80g/㎡)

을 요청하면 그 요청에 따를 수 있다.

　1. 이용자의 성명
　2. 이용자의 주민등록번호
　3. 이용자의 주소
　4. 이용자의 전화번호
　5. 이용자의 아이디(컴퓨터시스템이나 통신망의 정당한 이용자임을 알아보기 위한
　　 이용자 식별부호를 말한다)
　6. 이용자의 가입일 또는 해지일

④ 제3항에 따른 통신자료제공 요청은 요청사유, 해당 이용자와의 연관성, 필요한
자료의 범위를 기재한 서면(이하 "자료제공요청서"라 한다)으로 하여야 한다. 다만,
서면으로 요청할 수 없는 긴급한 사유가 있을 때에는 서면에 의하지 아니하는 방법
으로 요청할 수 있으며, 그 사유가 없어지면 지체 없이 전기통신사업자에게 자료제공
요청서를 제출하여야 한다.

⑤ 전기통신사업자는 제3항과 제4항의 절차에 따라 통신자료제공을 한 경우에는 해
당 통신자료제공 사실 등 필요한 사항을 기재한 대통령령으로 정하는 대장과 자료제
공요청서 등 관련 자료를 갖추어 두어야 한다.

⑥ 전기통신사업자는 대통령령으로 정하는 방법에 따라 통신자료제공을 한 현황 등
을 연 2회 과학기술정보통신부장관에게 보고하여야 하며, 과학기술정보통신부장관은

전기통신사업자가 보고한 내용의 사실 여부 및 제5항에 따른 관련 자료의 관리 상태를 점검할 수 있다.

⑦ 전기통신사업자는 제3항에 따라 통신자료제공을 요청한 자가 소속된 중앙행정기관의 장에게 제5항에 따른 대장에 기재된 내용을 대통령령으로 정하는 방법에 따라 알려야 한다. 다만, 통신자료제공을 요청한 자가 법원인 경우에는 법원행정처장에게 알려야 한다.

⑧ 전기통신사업자는 이용자의 통신비밀에 관한 업무를 담당하는 전담기구를 설치 · 운영하여야 하며, 그 전담기구의 기능 및 구성 등에 관한 사항은 대통령령으로 정한다.

⑨ 자료제공요청서에 대한 결재권자의 범위 등에 관하여 필요한 사항은 대통령령으로 정한다.

나. 범죄수사규칙

제163조(통신자료 제공요청)

① 경찰관은 「전기통신사업법」 제83조제3항에 따라 전기통신사업자에게 통신자료 제공을 요청하는 경우에는 별지 제105호서식의 통신자료 제공요청서에 따른다.

② 제1항에 따른 통신자료 제공요청서에는 경찰서장 및 시 · 도경찰청 · 국가수사본부장 과장 이상 결재권자의 직책, 직급, 성명을 명기하여야 한다.

■ 범죄수사규칙 [별지 제105호서식]

소속관서

제 0000-000000 호   0000.00.00.
수 신 :
제 목 : 통신자료 제공요청

다음과 같이 통신자료제공을 요청하니 협조하여 주시기 바랍니다.

접 수 번 호	접수번호
대 상 자	대상자
요 청 사 유	
가 입 자 와 의 연 관 성	
의 뢰 사 항 (필요한 자료의범위)	
의 뢰 자	
회 신 정 보	전 화 : 전화번호 FAX : 소속부서의 팩스 기타(e-mail) : 기타(e-mail)

II. 통신제한조치 집행 후 조치

가. 통신비밀보호법 시행령

제18조(통신제한조치 집행 후의 조치)

① 통신제한조치를 집행한 검사, 사법경찰관 또는 정보수사기관의 장은 그 집행의 경위 및 이로 인하여 취득한 결과의 요지를 조서로 작성하고, 그 통신제한조치의 집행으로 취득한 결과와 함께 이에 대한 비밀보호 및 훼손·조작의 방지를 위하여 봉인·열람제한 등의 적절한 보존조치를 하여야 한다.

② 사법경찰관은 통신제한조치를 집행하여 수사 또는 내사한 사건을 종결할 경우 그 결과를 검사에게 보고하여야 한다. 다만, 그 사건을 송치하는 경우에는 그러하지 아니하다.

③ 정보수사기관의 장이 법 제7조에 따른 통신제한조치를 집행하여 정보를 수집한 경우 및 사법경찰관이 「정보 및 보안업무 기획·조정 규정」 제2조제5호에 따른 정보사범 등에 대하여 통신제한조치를 집행하여 수사 또는 내사한 사건을 종결한 경우에는 그 집행의 경위 및 이로 인하여 취득한 결과의 요지를 서면으로 작성하여 국정원장에게 제출하여야 한다.

④ 제1항에 따른 보존조치를 함에 있어서의 보존기간은 범죄수사를 위한 통신제한조치로 취득한 결과의 경우에는 그와 관련된 범죄의 사건기록 보존기간과 같은 기간으로 하고, 국가안보를 위한 통신제한조치로 취득한 결과의 경우에는 「보안업무규정」에 따라 분류된 비밀의 보호기간으로 한다.

나. 범죄수사규칙

제164조(집행결과보고)

경찰관은 「통신비밀보호법 시행령」 제18조제2항 또는 제37조제3항에 따라 검사에게 보고할 때에는 별지 제76호서식의 통신제한조치 집행결과 보고 또는 별지 제92호서식의 통신사실 확인자료 제공요청 집행결과 보고에 따른다.

제165조(통신수사 종결 후 조치)

다른 관서에서 통신수사를 집행한 사건을 이송받아 입건 전 조사한 후 입건 전 조사 종결한 경우는 입건 전 조사 종결한 관서에서 통신제한조치 또는 통신사실 확인자료 제공요청 허가서를 청구한 검찰청에 집행결과를 보고한 후 허가서를 신청한 관서로 사건처리결과를 통보하고, 통보를 받은 관서는 담당자를 지정하여 통지하도록 하여야 한다.

소 속 관 서

제 0000-000000 호   0000.00.00.
수 신 :
제 목 : 통신제한조치 집행결과 보고

아래 사람에 대한   피의사건에 관하여 아래와 같이 통신제한조치를 집
행하고 그   한 결과를 다음과 같이 보고합니다.

인적 사항	성 명		주민등록번호	
	직 업			
	주 거			
통신제한조치의 종류				
통신제한조치의 대 상 과 범 위				
통신제한조치의 기간				
피의/내사사실				

< 처 리 내 용 >

소 속 관 서

사법경찰관 계급

210mm × 297mm(백상지 80g/㎡)

소 속 관 서

제 0000-000000 호   0000.00.00.
수 신 :
제 목 : 통신사실확인자료 제공요청 집행결과 보고

피의사건 관련, 다음 사람에 대하여 아래와 같이 통신사실확인자료 제공
요청을 집행하고 그   한 결과를 다음과 같이 보고합니다.

인적 사항	성 명		주민등록번호	
	직 업			
	주 거			
통신사실확인자료 제공요청의 종류				
통신사실확인자료 제공요청의대상과범위				
피의/내사 사실 요 지				

< 처 리 내 용 >

소 속 관 서

사법경찰관 계급

210mm × 297mm(백상지 80g/㎡)

제2절 위치추적 전자장치 열람 등

1. 수신자료 열람 · 조회 · 제공 등

가. 전자장치 부착 등에 관한 법률

제16조(수신자료의 보존 · 사용 · 폐기 등)
① 보호관찰소의 장은 피부착자의 전자장치로부터 발신되는 전자파를 수신하여 그 자료(이하 "수신자료"라 한다)를 보존하여야 한다.
② 수신자료는 다음 각 호의 경우 외에는 열람 · 조회 · 제공 또는 공개할 수 없다.
　1. 피부착자의 특정범죄 혐의에 대한 수사 또는 재판자료로 사용하는 경우
　2. 보호관찰관이 지도 · 원호를 목적으로 사용하는 경우
　3. 「보호관찰 등에 관한 법률」 제5조에 따른 보호관찰심사위원회(이하 "심사위원회"

라 한다)의 부착명령 임시해제와 그 취소에 관한 심사를 위하여 사용하는 경우

    4. 보호관찰소의 장이 피부착자의 제38조 또는 제39조에 해당하는 범죄 혐의에 대한 수사를 의뢰하기 위하여 사용하는 경우

③ 삭제

④ 검사 또는 사법경찰관은 제2항제1호에 해당하는 사유로 수신자료를 열람 또는 조회하는 경우 관할 지방법원(군사법원을 포함한다) 또는 지원의 허가를 받아야 한다. 다만, 관할 지방법원 또는 지원의 허가를 받을 수 없는 긴급한 사유가 있는 때에는 수신자료 열람 또는 조회를 요청한 후 지체 없이 그 허가를 받아 보호관찰소의 장에게 송부하여야 한다.

⑤ 검사 또는 사법경찰관은 제4항 단서에 따라 긴급한 사유로 수신자료를 열람 또는 조회하였으나 지방법원 또는 지원의 허가를 받지 못한 경우에는 지체 없이 열람 또는 조회한 수신자료를 폐기하고, 그 사실을 보호관찰소의 장에게 통지하여야 한다.

⑥ 보호관찰소의 장은 다음 각 호의 어느 하나에 해당하는 때에는 <u>수신자료를 폐기</u>하여야 한다.

    1. 부착명령과 함께 선고된 형이 「형법」 제81조에 따라 실효된 때

    2. 부착명령과 함께 선고된 형이 사면으로 인하여 그 효력을 상실한 때

    3. 전자장치 부착이 종료된 자가 자격정지 이상의 형 또는 이 법에 따른 전자장치 부착을 받음이 없이 전자장치 부착을 종료한 날부터 5년이 경과한 때

⑦ 제1항부터 제6항까지에서 규정한 사항 외에 수신자료의 보존·사용·열람·조회·제공·폐기 등에 관하여 필요한 사항은 대통령령으로 정한다.

나. 전자장치 부착 등에 관한 법률 시행령

제14조의2(수신자료 열람 또는 조회)

① 검사는 법 제16조제4항 본문에 따라 수신자료를 열람 또는 조회하려는 경우에는 관할 법원에 피부착자에 대한 수신자료의 열람 또는 조회를 허가하여 줄 것을 청구할 수 있다.

② 사법경찰관은 법 제16조제4항 본문에 따라 수신자료를 열람 또는 조회하려는 경우 검사에게 피부착자에 대한 수신자료의 열람 또는 조회에 대한 허가를 신청하고, 검사는 관할 법원에 그 허가를 청구할 수 있다.

③ 제1항 및 제2항에 따른 수신자료 열람 또는 조회의 허가 청구 또는 신청은 피부착자의 인적사항, 수신자료 제공기관, 청구·신청 사유 및 필요한 자료의 범위를 적은 서면으로 하여야 한다.

④ 검사 또는 사법경찰관은 법 제16조제4항 본문에 따라 수신자료를 열람 또는 조회하는 경우에는 보호관찰소의 장(법 제16조의3에 따른 위치추적 관제센터의 장을 포함한다. 이하 제14조의3부터 제14조의6까지에서 같다)에게 관할 법원의 허가서 사본을 내주어야 한다.

2. 긴급 수신자료 열람 · 조회

「전자장치 부착 등에 관한 법률 시행령」

제14조의3(긴급 수신자료 열람 또는 조회)

① 검사 또는 사법경찰관은 법 제16조제4항 단서에 따라 수신자료의 열람 또는 조회를 요청하는 경우에는 보호관찰소의 장에게 다음 각 호의 서류를 팩스 등의 방법으로 제시하여야 한다.

1. 피부착자의 인적사항, 긴급한 사유, 수신자료 제공기관, 요청사유 및 필요한 자료의 범위를 적은 긴급 열람 · 조회 요청서
2. 자신의 신분을 표시할 수 있는 증표

② 검사는 제1항에 따른 긴급 수신자료 열람 또는 조회를 요청한 경우에는 지체 없이 관할 법원에 그 허가를 청구하여야 한다.

③ 사법경찰관은 제1항에 따른 긴급 수신자료 열람 또는 조회를 요청한 경우에는 지체 없이 검사에게 긴급 수신자료 열람 또는 조회에 대한 허가를 신청하고, 검사는 관할 법원에 그 허가를 청구할 수 있다.

④ 검사 또는 사법경찰관이 법 제16조제4항 단서에 따라 보호관찰소의 장에게 송부하여야 할 자료는 관할 법원의 허가서 사본으로 한다.

3. 수신자료의 보존 · 사용 · 폐기 등

「전자장치 부착 등에 관한 법률 시행령」

제14조의4(열람 또는 조회한 수신자료의 보존 · 폐기 등)

① 검사 또는 사법경찰관은 법 제16조제4항과 제5항에 따른 수신자료의 열람 또는 조회 허가 신청 및 청구 현황, 수신자료 열람 또는 조회 사실을 적은 대장을 3년간 소속 기관에 갖추어 두어야 한다.

② 보호관찰소의 장은 검사 또는 사법경찰관에게 수신자료를 열람 또는 조회하게 하였을 때에는 해당 수신자료 열람 또는 조회 사실을 적은 대장과 수신자료 열람 · 조회 요청서 등 관련 자료를 3년간 갖추어 두어야 한다.

③ 검사가 제14조의3제3항에 따른 사법경찰관의 허가 신청을 기각하면 사법경찰관은 지체 없이 열람 또는 조회한 수신자료를 폐기하여야 한다.

④ 검사 또는 사법경찰관은 법 제16조제5항 또는 이 조 제3항에 따라 열람 또는 조회한 수신자료를 폐기하였을 때에는 지체 없이 그 사실을 서면으로 보호관찰소의 장에게 통지하여야 한다.

4. 처리 결과 통지 및 비밀누설 금지 등

「전자장치 부착 등에 관한 법률 시행령」

제14조의5(수신자료 사용사건의 결과 통지 등)
① 검사 또는 사법경찰관은 수신자료를 열람 또는 조회하여 수사한 사건에 관하여 공소를 제기하거나 공소의 제기 또는 입건을 하지 아니하는 처분(기소중지결정은 제외한다)을 하였을 때에는 그 처분의 결과를 수신자료를 제공한 보호관찰소의 장에게 서면으로 통지하여야 한다.
② 사법경찰관은 수신자료를 열람 또는 조회하여 수사한 사건을 종결하는 경우에는 그 결과를 검사에게 보고하여야 한다. 다만, 그 사건을 검찰에 송치하는 경우에는 그러하지 아니하다.

제14조의6(수신자료 관련 비밀누설 금지 등)
수신자료를 열람 또는 조회한 사람은 그로 인하여 알게 된 타인의 비밀을 누설하거나 피부착자의 명예를 훼손하지 아니하도록 하여야 한다.

5. 수신자료 폐기

「전자장치 부착 등에 관한 법률 시행령」

제15조(수신자료의 폐기)
① 전자장치 부착기간이 끝난 사람이 부착을 마친 날부터 5년 내에 자격정지 이상의 형을 받은 경우에는 그 형의 집행이 끝난 날부터 5년이 지난 때에 수신자료를 폐기한다.
② 수신자료의 폐기는 전산자료에서 삭제하는 방법으로 한다.

CHAPTER

08

수사의 종결

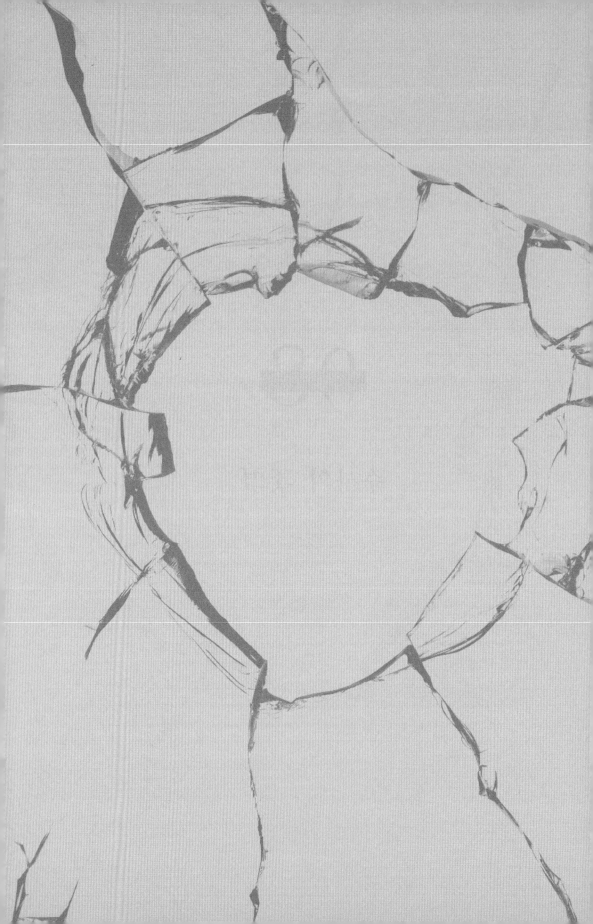

제8장

수사의 종결

제1절 기본 절차

1. 사법경찰관의 결정

「검사와 사법경찰관의 상호협력과 일반적 수사준칙에 관한 규정」

제51조(사법경찰관의 결정)

① 사법경찰관은 사건을 수사한 경우에는 다음 각 호의 구분에 따라 결정해야 한다.

1. 법원송치
2. 검찰송치
3. 불송치
   가. 혐의없음
      1) 범죄인정안됨
      2) 증거불충분
   나. 죄가안됨
   다. 공소권없음
   라. 각하
4. 수사중지
   가. 피의자중지
   나. 참고인중지
5. 이송

② 사법경찰관은 하나의 사건 중 피의자가 여러 사람이거나 피의사실이 여러 개인 경우로서 분리하여 결정할 필요가 있는 경우 그중 일부에 대해 제1항 각 호의 결정을 할 수 있다.

③ 사법경찰관은 제1항제3호나목 또는 다목에 해당하는 사건이 다음 각 호의 어느 하나에 해당하는 경우에는 해당 사건을 검사에게 이송한다.

　1. 「형법」 제10조제1항에 따라 벌할 수 없는 경우

> **제10조(심신장애인)**
> ① 심신장애로 인하여 사물을 변별할 능력이 없거나 의사를 결정할 능력이 없는 자의 행위는 벌하지 아니한다.

　2. 기소되어 사실심 계속 중인 사건과 포괄일죄를 구성하는 관계에 있는 경우

④ 사법경찰관은 제1항제4호에 따른 수사중지 결정을 한 경우 7일 이내에 사건기록을 검사에게 송부해야 한다. 이 경우 검사는 사건기록을 송부받은 날부터 30일 이내에 반환해야 하며, 그 기간 내에 법 제197조의3에 따라 시정조치요구를 할 수 있다.

⑤ 사법경찰관은 제4항 전단에 따라 검사에게 사건기록을 송부한 후 피의자 등의 소재를 발견한 경우에는 소재 발견 및 수사 재개 사실을 검사에게 통보해야 한다. 이 경우 통보를 받은 검사는 지체 없이 사법경찰관에게 사건기록을 반환해야 한다.

2. 사건 이송

가. 검사와 사법경찰관의 상호협력과 일반적 수사준칙에 관한 규정

제51조(사법경찰관의 결정)

① 사법경찰관은 사건을 수사한 경우에는 다음 각 호의 구분에 따라 결정해야 한다.

　1~4. (생략)

　5. 이송

③ 사법경찰관은 제1항제3호나목 또는 다목에 해당하는 사건이 다음 각 호의 어느 하나에 해당하는 경우에는 해당 사건을 검사에게 이송한다.

　1. 「형법」 제10조제1항에 따라 벌할 수 없는 경우

　2. 기소되어 사실심 계속 중인 사건과 포괄일죄를 구성하는 관계에 있는 경우

나. 경찰수사규칙

제96조(사건 이송)

① 사법경찰관은 사건이 다음 각 호의 어느 하나에 해당하는 경우에는 해당 사건을 다른 경찰관서 또는 기관에 이송해야 한다.

1. 사건의 관할이 없거나 다른 기관의 소관 사항에 관한 것인 경우
2. 법령에서 다른 기관으로 사건을 이송하도록 의무를 부여한 경우
② 사법경찰관은 사건이 다음 각 호의 어느 하나에 해당하는 경우에는 해당 사건을 다른 경찰관서 또는 기관(해당 기관과 협의된 경우로 한정한다)에 이송할 수 있다.
1. 다른 사건과 병합하여 처리할 필요가 있는 등 다른 경찰관서 또는 기관에서 수사하는 것이 적절하다고 판단하는 경우
2. 해당 경찰관서에서 수사하는 것이 부적당한 경우
③ 사법경찰관은 제1항 또는 제2항에 따라 사건을 이송하는 경우에는 별지 제99호 서식의 사건이송서를 사건기록에 편철하고 관계 서류와 증거물을 다른 경찰관서 또는 기관에 송부해야 한다.

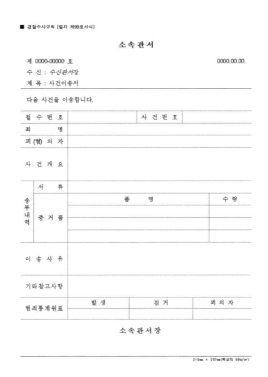

3. 장기사건 수사 종결

가. 경찰수사규칙

제95조(장기사건 수사종결)
① 사법경찰관리는 범죄 인지 후 1년이 지난 사건에 대해서는 수사준칙 제51조제1항에 따른 결정을 해야 한다. 다만, 다수의 사건관계인 조사, 관련 자료 추가확보·분

석, 외부 전문기관 감정의 장기화, 범인 미검거 등으로 계속하여 수사가 필요한 경우에는 해당 사법경찰관리가 소속된 바로 위 상급경찰관서 수사 부서의 장의 승인을 받아 연장할 수 있다.

② 사법경찰관리는 제1항 단서에 따른 승인을 받으려면 수사기간 연장의 필요성을 소명해야 한다.

> 「검사와 사법경찰관의 상호협력과 일반적 수사준칙에 관한 규정」
> 제51조(사법경찰관의 결정)
> ① 사법경찰관은 사건을 수사한 경우에는 다음 각호의 구분에 따라 결정해야 한다.
> 1. 법원송치
> 2. 검찰송치
> 3. 불송치
>   가. 혐의없음
>   1) 범죄인정안됨
>   2) 증거불충분
>   나. 죄가안됨
>   다. 공소권없음
>   라. 각하
> 4. 수사중지
>   가. 피의자중지
>   나. 참고인중지
> 5. 이송

나. 범죄수사규칙

제227조(장기사건 수사종결)

경찰관은 「경찰수사규칙」 제95조에 따라 장기사건을 연장하려는 때에는 별지 제157호서식의 수사기일 연장 건의서를 작성하여 상급 수사부서장에게 제출하여야 한다.

4. 수사 결과의 통지

가. 형사소송법

제245조의6(고소인 등에 대한 송부통지)

사법경찰관은 제245조의5제2호의 경우에는 그 송부한 날부터 7일 이내에 서면으로 고소인·고발인·피해자 또는 그 법정대리인(피해자가 사망한 경우에는 그 배우자·직

소 속 관 서

제 0000-000000 호   0000.00.00.
수 신 :
참 조 :
제 목 : 수사기일연장건의서

피의자   에 대한   사건에 관하여 다음과 같이 **수사기일 연장**을
건의합니다.

Ⅰ. 피의자 인적사항

:
:
:

Ⅱ. 범죄경력자료 및 수사경력자료

Ⅲ. 범죄사실

Ⅳ. 적용법조

Ⅴ. **수사기일 연장건의 사유**

Ⅵ. 향후수사계획

계친족·형제자매를 포함한다)에게 사건을 검사에게 송치하지 아니하는 취지와 그 이유를 통지하여야 한다.

제258조(고소인등에의 처분고지)

① 검사는 고소 또는 고발있는 사건에 관하여 공소를 제기하거나 제기하지 아니하는 처분, 공소의 취소 또는 제256조의 송치를 한 때에는 그 처분한 날로부터 7일 이내에 서면으로 고소인 또는 고발인에게 그 취지를 통지하여야 한다.
② 검사는 불기소 또는 제256조의 처분을 한 때에는 피의자에게 즉시 그 취지를 통지하여야 한다.

> **제256조(타관송치)** 검사는 사건이 그 소속 검찰청에 대응한 법원의 관할에 속하지 아니한 때에는 사건을 서류와 증거물과 함께 관할법원에 대응한 검찰청 검사에게 송치하여야 한다.

제259조(고소인등에의 공소불제기이유고지)

검사는 고소 또는 고발있는 사건에 관하여 공소를 제기하지 아니하는 처분을 한 경우에 고소인 또는 고발인의 청구가 있는 때에는 7일 이내에 고소인 또는 고발인에게 그 이유를 서면으로 설명하여야 한다.

제259조의2(피해자 등에 대한 통지)

검사는 범죄로 인한 피해자 또는 그 법정대리인(피해자가 사망한 경우에는 그 배우자·직계친족·형제자매를 포함한다)의 신청이 있는 때에는 당해 사건의 공소제기여부, 공판의 일시·장소, 재판결과, 피의자·피고인의 구속·석방 등 구금에 관한 사실 등을 신속하게 통지하여야 한다.

나. 검사와 사법경찰관의 상호협력과 일반적 수사준칙에 관한 규정

제53조(수사 결과의 통지)

① 검사 또는 사법경찰관은 제51조 또는 제52조에 따른 결정을 한 경우에는 그 내용을 고소인·고발인·피해자 또는 그 법정대리인(피해자가 사망한 경우에는 그 배우자·직계친족·형제자매를 포함한다. 이하 "고소인등"이라 한다)과 피의자에게 통지해야 한다. 다만, 제51조제1항제4호가목에 따른 피의자중지 결정 또는 제52조제1항제3호에 따른 기소중지 결정을 한 경우에는 고소인등에게만 통지한다.

> **제51조(사법경찰관의 결정)**
> ① 사법경찰관은 사건을 수사한 경우에는 다음 각 호의 구분에 따라 결정해야 한다.
> 1. 법원송치
> 2. 검찰송치
> 3. 불송치
> 가. 혐의없음
>   1) 범죄인정안됨
>   2) 증거불충분
> 나. 죄가안됨
> 다. 공소권없음
> 라. 각하
> 4. 수사중지
> 가. 피의자중지
> 나. 참고인중지
> 5. 이송
> ② 사법경찰관은 하나의 사건 중 피의자가 여러 사람이거나 피의사실이 여러 개인 경우로서 분리하여 결정할 필요가 있는 경우 그중 일부에 대해 제1항 각 호의 결정을 할 수 있다.
> ③ 사법경찰관은 제1항제3호나목 또는 다목에 해당하는 사건이 다음 각 호의 어느 하나에 해당하는 경우에는 해당 사건을 검사에게 이송한다.
> 1. 「형법」 제10조제1항에 따라 벌할 수 없는 경우
> 2. 기소되어 사실심 계속 중인 사건과 포괄일죄를 구성하는 관계에 있는 경우

④ 사법경찰관은 제1항제4호에 따른 수사중지 결정을 한 경우 7일 이내에 사건기록을 검사에게 송부해야 한다. 이 경우 검사는 사건기록을 송부받은 날부터 30일 이내에 반환해야 하며, 그 기간 내에 법 제197조의3에 따라 시정조치요구를 할 수 있다.
⑤ 사법경찰관은 제4항 전단에 따라 검사에게 사건기록을 송부한 후 피의자 등의 소재를 발견한 경우에는 소재 발견 및 수사 재개 사실을 검사에게 통보해야 한다. 이 경우 통보를 받은 검사는 지체 없이 사법경찰관에게 사건기록을 반환해야 한다.

제52조(검사의 결정)
① 검사는 사법경찰관으로부터 사건을 송치받거나 직접 수사한 경우에는 다음 각호의 구분에 따라 결정해야 한다.
 1. 공소제기
 2. 불기소
  가. 기소유예
  나. 혐의없음
   1) 범죄인정안됨
   2) 증거불충분
  다. 죄가안됨
  라. 공소권없음
  마. 각하
 3. 기소중지
 4. 참고인중지
 5. 보완수사요구
 6. 공소보류
 7. 이송
 8. 소년보호사건 송치
 9. 가정보호사건 송치
 10. 성매매보호사건 송치
 11. 아동보호사건 송치
② 검사는 하나의 사건 중 피의자가 여러 사람이거나 피의사실이 여러 개인 경우로서 분리하여 결정할 필요가 있는 경우 그중 일부에 대해 제1항 각호의 결정을 할 수 있다.

② 고소인등은 법 제245조의6에 따른 통지를 받지 못한 경우 사법경찰관에게 불송치 통지서로 통지해 줄 것을 요구할 수 있다.

제245조의6(고소인 등에 대한 송부통지) 사법경찰관은 제245조의5제2호의 경우에는 그 송부한 날부터 7일 이내에 서면으로 고소인·고발인·피해자 또는 그 법정대리인(피해자가 사망한 경우에는 그 배우자·직계친족·형제자매를 포함한다)에게 사건을 검사에게 송치하지 아니하는 취지와 그 이유를 통지하여야 한다.

③ 제1항에 따른 통지의 구체적인 방법·절차 등은 법무부장관, 경찰청장 또는 해양경찰청장이 정한다.

제68조(사건 통지 시 주의사항 등)

검사 또는 사법경찰관은 제12조에 따라 수사 진행상황을 통지하거나 제53조에 따라 수사 결과를 통지할 때에는 해당 사건의 피의자 또는 사건관계인의 명예나 권리 등이 부당하게 침해되지 않도록 주의해야 한다.

다. 경찰수사규칙

제97조(수사 결과의 통지)

① 사법경찰관은 수사준칙 제53조에 따라 피의자와 고소인등에게 수사 결과를 통지하는 경우에는 사건을 송치하거나 사건기록을 송부한 날부터 7일 이내에 해야 한다. 다만, 피의자나 고소인등의 연락처를 모르거나 소재가 확인되지 않는 경우에는 연락처나 소재를 안 날부터 7일 이내에 통지를 해야 한다.

② 제1항의 통지(법 제245조의6에 따른 고소인등에 대한 불송치 통지는 제외한다)는 서면, 전화, 팩스, 전자우편, 문자메시지 등 피의자나 고소인등이 요청한 방법으로 할 수 있으며, 별도로 요청한 방법이 없는 경우에는 서면으로 한다. 이 경우 서면으로 하는 통지는 별지 제100호서식부터 별지 제102호서식까지의 수사결과 통지서에 따른다.

③ 법 제245조의6에 따른 고소인등에 대한 불송치 통지는 별지 제103호서식의 수사 결과 통지서에 따른다.

④ 사법경찰관은 서면으로 통지한 경우에는 그 사본을, 그 외의 방법으로 통지한 경우에는 그 취지를 적은 서면을 사건기록에 편철해야 한다.

⑤ 수사준칙 제53조제2항에 따른 고소인등의 통지 요구는 별지 제104호서식의 불송치 통지요구서에 따른다.

⑥ 사법경찰관은 고소인, 고발인 또는 피의자가 불송치 결정에 관한 사실증명을 청구한 경우에는 지체 없이 별지 제105호서식 또는 별지 제106호서식의 불송치 결정 증명서를 발급해야 한다.

⑦ 사법경찰관은 고소인등에게 수사중지 결정의 통지를 하는 경우에는 수사준칙 제54조제3항에 따라 검사에게 신고할 수 있다는 내용을 통지서에 기재해야 한다.

■ 경찰수사규칙 [별지 제100호서식]

소 속 관 서

제 0000-00000 호   0000.00.00.

수 신 : 수신인 귀하

제 목 : 수사결과 통지서(고소인등·송치 등)

귀하와 관련된 사건에 대하여 다음과 같이 결정하였음을 알려드립니다.

접수일시	. .	사건번호	0000-000000
죄 명			
결 정 일			
결정종류	1. 송 치 ( ) : 송치관서명(☎ : 전화번호) 2. 이 송 ( ) : 이송관서명(☎ : 전화번호) 3. 수사중지 ( )		
주요내용			
담당팀장	○○과 ○○팀 경○ ○○○		☎ 02-0000-0000

※ 범죄피해자 권리 보호를 위한 각종 제도

○ 범죄피해자 구조 신청제도(범죄피해자보호법)
  - 관할지방검찰청 범죄피해자지원센터에 신청
○ 의사상자예우 등에 관한 제도(의사상자 등 예우 및 지원에 관한 법률)
  - 보건복지부 및 관할 자치단체 사회복지과에 신청
○ 범죄행위의 피해에 대한 손해배상명령(소송촉진 등에 관한 특례법)
  - 각급법원에 신청, 형사재판과정에서 민사손해배상까지 청구 가능
○ 가정폭력·성폭력 피해자 보호 및 구조
  - 여성 긴급전화(국번없이 1366), 아동보호 전문기관(1577-1391) 등

210㎜ × 297㎜(백상지 80g/㎡)

■ 경찰수사규칙 [별지 제101호서식]

소 속 관 서

제 0000-00000 호   0000.00.00.

수 신 : 수신인 귀하

제 목 : 수사결과 통지서(피의자·송치 등)

귀하와 관련된 사건에 대하여 다음과 같이 결정하였음을 알려드립니다.

접수일시	. .	사건번호	0000-000000
죄 명			
결 정 일			
결정종류	1. 송 치 ( ) : 송치관서명(☎ : 전화번호) 2. 이 송 ( ) : 이송관서명(☎ : 전화번호) 3. 수사중지 (참고인중지) ( )		
주요내용			
담당팀장	○○과 ○○팀 경○ ○○○		☎ 02-0000-0000

※ 권리 보호를 위한 각종 제도

○ 국민권익위원회의 고충민원 접수제도
  - 국민신문고 www.epeople.go.kr, 정부민원안내콜센터 국번없이 110
○ 국가인권위원회의 진정 접수제도
  - www.humanrights.go.kr, 국번없이 1331
○ 수사 심의신청 제도(경찰민원콜센터 국번없이 182)
  - 수사과정 및 결과에 이의가 있는 경우, 관할 지방경찰청 「수사심의계」에 심의신청
○ 수사중지 결정에 이의가 있는 경우, 해당 사법경찰관의 소속 상급 경찰관서의 장에게 이의제기
  - 법령위반, 인권침해 또는 현저한 수사권 남용이라고 의심되는 경우, 관할 지방검찰청 검사에게 신고 가능

소 속 관 서 장

210㎜ × 297㎜(백상지 80g/㎡)

■ 경찰수사규칙 [별지 제102호서식]

소 속 관 서

제 0000-00000 호   0000.00.00.

수 신 : 수신인 귀하

제 목 : 수사결과 통지서(피의자·불송치)

귀하와 관련된 사건에 대하여 다음과 같이 결정하였음을 알려드립니다.

접수일시	. .	사건번호	0000-000000
죄명			
결정일			
결정종류	불송치 ( )		
주요내용			
담당팀장	○○과 ○○팀 경○ ○○○		☎ 02-0000-0000

※ 결정 종류 안내 및 권리 보호를 위한 각종 제도

<결정 종류 안내>
○ 혐의없음 결정은 증거 부족 또는 법률상 범죄가 성립되지 않아 처벌할 수 없다는 결정입니다.
○ 죄가안됨 결정은 피의자가 14세 미만이거나 심신상실자의 범행 또는 정당방위 등에 해당하여 처벌할 수 없는 경우에 하는 결정입니다.
○ 공소권없음 결정은 처벌할 수 있는 시효가 경과되었거나 친고죄에 있어서 고소를 취소한 경우 등 법률에 정한 처벌요건을 갖추지 못하여 처벌할 수 없다는 결정입니다.
○ 각하 결정은 위 세 결정의 사유에 해당함이 명백하거나, 고소 또는 고발인으로부터 고소·고발 사실에 대한 진술을 청취할 수 없는 경우 등에 하는 결정입니다.
<권리 보호를 위한 제도>
○ 국민권익위원회의 고충민원 접수제도
  - 국민신문고 www.epeople.go.kr, 정부민원안내콜센터 국번없이 110
○ 국가인권위원회의 진정 접수제도
  - www.humanrights.go.kr, 국번없이 1331
○ 수사 심의신청 제도(경찰민원콜센터 국번없이 182)
  - 수사과정 및 결과에 이의가 있는 경우, 관할 지방경찰청 「수사심의계」에 심의신청

소 속 관 서 장

210㎜ × 297㎜(백상지 80g/㎡)

■ 경찰수사규칙 [별지 제103호서식]

소 속 관 서

제 0000-00000 호   0000.00.00.

수 신 : 수신인 귀하

제 목 : 수사결과 통지서(고소인등·불송치)

귀하와 관련된 사건에 대하여 다음과 같이 결정하였음을 알려드립니다.

접수일시	. .	사건번호	0000-000000
죄명			
결정일			
결정종류	불송치 ( )		
이유	별지와 같음		
담당팀장	○○과 ○○팀 경○ ○○○		☎ 02-0000-0000

※ 범죄피해자 권리 보호를 위한 각종 제도

○ 범죄피해자 구조 신청제도(범죄피해자보호법)
  - 관할지방검찰청 범죄피해자지원센터에 신청
○ 의사상자예우 등에 관한 제도(의사상자 등 예우 및 지원에 관한 법률)
  - 보건복지부 및 관할 자치단체 사회복지과에 신청
○ 범죄행위의 피해에 대한 손해배상명령(소송촉진 등에 관한 특례법)
  - 각급법원에 신청, 형사재판과정에서 민사손해배상까지 청구 가능
○ 가정폭력·성폭력 피해자 보호 및 구조
  - 여성 긴급전화(국번없이 1366), 아동보호 전문기관(1577-1391) 등
○ 무보험 차량 교통사고 책으니 피해자 구조제도(자동차손해배상 보장법)
  - 종부화재, 삼성화재 등 자동차 보험회사에 청구
○ 국민건강보험제도를 이용한 피해자 구조제도
  - 국민건강보험공단 급여관리실, 지역별 공단지부에 문의
○ 법률구조공단의 법률구조제도(국번없이 132 또는 관할 지부·출장소)
  - 범죄피해에 대한 무료법률구조(손해배상청구, 배상명령신청 소송대리 등)
○ 범죄피해자지원센터(국번없이 1577-1295)
  - 피해자나 가족, 유족들에 대한 전화상담 및 면접상담 등
○ 국민권익위원회의 고충민원 접수제도
  - 국민신문고 www.epeople.go.kr, 정부민원안내콜센터 국번없이 110
○ 국가인권위원회의 진정 접수제도
  - www.humanrights.go.kr, 국번없이 1331

소 속 관 서 장

불송치 통지요구서

신청인	성명		사건관련 신분	
	주민등록번호		전화번호	
	주소			

요구 사유	
비고	

「검사와 사법경찰관의 상호협력과 일반적 수사준칙에 관한 규정」 제
53조제2항에 따라 위와 같이 불송치 통지하여 줄 것을 요구합니다.

년   월   일

신청인

(서명 또는 인)

소속관서장   귀하

210㎜ × 297㎜(백상지 80g/㎡)

발행번호   제 0000-00000 호

불송치 결정 증명서(고소인·고발인)

사 건 번 호	
신 청 인	
피 의 자	
죄 명	
결정	년 월 일	
	내 용	
수 사 관 서	
용 도	

위와 같이 결정되었음을 증명합니다.

0000.00.00.

소 속 관 서 장

210㎜ × 297㎜(백상지 80g/㎡)

발행번호   제 0000-00000 호

불송치 결정 증명서(피의자)

사 건 번 호		
피의자	성 명	
	주민등록번호	
	주 소	
죄 명		
결정	년 월 일	
	내 용	
수 사 관 서		
용 도		

위와 같이 결정되었음을 증명합니다.

0000.00.00.

소 속 관 서 장

210㎜ × 297㎜(백상지 80g/㎡)

제2절 수사 중지

1. 검사와 사법경찰관의 상호협력과 일반적 수사준칙에 관한 규정

제51조(사법경찰관의 결정)

① 사법경찰관은 사건을 수사한 경우에는 다음 각 호의 구분에 따라 결정해야 한다.

    1. 법원송치

    2. 검찰송치

    3. 불송치

        가. 혐의없음

            1) 범죄인정안됨

            2) 증거불충분

        나. 죄가안됨

        다. 공소권없음

        라. 각하

    4. 수사중지

        가. 피의자중지

        나. 참고인중지

    5. 이송

② 사법경찰관은 하나의 사건 중 피의자가 여러 사람이거나 피의사실이 여러 개인 경우로서 분리하여 결정할 필요가 있는 경우 그중 일부에 대해 제1항 각 호의 결정을 할 수 있다.

③ 사법경찰관은 제1항제3호나목 또는 다목에 해당하는 사건이 다음 각 호의 어느 하나에 해당하는 경우에는 해당 사건을 검사에게 이송한다.

    1. 「형법」 제10조제1항에 따라 벌할 수 없는 경우

    2. 기소되어 사실심 계속 중인 사건과 포괄일죄를 구성하는 관계에 있는 경우

④ 사법경찰관은 제1항제4호에 따른 수사중지 결정을 한 경우 7일 이내에 사건기록을 검사에게 송부해야 한다. 이 경우 검사는 사건기록을 송부받은 날부터 30일 이내에 반환해야 하며, 그 기간 내에 법 제197조의3에 따라 시정조치요구를 할 수 있다.

⑤ 사법경찰관은 제4항 전단에 따라 검사에게 사건기록을 송부한 후 피의자 등의 소재를 발견한 경우에는 소재 발견 및 수사 재개 사실을 검사에게 통보해야 한다. 이 경우 통보를 받은 검사는 지체 없이 사법경찰관에게 사건기록을 반환해야 한다.

「형사소송법」

제197조의3(시정조치 요구 등)

① 검사는 사법경찰관리의 수사과정에서 법령위반, 인권침해 또는 현저한 수사권 남용이 의심되는 사실의 신고가 있거나 그러한 사실을 인식하게 된 경우에는 사법경찰관에게 사건기록 등본의 송부를 요구할 수 있다.

② 제1항의 송부 요구를 받은 사법경찰관은 지체 없이 검사에게 사건기록 등본을 송부하여야 한다.

③ 제2항의 송부를 받은 검사는 필요하다고 인정되는 경우에는 사법경찰관에게 시정조치를 요구할 수 있다.

④ 사법경찰관은 제3항의 시정조치 요구가 있는 때에는 정당한 이유가 없으면 지체 없이 이를 이행하고, 그 결과를 검사에게 통보하여야 한다.

⑤ 제4항의 통보를 받은 검사는 제3항에 따른 시정조치 요구가 정당한 이유 없이 이행되지 않았다고 인정되는 경우에는 사법경찰관에게 사건을 송치할 것을 요구할 수 있다.

⑥ 제5항의 송치 요구를 받은 사법경찰관은 검사에게 사건을 송치하여야 한다.

⑦ 검찰총장 또는 각급 검찰청 검사장은 사법경찰관리의 수사과정에서 법령위반, 인권침해 또는 현저한 수사권 남용이 있었던 때에는 권한 있는 사람에게 해당 사법경찰관리의 징계를 요구할 수 있고, 그 징계 절차는 「공무원 징계령」 또는 「경찰공무원 징계령」에 따른다.

⑧ 사법경찰관은 피의자를 신문하기 전에 수사과정에서 법령위반, 인권침해 또는 현저한 수사권 남용이 있는 경우 검사에게 구제를 신청할 수 있음을 피의자에게 알려주어야 한다.

2. 경찰수사규칙

제98조(수사중지 결정)

① 사법경찰관은 다음 각 호의 구분에 해당하는 경우에는 그 사유가 해소될 때까지 수사준칙 제51조제1항제4호에 따른 수사중지 결정을 할 수 있다.

　1. 피의자중지: 다음 각 목의 어느 하나에 해당하는 경우

　　가. 피의자가 <u>소재불명</u>인 경우

　　나. 2개월 이상 해외체류, 중병 등의 사유로 상당한 기간 동안 피의자나 참고인에 대한 <u>조사가 불가능</u>하여 수사를 종결할 수 없는 경우

　　다. 의료사고 · 교통사고 · 특허침해 등 사건의 수사 종결을 위해 전문가의 감정이 필요하나 그 감정에 상당한 시일이 소요되는 경우

　　라. 다른 기관의 결정이나 법원의 재판 결과가 수사의 종결을 위해 필요하나 그 결정이나 재판에 상당한 시일이 소요되는 경우

　　마. 수사의 종결을 위해 필요한 중요 증거자료가 외국에 소재하고 있어 이를 확보하는 데 상당한 시일이 소요되는 경우

2. <u>참고인중지</u>: 참고인 · 고소인 · 고발인 · 피해자 또는 같은 사건 피의자의 소재
   불명으로 수사를 종결할 수 없는 경우

② 사법경찰관은 제1항에 따라 수사중지의 결정을 하는 경우에는 별지 제107호서식의 수사중지 결정서를 작성하여 사건기록에 편철해야 한다.

③ 사법경찰관은 수사준칙 제51조제4항에 따라 검사에게 사건기록을 송부하는 경우에는 별지 제108호서식의 수사중지 사건기록 송부서를 사건기록에 편철해야 한다.

④ 사법경찰관리는 제1항제1호나목 또는 다목의 사유로 수사중지 결정을 한 경우에는 매월 1회 이상 해당 수사중지 사유가 해소되었는지를 확인해야 한다.

■ 경찰수사규칙 [별지 제107호서식]

소 속 관 서

0000.00.00.

사건번호　0000-00000호, 0000-00000호

제　목　수사중지 결정서

아래와 같이 수사중지 결정합니다.

Ⅰ. 피의자

Ⅱ. 죄명

Ⅲ. 주문

Ⅳ. 피의사실과 수사중지 이유

사법경찰관　계급

210㎜ × 297㎜(백상지 80g/㎡)

■ 경찰수사규칙 [별지 제108호서식]

소 속 관 서

0000.00.00.

수 신 : 검찰청의 장

제 목 : 수사중지 사건기록 송부서

다음 수사중지 사건기록을 송부합니다.

사 건 번 호			결 정 일	
	피 의 자	죄 명	주 문	
송 부 내 역	서 류			
	증 거 품			
공 소 시 효	장 기			
	단 기			
반 환 기 한				
참 고 사 항				

소 속 관 서 장

210㎜ × 297㎜(백상지 80g/㎡)

제100조(수사중지 시 지명수배 · 지명통보)

사법경찰관은 피의자의 소재불명을 이유로 수사중지 결정을 하려는 경우에는 지명수배 또는 지명통보를 해야 한다.

제101조(수사중지 결정에 대한 이의제기 절차)

① 수사준칙 제54조제1항에 따라 이의제기를 하려는 사람은 수사중지 결정을 통지받은 날부터 30일 이내에 해당 사법경찰관이 소속된 바로 위 상급경찰서의 장(이하 "소속상급경찰관서장"이라 한다)에게 별지 제110호서식의 수사중지 결정 이의제기서를 제출해야 한다.

수사중지 결정 이의제기서

□ 신청인

성 명		사건관련 신분	
주민등록번호		전 화 번 호	
주 소			

□ 경찰 결정 내용

사 건 번 호	
죄 명	
결 정 내 용	수사중지 ( )

□ 이의제기 이유

신청인   (서명)

소속상급경찰관서장 귀하

210㎜ × 297㎜(백상지 80g/㎡)

제3절 송치 결정과 보완 수사 요구

1. 송치 결정과 보완 수사

가. 형사소송법

제245조의5(사법경찰관의 사건송치 등)

사법경찰관은 고소·고발 사건을 포함하여 범죄를 수사한 때에는 다음 각 호의 구분에 따른다.

1. 범죄의 혐의가 있다고 인정되는 경우에는 지체 없이 검사에게 사건을 송치하고, 관계 서류와 증거물을 검사에게 송부하여야 한다.
2. 그 밖의 경우에는 그 이유를 명시한 서면과 함께 관계 서류와 증거물을 지체 없이 검사에게 송부하여야 한다. 이 경우 검사는 송부받은 날부터 90일 이내에 사법경찰관에게 반환하여야 한다.

제197조의2(보완수사요구)

① 검사는 다음 각 호의 어느 하나에 해당하는 경우에 사법경찰관에게 보완수사를 요구할 수 있다.

　　1. 송치사건의 공소제기 여부 결정 또는 공소의 유지에 관하여 필요한 경우

　　2. 사법경찰관이 신청한 영장의 청구 여부 결정에 관하여 필요한 경우

② 사법경찰관은 제1항의 요구가 있는 때에는 정당한 이유가 없는 한 지체 없이 이를 이행하고, 그 결과를 검사에게 통보하여야 한다.

③ 검찰총장 또는 각급 검찰청 검사장은 사법경찰관이 정당한 이유 없이 제1항의 요구에 따르지 아니하는 때에는 권한 있는 사람에게 해당 사법경찰관의 직무배제 또는 징계를 요구할 수 있고, 그 징계 절차는 「공무원 징계령」 또는 「경찰공무원 징계령」에 따른다.

나. 검사와 사법경찰관의 상호협력과 일반적 수사준칙에 관한 규정

제58조(사법경찰관의 사건송치)

① 사법경찰관은 관계 법령에 따라 검사에게 사건을 송치할 때에는 송치의 이유와 범위를 적은 송치 결정서와 압수물 총목록, 기록목록, 범죄경력 조회 회보서, 수사경력 조회 회보서 등 관계 서류와 증거물을 함께 송부해야 한다.

② 사법경찰관은 피의자 또는 참고인에 대한 조사과정을 영상녹화한 경우에는 해당 영상녹화물을 봉인한 후 검사에게 사건을 송치할 때 봉인된 영상녹화물의 종류와 개수를 표시하여 사건기록과 함께 송부해야 한다.

③ 사법경찰관은 사건을 송치한 후에 새로운 증거물, 서류 및 그 밖의 자료를 추가로 송부할 때에는 이전에 송치한 사건명, 송치 연월일, 피의자의 성명과 추가로 송부하는 서류 및 증거물 등을 적은 추가송부서를 첨부해야 한다.

제59조(보완수사요구의 대상과 범위)

① 검사는 법 제245조의5제1호에 따라 사법경찰관으로부터 송치받은 사건에 대해 보완수사가 필요하다고 인정하는 경우에는 특별히 직접 보완수사를 할 필요가 있다고 인정되는 경우를 제외하고는 사법경찰관에게 보완수사를 요구하는 것을 원칙으로 한다.

② 검사는 법 제197조의2제1항제1호에 따라 사법경찰관에게 송치사건 및 관련사건(법 제11조에 따른 관련사건 및 법 제208조제2항에 따라 간주되는 동일한 범죄사실에 관한 사건을 말한다. 다만, 법 제11조제1호의 경우에는 수사기록에 명백히 현출(現出)되어 있는 사건으로 한정한다)에 대해 다음 각 호의 사항에 관한 보완수사를 요구할 수 있다.

　　1. 범인에 관한 사항

　　2. 증거 또는 범죄사실 증명에 관한 사항

3. 소송조건 또는 처벌조건에 관한 사항

4. 양형 자료에 관한 사항

5. 죄명 및 범죄사실의 구성에 관한 사항

6. 그 밖에 송치받은 사건의 공소제기 여부를 결정하는 데 필요하거나 공소유지와 관련해 필요한 사항

③ 검사는 사법경찰관이 신청한 영장(「통신비밀보호법」 제6조 및 제8조에 따른 통신 제한조치허가서 및 같은 법 제13조에 따른 통신사실 확인자료 제공 요청 허가서를 포함한다. 이하 이 항에서 같다)의 청구 여부를 결정하기 위해 필요한 경우 법 제197 조의2제1항제2호에 따라 사법경찰관에게 보완수사를 요구할 수 있다. 이 경우 보완수사를 요구할 수 있는 범위는 다음 각 호와 같다.

1. 범인에 관한 사항

2. 증거 또는 범죄사실 소명에 관한 사항

3. 소송조건 또는 처벌조건에 관한 사항

4. 해당 영장이 필요한 사유에 관한 사항

5. 죄명 및 범죄사실의 구성에 관한 사항

6. 법 제11조(법 제11조제1호의 경우는 수사기록에 명백히 현출되어 있는 사건으로 한정한다)와 관련된 사항

7. 그 밖에 사법경찰관이 신청한 영장의 청구 여부를 결정하기 위해 필요한 사항

제60조(보완수사요구의 방법과 절차)

① 검사는 법 제197조의2제1항에 따라 보완수사를 요구할 때에는 그 이유와 내용 등을 구체적으로 적은 서면과 관계 서류 및 증거물을 사법경찰관에게 함께 송부해야 한다. 다만, 보완수사 대상의 성질, 사안의 긴급성 등을 고려하여 관계 서류와 증거물을 송부할 필요가 없거나 송부하는 것이 적절하지 않다고 판단하는 경우에는 해당 관계 서류와 증거물을 송부하지 않을 수 있다.

② 보완수사를 요구받은 사법경찰관은 제1항 단서에 따라 송부받지 못한 관계 서류와 증거물이 보완수사를 위해 필요하다고 판단하면 해당 서류와 증거물을 대출하거나 그 전부 또는 일부를 등사할 수 있다.

③ 사법경찰관은 법 제197조의2제2항에 따라 보완수사를 이행한 경우에는 그 이행 결과를 검사에게 서면으로 통보해야 하며, 제1항 본문에 따라 관계 서류와 증거물을 송부받은 경우에는 그 서류와 증거물을 함께 반환해야 한다. 다만, 관계 서류와 증거물을 반환할 필요가 없는 경우에는 보완수사의 이행 결과만을 검사에게 통보할 수 있다.

④ 사법경찰관은 법 제197조의2제1항제1호에 따라 보완수사를 이행한 결과 법 제 245조의5제1호에 해당하지 않는다고 판단한 경우에는 제51조제1항제3호에 따라 사건을 불송치하거나 같은 항 제4호에 따라 수사중지할 수 있다.

제61조(직무배제 또는 징계 요구의 방법과 절차)

① 검찰총장 또는 각급 검찰청 검사장은 법 제197조의2제3항에 따라 사법경찰관의 직무배제 또는 징계를 요구할 때에는 그 이유를 구체적으로 적은 서면에 이를 증명할 수 있는 관계 자료를 첨부하여 해당 사법경찰관이 소속된 경찰관서장에게 통보해야 한다.

② 제1항의 직무배제 요구를 통보받은 경찰관서장은 정당한 이유가 있는 경우를 제외하고는 그 요구를 받은 날부터 20일 이내에 해당 사법경찰관을 직무에서 배제해야 한다.

③ 경찰관서장은 제1항에 따른 요구의 처리 결과와 그 이유를 직무배제 또는 징계를 요구한 검찰총장 또는 각급 검찰청 검사장에게 통보해야 한다.

다. 경찰수사규칙

제103조(송치 서류)

① 수사준칙 제58조제1항에 따른 송치 결정서는 별지 제114호서식에 따르고, 압수물 총목록은 별지 제115호서식에 따르며, 기록목록은 별지 제116호서식에 따른다.

② 송치 서류는 다음 순서에 따라 편철한다.

  1. 별지 제117호서식의 사건송치서

  2. 압수물 총목록

  3. 법 제198조제3항에 따라 작성된 서류 또는 물건 전부를 적은 기록목록

  4. 송치 결정서

  5. 그 밖의 서류

③ 수사준칙 제58조에 따라 사건을 송치하는 경우에는 소속경찰관서장 또는 소속수사부서장의 명의로 한다.

④ 제1항의 송치 결정서는 사법경찰관이 작성해야 한다.

제105조(보완수사요구의 결과 통보 등)

① 사법경찰관은 법 제197조의2제2항에 따라 보완수사 이행 결과를 통보하는 경우에는 별지 제119호서식의 보완수사 결과 통보서에 따른다. 다만, 수사준칙 제59조에 따른 보완수사요구의 대상이 아니거나 그 범위를 벗어난 경우 등 정당한 이유가 있어 보완수사를 이행하지 않은 경우에는 그 내용과 사유를 보완수사 결과 통보서에 적어 검사에게 통보해야 한다.

소 속 관 서

0000.00.00.

사건번호   0000-00000호, 0000-00000호

제   목   송치 결정서

아래와 같이 송치 결정합니다.

Ⅰ. 피의자 인적사항

　성명 :　　　　　　　　　직업 :

　주민등록번호 :

　주　거 :

　등록기준지 :

　전화번호 :

Ⅱ. 범죄경력자료 및 수사경력자료

Ⅲ. 범죄사실

Ⅳ. 적용법조

Ⅴ. 증거관계

Ⅵ. 송치 결정 이유

압수물 총목록

연번	품　　　명	수 량	기록정수	비 고

210㎜ × 297㎜(백상지 80g/㎡)

기 록 목 록

서 류 명	작성자(진술자)	작성년월일	면수

210㎜ × 297㎜(백상지 80g/㎡)

소 속 관 서

제 0000-00000 호　　　　　　　　　　　0000.00.00.

수 신 : 검찰청의 장

제 목 : 사건송치서

다음 사건을 송치합니다.

피　　　의　　　자	지문원지 작성번호	구속영장 청구번호	피의자 원표번호	통신사실 청구번호

죄　명	
수사단서	
사건번호	
체포구속	
석　방	
결 정 일	
결정근거	
증 거 품	
비　고	

소 속 관 서 장

210㎜ × 297㎜(백상지 80g/㎡)

「형사소송법」

제197조의2(보완수사요구)

① 검사는 다음 각 호의 어느 하나에 해당하는 경우에 사법경찰관에게 보완수사를 요구할 수 있다.

 1. 송치사건의 공소제기 여부 결정 또는 공소의 유지에 관하여 필요한 경우

 2. 사법경찰관이 신청한 영장의 청구 여부 결정에 관하여 필요한 경우

② 사법경찰관은 제1항의 요구가 있는 때에는 정당한 이유가 없는 한 지체 없이 이를 이행하고, 그 결과를 검사에게 통보하여야 한다.

③ 검찰총장 또는 각급 검찰청 검사장은 사법경찰관이 정당한 이유 없이 제1항의 요구에 따르지 아니하는 때에는 권한 있는 사람에게 해당 사법경찰관의 직무배제 또는 징계를 요구할 수 있고, 그 징계 절차는 「공무원 징계령」 또는 「경찰공무원 징계령」에 따른다.

「검사와 사법경찰관의 상호협력과 일반적 수사준칙에 관한 규정」

제59조(보완수사요구의 대상과 범위)

① 검사는 법 제245조의5제1호에 따라 사법경찰관으로부터 송치받은 사건에 대해 보완수사가 필요하다고 인정하는 경우에는 특별히 직접 보완수사를 할 필요가 있다고 인정되는 경우를 제외하고는 사법경찰관에게 보완수사를 요구하는 것을 원칙으로 한다.

② 검사는 법 제197조의2제1항제1호에 따라 사법경찰관에게 송치사건 및 관련사건(법 제11조에 따른 관련사건 및 법 제208조제2항에 따라 간주되는 동일한 범죄사실에 관한 사건을 말한다. 다만, 법 제11조제1호의 경우에는 수사기록에 명백히 현출(現出)되어 있는 사건으로 한정한다)에 대해 다음 각 호의 사항에 관한 보완수사를 요구할 수 있다.

 1. 범인에 관한 사항

 2. 증거 또는 범죄사실 증명에 관한 사항

 3. 소송조건 또는 처벌조건에 관한 사항

 4. 양형 자료에 관한 사항

 5. 죄명 및 범죄사실의 구성에 관한 사항

 6. 그 밖에 송치받은 사건의 공소제기 여부를 결정하는 데 필요하거나 공소유지와 관련해 필요한 사항

③ 검사는 사법경찰관이 신청한 영장(「통신비밀보호법」 제6조 및 제8조에 따른 통신제한조치허가서 및 같은 법 제13조에 따른 통신사실 확인자료 제공 요청 허가서를 포함한다. 이하 이 항에서 같다)의 청구 여부를 결정하기 위해 필요한 경우 법 제197조의2제1항제2호에 따라 사법경찰관에게 보완수사를 요구할 수 있다. 이 경우 보완수사를 요구할 수 있는 범위는 다음 각 호와 같다.

 1. 범인에 관한 사항

 2. 증거 또는 범죄사실 소명에 관한 사항

 3. 소송조건 또는 처벌조건에 관한 사항

4. 해당 영장이 필요한 사유에 관한 사항
5. 죄명 및 범죄사실의 구성에 관한 사항
6. 법 제11조(법 제11조제1호의 경우는 수사기록에 명백히 현출되어 있는 사건으로 한정한다)와 관련된 사항
7. 그 밖에 사법경찰관이 신청한 영장의 청구 여부를 결정하기 위해 필요한 사항

② 사법경찰관은 법 제197조의2제1항제1호에 따른 보완수사요구 결과를 통보하면서 새로운 증거물, 서류 및 그 밖의 자료를 검사에게 송부하는 경우에는 수사준칙 제58조제3항에 따른다.

「형사소송법」
제197조의2(보완수사요구)
① 검사는 다음 각 호의 어느 하나에 해당하는 경우에 사법경찰관에게 보완수사를 요구할 수 있다.
  1. 송치사건의 공소제기 여부 결정 또는 공소의 유지에 관하여 필요한 경우

「검사와 사법경찰관의 상호협력과 일반적 수사준칙에 관한 규정」
제58조(사법경찰관의 사건송치)
③ 사법경찰관은 사건을 송치한 후에 새로운 증거물, 서류 및 그 밖의 자료를 추가로 송부할 때에는 이전에 송치한 사건명, 송치 연월일, 피의자의 성명과 추가로 송부하는 서류 및 증거물 등을 적은 추가송부서를 첨부해야 한다.

③ 사법경찰관은 법 제197조의2제1항제2호에 따른 보완수사요구를 이행한 경우에는 다음 각 호의 구분에 따라 처리한다.
  1. 기존의 영장 신청을 유지하는 경우: 제1항의 보완수사 결과 통보서를 작성하여 관계 서류와 증거물과 함께 검사에게 송부
  2. 기존의 영장 신청을 철회하는 경우: 제1항의 보완수사 결과 통보서에 그 내용과 이유를 적어 검사에게 통보
④ 사법경찰관은 수사준칙 제60조제4항에 따라 사건을 불송치하거나 수사중지하는 경우에는 기존 송치 결정을 취소해야 한다.

「검사와 사법경찰관의 상호협력과 일반적 수사준칙에 관한 규정」
제60조(보완수사요구의 방법과 절차)
④ 사법경찰관은 법 제197조의2제1항제1호에 따라 보완수사를 이행한 결과 법 제245조의5제1호에 해당하지 않는다고 판단한 경우에는 제51조제1항제3호에 따라 사건을 불송치하거나 같은 항 제4호에 따라 수사중지할 수 있다.

제106조(직무배제 또는 징계 요구의 처리 등)
① 소속경찰관서장은 수사준칙 제61조제2항에 따라 직무배제를 하는 경우 지체 없이 사건 담당 사법경찰관리를 교체해야 한다.

「검사와 사법경찰관의 상호협력과 일반적 수사준칙에 관한 규정」
제61조(직무배제 또는 징계 요구의 방법과 절차)
② 제1항의 직무배제 요구를 통보받은 경찰관서장은 정당한 이유가 있는 경우를 제외하고는 그 요구를 받은 날부터 20일 이내에 해당 사법경찰관을 직무에서 배제해야 한다.

② 소속경찰관서장은 수사준칙 제61조제3항에 따라 직무배제 또는 징계 요구의 처리 결과와 그 이유를 통보하는 경우에는 별지 제120호서식의 직무배제요구 처리결과 통보서 또는 별지 제88호서식의 징계요구 처리결과 통보서에 따른다.

「검사와 사법경찰관의 상호협력과 일반적 수사준칙에 관한 규정」
제61조(직무배제 또는 징계 요구의 방법과 절차)
③ 경찰관서장은 제1항에 따른 요구의 처리 결과와 그 이유를 직무배제 또는 징계를 요구한 검찰총장 또는 각급 검찰청 검사장에게 통보해야 한다.

■ 경찰수사규칙 [별지 제88호서식]

소 속 관 서

제 0000-00000 호   0000.00.00.
수 신 : 검찰총장 또는 검찰청의 장
제 목 : 징계요구 처리결과 통보서

「검사와 사법경찰관의 상호협력과 일반적 수사준칙에 관한 규정」 제46조 제2항·제61조제3항에 따라 아래와 같이 징계요구 처리결과와 그 이유를 통보합니다.

사건 번호			
대상자	소속	직위(직급)	성명
징계요구 요지			
처리 결과			
이유			

소 속 관 서 장

210㎜ × 297㎜(백상지 80g/㎡)

■ 경찰수사규칙 [별지 제121호서식]

소 속 관 서

제 0000-00000 호   0000.00.00.
수 신 : 법원의 소년부
제 목 : 소년 보호사건 송치서

다음과 같이 송치합니다.

	성 명		이명(별명)	
비행소년	생 년 월 일		직업	
	등록기준지			
	주 거			
	학 교		담 임	
보호자	성 명		관 계	
	주민등록번호		연 령	
	주 거			
	전 화		핸드폰	
비 행 사 건 명				
발 각 원 인				
동 행 여 부				
증 거 품				
비 고				

소 속 관 서 장

210㎜ × 297㎜(백상지 80g/㎡)

제107조(법원송치)

① 경찰서장은 「소년법」 제4조제2항에 따라 소년 보호사건을 법원에 송치하는 경우에는 별지 제121호서식의 소년 보호사건 송치서를 작성하여 사건기록에 편철하고 관계 서류와 증거물을 관할 가정법원 소년부 또는 지방법원 소년부에 송부해야 한다.

> **「소년법」**
> **제4조(보호의 대상과 송치 및 통고)**
> ② 제1항제2호 및 제3호에 해당하는 소년이 있을 때에는 경찰서장은 직접 관할 소년부에 송치(送致)하여야 한다.

② 제1항의 송치 서류에 관하여는 제103조를 준용한다.

라. 범죄수사규칙

제229조(송치 서류)

① 「경찰수사규칙」 제103조제2항제5호의 그 밖의 서류는 접수 또는 작성순서에 따라 편철하고 같은 조 같은 항 제4호와 제5호의 서류는 각 장마다 면수를 기입하고 같은 조 같은 항 제2호부터 제4호까지의 서류에는 송치명의인으로 간인하여야 한다.

② 「경찰수사규칙」 제103조제2항제4호의 서류에는 각 장마다 면수를 기입하되, 1장으로 이루어진 때에는 1로 표시하고, 2장 이상으로 이루어진 때에는 1-1, 1-2, 1-3의 방법으로 하여야 한다.

③ 경찰관은 「수사준칙」 제58조에 따라 사건을 송치할 때에는 소속 경찰관서장인 사법경찰관의 명의로 하여야 한다. 다만, 소속 경찰관서장이 사법경찰관이 아닌 경우에는 수사주무과장인 사법경찰관 명의로 하여야 한다.

④ 통신제한조치를 집행한 사건의 송치 시에는 사건송치서 증거품 란에 "통신제한조치"라고 표기하고 통신제한조치 집행으로 취득한 물건은 압수물에 준하여 송부하여야 한다.

⑤ 경찰관이 다음 각 호의 어느 하나에 해당하는 귀중품을 송치할 때에는 감정서 1부를 첨부하여야 한다.
  1. 통화 · 외국환 및 유가증권에 준하는 증서
  2. 귀금속류 및 귀금속제품
  3. 문화재 및 고가예술품
  4. 그 밖에 검사 또는 법원이 특수압수물로 분류지정하거나 고가품 또는 중요한 물건으로서 특수압수물로 인정하는 물건

⑥ 사건송치 전 수사진행 단계에서 구속영장, 압수 · 수색 · 검증영장, 통신제한조치 허가를 신청 등을 하는 경우 영장등 신청 서류 등에 관하여는 「경찰수사규칙」 제103조제2항 및 이 조 제1항부터 제3항까지를 준용한다.

2. 송치 후 수사와 추송

가. 검사와 사법경찰관의 상호협력과 일반적 수사준칙에 관한 규정

제58조(사법경찰관의 사건송치)

③ 사법경찰관은 사건을 송치한 후에 새로운 증거물, 서류 및 그 밖의 자료를 추가로 송부할 때에는 이전에 송치한 사건명, 송치 연월일, 피의자의 성명과 추가로 송부하는 서류 및 증거물 등을 적은 추가송부서를 첨부해야 한다.

나. 경찰수사규칙

제104조(추가송부)

수사준칙 제58조제3항에 따른 추가송부서는 별지 제118호서식에 따른다.

3. 법원송치

가. 소년법

제4조(보호의 대상과 송치 및 통고)

① 다음 각 호의 어느 하나에 해당하는 소년은 소년부의 보호사건으로 심리한다.

1. 죄를 범한 소년
2. 형벌 법령에 저촉되는 행위를 한 10세 이상 14세 미만인 소년
3. 다음 각 목에 해당하는 사유가 있고 그의 성격이나 환경에 비추어 앞으로 형벌 법령에 저촉되는 행위를 할 우려가 있는 10세 이상인 소년
    가. 집단적으로 몰려다니며 주위 사람들에게 불안감을 조성하는 성벽(性癖)이 있는 것
    나. 정당한 이유 없이 가출하는 것
    다. 술을 마시고 소란을 피우거나 유해환경에 접하는 성벽이 있는 것

② 제1항제2호 및 제3호에 해당하는 소년이 있을 때에는 경찰서장은 직접 관할 소년부에 송치(送致)하여야 한다.

③ 제1항 각 호의 어느 하나에 해당하는 소년을 발견한 보호자 또는 학교·사회복리시설·보호관찰소(보호관찰지소를 포함한다. 이하 같다)의 장은 이를 관할 소년부에 통고할 수 있다.

나. 검사와 사법경찰관의 상호협력과 일반적 수사준칙에 관한 규정

제51조(사법경찰관의 결정)
① 사법경찰관은 사건을 수사한 경우에는 다음 각 호의 구분에 따라 결정해야 한다.
  1. 법원송치

다. 경찰수사규칙

제107조(법원송치)
① 경찰서장은 「소년법」 제4조제2항에 따라 소년 보호사건을 법원에 송치하는 경우에는 별지 제121호서식의 소년 보호사건 송치서를 작성하여 사건기록에 편철하고 관계 서류와 증거물을 관할 가정법원 소년부 또는 지방법원 소년부에 송부해야 한다.
② 제1항의 송치 서류에 관하여는 제103조를 준용한다.

제4절 사법경찰관의 사건 불송치 결정과 검사의 재수사 요청

I. 불송치 결정

가. 형사소송법

제245조의5(사법경찰관의 사건송치 등)
사법경찰관은 고소·고발 사건을 포함하여 범죄를 수사한 때에는 다음 각 호의 구분에 따른다.
  1. 범죄의 혐의가 있다고 인정되는 경우에는 지체 없이 검사에게 사건을 송치하고, 관계 서류와 증거물을 검사에게 송부하여야 한다.
  2. 그 밖의 경우에는 그 이유를 명시한 서면과 함께 관계 서류와 증거물을 지체 없이 검사에게 송부하여야 한다. 이 경우 검사는 송부받은 날부터 90일 이내에 사법경찰관에게 반환하여야 한다.

나. 검사와 사법경찰관의 상호협력과 일반적 수사준칙에 관한 규정

제62조(사법경찰관의 사건불송치)
① 사법경찰관은 법 제245조의5제2호 및 이 영 제51조제1항제3호에 따라 불송치 결정을 하는 경우 불송치의 이유를 적은 불송치 결정서와 함께 압수물 총목록, 기록목

록 등 관계 서류와 증거물을 검사에게 송부해야 한다.

② 제1항의 경우 영상녹화물의 송부 및 새로운 증거물 등의 추가 송부에 관하여는 제58조제2항 및 제3항을 준용한다.

제51조(사법경찰관의 결정)

① 사법경찰관은 사건을 수사한 경우에는 다음 각 호의 구분에 따라 결정해야 한다.

1. 법원송치
2. 검찰송치
3. 불송치
   가. 혐의없음
      1) 범죄인정안됨
      2) 증거불충분
   나. 죄가안됨
   다. 공소권없음
   라. 각하
4. 수사중지
   가. 피의자중지
   나. 참고인중지
5. 이송

② 사법경찰관은 하나의 사건 중 피의자가 여러 사람이거나 피의사실이 여러 개인 경우로서 분리하여 결정할 필요가 있는 경우 그중 일부에 대해 제1항 각 호의 결정을 할 수 있다.

③ 사법경찰관은 제1항제3호나목 또는 다목에 해당하는 사건이 다음 각 호의 어느 하나에 해당하는 경우에는 해당 사건을 검사에게 이송한다.

1. 「형법」 제10조제1항에 따라 벌할 수 없는 경우
2. 기소되어 사실심 계속 중인 사건과 포괄일죄를 구성하는 관계에 있는 경우

④ 사법경찰관은 제1항제4호에 따른 수사중지 결정을 한 경우 7일 이내에 사건기록을 검사에게 송부해야 한다. 이 경우 검사는 사건기록을 송부받은 날부터 30일 이내에 반환해야 하며, 그 기간 내에 법 제197조의3에 따라 시정조치요구를 할 수 있다.

⑤ 사법경찰관은 제4항 전단에 따라 검사에게 사건기록을 송부한 후 피의자 등의 소재를 발견한 경우에는 소재 발견 및 수사 재개 사실을 검사에게 통보해야 한다. 이 경우 통보를 받은 검사는 지체 없이 사법경찰관에게 사건기록을 반환해야 한다.

제58조(사법경찰관의 사건송치)

① 사법경찰관은 관계 법령에 따라 검사에게 사건을 송치할 때에는 송치의 이유와 범위를 적은 송치 결정서와 압수물 총목록, 기록목록, 범죄경력 조회 회보서, 수사경력 조회 회보서 등 관계 서류와 증거물을 함께 송부해야 한다.

② 사법경찰관은 피의자 또는 참고인에 대한 조사과정을 영상녹화한 경우에는 해당 영상녹화물을 봉인한 후 검사에게 사건을 송치할 때 봉인된 영상녹화물의 종류와 개수를

표시하여 사건기록과 함께 송부해야 한다.

③ 사법경찰관은 사건을 송치한 후에 새로운 증거물, 서류 및 그 밖의 자료를 추가로 송부할 때에는 이전에 송치한 사건명, 송치 연월일, 피의자의 성명과 추가로 송부하는 서류 및 증거물 등을 적은 추가송부서를 첨부해야 한다.

다. 경찰수사규칙

제108조(불송치 결정)

① 불송치 결정의 주문(主文)은 다음과 같이 한다.

1. <u>혐의없음</u>
   가. 혐의없음(범죄인정안됨): 피의사실이 범죄를 구성하지 않거나 범죄가 인정되지 않는 경우
   나. 혐의없음(증거불충분): 피의사실을 인정할 만한 충분한 증거가 없는 경우
2. <u>죄가안됨</u>: 피의사실이 범죄구성요건에 해당하나 법률상 범죄의 성립을 조각하는 사유가 있어 범죄를 구성하지 않는 경우(수사준칙 제51조제3항제1호는 제외한다)
3. <u>공소권없음</u>
   가. 형을 면제한다고 법률에서 규정한 경우
   나. 판결이나 이에 준하는 법원의 재판·명령이 확정된 경우
   다. 통고처분이 이행된 경우
   라. 사면이 있는 경우
   마. 공소시효가 완성된 경우
   바. 범죄 후 법령의 개정·폐지로 형이 폐지된 경우
   사. 「소년법」, 「가정폭력범죄의 처벌 등에 관한 특례법」, 「성매매알선 등 행위의 처벌에 관한 법률」 또는 「아동학대범죄의 처벌 등에 관한 특례법」에 따른 보호처분이 확정된 경우(보호처분이 취소되어 검찰에 송치된 경우는 제외한다)
   아. 동일사건에 대하여 재판이 진행 중인 경우(수사준칙 제51조제3항제2호는 제외한다)
   자. 피의자에 대하여 재판권이 없는 경우
   차. 친고죄에서 고소가 없거나 고소가 무효 또는 취소된 경우
   카. 공무원의 고발이 있어야 공소를 제기할 수 있는 죄에서 고발이 없거나 고발이 무효 또는 취소된 경우
   타. 반의사불벌죄(피해자의 명시한 의사에 반하여 공소를 제기할 수 없는 범죄를 말한다)에서 처벌을 희망하지 않는 의사표시가 있거나 처벌을 희망하는 의사표시가 철회된 경우, 「부정수표 단속법」에 따른 수표회수, 「교통사고처리 특례법」에 따른 보험가입 등 법률에서 정한 처벌을 희망하지 않는 의사

표시에 준하는 사실이 있는 경우

파. 동일사건에 대하여 공소가 취소되고 다른 중요한 증거가 발견되지 않은 경우

하. 피의자가 사망하거나 피의자인 법인이 존속하지 않게 된 경우

4. 각하: 고소·고발로 수리한 사건에서 다음 각 목의 어느 하나에 해당하는 사유가 있는 경우

가. 고소인 또는 고발인의 진술이나 고소장 또는 고발장에 따라 제1호부터 제3호까지의 규정에 따른 사유에 해당함이 명백하여 더 이상 수사를 진행할 필요가 없다고 판단되는 경우

나. 동일사건에 대하여 사법경찰관의 불송치 또는 검사의 불기소가 있었던 사실을 발견한 경우에 새로운 증거 등이 없어 다시 수사해도 동일하게 결정될 것이 명백하다고 판단되는 경우

다. 고소인·고발인이 출석요구에 응하지 않거나 소재불명이 되어 고소인·고발인에 대한 진술을 청취할 수 없고, 제출된 증거 및 관련자 등의 진술에 의해서도 수사를 진행할 필요성이 없다고 판단되는 경우

라. 고발이 진위 여부가 불분명한 언론 보도나 인터넷 등 정보통신망의 게시물, 익명의 제보, 고발 내용과 직접적인 관련이 없는 제3자로부터의 전문(傳聞)이나 풍문 또는 고발인의 추측만을 근거로 한 경우 등으로서 수사를 개시할 만한 구체적인 사유나 정황이 충분하지 않은 경우

② 사법경찰관은 압수물의 환부 또는 가환부를 받을 사람이 없는 등 특별한 사유가 있는 경우를 제외하고는 제1항에 따른 결정을 하기 전에 압수물 처분을 완료하도록 노력해야 한다. 수사준칙 제64조제1항제2호에 따라 재수사 결과를 처리하는 경우에도 또한 같다.

2. 불송치 서류 등

가. 형사소송법

제245조의5(사법경찰관의 사건송치 등)

사법경찰관은 고소·고발 사건을 포함하여 범죄를 수사한 때에는 다음 각 호의 구분에 따른다.

1. 범죄의 혐의가 있다고 인정되는 경우에는 지체 없이 검사에게 사건을 송치하고, 관계 서류와 증거물을 검사에게 송부하여야 한다.

2. 그 밖의 경우에는 그 이유를 명시한 서면과 함께 관계 서류와 증거물을 지체 없이 검사에게 송부하여야 한다. 이 경우 검사는 송부받은 날부터 90일 이내에 사법경찰관에게 반환하여야 한다.

나. 검사와 사법경찰관의 상호협력과 일반적 수사준칙에 관한 규정

제62조(사법경찰관의 사건불송치)

① 사법경찰관은 법 제245조의5제2호 및 이 영 제51조제1항제3호에 따라 불송치 결정을 하는 경우 불송치의 이유를 적은 불송치 결정서와 함께 압수물 총목록, 기록목록 등 관계 서류와 증거물을 검사에게 송부해야 한다.

② 제1항의 경우 영상녹화물의 송부 및 새로운 증거물 등의 추가 송부에 관하여는 제58조제2항 및 제3항을 준용한다.

다. 경찰수사규칙

제109조(불송치 서류)

① 수사준칙 제62조제1항에 따른 불송치 결정서는 별지 제122호서식에 따르고, 압수물 총목록은 별지 제115호서식에 따르며, 기록목록은 별지 제116호서식에 따른다.

② 불송치 서류는 다음 순서에 따라 편철한다.

  1. 별지 제123호서식의 불송치 사건기록 송부서

  2. 압수물 총목록

  3. 법 제198조제3항에 따라 작성된 서류 또는 물건 전부를 적은 기록목록

  4. 불송치 결정서

  5. 그 밖의 서류

③ 불송치 사건기록 송부서 명의인 및 불송치 결정서 작성인에 관하여는 제103조제3항 및 제4항을 준용한다.

라. 범죄수사규칙

제230조(불송치 서류 등)

① 고소·고발 수리하여 수사한 사건이 다음 각 호의 어느 하나에 해당하는 경우에는 범죄·수사경력 회보서를 첨부하지 아니할 수 있다.

  1. 혐의없음

  2. 공소권없음

  3. 죄가안됨

  4. 각하

  5. 수사중지(참고인중지)

② 「경찰수사규칙」 제109조제2항제5호의 그 밖의 서류는 접수 또는 작성순서에 따라 편철하고 같은 조 같은 항 제4호와 제5호의 서류는 각 장마다 면수를 기입하고 같은 조 같은 항 제2호부터 제4호까지의 서류에는 송부명의인으로 간인하여야 한다.

③ 「경찰수사규칙」 제109조제2항제4호의 서류에는 각 장마다 면수를 기입하되, 1장

으로 이루어진 때에는 1로 표시하고, 2장 이상으로 이루어진 때에는 1-1, 1-2, 1-3 의 방법으로 하여야 한다.

④ 경찰관은 「경찰수사규칙」 제108조에 따라 불송치 결정한 사건을 송부할 때에는 소속 경찰관서장인 사법경찰관의 명의로 하여야 한다. 다만, 소속 경찰관서장이 사법경찰관이 아닌 경우에는 수사주무과장인 사법경찰관 명의로 하여야 한다.

⑤ 통신제한조치를 집행한 사건의 송부 시에는 불송치 기록 송부서 증거품 란에 "통신제한조치"라고 표기하고 통신제한조치 집행으로 취득한 물건은 압수물에 준하여 송부하여야 한다.

3. 일부 결정 시 조치

가. 검사와 사법경찰관의 상호협력과 일반적 수사준칙에 관한 규정

제51조(사법경찰관의 결정)

① 사법경찰관은 사건을 수사한 경우에는 다음 각 호의 구분에 따라 결정해야 한다.

  1. 법원송치
  2. 검찰송치
  3. 불송치
     가. 혐의없음
         1) 범죄인정안됨
         2) 증거불충분
     나. 죄가안됨
     다. 공소권없음
     라. 각하
  4. 수사중지
     가. 피의자중지
     나. 참고인중지
  5. 이송

② 사법경찰관은 하나의 사건 중 피의자가 여러 사람이거나 피의사실이 여러 개인 경우로서 분리하여 결정할 필요가 있는 경우 그중 일부에 대해 제1항 각 호의 결정을 할 수 있다.

나. 경찰수사규칙

제110조(일부 결정 시 조치 등)

① 하나의 사건에 수사준칙 제51조제1항제2호부터 제4호까지의 규정에 따른 검찰송

치, 불송치 및 수사중지 결정이 병존하는 병존사건의 경우 사법경찰관은 기록을 분리하여 송치 및 송부하도록 노력해야 한다.

② 제1항에도 불구하고 기록을 분리할 수 없는 경우에 사법경찰관은 관계 서류와 증거물을 원본과 다름이 없음을 인증하여 등사 보관하고 송치 결정서, 불송치 결정서 및 수사중지 결정서를 작성하여 그 결정서별로 압수물 총목록과 기록목록 등을 첨부한 후 각 별책으로 편철하여 관계 서류와 증거물 원본과 함께 검사에게 송치 및 송부한다.

③ 검사가 제2항에 따라 송치 및 송부된 사건을 공소제기(수사준칙 제52조제1항제7호에 따른 이송 중 타 기관 이송 및 같은 항 제8호부터 제11호까지의 규정에 따른 사건송치 결정을 포함한다)한 이후, 사법경찰관이 고소인등의 이의신청에 따라 사건을 송치하거나 수사중지 사건을 재개수사하여 송치 또는 송부할 때에는 추가된 새로운 증거물, 관계 서류와 함께 제2항의 관계 서류와 증거물 등본 중 관련 부분을 검사에게 송부해야 한다. 다만, 고소인등의 이의신청이나 수사중지 사건의 재개에 따라 불송치하거나 수사중지 결정한 부분을 모두 송치 또는 송부하는 경우에는 등본 전체를 검사에게 송부해야 한다.

4. 혐의없음 결정 시 유의 사항

「경찰수사규칙」

제111조(혐의없음 결정 시의 유의사항)
사법경찰관은 고소 또는 고발 사건에 관하여 제108조제1항제1호의 혐의없음 결정을 하는 경우에는 고소인 또는 고발인의 무고혐의의 유무를 판단해야 한다.

5. 재수사 요청 및 결과 처리

가. 형사소송법

제245조의8(재수사요청 등)
① 검사는 제245조의5제2호의 경우에 사법경찰관이 사건을 송치하지 아니한 것이 위법 또는 부당한 때에는 그 이유를 문서로 명시하여 사법경찰관에게 재수사를 요청할 수 있다.
② 사법경찰관은 제1항의 요청이 있는 때에는 사건을 재수사하여야 한다.

나. 검사와 사법경찰관의 상호협력과 일반적 수사준칙에 관한 규정

제64조(재수사 결과의 처리)
① 사법경찰관은 법 제245조의8제2항에 따라 재수사를 한 경우 다음 각 호의 구분에 따라 처리한다.

1. 범죄의 혐의가 있다고 인정되는 경우: 법 제245조의5제1호에 따라 검사에게 사건을 송치하고 관계 서류와 증거물을 송부
2. 기존의 불송치 결정을 유지하는 경우: 재수사 결과서에 그 내용과 이유를 구체적으로 적어 검사에게 통보

② 검사는 사법경찰관이 제1항제2호에 따라 재수사 결과를 통보한 사건에 대해서 다시 재수사를 요청을 하거나 송치 요구를 할 수 없다. 다만, 사법경찰관의 재수사에도 불구하고 관련 법리에 위반되거나 송부받은 관계 서류 및 증거물과 재수사결과만으로도 공소제기를 할 수 있을 정도로 명백히 채증법칙에 위반되거나 공소시효 또는 형사소추의 요건을 판단하는 데 오류가 있어 사건을 송치하지 않은 위법 또는 부당이 시정되지 않은 경우에는 재수사 결과를 통보받은 날부터 30일 이내에 법 제197조의3에 따라 사건송치를 요구할 수 있다.

「형사소송법」

제197조의3(시정조치요구 등)
① 검사는 사법경찰관리의 수사과정에서 법령위반, 인권침해 또는 현저한 수사권 남용이 의심되는 사실의 신고가 있거나 그러한 사실을 인식하게 된 경우에는 사법경찰관에게 사건기록 등본의 송부를 요구할 수 있다.
② 제1항의 송부 요구를 받은 사법경찰관은 지체 없이 검사에게 사건기록 등본을 송부하여야 한다.
③ 제2항의 송부를 받은 검사는 필요하다고 인정되는 경우에는 사법경찰관에게 시정조치를 요구할 수 있다.
④ 사법경찰관은 제3항의 시정조치 요구가 있는 때에는 정당한 이유가 없으면 지체 없이 이를 이행하고, 그 결과를 검사에게 통보하여야 한다.
⑤ 제4항의 통보를 받은 검사는 제3항에 따른 시정조치 요구가 정당한 이유 없이 이행되지 않았다고 인정되는 경우에는 사법경찰관에게 사건을 송치할 것을 요구할 수 있다.
⑥ 제5항의 송치 요구를 받은 사법경찰관은 검사에게 사건을 송치하여야 한다.
⑦ 검찰총장 또는 각급 검찰청 검사장은 사법경찰관리의 수사과정에서 법령위반, 인권침해 또는 현저한 수사권 남용이 있었던 때에는 권한 있는 사람에게 해당 사법경찰관리의 징계를 요구할 수 있고, 그 징계 절차는 「공무원 징계령」 또는 「경찰공무원 징계령」에 따른다.
⑧ 사법경찰관은 피의자를 신문하기 전에 수사과정에서 법령위반, 인권침해 또는 현저한 수사권 남용이 있는 경우 검사에게 구제를 신청할 수 있음을 피의자에게 알려주어야 한다.

다. 경찰수사규칙

제112조(재수사 결과의 처리)

① 사법경찰관은 수사준칙 제64조제1항제1호에 따라 사건을 송치하는 경우에는 기존 불송치 결정을 취소해야 한다.

② 사법경찰관은 수사준칙 제64조제2항 단서에 따라 사건을 송치하는 경우에는 기존 불송치 결정을 변경해야 한다.

③ 수사준칙 제64조제1항제2호에 따른 재수사 결과서는 별지 제124호서식에 따른다.

6. 불송치 결정 및 재수사 중 이의신청

가. 불송치 결정에 대한 이의신청

(1) 형사소송법

제245조의7(고소인 등의 이의신청)

① 제245조의6의 통지를 받은 사람은 해당 사법경찰관의 소속 관서의 장에게 이의를 신청할 수 있다.

② 사법경찰관은 제1항의 신청이 있는 때에는 지체 없이 검사에게 사건을 송치하고 관계 서류와 증거물을 송부하여야 하며, 처리결과와 그 이유를 제1항의 신청인에게 통지하여야 한다.

> **제245조의6(고소인 등에 대한 송부통지)** 사법경찰관은 제245조의5제2호의 경우에는 그 송부한 날부터 7일 이내에 서면으로 고소인·고발인·피해자 또는 그 법정대리인(피해자가 사망한 경우에는 그 배우자·직계친족·형제자매를 포함한다)에게 사건을 검사에게 송치하지 아니하는 취지와 그 이유를 통지하여야 한다.
>
> **제245조의5(사법경찰관의 사건송치 등)** 사법경찰관은 고소·고발 사건을 포함하여 범죄를 수사한 때에는 다음 각 호의 구분에 따른다.
>   1. 범죄의 혐의가 있다고 인정되는 경우에는 지체 없이 검사에게 사건을 송치하고, 관계 서류와 증거물을 검사에게 송부하여야 한다.
>   2. 그 밖의 경우에는 그 이유를 명시한 서면과 함께 관계 서류와 증거물을 지체 없이 검사에게 송부하여야 한다. 이 경우 검사는 송부받은 날부터 90일 이내에 사법경찰관에게 반환하여야 한다.

(2) 경찰수사규칙

제113조(고소인등의 이의신청)

① 법 제245조의7제1항에 따른 이의신청은 별지 제125호서식의 불송치 결정 이의신청서에 따른다.

② 사법경찰관은 제1항의 이의신청이 있는 경우 지체 없이 수사준칙 제58조제1항에 따라 사건을 송치한다. 이경우 관계 서류와 증거물을 검사가 보관하는 경우(제110조 제3항을 적용받는 경우는 제외한다)에는 관계 서류 및 증거물을 송부하지 않고 사건 송치서 및 송치 결정서만으로 사건을 송치한다.

③ 사법경찰관은 법 제245조의7제2항에 따라 신청인에게 통지하는 경우에는 서면, 전화, 팩스, 전자우편, 문자메시지 등 신청인이 요청한 방법으로 통지할 수 있으며, 별도로 요청한 방법이 없는 경우에는 서면 또는 문자메시지로 한다. 이 경우 서면으로 하는 통지는 별지 제126호서식의 이의신청에 따른 사건송치 통지서에 따른다.

④ 사법경찰관은 법 제245조의7제2항에 따라 사건을 송치하는 경우에는 기존 불송치 결정을 변경해야 한다.

나. 재수사 중의 이의신청

(1) 형사소송법

제245조의8(재수사요청 등)

① 검사는 제245조의5제2호의 경우에 사법경찰관이 사건을 송치하지 아니한 것이 위법 또는 부당한 때에는 그 이유를 문서로 명시하여 사법경찰관에게 재수사를 요청할 수 있다.

② 사법경찰관은 제1항의 요청이 있는 때에는 사건을 재수사하여야 한다.

제245조의7(고소인 등의 이의신청)

① 제245조의6의 통지를 받은 사람은 해당 사법경찰관의 소속 관서의 장에게 이의를 신청할 수 있다.

② 사법경찰관은 제1항의 신청이 있는 때에는 지체 없이 검사에게 사건을 송치하고 관계 서류와 증거물을 송부하여야 하며, 처리결과와 그 이유를 제1항의 신청인에게 통지하여야 한다.

> **제245조의6(고소인 등에 대한 송부통지)** 사법경찰관은 제245조의5제2호의 경우에는 그 송부한 날부터 7일 이내에 서면으로 고소인·고발인·피해자 또는 그 법정대리인(피해자가 사망한 경우에는 그 배우자·직계친족·형제자매를 포함한다)에게 사건을 검사에게 송치하지 아니하는 취지와 그 이유를 통지하여야 한다.
> **제245조의5(사법경찰관의 사건송치 등)** 사법경찰관은 고소·고발 사건을 포함하여 범죄를 수사한 때에는 다음 각 호의 구분에 따른다.

1. 범죄의 혐의가 있다고 인정되는 경우에는 지체 없이 검사에게 사건을 송치하고, 관계 서류와 증거물을 검사에게 송부하여야 한다.
2. 그 밖의 경우에는 그 이유를 명시한 서면과 함께 관계 서류와 증거물을 지체 없이 검사에게 송부하여야 한다. 이 경우 검사는 송부받은 날부터 90일 이내에 사법경찰관에게 반환하여야 한다.

(2) 검사와 사법경찰관의 상호협력과 일반적 수사준칙에 관한 규정

제65조(재수사 중의 이의신청)

사법경찰관은 법 제245조의8제2항에 따라 재수사 중인 사건에 대해 법 제245조의7제1항에 따른 이의신청이 있는 경우에는 재수사를 중단해야 하며, 같은 조 제2항에 따라 해당 사건을 지체 없이 검사에게 송치하고 관계 서류와 증거물을 송부해야 한다.

> **「형사소송법」**
> **제245조의8(재수사요청 등)**
> ② 사법경찰관은 제1항의 요청이 있는 때에는 사건을 재수사하여야 한다.
> **제245조의7(고소인 등의 이의신청)**
> ① 제245조의6의 통지를 받은 사람(고발인을 제외한다)은 해당 사법경찰관의 소속 관서의 장에게 이의를 신청할 수 있다.
> ② 사법경찰관은 제1항의 신청이 있는 때에는 지체 없이 검사에게 사건을 송치하고 관계 서류와 증거물을 송부하여야 하며, 처리결과와 그 이유를 제1항의 신청인에게 통지하여야 한다.

제5절 수사서류 열람·복사

1. 수사서류 열람·복사 신청

가. 검사와 사법경찰관의 상호협력과 일반적 수사준칙에 관한 규정

제69조(수사서류 등의 열람·복사)

① 피의자, 사건관계인 또는 그 변호인은 검사 또는 사법경찰관이 수사 중인 사건에 관한 본인의 진술이 기재된 부분 및 본인이 제출한 서류의 전부 또는 일부에 대해 열람·복사를 신청할 수 있다.

② 피의자, 사건관계인 또는 그 변호인은 검사가 <u>불기소 결정</u>을 하거나 사법경찰관이 <u>불송치 결정을 한 사건에 관한 기록의 전부 또는 일부</u>에 대해 열람·복사를 신청할 수 있다.

③ 피의자 또는 그 변호인은 필요한 사유를 소명하고 고소장, 고발장, 이의신청서, 항고장, 재항고장(이하 "고소장등"이라 한다)의 열람·복사를 신청할 수 있다. 이 경우 열람·복사의 범위는 피의자에 대한 혐의사실 부분으로 한정하고, 그 밖에 사건관계인에 관한 사실이나 개인정보, 증거방법 또는 고소장등에 첨부된 서류 등은 제외한다.

④ 체포·구속된 피의자 또는 그 변호인은 현행범인체포서, 긴급체포서, 체포영장, 구속영장의 열람·복사를 신청할 수 있다.

⑤ 피의자 또는 사건관계인의 법정대리인, 배우자, 직계친족, 형제자매로서 피의자 또는 는 사건관계인의 위임장 및 신분관계를 증명하는 문서를 제출한 사람도 제1항부터 제4항까지의 규정에 따라 열람·복사를 신청할 수 있다.

⑥ 검사 또는 사법경찰관은 제1항부터 제5항까지의 규정에 따른 신청을 받은 경우에는 해당 서류의 공개로 사건관계인의 개인정보나 영업비밀이 침해될 우려가 있거나 범인의 증거인멸·도주를 용이하게 할 우려가 있는 경우 등 정당한 사유가 있는 경우를 제외하고는 열람·복사를 허용해야 한다.

나. 경찰수사규칙

제87조(수사서류 열람·복사)

① 수사준칙 제69조(같은 영 제16조제6항에서 준용하는 경우를 포함한다)에 따른 수사서류 열람·복사 신청은 해당 수사서류를 보유·관리하는 경찰관서의 장에게 해야 한다.

② 제1항의 신청을 받은 경찰관서의 장은 신청을 받은 날부터 10일 이내에 다음 각 호의 어느 하나에 해당하는 결정을 해야 한다.

  1. 공개 결정: 신청한 서류 내용 전부의 열람·복사를 허용
  2. 부분공개 결정: 신청한 서류 내용 중 일부의 열람·복사를 허용
  3. 비공개 결정: 신청한 서류 내용의 열람·복사를 불허용

③ 경찰관서의 장은 제2항에도 불구하고 피의자 및 사건관계인, 그 변호인이 조사 당일 본인의 진술이 기재된 조서에 대해 열람·복사를 신청하는 경우에는 공개 여부에 대해 지체 없이 검토한 후 제공 여부를 결정해야 한다.

④ 경찰관서의 장은 해당 관서에서 보유·관리하지 않는 수사서류에 대해 열람·복사 신청을 접수한 경우에는 그 신청을 해당 수사서류를 보유·관리하는 기관으로 이송하거나 신청인에게 부존재 통지를 해야 한다.

⑤ 경찰관서의 장은 제2항제1호 또는 제2호에 따라 수사서류를 제공하는 경우에는 사건관계인의 개인정보가 공개되지 않도록 비실명처리 등 보호조치를 해야 한다.

⑥ 제1항부터 제5항까지에서 규정한 사항 외에 수사서류 열람·복사에 필요한 세부사항은 경찰청장이 따로 정한다.

2. 수사서류 열람·복사 신청, 제한, 각하 처리

「경찰 수사서류 열람·복사에 관한 규칙」

제3조(열람·복사 신청의 처리)

① 수사서류 열람·복사 신청은 해당 사건을 담당한 수사관이 소속되어 있거나 소속되었던 수사부서의 수사지원부서(이하 "열람·복사 담당부서"라 한다)에서 처리한다.
② 제1항의 처리는 수사규칙 제87조제2항에 따라 10일 이내 결정하는 것을 원칙으로 한다. 다만, 부득이한 사유로 10일 이내 결정을 할 수 없는 경우에는 그 기간이 끝나는 날의 다음 날부터 기산하여 10일의 범위 내에서 한차례 그 기간을 연장할 수 있다. 이 경우 신청인에게 기간을 연장한 사실과 사유를 지체없이 통지해야 한다.

제4조(열람·복사의 제한)

① 수사부서의 장은 다음 각 호의 어느 하나에 해당하는 경우에는 수사서류의 열람·복사를 제한할 수 있다.
　1. 다른 법률 또는 법률의 위임에 따른 명령에서 비밀이나 비공개 사항으로 규정하고 있는 경우
　2. 국가의 안전보장이나 국방·통일·외교관계 등에 관한 사항으로 수사서류의 공개로 인하여 국가의 중대한 이익을 현저히 해칠 우려가 있는 경우
　3. 수사서류의 공개로 인하여 사건관계인의 명예나 사생활의 비밀 또는 자유를 침해할 우려가 있거나 생명·신체 및 재산의 보호에 현저한 지장을 초래할 우려가 있는 경우
　4. 수사서류의 공개로 인하여 공범관계에 있는 자 등의 증거인멸 또는 도주를 용이하게 하거나 관련 사건의 입건 전 조사·수사에 관한 직무수행을 현저히 곤란하게 할 우려가 있는 경우
　5. 수사서류의 공개로 인하여 비밀로 유지할 필요가 있는 수사방법상의 기밀이 누설되는 등 범죄의 예방·진압 및 입건 전 조사·수사에 관한 직무수행을 현저히 곤란하게 할 우려가 있거나 불필요한 새로운 분쟁이 야기될 우려가 있는 경우
　6. 수사서류의 공개로 인하여 사건관계인의 영업비밀이 침해될 우려가 있거나 사건관계인의 정당한 이익을 현저히 해칠 우려가 있는 경우
　7. 의사결정 또는 내부검토 과정에 있는 사항으로서 공개될 경우 업무의 공정한 수행에 현저한 지장을 초래할 우려가 있는 경우
　8. 수사서류의 공개로 인하여 사건관계인에게 부당한 경제적 이익 또는 불이익을 줄 우려가 있거나 공정한 경제질서를 해칠 우려가 있는 경우

9. 그 밖에 기록을 공개하는 것이 선량한 풍속 기타 공공의 질서나 공공복리를 현저히 해칠 우려가 있는 경우

② 진술녹음물, 영상녹화물 등 특수매체기록에 대한 복사는 제1항 각 호의 사유에 해당하지 아니하고, 조사자 또는 타인의 명예나 사생활의 비밀 또는 생명·신체의 안전이나 생활의 평온을 해할 우려가 없는 경우에 한하여 할 수 있다.

제7조(신청의 각하)

다음 각 호에 해당하는 경우에는 열람·복사의 신청을 각하할 수 있다.

1. 신청인 적격이 없는 사람이 신청한 경우
2. 사건을 검찰에 송치하는 등 서류를 보관하고 있지 아니하거나, 신청가능서류에 해당하지 아니하는 경우
3. 신청의 취지 및 범위가 불명확하여 상당한 기간을 정하여 소명을 요구하였음에도 신청인이 이에 응하지 아니한 경우
4. 단순 반복적 신청에 불과한 경우

3. 열람·복사한 수사서류 제공

가. 경찰 수사서류 열람·복사에 관한 규칙

제5조(제공)

수사규칙 제87조제2항제1호 및 제2호의 결정을 한 때에는 수사서류 원본을 열람·복사하여 제공한다. 다만, 수사규칙 제110조제2항에 따라 원본과 다름이 없음을 인증하여 등사한 병존사건기록에 대한 열람·복사는 그 인증등본을 열람·복사하여 제공할 수 있다.

> **「경찰수사규칙」**
>
> **제110조(일부 결정 시 조치 등)**
> ① 하나의 사건에 수사준칙 제51조제1항제2호부터 제4호까지의 규정에 따른 검찰송치, 불송치 및 수사중지 결정이 병존하는 병존사건의 경우 사법경찰관은 기록을 분리하여 송치 및 송부하도록 노력해야 한다.
> ② 제1항에도 불구하고 기록을 분리할 수 없는 경우에 사법경찰관은 관계 서류와 증거물을 원본과 다름이 없음을 인증하여 등사 보관하고 송치 결정서, 불송치 결정서 및 수사중지 결정서를 작성하여 그 결정서별로 압수물 총목록과 기록목록 등을 첨부한 후 각 별책으로 편철하여 관계 서류와 증거물 원본과 함께 검사에게 송치 및 송부한다.
> ③ 검사가 제2항에 따라 송치 및 송부된 사건을 공소제기(수사준칙 제52조제1항제7호에 따른 이송 중 타 기관 이송 및 같은 항 제8호부터 제11호까지의 규정에 따른 사건송치 결정을 포함한다)한 이후, 사법경찰관이 고소인등의 이의신청에 따라 사건을 송치하

거나 수사중지 사건을 재개수사하여 송치 또는 송부할 때에는 추가된 새로운 증거물, 관계 서류와 함께 제2항의 관계 서류와 증거물 등본 중 관련 부분을 검사에게 송부해야 한다. 다만, 고소인등의 이의신청이나 수사중지 사건의 재개에 따라 불송치하거나 수사중지 결정한 부분을 모두 송치 또는 송부하는 경우에는 등본 전체를 검사에게 송부해야 한다.

제6조(주소 또는 연락처의 고지)

① 열람·복사 담당부서는 피의자, 사건관계인 또는 변호인이 합의 또는 피해 회복을 위해 상대방의 주소나 연락처를 알고자 수사서류의 열람·복사를 신청한 경우 수사서류의 열람·복사를 하지 않고 상대방의 동의를 얻어 그 주소나 연락처를 고지할 수 있다. 이 경우 해당 수사부서의 의견을 들어야 한다.

② 제1항에 따라 상대방이 동의하는 경우 그 일시·방법을 정보공개 결정 통지서 또는 는 수사보고서에 기재하여야 한다.

③ 제1항의 경우 제4조제1항 각 호의 사유가 있는 때에는 고지하지 않을 수 있다. 이 경우 주소 또는 연락처의 고지로 인하여 사생활의 비밀이 침해되거나 수사의 지장을 초래하는 정도와 피의자, 사건관계인의 권리구제의 필요성을 비교·교량하여 고지여부를 신중하게 결정하여야 한다.

4. 타 기관의 열람·복사 요청

「경찰 수사서류 열람·복사에 관한 규칙」

제8조(다른 기관의 열람·복사 요청이 있는 경우)

검찰, 법원 등에서 필요사유를 소명하여 경찰 수사서류의 열람·복사를 요청하는 경우에는 필요한 부분을 열람하게 하거나 복사하여 송부할 수 있다. 이 경우 본 규칙을 준용한다.

5. 사건기록의 보존기간과 만료 시 조치

「범죄수사규칙」

제245조(보존기간)

① 다음 각 호의 결정을 한 사건기록은 공소시효가 완성될 때까지 보존한다. 다만, 별표4에 해당하는 사건기록의 경우에는 예외로 한다.

1. 경찰수사규칙 제108조제1항에 따른 불송치 결정
2. 경찰수사규칙 제19조제2항제2호 및 제3호에 따른 입건 전 조사 종결 또는 중지 결정
3. 경찰수사규칙 제98조제1항에 따른 수사중지 결정. 다만, 피의자가 특정되지 않은 수사중지 사건기록의 보존기간은 제2항을 따른다.

② 제227조의2제1항에 따른 관리미제 등록 사건기록은 25년간 보존한다. 다만, 공소시효 정지ㆍ연장 등의 사유로 공소시효 기간이 25년을 초과하거나 별표4에 따라 보존기간이 준영구에 해당하는 죄의 사건기록은 준영구로 보존한다.

③ 공소시효의 기간이 3년 미만인 죄에 대한 사건기록은 3년간 보존한다.

④ 「경찰 수사사건 심의 등에 관한 규칙」 제3조 또는 제4조에 따라 처리된 수사심의 신청 사건기록의 보존기간은 심의신청의 대상 사건기록의 보존기간을 따른다.

⑤ 하나의 사건이 수개의 죄에 해당하는 경우에는 공소시효가 가장 늦게 완성되는 죄의 공소시효를 따른다.

⑥ 경찰청장은 국내외적으로 중대하거나 경찰업무에 특히 참고가 될 사건에 관한 사건기록에 대해 직권 또는 시ㆍ도경찰청장의 요청을 받아 준영구 등 별도의 보존기간을 정할 수 있다.

제247조(보존기간 만료시의 조치)

① 사건기록관리 담당직원은 보존기간이 만료된 사건기록에 대해서는 「공공기록물 관리에 관한 법률 시행령」 제43조에 따라 해당 기록물관리 전문요원의 심사 및 기록물평가심의회의 심의를 거쳐 경찰청장 또는 소속 시ㆍ도경찰청장의 허가를 받아 보존기간 재책정, 보류, 폐기 조치를 한다.

② 제1항에 따른 폐기 등 조치를 하는 경우에는 미리 공소시효의 완성, 압수물 처리 등 각종 처리의 완결 여부를 확인하여야 한다.

김용호

1995. 8. 12. 순경 임용

합천경찰서 수사과

부산지방경찰청 사이버범죄수사대

부산지방경찰청 보안사이버팀

경찰인재개발원 보안학과 교수

現 경일대학교 경찰학과 교수

    대구경찰청 경찰 수사 심의위원

    부산광역시 자치경찰 위원회 전문가 자문위원

    부산광역시 사전재난영향성 검토 위원

    경상북도 사전재난영향성 검토 위원

前 동서대학교 사회안전학부 교수

    동서대학교 보안사이버경찰 전공 책임교수

    동서대학교 인공지능 모바일 포렌식 센터장

    한국산업기술보호협회 산업보안관리사 출제위원

학력

동아대학교 법학과

부경대학교 정보보호학 석·박사

범죄수사 실무 총론

초판발행	2023년 7월 20일
지은이	김용호
펴낸이	안종만·안상준
편 집	사윤지
기획/마케팅	장규식
표지디자인	이소연
제 작	고철민·조영환
펴낸곳	(주) **박영사**
	서울특별시 금천구 가산디지털2로 53, 210호(가산동, 한라시그마밸리)
	등록 1959. 3. 11. 제300-1959-1호(倫)
전 화	02)733-6771
f a x	02)736-4818
e-mail	pys@pybook.co.kr
homepage	www.pybook.co.kr
ISBN	979-11-303-1776-2 93350

copyright©김용호, 2023, Printed in Korea

정 가   22,000원